Die Transition von der Mitarbeiter- in die Führungsposition

Katharina Scharrer

Die Transition von der Mitarbeiter- in die Führungsposition

Identifizierung, Auswahl und Entwicklung von Nachwuchsführungskräften durch Talent Management

PETER LANG
EDITION

Bibliografische Information der Deutschen Nationalbibliothek
Die Deutsche Nationalbibliothek verzeichnet diese Publikation in der Deutschen Nationalbibliografie; detaillierte bibliografische Daten sind im Internet über http://dnb.d-nb.de abrufbar.

Zugl.: Augsburg, Univ., Diss., 2014

Umschlagabbildung:
Abdruck mit freundlicher Genehmigung von
www.istock.com/Raycat

D 384
ISBN 978-3-631-66309-7 (Print)
E-ISBN 978-3-653-05539-9 (E-Book)
DOI 10.3726/ 978-3-653-05539-9

Peter Lang Edition ist ein Imprint der Peter Lang GmbH.

Peter Lang – Frankfurt am Main · Bern · Bruxelles ·
New York · Oxford · Warszawa · Wien

Diese Publikation wurde begutachtet.

www.peterlang.com

„Reifung geschieht im Individuum.
Nichts, was andere für dich und mich tun,
nichts, was du für andere tust, was ich für andere tue,
kann dir und mir die Aufgabe abnehmen, du und ich zu werden“.

C.F. v. Weizsäcker

Inhaltsverzeichnis

1. Einleitung

Der Fokus dieser Dissertation liegt auf der wissenschaftlichen Analyse der Identifikation, Auswahl und Entwicklung von Nachwuchsführungskräften während der Transition von der Mitarbeiter- zur Führungsposition durch Talent Management in Großunternehmen der Regionen Schwaben und Oberbayern.

Im ersten Kapitel werden zunächst die Veränderungen des Arbeitsmarktes dargestellt, welche verdeutlichen, weshalb die wissenschaftliche Auseinandersetzung mit der Forschungsthematik notwendig erscheint. Daran anschließend werden Hintergrund und Zielsetzungen der empirischen Studie genauer beschrieben und die wissenschaftliche Relevanz der Untersuchung herausgearbeitet. Abschließend wird für das Verständnis des weiteren Vorgehens ein Überblick über das entwickelte Untersuchungsdesign gegeben und der Aufbau der einzelnen Kapitel erläutert.

1.1 Ausgangslage und Herausforderungen

Der Transition von der Mitarbeiter- in die Führungsposition kann aus den Perspektiven von, vom Übergang betroffenen Führungskräften und Unternehmen eine hohe Relevanz zugesprochen werden, denn „as long as there have been leaders, there have been leadership transitions. The changing of the guard and the challenges it poses for the new leader are as old as human society" (Watkins 2003, 6). Die Bedeutung des Übergangs zur Führungskraft wird durch das Ergebnis der weltweiten Befragung von 385 Führungskräften durch Paese und Wellins (2007) betont, welche diese als die herausforderndste Entwicklungsaufgabe im Lebensverlauf noch vor einem Todesfall oder einer Scheidung betrachten. Wenn Unternehmen ihren Führungsnachwuchs identifizieren und selektieren, stellt diese Entscheidung die erstmals berufene Führungskraft vor zahlreiche Herausforderungen, um den Wechsel in die Führungsrolle erfolgreich zu bewältigen (Hill 2007; Dotlich et al. 2004; Watkins 2003). So zeigt Hill (2007), dass gerade diese Phase die Vorstellungen über Führung und den Führungsstil langfristig beeinflussen und formen. Watkins (2009) erklärt, das erfolgreiche Meistern bzw. das Scheitern in dieser Übergangsphase stelle eine hohe Vorhersagekraft für den weiteren Erfolg als Führungskraft dar. Trotz der deutlichen Relevanz, die der Transition damit zugestanden werden kann, wird der Thematik in Wissenschaft und Unternehmenspraxis bisher wenig Beachtung geschenkt. Aus den Studien von Watkins (2003) sowie von Manderscheid und Ardichvili (2008) geht jeweils hervor, dass ihre Bewältigung in der Unternehmensrealität oft unterschätzt und selten begleitet wird. Nach Heras und Chinchilla (2011) ist nur ein Drittel der Führungskräfte nach dem Eintritt in die Führungsrolle in ihrem neuen Aufgabengebiet erfolgreich, das zweite Drittel ist darin nur minimal effektiv und das letzte Drittel versagt als Führungskraft gänzlich. Unternehmen können jedoch nicht das Risiko eingehen, dass zwei von drei Führungskräften ihre Aufgaben in geringem Umfang oder überhaupt nicht erfüllen. Da diese durch ihr Führungsverhalten das Erreichen der Unternehmensziele in hohem Maße beeinflussen (Braun, Peus 2014; Felfe, Franke 2014), wird die Auswahl des geeigneten Führungsnachwuchses und deren erfolgreicher Wechsel in die Führungsposition somit zu einem wichtigen Erfolgsfaktor für die Wettbewerbsfähigkeit eines Unternehmens.

Darüber hinaus gestaltet es sich für Unternehmen durch veränderte Rahmenbedingungen des Arbeitsmarktes immer schwieriger, zukünftige Führungskräfte für das eigene Unternehmen zu gewinnen und daran zu binden. Folgende Gründe lassen sich hierfür anführen:

1. Bedingt durch *Globalisierung und den demographischen Wandel* erhöht sich auf der einen Seite der Bedarf an qualifizierten Mitarbeiter/innen (Ewerlin, Süß 2012; Domsch 2009). Auf der anderen Seite hat der demographische Wandel gesellschaftliche Veränderungen zur Folge, die zum heutigen Zeitpunkt schwer absehbar, in den nächsten 30 Jahren jedoch für Gesellschaft, Individuen und Unternehmen deutlich spürbar sein werden. Die Gesellschaft wird aufgrund der Geburtenrückgänge kleiner werden und der Anteil der erwerbstätigen Bevölkerung und das Arbeitskräfteangebot zurückgehen (Bundesministerium für Arbeit und Soziales 2011; IAB 2011). Laut Prognose des Statistischen Bundesamtes (2011) wird sich die Zahl der Erwerbstätigen zwischen dem Jahr 2008 und dem Jahr 2060 um fast 10 Millionen Menschen verringern sich die Altersstruktur der Bevölkerung und somit das Angebot an potentiellen Arbeitskräften massiv verändern (Statistisches Bundesamt 2011, 5).
2. Solch ein Rückgang des Arbeitskräfteangebots, verbunden mit steigenden Anforderungen der Unternehmen, kann letztendlich dazu beitragen, den *Fach- und Führungskräftemangel* (Achatz et al. 2011; Struthmann 2013) und damit einen Mangel an Nachwuchsführungskräften und gut ausgebildeten Führungskräften massiv zu verschärfen (Scheuvens 2012). Bereits heute konstatieren Strack et. al. (2011, 16) einen weltweit bestehenden Mangel an Nachfolgern und Nachfolgerinnen für höhere Führungspositionen. Für die deutsche Wirtschaft wird für das Jahr 2020 vorhergesagt, dass 230.000 Stellen für Ingenieur/innen, Naturwissenschaftler/innen und Techniker/innen nicht besetzt werden können (Schenk, Spiewak 2008; McKinsey & Company 2011).

Die vbw – Vereinigung der bayerischen Wirtschaft e.V. – zeigt in ihrer Studie „Arbeitslandschaft 2030" (Prognos AG 2011) auf, dass bei der Gruppe von Berufstätigen mit Hochschulabschluss entsprechend den Modellrechnungen für das Jahr 2015 mit einem Fach- und Führungskräftemangel von einer Millionen Personen zu rechnen ist. In Bayern werden im Jahr 2015 bereits 10% der Stellen für Akademiker/innen nicht besetzt werden können und bis zum Jahr 2030 wird sich laut der Prognose die Fach- und Führungskräftelücke auf 20% verdoppeln. Für die Region Schwaben sagt das Positionspapier über die wirtschaftlichen Entwicklungen und Leitlinien in Bayerisch-Schwaben der Industrie- und Handelskammer Schwaben und der Handwerkskammer für Schwaben (IHK Schwaben, HWK Schwaben 2013, 2) einen massiven Fachkräftemangel voraus. Zudem wird die Wirtschaftsregion Schwaben entsprechend dem Bericht der IHK und HWK (ebd.) trotz einer einmaligen Branchenvielfalt in Bayern zunehmend mit dem Problem konfrontiert, den Führungsnachwuchs durch ansteigende Abwanderung und zunehmendes Pendlerverhalten an benachbarte Ballungszentren, wie hauptsächlich nach München, zu verlieren.

3. Die *Entwicklung zur Wissensgesellschaft* stellt eine weitere Herausforderung dar, welche den Bedarf an engagierten Mitarbeiter/innen wie an zukünftigen Führungskräften mit wettbewerbsentscheidenden Kenntnissen und Kompetenzen erhöhen wird (Nagel, Menthe 2009). Die Karriere zieht keine lebenslange Beschäftigung bei einem Arbeitgeber mehr nach sich, sondern fordert von Arbeitskräften mehr Flexibilität und Wechselbereitschaft, was die Loyalität der Mitarbeiter/innen gegenüber dem Arbeitgeber in Abhängigkeit von den Karriereperspektiven und Entwicklungsmöglichkeiten, die das Unternehmen bietet, beeinflusst (Ritz, Sinelli 2010, 6). Bedingt durch die konjunkturelle Entwicklung und den demographischen Wandel, ergeben sich speziell für hochqualifizierte Mitarbeiter/innen aktuell und in Zukunft immer bessere berufliche Beschäftigungsmöglichkeiten und Chancen, ihre beruflichen Interessen und Zielsetzungen in die Realität umsetzen zu können.
4. Die genannten Entwicklungen spiegeln sich weiterhin in den *Erwartungen junger Nachwuchskräfte der Generation Y* und der Zunahme an Mitarbeiterfluktuationen in den letzten Jahren wider (Prats, Agulles 2011; IBM 2007). Als Generation Y werden die zwischen 1980 und 2000 geborenen Menschen bezeichnet, die im Unterschied zu den früheren Generationen der Generation X, der Babyboomer oder der Veteranen andere Erwartungen an ihre Karriere, Arbeit und ihren Arbeitgeber haben. Nachwuchskräfte der Generation Y streben nach Leistung, Sinn und Spaß in ihrem Arbeitsleben und wünschen sich Flexibilität in Bezug auf Raum und Zeit. Zentral ist für sie die ständige Weiterentwicklung und klare Kommunikation in ihrem Arbeitsleben. Sie werden

sowohl als orientierungslos und sprunghaft als auch auf der Suche nach Sicherheit und Stabilität charakterisiert (DGFP 2011, 11; Prats, Agulles 2011).

Die Ausführungen lassen den Rückschluss zu, dass Gewinnung, Bindung und Förderung von angehenden Führungskräften in der Unternehmenspraxis bisher eher vernachlässigt wurden oder in der Umsetzung erfolglos blieben. Um wettbewerbs- und innovationsfähig zu bleiben, ist es für Unternehmen unabdingbar, über geeignete Führungskräfte und über den Führungsnachwuchs der nächsten Generation zu verfügen „to run divisions and manage critical functions and lead companies" (Chambers et al. 1998, 45). Unternehmen benötigen daher neue Strategien und Konzepte des Personalmanagements/ Human Resources (HR), um

1. zukünftige Führungskräfte für das Unternehmen zu gewinnen und daran zu binden und
2. Transitionen in Führungspositionen begleiten zu können.

Einen Lösungsweg zur Vereinigung der beiden Ziele bietet der Ansatz des Talent Managements, welcher sich auf die Planung und Durchführung von Maßnahmen zur Identifizierung, Gewinnung, Entwicklung und Bindung von gegenwärtigen oder zukünftigen Mitarbeitenden, fokussiert, „die aufgrund ihrer vergleichsweise knappen, stark nachgefragten und für die Organisation zentralen Schlüsselkompetenzen als Talente bezeichnet werden" (Ritz, Sinelli 2010, 10). Aufgrund der Funktionen, des Prozesscharakters und der Konzentration auf Führungs- und Nachwuchsführungskräfte als Zielgruppen des Ansatzes (Gandossy, Kao 2004; Kirchner 2013) ist es möglich und sinnvoll, Transitionen wie von der Mitarbeiter- in die Führungsposition in das Konzept des Talent Managements zu integrieren.

1.2 Entwicklung und Zielsetzungen der empirischen Studie

In der vorliegenden Untersuchung wird die Zielsetzung verfolgt, durch qualitative leitfadengestützte Expert/inneninterviews mit Personalverantwortlichen aus Großunternehmen der Regionen Schwaben und Oberbayern Auswahl- und Entwicklungsprozesse von angehenden Führungskräften während des Übergangs in eine Führungsposition zu analysieren. Es wird mittels eines explorativen Forschungsansatzes angestrebt, zu verstehen

1. was Determinanten für die Ernennung zur Nachwuchs- bzw. Führungskraft und somit Voraussetzungen für die Transition zur Führungskraft sind,
2. welche Herausforderungen und Kompetenzerwartungen auf angehende Führungskräfte während des Wechsels in die Führungsrolle zukommen und

3. wie Identifizierung, Auswahl und Begleitung des Führungsnachwuchses während des Übergangs entsprechend eines Talent Managements gestaltet werden.

Für die empirische Analyse wurde ein theoretisches Modell der Transition zur Führungskraft entwickelt, das dazu dienen soll, den Übergangsprozess, seine Voraussetzungen, Kompetenzanforderungen und Möglichkeiten der Begleitung zu strukturieren und die Transition theoretisch zu fundieren. Relevante theoretische Bezugspunkte, die zur Analyse herangezogen werden, werden in dieses Modell integriert. Zur Erklärung der Auswahlkriterien von Nachwuchsführungskräften, wird die Leadership Skills Theorie von Mumford et al. (2000) herangezogen. Um zu belegen, warum in der Unternehmenspraxis gerade bestimmte Kompetenzen zur Vorhersage von Führungspotential verwendet werden, wird die Attributionstheorie der Führung nach Calder (1977) verwendet. Um die Anforderungen an Führungsneulinge besser zu verstehen, werden die Theorie der Karrierekonstruktion (Savickas 2013) und das Transitionsmodell von Griebel und Niesel (2004) in die Analyse mit einbezogen.

Thema und Fragestellungen der Studie wurden während der Durchführung des vom Europäischen Sozialfonds (ESF) und der Universität Augsburg geförderten Projektes „UniMento – Mentoring und Nachwuchsförderung“ im Zeitraum 2011 bis 2013 entwickelt und erarbeitet. Das Programm UniMento betrachtet sich als eine Brücke zwischen der Arbeitswelt und der Universität und will durch die Verbindung von gleichstellungspolitischen Maßnahmen in Form von Mentoring-Programmen mit praxisnaher Forschung einen Beitrag zur Gleichstellung der Geschlechter und zur Sicherung von talentierten Nachwuchskräften in der Region Schwaben leisten. Eine wichtige Zielsetzung des Projektes für Studierende ist, dass vor allem Studentinnen aus mathematischen, natur- und wirtschaftswissenschaftlichen Fächern mittels der Beratung und Begleitung durch einen Mentor oder eine Mentorin aus regionalen Unternehmen bei der Umsetzung ihrer Studien-, Berufs- und Karrierewege unterstützt und ermutigt werden, auch höhere Positionen mit Führungsverantwortung anzustreben (Dorfschmidt, Scharrer 2013). Effekte der Mentoring-Treffen sind, dass die Teilnehmer/innen in hohem Maße von einer stärkeren Selbstsicherheit, von Einblicken in die Berufspraxis, von beruflicher Orientierung, der Auseinandersetzung mit den eigenen Stärken und Schwächen und von der Verbesserung beschäftigungsrelevanter Kompetenzen für den anstehenden Berufseinstieg profitieren können. Fragen zur weiteren Karriereplanung über den Berufseinstieg hinaus, zur Führungskarriere oder zu den Kompetenzanforderungen von Unternehmen an (angehende) Führungskräfte werden dagegen kaum bzw. gar nicht in den Mentoring-Kooperationen aufgegriffen, wie die Abschlussevaluation und die Rückmeldungen an die Projektkoordination aufzeigen

(Dorfschmidt, Scharrer 2013). Die Wahrscheinlichkeit eine Führungsposition zu übernehmen, ist bei Akademiker/innen allerdings wesentlich höher als bei Nachwuchskräften niedrigerer Bildungsabschlüsse (Faust 2002).

Um Studierenden und Akademiker/innen mehr Informationen und eine höhere Transparenz für die eigene Karriereplanung über den Übergang von der Universität in das Arbeitsleben hinaus zukommen zu lassen, wurde im Rahmen des Projektes UniMento das Forschungsprojekt „Vom Absolventen zur Führungskraft – Eine qualitative Untersuchung zu Führungsgenese und Transition von Nachwuchsführungskräften" durchgeführt. Ziele der Studie waren,

1. Einblicke in die Kompetenzanforderungen an Hochschulabsolvent/innen, Nachwuchsführungskräfte und Führungskräfte zu erhalten,
2. berufliche Auswahl- und Entwicklungsprozesse unter Berücksichtigung geschlechtsspezifischer Unterschiede zu beleuchten,
3. zu erfahren, wie in Unternehmen dem Scheitern von Führungskräften begegnet wird,
4. Unterschiede zwischen Mittelstands- und Großunternehmen hinsichtlich Auswahl- und Entwicklungsprozessen von Akademiker/innen herauszuarbeiten.

Zur Rekonstruktion, Analyse und Interpretation von Strukturen und Charakteristika der Führungsgenese und von beruflichen Transitionsprozessen wurden qualitative leitfadengestützte Expert/inneninterviews mit neun Großunternehmen und zwei mittelständischen Unternehmen aus den Bereichen Dienstleistung, Industrie, Verlag und Energieversorgung in der Region Schwaben und Oberbayern geführt, die mittels der qualitativen Inhaltsanalyse (Mayring 2007; Gläser, Laudel 2009) ausgewertet wurden.

Die vorliegende Dissertation verortet sich in diesem Forschungsprojekt und fokussiert die Forschungslücke, dass die Transition von der Nachwuchs- zur Führungskraft bisher kaum wissenschaftlich untersucht wurde (Hill 2007; Watkins 2003). Wie im folgenden Kapitel 1.3 aufgezeigt wird und der Forschungsstand belegt, fehlen hierzu fundierte wissenschaftliche Erkenntnisse. Daher entstand die forschungsleitende Idee der Dissertation, die Auswahlkriterien, die Identifizierung und die Förderung der Entwicklung von Nachwuchsführungskräften während des Übergangs von der Mitarbeiter- zur Führungsposition in Großunternehmen genauer zu beleuchten. Die vorliegende Untersuchung stellt damit die erste Veröffentlichung eines Teilbereichs des Forschungsprojektes dar.[1]

---

1 Erste Teilergebnisse wurden im Rahmen einer Bachelorarbeit vom Praktikanten des Forschungsprojektes Schleifer (2013) publiziert, die erste Tendenzen der folgenden Auswertung aufzeigen konnte.

Die Ergebnisse der vorliegenden empirischen Studie weisen neben dem wissenschaftlich-theoretischen einen praktischen Nutzen für Unternehmen, Studierende, Universitätsabsolvent/innen, Mitarbeiter/innen und Führungsnovizen auf. Durch die Befunde erhalten (zukünftige) Nachwuchs- und Führungskräfte Anhaltspunkte zur bewussten und strategischen Karriereplanung und Informationen über Erwartungen der Unternehmen. Zudem werden Möglichkeiten der Unterstützung sowie die Realität der Selektion und Förderung von Führungskräften entsprechend einem Talent Management in regionalen Unternehmen aufgezeigt. In diesem Zusammenhang können Mechanismen und Prozesse der Identifizierung und Unterstützung von Nachwuchsführungskräften transparent gemacht und offengelegt werden. Darüber hinaus können Unternehmen aus den Ergebnissen Schwachpunkte in der Auswahl und der Förderung ihrer zukünftigen Führungskräfte ableiten und neue Erkenntnisse für eine verbesserte Praxis der Identifizierung und Entwicklung ihres Führungsnachwuchses gewinnen.

1.3 Wissenschaftliche Relevanz der Untersuchung

Soziale und personale Kompetenzen sind ausschlaggebend für den beruflichen Aufstieg zur Führungskraft, wie verschiedene Studien belegen (vgl. z.B. Ready et al. 2010 b; Dries et al. 2012; Dries, Pepermans 2012). Auch wenn die Auswahl und Entwicklung von High Potentials in Wissenschaft und Praxis als eine der größten Herausforderungen des Personalmanagements im 21. Jahrhundert gilt (Buckingham, Vosburgh 2001), gibt es dazu bisher kaum theoretische bzw. empirische Untersuchungen. Dries und Pepermans (2008) beklagen einen unwissenschaftlichen Charakter der meisten Veröffentlichungen und fordern stattdessen empirische, deskriptive und interpretierende Untersuchungen. So wurden in Deutschland bis heute kaum Studien zu den Auswahlkriterien von Nachwuchsführungskräften durchgeführt, wie eine intensive Recherche im Vorfeld aufzeigte. Lediglich die Kienbaum High Potentials Studie (vgl. Bauer 2003) hat Großunternehmen zu den Auswahlkriterien von Universitätsabsolvent/innen befragt, welche diese als High Potentials bezeichnen.

Nahezu identische Aussagen können für die Führungs-, Talent Management- und Transitionsforschung getroffen werden. Die Führungsforschung hat sich bisher auf Führungskräfte konzentriert, die bereits in der Führungsfunktion tätig sind. Die Transitionsforschung beschäftigt sich in Deutschland stärker mit dem Übergang zwischen Bildungseinrichtungen, wie mit dem Übergang vom Elementar- in den Schulbereich oder mit dem Wechsel von der Ausbildung in den Beruf (Schumacher 2004; Griebel, Niesel 2013; Scharrer et al. 2012). Die Transition von der Mitarbeiter- zur Führungsposition und die damit verbundenen Anforderungen des Rollenwechsels (Wan, Tham 2011; Hill 2007; Dotlich et al. 2004) wurden bisher kaum empirisch untersucht und sind eher in Praxisratgebern zu finden (Hill 2007; Manderscheid, Ardichvili 2008). Wie ebenfalls aus verschiedenen Studien hervorgeht, betrachten immer mehr Unternehmen Talent Management als wichtige Herausforderung und Wettbewerbsstrategie (Ritz, Sinelli 2010; Boatman, Wellins 2011). Dennoch sind in Deutschland wissenschaftliche Analysen zum Thema Talent Management bisher kaum erfolgt (Ewerlin, Süß 2012). In vier Forschungsrichtungen besteht somit die Notwendigkeit für weitere Untersuchungen. Die vorliegende Arbeit greift diesen Tatbestand mit ihren Fragestellungen auf und verknüpft sie neu miteinander. Auf diese Weise kann ein Beitrag dazu geleistet werden, Forschungslücken ein Stück weit zu schließen und Synergieeffekte zwischen verschiedenen Forschungsrichtungen anzuregen.

1.4 Untersuchungsdesign

Für die Planung und Durchführung der empirischen Studie wurde ein Untersuchungsdesign entwickelt, das nun in seinen Arbeitsschritten und Inhalten in der folgenden Abbildung zusammenfassend dargestellt wird.

Abbildung 1: Untersuchungsdesign der Dissertation

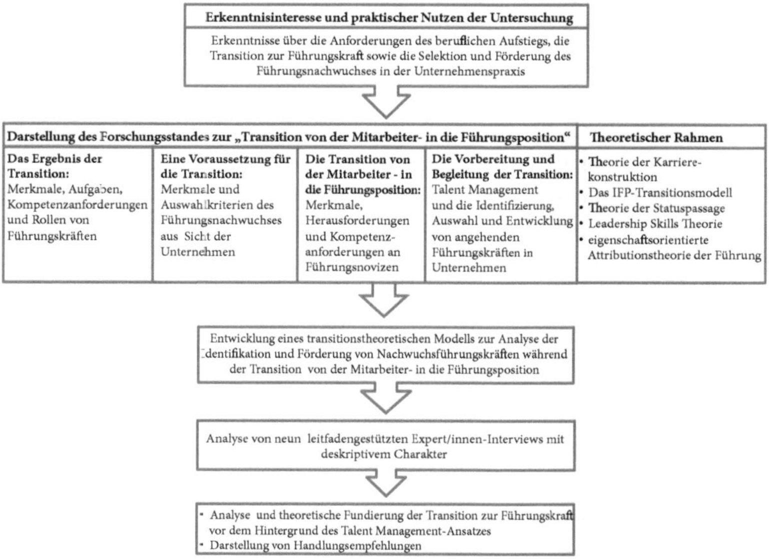

1.5 Aufbau der Studie

Der Aufbau der Dissertation gliedert sich in zwei Teile. Im ersten Abschnitt steht der empirische und theoretische Hintergrund der vorliegenden Untersuchung im Mittelpunkt. Den zweiten Abschnitt bildet die empirische Studie, welche die Transition von der Mitarbeiter- in die Führungsposition analysiert. In diesem Teil werden das Forschungsdesign skizziert, die Ergebnisse der Analyse dargestellt und diskutiert. Als Abschluss der Arbeit werden Empfehlungen für Unternehmen, Nachwuchskräfte und Führungsnovizen formuliert.

Für ein grundlegendes Verständnis des Forschungsgegenstandes erfolgt im ersten Teil die Klärung der Begriffe Führung, Führungskraft und Führungsposition im *Kapitel 2*. Parallel dazu werden Aufgaben und Rollen von Führungskräften vorgestellt als auch Kompetenzanforderungen, die auf sie im Rahmen der Transition zukommen.

Im *Kapitel 3* werden Befunde des Forschungsstandes über Auswahlkriterien von Nachwuchsführungskräften respektive der Attestierung von Führungspotential als eine wichtige Bedingung für den Eintritt bzw. den Übergang in die Führungskarriere diskutiert.

An diese Ausführungen schließt sich das *Kapitel 4* an. In diesem Teil werden Erkenntnisse über den Übergang hinsichtlich seiner Merkmale, Herausforderungen, Anforderungen an das Individuum und der Möglichkeiten einer Begleitung durch das Unternehmen erörtert.

Talent Management als ein Konzept des Personalmanagements welches geeignet ist, potentielle Führungskräfte zu identifizieren, für das Unternehmen zu gewinnen und auf die Übernahme einer Führungsrolle vorzubereiten und die Transition zu begleiten, ist Gegenstand des *Kapitels 5*. Nach der Klärung des Talentbegriffs werden Prozess, Funktionen und Zielgruppen des Ansatzes und dessen Zielsetzungen und Effekte beschrieben. In diesem Zusammenhang wird auch der Matthäus-Effekt im Rahmen des exklusiven Talent Management-Ansatzes thematisiert. Ein Schwerpunkt wird darauf gelegt, die Umsetzung und Gestaltung von Talent Management darzustellen. Diese bilden die Ausgangsbasis dafür, um in einem nächsten Schritt im *Kapitel 6* den Forschungsstand über die Merkmale von Identifizierungs-, Auswahl- und Entwicklungsprozessen von angehenden Führungskräften zu skizzieren. Dabei wird auch darauf eingegangen, welche Instrumente und Verfahren im Rahmen des Eintritts in die Führungsrolle in der Unternehmenspraxis angewandt werden und deren Konzeption und Zielsetzung genauer erörtert.

Im *Kapitel 7* wird der theoretische Rahmen der Untersuchung dargelegt, und hierfür werden Konzepte der Führungsforschung, der Karriereforschung und

Ansätze der Transitionsforschung erläutert. Die Ausführungen stellen den Ausgangspunkt für die Entwicklung des eigenen, neu entwickelten theoretischen Modells der Transition zur Führungskraft dar, welches den theoretischen Bezugsrahmen der anschließenden Analyse bildet. Erkenntnisse des dargelegten Forschungsstandes und der theoretischen Bezugskonzepte münden in die Entwicklung des Modells zur Rekonstruktion und Strukturierung des Übergangs ein bzw. werden darin zusammengeführt.

Den zweiten Teil der Dissertation bildet die empirische Untersuchung, der die *Kapitel 8* bis *10* gewidmet sind. Im *Kapitel 8* werden das Forschungsdesign und die Forschungsmethodik der Untersuchung dargelegt. Das Erkenntnisinteresse, die wissenschaftlichen Forschungsfragen und die methodologischen Vorüberlegungen werden beschrieben, die zur Wahl des Expert/inneninterviews als Erhebungsinstrument geführt haben. Im Anschluss daran erfolgt die Darstellung der Datenerhebung, der Auswahl des Samples und der inhaltsanalytischen Auswertung des Datenmaterials.

Im *Kapitel 9* steht der empirische Teil der Studie mit der Analyse der Identifizierung, Auswahl und Entwicklung von Nachwuchsführungskräften während der Transition im Mittelpunkt. In diesem Teil werden die Ergebnisse der inhaltsanalytischen Auswertung von neun leitfadengestützten Expert/inneninterviews, die mit Personalverantwortlichen aus Großunternehmen der Region Schwaben/Oberbayern geführt wurden, vorgestellt. Bedingungsfaktoren für den beruflichen Aufstieg in die Führungsposition und Anforderungen während des Übergangs individueller, interaktionaler und kontextueller Art werden herausgearbeitet. Weiterhin werden Prozesse der Selektion und Förderung des Führungsnachwuchses rekonstruiert sowie Unterschiede in der Unternehmenspraxis durch die Skizzierung von vier Einzelfallanalysen deutlich gemacht.

Abschließend konzentriert sich *Kapitel 10* auf die Interpretation und Diskussion der Ergebnisse unter Rückbezug auf die wissenschaftlichen Fragestellungen und die Prüfung der in dem neu entwickelten theoretischen Modell zugrunde gelegten Annahmen. Den Abschluss der Arbeit bildet *Kapitel 11* durch eine Zusammenfassung und ein Fazit der Ergebnisse, woraus Empfehlungen für Unternehmen, Nachwuchskräfte und Führungsnovizen zur Gestaltung und Bewältigung der Transition bzw. zur Karriereplanung abgeleitet werden.

2. Führungskräfte

Da der Schwerpunkt der Dissertation darin liegt, die Transition von der Mitarbeiter- in die Führungsposition mitsamt ihren Voraussetzungen, Anforderungen und Möglichkeiten der Gestaltung im Unternehmenskontext nachzuzeichnen und zu analysieren, ist zu Beginn eine Klärung der Begriffe Führung, Führungskraft und Führungsposition unerlässlich. Führungskräfte haben einen entscheidenden Anteil am Erfolg eines Unternehmens (Braun, Peus 2014; Felfe, Franke 2014; Bartscher et al. 2009; Armutat 2009), da sie durch ihr Führungsverhalten die Motivation und die Leistung der Mitarbeiter/innen in hohem Maße beeinflussen. Sie können dadurch sowohl positiven als auch negativen Anteil an Umsätzen, Verkaufszahlen oder Projektabschlüssen haben, was sich auf die Wettbewerbsfähigkeit eines Unternehmens auswirkt. Wenn Mitarbeiter/innen zu Führungskräften aufsteigen, verändern sich die an sie gerichteten Anforderungen und keine bzw. eine dürftige Vorbereitung oder eine reine „learning by doing“-Strategie durch das Unternehmen hat häufig zur Folge, dass neu ernannte Führungskräfte ihre Kompetenzen und Potentiale nicht in die Praxis umsetzen können. Dies führt zu einer unzureichenden Erfüllung der Führungsaufgaben, was wiederum negative Unternehmensergebnisse nach sich zieht (Büser, Fleps 2007).

Um Transitionen von angehenden Führungskräften besser verstehen zu können, fokussiert dieser Abschnitt das Ergebnis des Übergangs, nämlich das Ankommen in der Führungsrolle. Deshalb wird besondere Aufmerksamkeit darauf gelegt, genauer zu beschreiben, welche Aufgaben und Rollen Führungskräfte erfüllen müssen und welche Kompetenzanforderungen auf sie bei der Übernahme einer Führungsposition zukommen.

2.1 Definition und Dimensionen von Führung

Zum Begriff der Führung existiert keine einheitliche Definition. Konsens in der Wissenschaft besteht aber darin, dass Führung durch Menschen eine „ziel- und ergebnisorientierte, aktivierende und wechselseitige, soziale Beeinflussung“ (Wunderer 2007, 4) darstellt. Wenn von Führung in einer Organisation die Rede ist, wird damit größtenteils die Mitarbeiterführung gemeint (Felfe, Franke 2014, 3). Brodbeck et al. (2002) verstehen unter Führung, „andere Menschen zu beeinflussen, zu motivieren oder in die Lage zu versetzen, zum Erreichen kollektiver Ziele in Gruppen und Organisationen beizutragen“ (Brodbeck et al. 2002, 329). Führung kann als ein Werkzeug sozialer Handlung verstanden werden, welches einen wichtigen Beitrag für das menschliche Miteinander und für die Arbeit in Organisationen leistet.

> „Leadership is a tool designed to help with a particular human dilemma: how to get individuals to work together effectively to produce collective outcomes. Whether it's a team working to produce a new product, (...) or a large organization working to increase shareholder value, success is more likely if everyone is headed in the same direction" (McCauley 2010, 2).

Neben der Führungskraft sind auch immer weitere Personen, wie die Geführten, in den Führungsprozess involviert, die diesen beeinflussen. Führung stellt kein Merkmal und auch keine Persönlichkeitseigenschaft einer Führungsperson dar, sondern entsteht in der Interaktion und Kommunikation mit anderen Menschen (Lohaus, Habermann 2012, 5).

Die Begriffe Führung und Management werden häufig synonym verwendet. Die Gemeinsamkeiten der beiden Begriffe liegen in der Beeinflussung von Menschen, um gemeinsame Ziele zu erreichen. Ihre Unterschiede können wie folgt erklärt werden:

> „Management wird dabei als Bezeichnung für ein sachlich unemotionales Vorgehen verwendet, bei dem die Führungskraft einseitig Anordnungen an die Mitarbeiter gibt (...). Der Manager stützt sein Handeln auf generelle Regelungen und greift lediglich aktiv ein, wenn etwas Unvorhergesehenes passiert. Er kontrolliert stark und achtet, dass die Aufgaben korrekt durchgeführt werden. (...) Im Gegenteil zum Manager gelten Führerpersönlichkeiten (Leader) als emotional an den Zielen beteiligt. Sie gestalten die Arbeitssituation aktiv und stehen in ständigem Austausch mit ihren Mitarbeitern und sind offen für deren Ansichten und Ideen" (Lohaus, Habermann 2012., 8f.).

Führung muss zudem von Unternehmensführung abgegrenzt werden. Der Unterschied zwischen beiden Konzepten besteht darin, dass es sich bei der Führung eines Unternehmens um dessen Steuerung (bzw. um Teile davon) handelt, um festgelegte Unternehmensziele zu erreichen (ebd., 1). Als intentionale soziale Einflussnahme hat die Führung von Mitarbeiter/innen das Ziel, den Beitrag der Mitarbeiter/innen an der Wertschöpfung des Unternehmens zu erhöhen. Unter Wertschöpfung werden monetäre Faktoren wie Gewinn und immaterielle Faktoren wie z.B. die Qualität der Mitarbeiterleistung verstanden (Wunderer 2007, 4). Der Erfolg durch das Verhalten der Führungskraft respektive der Führungserfolg wird nach Brodbeck et al. (2002, 330) erkennbar durch:

- das Ausmaß des Einflusses, z.B. inwieweit eine Führungskraft Einstellungen und Verhalten der Geführten beeinflusst,
- die Leistungen der Geführten, z.B. in Form der Qualität von Produkten oder Dienstleistungen oder der Arbeitsleistung der Mitarbeiter/innen und

- die Anerkennung als Führungsperson durch z.B. deren beruflichen Aufstieg oder deren Ansehen bei den Mitarbeiter/innen

Eigenschaftsorientierte Führungstheorien haben bis in die 1960er Jahre angestrebt, Führungserfolg, den Einfluss von Führungskräften und die Frage, wer eine geeignete Führungskraft ist, anhand von stabilen und situations- sowie zeitunabhängigen Persönlichkeitseigenschaften zu erklären und vorherzusagen. Weitere Führungstheorien weisen jedoch darauf hin, dass das Verhalten der Führungskraft durch einen autoritären, laissez-faire oder demokratischen Führungsstil, die Situation bzw. den Kontext und die Geführten Einfluss auf deren Führungserfolg haben (Brodbeck et al. 2002, 330f.; Braun, Peus 2014).

Für den weiteren Verlauf der Arbeit wird Führung in Anlehnung an Brodbeck et al. (2002, 329) dadurch definiert, dass Führungskräfte ihre Mitarbeiter/innen beeinflussen, motivieren und/ oder in die Lage versetzen, zum Erreichen der Unternehmensziele beizutragen.

2.2 Merkmale, Aufgaben und Rollen von Führungskräften

Nach der Klärung des Führungsbegriffs werden nun die Merkmale von Führungskräften und Führungspositionen beschrieben und ein genauerer Eindruck davon vermittelt, mit welchen Aufgaben und Rollen sich diese in ihrem Handeln auseinandersetzen müssen.

Definition der Begriffe Karriere, Führungskraft und Führungsposition

Der Übergang in eine Führungsposition bedeutet einen Wechsel und damit einen Eintritt in die Führungskarriere. Allgemein kann Karriere als der berufliche Werdegang einer Person innerhalb oder zwischen mehreren Organisationen bezeichnet werden (Schulte-Florian 1999). Karrieren sind in ein Hierarchiesystem in einer Organisation eingebettet, welche Seitwärtsbewegungen durch Versetzungen (horizontale Karriere), Aufwärtsbewegungen in Form von Beförderungen (vertikale Karriere) und Abwärtsbewegungen in Form von Degradierungen innerhalb der beruflichen Entwicklung einer Person zulassen (Schulte-Florian 1999). Die Führungskarriere bezeichnet meist eine vertikale Versetzung einer Person innerhalb der Organisation (Friedli 2008, 251). Der Verlauf einer Karriere ist von individuellen und von organisatorischen Faktoren abhängig, wie Hermann (2004) konstatiert: „Karrieren sind als Positionsabfolge über die Zeit zu sehen, die in Abhängigkeit (…) von individuellen und/oder strukturellen Bedingungen geformt werden“ (ebd. 114).

Die Begriffe Führungskraft und Führungsposition sind alleine schon aufgrund der Schwierigkeit, einen einheitlichen Begriff für Führung zu finden, nicht einfach zu definieren und bleiben meist recht vage (Körner, Günther 2011). Führungskräfte sind laut einer der wenigen Definitionen Angestellte, die entweder Aufgaben mit umfassender Führungsverantwortung und/ oder sonstige Leitungsfunktionen wahrnehmen oder auch hochqualifizierten Tätigkeiten nachgehen (Holst et al. 2012). Wenn man dabei berücksichtigt, dass unter diese Definition auch hochqualifizierte Tätigkeiten wie die von wissenschaftlichen Angestellten oder Abteilungsleiter/innen fallen, bezeichnet die Definition Funktionen mit umfassenden Führungsaufgaben, was nicht zur Präzisierung des Führungsbegriffs beiträgt, wie Körner und Günther (2011, 435) kritisieren. Nach Becker (2007) wird als Führungskraft

> „diejenige Person im Unternehmen bezeichnet, die Führungsverantwortung für Mitarbeiter trägt und/oder im Sinne der Unternehmensführung Kompetenzen, Verantwortung und Aufgaben zur verantwortlichen Ausgestaltung von Bereichen, Ressourcen und der Organisation als Ganzes wahrnimmt, die für das Unternehmen von Bedeutung sind" (ebd., 73).

Führungskräfte können somit als Personen im Unternehmen beschrieben werden, die über Entscheidungsbefugnisse, einhergehend mit Personalverantwortung (ebd., 436), und zudem über Weisungsbefugnis gegenüber ihren Mitarbeiter/innen verfügen, was eine wichtige Grundvoraussetzung für die Führungstätigkeit darstellt (Büser, Fleps 2007). Die Anzahl von Führungskräften betrug in Deutschland entsprechend dieser Definition im Jahr 2010 vier Millionen Personen, unter ihnen nur 30% Frauen.

Körner und Günther (2011) definieren als Führungsposition eine Stelle

> „deren Inhaber/in mit Entscheidungsbefugnissen in diesen Bereichen (oder Teilen davon) ausgestattet ist. Dies trifft zunächst auf den/die Leiter/in der Organisation zu, in hierarchisch gegliederten Organisationen aber auch auf untergeordnete Führungskräfte mit jeweils definierten Entscheidungskompetenzen" (ebd., 435).

Führungspositionen lassen sich nach Hanauer (2009, 26f.) anhand der oberen, mittleren und unteren Führungsebene differenzieren, die jeweils unterschiedliche Charakteristika aufweisen. Der Einstieg in eine untere Führungsebene geschieht über die Mitarbeiterebene. Hier stehen hauptsächlich die Erfüllung operativer Maßnahmen, die kurzfristige Realisierung von Unternehmensprozessen und die Leitung von Mitarbeiter/innen im Mittelpunkt (ebd.). Führungskräfte werden auf dieser Ebene Teamleiter, Gruppenleiter, Schichtleiter oder Meister genannt. Führungskräfte auf der mittleren Führungsebene haben den Auftrag, strategische Maßnahmen des Topmanagements umzusetzen und haben stärker die Realisierung mittelfristiger Unternehmensziele im Blick. Deren Entscheidungsbefugnis ist geringer als im Top Management und bezieht sich auf Unternehmensbereiche wie z.B. Personal, Vertrieb, Marketing oder Entwicklung (Körner, Günther 2011, 436). Bezeichnungen für Führungskräfte der mittleren Ebene sind häufig Abteilungsleiter, Ressortleiter oder Bereichsleiter. Der oberen Führungsebene (Vorstand, Geschäftsführer oder Direktoren) obliegt die Aufgabe der Repräsentation des Unternehmens, das Treffen strategischer Entscheidungen für die gesamte Organisation und deren Delegation an einzelne Unternehmensbereiche. Einen Überblick über die drei unterschiedlichen Führungsebenen gibt folgende Abbildung:

Abbildung 2: Überblick über die Führungsebenen (nach Hanauer 2009, 26)

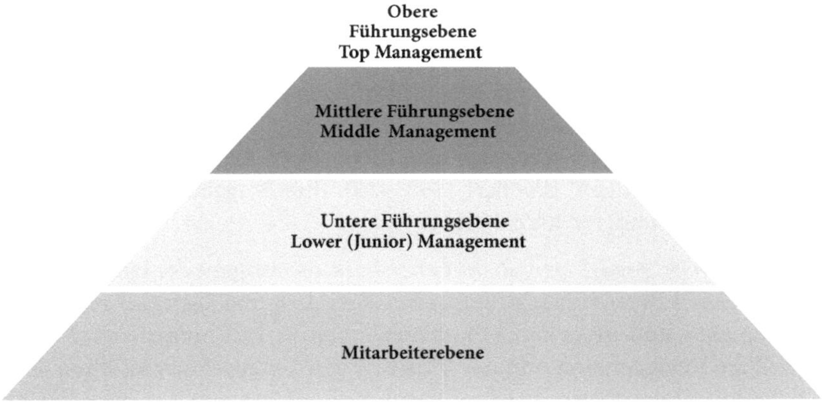

Akademiker/innen als Führungskräfte

Das bayerische Absolventenpanel (Falk, Huyer-May 2011) veranschaulicht, dass fast jede/r dritte Hochschulabsolvent/in fünf Jahre nach dem Studienabschluss über Budgetverantwortung als Aufgabe der Kostenplanung oder -kalkulation verfügt. Auch trägt ein Viertel der Akademiker/innen Personalverantwortung im Sinne von direkter Verantwortung für Beförderungen oder Gehaltserhöhungen. Eine Differenzierung nach Fächergruppen gibt folgendes Bild:

> „Am häufigsten üben Absolventen der Wirtschaftswissenschaften (...) eine Führungsposition aus. Zwischen 35 und 48 Prozent der Absolventen dieser Fächer sind entweder leitende Angestellte oder haben eine mittlere Leitungsposition. Ein vergleichsweise hoher Anteil von Personen in Leitungspositionen (zwischen 30 und 44 Prozent) findet sich

zudem bei Absolventen der Pädagogik, Soziologie, Sozialpädagogik und Sozialarbeit. (...) In den Naturwissenschaften arbeiten häufig an Universitäten ausgebildete Informatiker und Wirtschaftsinformatiker in einer Führungsposition (45 bzw. 43 Prozent). Biologen und an Fachhochschulen ausgebildeten (Wirtschafts)Informatikern gelingt es seltener, eine Führungsposition zu erreichen. In der Gruppe der Ingenieurwissenschaften erreichen vor allem Maschinenbauer, Bauingenieure, Architekten mit Universitätsabschluss sowie Ingenieure sonstiger Ingenieurwissenschaften eine Führungsposition" (Falk, Huyer-May 2011, 37).

Die Ergebnisse zeigen zum einen, dass ein Studium die Chancen auf die Übernahme einer Führungsposition erhöht. Zum anderen wird auf eine Vorbereitung auf spätere Führungstätigkeiten im Studium wesentlich weniger Wert gelegt als auf die Vermittlung fachlicher Kompetenzen. Akademiker/innen werden somit in ihrer Ausbildung kaum auf die Übernahme von Führungsaufgaben vorbereitet (Lödermann, Scharrer 2011; 2010).

Aufgaben von Führungspersonen

Die Aufgaben der Führungskraft liegen darin, „aufgabenrelevante Gruppenaktivitäten zu initiieren, zu kontrollieren, zu planen, zu leiten, zu koordinieren, und sie auf das Erreichen des vorbestimmten Zieles, eines Arbeits- bzw. Organisationszieles hin, zu lenken" (Weinert 1998, 419). Ihre Aufgaben sind im Kontext von Führung (Wunderer 2007, 10f.):

1. *Wahrnehmen, Analysieren, Reflektieren:* Es ist die Aufgabe der Führungskraft, den eigenen Bereich den strukturellen Vorgaben und Unternehmenszielen anzupassen und diese den Mitarbeiter/innen zu kommunizieren. Von ihr wird die Interpretation und das Vorleben von Unternehmenswerten, deren Belohnung bei erfolgreicher Realisierung, die effiziente und erfolgreiche Koordination von Gruppenprozessen und ein konstruktives Konfliktmanagement erwartet.
2. *Informieren, Kommunizieren, Konsultieren:* Information, Kommunikation und Konsultation in Form von Wissensmanagement stellen zentrale Aufgaben von Führungskräften dar, die vor dem Hintergrund der zunehmenden Veränderungen der Arbeitswelt immer mehr an Bedeutung gewinnen.
3. *Motivieren, Identifizieren:* Zum Erhalt bzw. zur Steigerung der Leistung der Geführten ist es notwendig, deren Motive entsprechend ihren Eignungen und Neigungen zu fördern. Führungspersonen haben bereits bei Auswahl- und Einsatzentscheidungen Einfluss auf die Motivation von Mitarbeiter/innen, und es stellt sich an sie die Anforderung, Motivationsblockaden bei den Geführten zu erkennen und zu beheben.

4. *Entscheiden, Koordinieren, Kooperieren, Delegieren:* Die Beeinflussung von Verhaltensweisen der Geführten verlangt von der Führungskraft, Entscheidungen zu treffen, mit Mitarbeiter/innen, Kolleg/innen, Vorgesetzten und anderen Abteilungen zu kooperieren, Aufgaben- und Verantwortungsbereiche festzulegen sowie Aufgaben und Kompetenzen zu delegieren.
5. *Entwickeln, Evaluieren, Gratifizieren:* Die Entwicklung, Evaluation und Gratifikation von Arbeitnehmer/innen zählt zu weiteren Aufgaben einer Führungskraft. Diese Funktionen erfordern, dass sie die Geführten in ihrer Entwicklung unterstützt, deren Leistung beurteilt, sie materiell belohnt und ihnen ein konstruktives Feedback dazu gibt, ihnen Anerkennung zuteil werden lässt und konstruktive Kritik übt.

Führungskräfte übernehmen nach Armutat (2009, 13) innerhalb ihrer vielfältigen Tätigkeiten auch Personalaufgaben. Als Vorgesetzte sind sie zuständig für die Personalplanung und haben einen hohen Anteil an Entscheidungen hinsichtlich der Auswahl ihrer Mitarbeiter/innen und deren Vorbereitung auf weiterführende berufliche Aufgaben und somit an der Nachwuchsförderung. In der Personalbetreuung sind sie verantwortlich für die Gestaltung des Arbeitsklimas, unterstützen die Geführten bei Problemlösungen und verfügen über personalrechtliche Informationen. In diesem Zusammenhang beeinflussen sie die Motivation und die Bindung von Mitarbeiter/innen an das Unternehmen durch ihr Führungsverhalten und ihre Vorbildfunktion (Armutat 2009).

Regnet (2003, 52) fasst relevante Merkmale der Führungstätigkeit zusammen: Der Arbeitsalltag ist durch einen hohen zeitlichen Aufwand für direkte Kommunikation, wenig Zeit für konzeptionelle Tätigkeiten, unterschiedliche Aufgaben mit einem jeweils kurzen Arbeitszyklus, hohe Verdichtung von Arbeit, ständigen Zeitdruck, hohe Handlungsorientierung, häufige Abwesenheit, Arbeitsunterbrechungen und Dienstreisen geprägt. Die Akademie für Führungskräfte (2009) hat 547 Führungskräfte befragt, wie viel Zeit sie für bestimmte Aufgaben pro Monat aufwenden. Die folgende Abbildung veranschaulicht, welche Schwerpunkte die monatlichen Aufgaben von Führungskräften darstellen.

Abbildung 3: Aufgaben von Führungskräften (Akademie für Führungskräfte 2009, 16)

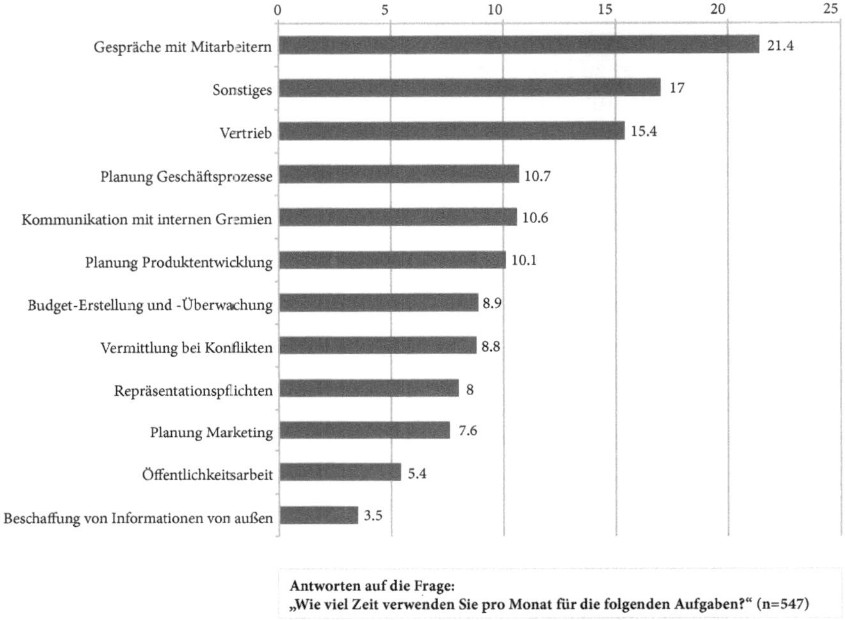

Aus der Abbildung wird ersichtlich, dass der Großteil der Zeit einer Führungskraft für Gespräche mit Mitarbeiterinnen, für sonstige Aufgaben und für Vertriebsaufgaben aufgebracht wird. Dagegen bleibt für planerische oder konzeptionelle Tätigkeiten im Gegensatz zu Kommunikationsaufgaben erheblich weniger Zeit.

Führungsrollen

Mit dem Eintritt in eine Führungsposition erfolgt die Übernahme der Führungsrolle. Rollen stellen Erwartungen von den eigenen Vorgesetzten, Mitarbeiter/innen, Kunden und weiteren Personengruppen dar, mit welchen die Führungskraft in der Durchführung ihrer Aufgaben konfrontiert wird.

Der symbolisch interaktionistische Rollenansatz (Mead 1978) geht davon aus, dass keine objektive Wirklichkeit, sondern in der konkreten Interaktion ausgehandelte symbolvermittelte Bedeutungen das Handeln von Subjekten beeinflussen (Neuberger 2002, 332). Die Führungsperson erhält einen aktiven Part in der Formulierung und der inhaltlichen Festlegung der Rollenerwartungen. Rollen entstehen und bilden sich somit durch Fremdzuschreibungen und durch den eigenen Beitrag der betroffenen Person. Beziehungen zwischen den Führenden und den Geführten sind interaktiv in der gegenseitigen Wechselbeziehung mit anderen und transaktiv, indem sich beide Parteien im Sinne einer Transformation verändern, wobei eine neue Qualität erreicht wird.

> „Durch die wechselseitig kommunizierten Erwartungen wird es Personen, die es miteinander zu tun haben, möglich, mit ziemlicher Sicherheit vorherzusehen, mit welchem Verhalten sie in typischen oder relevanten Situationen zu rechnen haben. Rollen sind also keine allumfassenden Handlungsvorschriften, sondern nur positions- und lagesspezifische Festlegungen. Ein und derselben Person können in verschiedenen sozialen Bezügen verschiedene Erwartungsträger gegenüberstehen" (Neuberger 2002, 332).

Mintzberg (1973; 2004) hat zehn Rollen herausgearbeitet, mit denen Führungskräfte konfrontiert werden. Die verschiedenen Rollen sind eng miteinander verwoben, bilden ein integriertes Gesamtkonzept und können jeweils unter eine ihnen übergeordnete Rollengruppe (informelle, Entscheider- oder interpersonelle Rolle) subsummiert werden, wie folgende Tabelle aufzeigt (vgl. ausführlich Mintzberg 2004).

Tabelle 1: Führungsrollen nach Mintzberg (2004)

1. Interpersonelle Rollen	2. Informelle Rollen	3. Entscheiderrollen
• Repräsentant • Verantwortlicher • Verbindungsmann	• Beobachter • Informant • Sprecher	• Unternehmer • Problemlöser • Verteiler • Unterhändler

Daraus ergibt sich für die Führungskraft eine hohe Rollenvielfalt. Die Erwartungen der verschiedenen Bezugsgruppen (wie die der eigenen Mitarbeiter/innen oder der Vorgesetzten) mit denen sie interagiert, sind unterschiedlich, häufig konträr und widersprüchlich zueinander und müssen von ihr allesamt vereint werden (Neuberger 2002, 320). Ein Überblick über die Bezugsgruppen, die Erwartungen an die Führungskraft richten, wird in der folgenden Abbildung gegeben.

Abbildung 4: Die Rollen einer Führungskraft (Lohaus, Habermann 2012, 6)

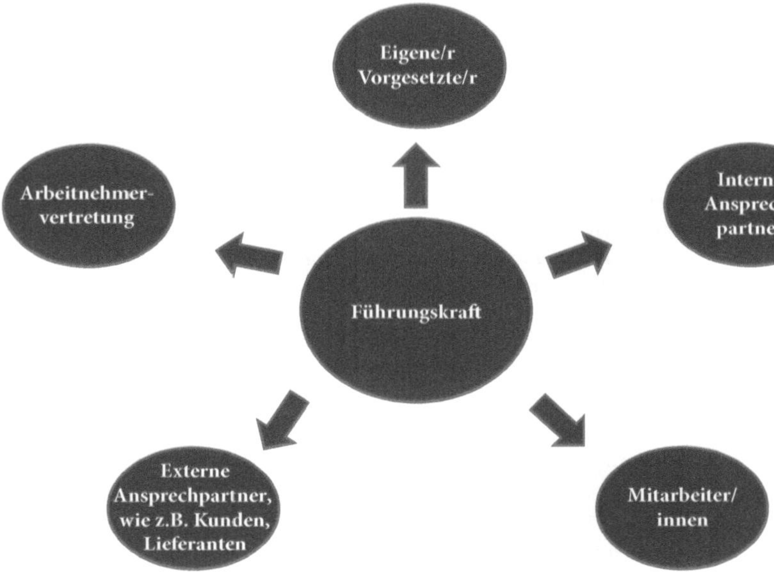

2.3 Kompetenzanforderungen an Führungskräfte

Nachdem eine Klärung der Begriffe Führung und Führungskraft stattgefunden hat und auch die Aufgaben und Rollen von Führungskräften dargestellt wurden, schließt sich nun die Frage an: Welche Kompetenzen benötigen Führungskräfte, um die an sie herangetragenen Aufgaben erfolgreich zu bewältigen?

Kompetenzen können als „Selbstorganisationsdispositionen des Individuums" (Erpenbeck, Heyse 2007, 159) bezeichnet werden. Wenn eine Person aufgrund unterschiedlicher Dispositionen eine Handlung selbstorganisiert ausführt, spricht man von einer Kompetenz. Hierbei beinhalten die Dispositionen Anlagen, Bereitschaften und Fähigkeiten. Die Handlungsergebnisse sind nicht voraussagbar. Die Voraussetzung hierfür ist die Kombination von Wissen, Fähigkeiten, Motiven, Interessen und Präferenzen. Erpenbeck und Heyse (ebd.) unterscheiden vier Arten von Kompetenzen:

1. *Personale Kompetenzen* als die Dispositionen, reflexiv zu handeln und produktive Einstellungen und Motive zu entwickeln, Begabungen sowie Motivationen auszudrücken

2. *Aktivitäts- und Handlungskompetenzen* als die Dispositionen, Emotionen, Motivationen, Fähigkeiten und Erfahrungen erfolgreich umzusetzen
3. *Fachlich-methodische Kompetenzen* als die Dispositionen, fachliche Fragen und Probleme mit fachlichem und methodischem Wissen, Fähigkeiten und Fertigkeiten selbstorganisiert zu lösen.
4. *Sozial-kommunikative Kompetenzen* als die Dispositionen des Individuums zu kommunikativen, kooperativen und selbstorganisierten Handlungen, für beziehungs- und gruppenorientiertes Verhalten und die Entwicklung neuer Aufgaben, Pläne und Ziele.

Schirmer et al. (2009) weisen daraufhin, dass erst durch das Zusammenwirken von personalen, fachlichen, methodischen und sozialen Kompetenzen Führungskompetenz entstehen kann und beschreiben sie als

> „die Fähigkeit, auf der Grundlage subjektiv bewerteter Situationsanforderungen, eigener Fähigkeiten und Kenntnisse sowie der vorherrschenden Unternehmenskultur, allein oder im Zusammenwirken mit anderen, ein zweckmäßiges Handlungsmuster zum Erreichen von Führungszielen zu entwerfen, umzusetzen und zu kontrollieren" (ebd., 26).

Welche Kompetenzen Führungskräfte benötigen, hat das RKW Rationalisierungs- und Innovationszentrum der Deutschen Wirtschaft e.V. (Hedtmann, Bechert 2006) durch die Analyse der Wertvorstellungen, Karrieren und des Arbeitsumfeldes von 201 Führungskräften im Management in deutschen Unternehmen und sozialen Einrichtungen untersucht. Als wichtigste Führungskompetenzen werden an erster Stelle Kommunikationsfähigkeit, an zweiter Stelle Entscheidungs- und Konfliktfähigkeit, an dritter Stelle die Identifikation mit dem Unternehmen und an vierter Stelle persönliche Integrität genannt.

Zenger et al. (2011, 2010) identifizierten 16 Kompetenzen von Führungskräften, „die stark mit positiven geschäftlichen Ergebnissen wie höherer Profitabilität, besserer Mitarbeitermotivation, mehr Umsatz und höherer Kundenzufriedenheit korrelieren" (Zenger et al. 2011, 32). Die folgende Tabelle veranschaulicht, welche 16 Kompetenzen einen signifikanten Zusammenhang zum ökonomischen Erfolg eines Unternehmens aufweisen und damit als Kompetenzanforderungen an Führungskräfte betrachtet werden können.

Tabelle 2: Kompetenzen von Führungskräften (Zenger et al. 2011, 34f.)

Ergebnis-orientierung	Einsatz für Wandel	Charakter-eigenschaft	Persönliche Fähigkeiten	Zwischenmensch-liche Fähigkeiten
• konzentriert sich auf Ergebnisse • setzt anspruchsvolle Ziele • ergreift Initiative	• vernetzt und schafft Verbindungen zur Außenwelt • setzt sich für Wandel ein • entwickelt strategische Perspektiven	• ist ehrlich und integer	• verfügt über fachlich/ technisches Wissen • analysiert und löst Probleme • ist innovativ • entwickelt eigene Fähigkeiten weiter	• kommuniziert umfassend und wirkungsvoll • inspiriert und motiviert andere • knüpft Beziehungen • fördert die Entwicklung anderer • kooperiert und fördert Teamwork

Zenger et al. (ebd.) bringen mit ihren Befunden zum Ausdruck, dass Führungskräften Ergebnisorientierung, z.B. durch das Setzen hoher Ziele und durch Innovationsfähigkeit, verstärkt abverlangt wird. Ehrlichkeit und Integrität, Kommunikations- und Kooperationsfähigkeit, Fachkompetenz sowie die Fähigkeit, andere zu motivieren, stellen weitere relevante Kompetenzanforderungen dar.

Für von Rosenstiel (2008, 11) beziehen sich Kompetenzen, die Führungskräfte benötigen, auf Fachkompetenz, Führungskompetenzen und soziale sowie personale Kompetenzen in Form eines verantwortlichen Umgangs mit sich selbst im Sinne der Fähigkeit zur Selbstführung. Dieses begründet er damit, dass Fachkompetenz zwar nützlich ist, darin jedoch nicht die alleinige Legitimation von Führung besteht. Da die Mitarbeiter/innen aufgrund der Halbwertzeit von Wissen der Führungskraft meist in ihrem Spezialgebiet an Wissensbeständen überlegen sind, benötigt diese ein spezifisches Generalistenwissen, das sich auf die Koordination und Delegation von Aufgaben beschränkt. Dies setzt soziale Kompetenzen und Führungskompetenzen voraus, um in Abstimmung mit den Geführten deren Handeln planen, koordinieren, umsetzen und kontrollieren zu können (von Rosenstiel 2008).

Interessant im Hinblick auf die Motivierung von Mitarbeiter/innen ist ein Ergebnis der Akademie für Führungskräfte (2009, 19), die 545 Führungskräfte dazu befragte, wie wichtig bestimmte Kompetenzen einer Führungsperson sind, um die Geführten zu motivieren. Wahrhaftigkeit/ Authentizität, Begeisterungsfähigkeit, Belastbarkeit, Einfühlungsvermögen und Moderationskompetenz sind den Befragten am wichtigsten, um ihre Mitarbeiter/innen motivieren zu können.

2.4 Zusammenfassung

In diesem Kapitel wurde ein Überblick darüber gegeben, durch welche Merkmale sich Führungstätigkeiten charakterisieren lassen, und mit welchen Aufgaben und Kompetenzanforderungen Führungskräfte konfrontiert werden. Führungspositionen zeichnen sich durch verschiedene Aufgabenfelder aus, bei denen eine Führungskraft mit unterschiedlichen Personengruppen interagiert und dabei vielfältige und häufig konträre Rollenanforderungen im Blick haben muss. Durch die Analyse verschiedener Studien lässt sich ein Profil an Kompetenzanforderungen konturieren, das Führungskräften neben Fach- und Führungskompetenzen in hohem Maße soziale und personale Kompetenzen in Form von Kommunikations- und Kooperationsfähigkeit, Empathie, Ergebnisorientierung, Innovationsfähigkeit und Integrität abverlangt.

Im Anschluss an die Skizzierung der Rollen- und Kompetenzanforderungen von Führungskräften sollen nun für die Entwicklung der Fragestellungen und für das weitere Verständnis der eigenen Untersuchung jene Mitarbeiter/innen im Mittelpunkt des folgenden Abschnitts stehen, die den Wechsel zur Führungskraft vollziehen: Die Nachwuchsführungskräfte bzw. High Potentials eines Unternehmens. Die Voraussetzung für die Transition ist, dass ein Mitarbeiter oder eine Mitarbeiterin, als potentieller Führungsnachwuchs entdeckt, als solcher identifiziert und für eine Führungsposition ausgewählt wird. Daher steht im folgenden Abschnitt die Beantwortung der Frage im Mittelpunkt, welche Kompetenzen und Verhaltensweisen einer Nachwuchskraft ausschlaggebend sind, damit sie von Entscheidungsträgern als potentielle Führungskraft identifiziert und für eine Führungsposition ausgewählt wird, um den Übergang vollziehen zu können.

3. Nachwuchsführungskräfte und High Potentials

Die Mitarbeiter/innen, welche den Übergang in die erste Führungsposition meistern müssen und im Mittelpunkt der Analyse der vorliegenden Untersuchung stehen, sind die Nachwuchsführungskräfte bzw. High Potentials (HP) eines Unternehmens. Aufgrund des demographischen Wandels wird deren Rekrutierung, Identifizierung und Förderung in den letzten Jahren immer mehr als eine Möglichkeit zur Lösung des Fach- und Führungskräftemangels betrachtet (Scheuvens 2012). Ihnen wird daher eine immer größere Beachtung in den Unternehmen zuteil (Kienbaum 2012; CIPD 2012; Fernández-Aráoz et al. 2011; IBM 2007), was durch entsprechende unternehmensinterne High Potential-Programme erkennbar wird (Silzer, Church 2010). Da eine wesentliche Bedingung für die Transition in eine Führungsrolle die Attestierung von Führungspotential ist, werden in diesem Kapitel nach einer Klärung der Begriffe Potential, Nachwuchsführungskraft und High Potential Ergebnisse des Forschungsstandes über die Auswahlkriterien von Nachwuchsführungskräften aus Unternehmenssicht zusammengetragen und diskutiert.

3.1 Definition und Begriffsunterschiede

Auch wenn eine allgemeine Definition von Nachwuchsführungskraft oder High Potential aufgrund individueller Unterschiede der Branche oder des Unternehmens laut Heymann (2009) nicht möglich ist, können High Potentials und Nachwuchsführungskräfte dennoch als die zukünftigen Führungskräfte des Unternehmens bezeichnet werden (Bauer 2003; Silzer, Church 2010; Pepermans et al. 2003; Ready et al. 2010b). Aus Sicht von Entscheidungsträgern im Unternehmen verfügen sie über bestimmte Eigenschaften und Kompetenzen, die in deren Wahrnehmung in einem Zusammenhang mit der späteren erfolgreichen Erfüllung von Führungsaufgaben stehen. Ihnen werden dementsprechend bestimmte Kompetenzen zugesprochen, durch die sie einen künftigen Wertschöpfungsbeitrag für das Unternehmen erbringen sollen. Darüber hinaus lassen sich Unterschiede zu anderen Mitarbeitergruppen im Unternehmen feststellen, wie Pepermans et al. (2003) darlegen:

> „HPs seem to be a specific category within the group of employees, with different needs, motivations, and behaviors other than "regular" employees. These individuals usually advance at a younger age than their peers, and they are part of an ascendancy group considered to be the company's future leadership pool" (ebd., 660f.).

Berke (2012, 19) unterscheidet zwischen einer engen Definition von High Potentials, dass diese entweder die Fähigkeiten besitzen, zwei Ebenen über ihrer jetzigen Position eine Führungsposition einnehmen zu können, und einer weiten Definition, dass High Potentials diejenigen Mitarbeiter/innen sind, die es aufgrund ihres Potentials bis an die oberste Spitze des Unternehmens schaffen. Er kritisiert beide Definitionen für ihren sowohl zu allgemeinen als auch zu einschränkenden Charakter:

> „Such definitions are both too general and too limiting – too general because they provide little specific guidance for selecting high potentials, and too limiting because they contain an implicit or sometimes explicit assumption that being high potential means being capable of filling a position at the highest rungs of the organization" (ebd., 19).

Nach Steinweg (2009, 4) sind Nachwuchsführungskräfte die Mitarbeiter/innen des Unternehmens, die doppelt so viel Produktivität und Umsatz wie andere Arbeitskräfte erzielen und häufig als High Performer oder High Potentials gelten (Ritz, Sinelli 2010, 8; Thom, Friedli 2008). Für den weiteren Verlauf dieser Arbeit sollen die Begriffe High Potential und Nachwuchsführungskraft synonym verwendet werden.

High Performer und High Potentials unterscheiden sich darin, dass sich bei High Potentials Potential auf zukünftige Leistungen bezieht, während bei High Performern die aktuelle oder vergangene Leistung im Mittelpunkt steht. „High potential is very different from high performance. High performers may be at the top of their game, but the question is how well will they adapt to changes? Potential is about future performance, not past performance" (Walker, LaRocco 2002, 13). Die Annahme, dass durch bisherige oder aktuelle Leistung zukünftige Leistung prognostiziert werden kann, ist ein umstrittener Punkt, da nach einer Befragung von 20.000 Nachwuchsführungskräften weltweit nur 30% der High Performer in Wahrheit High Potentials sind, und damit spätere Führungsaufgaben erfolgreich bewältigen können (Martin, Schmidt 2010). „Managers often identify their highest performers as top talent, even though they may lack the potential agility and capabilities needed to progress rapidly" (Walker, LaRocco 2002, 12). Auf der anderen Seite trägt eine hohe Leistung dazu bei, im Unternehmen und bei Selektionsverantwortlichen wahrgenommen zu werden, wodurch einige High Potentials gleichzeitig auch High Performer sind (Martin, Schmidt 2010). Eine bisher hohe Arbeitsleistung gilt dabei nicht als Garant für eine weiterhin gleichbleibend hohe Leistung in einem künftig erweiterten Arbeitsfeld. Es ist dagegen mehr das Potential einer Nachwuchskraft, das einen Einfluss auf zukünftige Leistungen ausüben kann, was im Folgenden näher erklärt werden soll.

3.2 Klärung des Potentialbegriffs und praktische Umsetzung

Potential bezieht sich auf eine aktuelle Arbeitsleistung oder Aufgabenerfüllung, impliziert aber auch, dass eine Person Eigenschaften in Form von Fähigkeiten, Begabungen, Erfahrungen und Motivation besitzt, um aktuelle Rollenerwartungen effektiv zu erfüllen und um zu einem späteren Zeitpunkt andere Rollen mit mehr Verantwortung im Unternehmen übernehmen zu können (Silzer, Church 2009; Fernández-Aráoz et al. 2011; Steinweg 2009). Zukünftige Entwicklungs-, Lern- und Leistungsfähigkeit sind die zentralen Bestandteile von Potential, wie durch die folgende Definition erkennbar wird:

> „The construct of potential or talent potential, as used by many organizations, refers to the possibility that individuals can become something more than what they currently are. It implies further growth and development to reach some desired end" (Silzer, Church 2009, 4).

Auch wenn Potential sowohl einen Zukunfts- als auch Gegenwartsbezug hat, muss es anhand von Fähigkeiten und Eigenschaften zum Betrachtungszeitpunkt nicht immer sichtbar sein. Gründe dafür können darin liegen, dass die Fähigkeiten zum Zeitpunkt der Bewertung nicht ausgeprägt waren oder weil sich bisher keine Gelegenheiten boten, diese Fähigkeiten zu zeigen (Thomas 2003, 87). Lombardo und Eichinger (2000, 322) beschreiben Potential als die Lernfähigkeit einer Person, neue bzw. unterschiedliche Fähigkeiten zu erwerben, um diese in neuartigen sowie ungewohnten Situationen anwenden zu können. „In our definition, potential involves learning new skills (...) in order to perform in first-time situations" (ebd.).

Die Definition von Potential variiert in Unternehmen sehr stark. Zudem ist kein einheitlicher Begriff in den Unternehmen vorzufinden und Potential wird auch selten definiert (Karaevli, Hall 2003; Silzer, Church 2009). Stattdessen steht bei der Identifikation von Nachwuchsführungskräften meist die Frage „Potential wofür?" im Mittelpunkt (Silzer, Church 2010, 221). Dieses „Wofür" kann eine zukünftige Position, einen Verantwortungsbereich oder einen Endzustand darstellen, welchen eine Person erreichen kann.

Silzer und Church (ebd.) haben durch die Befragung von 20 Großunternehmen verschiedene Definitionen von High Potentials herausgearbeitet und unterscheiden Kategorien von Potential nach

1. *der Rolle* – das Potential in Top- oder Seniormanagementrollen aufzusteigen (35 Prozent der Unternehmen)
2. *dem Karrierelevel* – das Potential zwei Ebenen über dem jetzigen Karrierelevel aufzusteigen und dort effektiv zu agieren (25 Prozent der Unternehmen)

3. *dem Arbeitsumfang* – das Vermögen, einen umfangreicheren Aufgabenbereich und Führungsaufgaben zu übernehmen sowie zukünftiges Führungspotential zu entwickeln (25 Prozent der Unternehmen)
4. *dem Aufgabenbereich* – eine außergewöhnlich hohe Leistungsbilanz (10 Prozent der Unternehmen).
5. *der strategischen Position* – Schlüsselpositionen, welche den Kern des unternehmerischen Erfolgs darstellen
6. *des strategischen Bereichs* – Funktionen, Geschäftseinheiten und geographische Gebiete, welche im Mittelpunkt der strategischen Ziele des Unternehmens stehen

Breisig (2014, 29) unterscheidet drei verschiedene Arten von Potential und zwar nach dem „seitlichen Potential", was die Versetzbarkeit einer Person auf dem gleichen Hierarchieniveau bezeichnet, nach dem Fachpotential für Fach- oder Spezialistenkarrieren und nach dem Führungspotential als Eignung einer Nachwuchskraft oder deren Entwickelbarkeit für die Übernahme von Führungspositionen mit Personalverantwortung.

3.3 Kriterien zur Auswahl von Nachwuchsführungskräften

Charakteristika von Führungspotential respektive Auswahlkriterien von Nachwuchsführungskräften wurden in den letzten Jahren in einer Vielzahl empirischer Studien untersucht (vgl. Hogan et al. 1994; McCall 1994; Spreitzer et al. 1996; Lombardo, Eichinger 2000; Pepermans et al. 2003; Silzer, Church 2010; Martin, Schmidt 2010; Dries, Pepermans 2012). Im Mittelpunkt der meisten Untersuchungen standen die folgenden Fragen: Was sind die Kriterien, die Nachwuchskräfte zu High Potentials bzw. zu Nachwuchsführungskräften machen und durch welche Eigenschaften und Kompetenzen einer Person lässt sich auf deren Potential schließen, eine Führungsposition zu übernehmen? Antworten auf diese Fragen sollen im folgenden Teil gegeben werden, indem aktuelle und relevante Forschungsergebnisse zu den Auswahlkriterien von High Potentials zusammengetragen werden.

Lernfähigkeit als das zentrale Auswahlkriterium bei Nachwuchsführungskräften

Eine maßgebliche Studie für die Forschung zur Identifizierung von Führungspotential stellen die Ergebnisse von Lombardo und Eichinger (2000) dar. Diese betrachten „High Potentials as High Learners" (ebd., 321) und stellen Lernfähigkeit als das übergeordnete Auswahlkriterium in den Mittelpunkt der Auswahl von Nachwuchsführungskräften:

„Effective managers and professionals learn and change across time and that this new learning matters for performance. The skills acquired so far are certainly an issue in selection of high potentials: more so is what they can acquire in the future – their skill in learning to do what they don't yet how to do" (Lombardo, Eichinger 2000, 323).

Die Kompetenzanforderungen an High Potentials bestehen häufig aus Faktoren, die aktuelle Führungskräfte besitzen oder besitzen sollten. Daher folgt der Identifizierungsprozess von Nachwuchsführungskräften größtenteils der Zielsetzung, bei Personen, die weniger bzw. noch keine Führungserfahrungen haben, nach frühen Anzeichen für diese Kompetenzen zu suchen. Lombardo und Eichinger (ebd., 321) sprechen dieser Vorgehensweise ihre Berechtigung zu, kritisieren sie aber dafür, dass sie jungen Führungskräften keine Entwicklung zugestehe, an sie die gleichen Erwartungen wie an ältere Führungspersonen richte und nicht die Veränderung von Führungsaufgaben bedenke. Da Menschen in ihrem Karriereverlauf lernen, sich entwickeln und sich verändern können, dürfen an Nachwuchsführungskräfte nicht die gleichen Erwartungen wie an Führungskräfte gestellt werden. Stattdessen beziehen sich Kompetenzanforderungen auf die Lernfähigkeit der Person und sowohl auf veränderbare als auch auf unveränderliche Kompetenzen. „Selection should be a combination of looking at those characteristics that don't change much and can be detected early (such as intelligence) and those that flower across time as the person learns to deal with fresh situations" (Lombardo, Eichinger 2000, 321). Für die Auswahl von Nachwuchsführungskräften wurden von den Autor/innen (ebd., 321f.) vier Faktoren von Lernfähigkeit ermittelt, die einen signifikanten Zusammenhang mit der Eignung einer Person für Führungsaufgaben aufzeigen:

1. *People Agility* (beschreibt Personen, die u.a. aus Erfahrungen lernen und mit anderen konstruktiv umgehen können)
2. *Results Agility* (beschreibt Personen, die selbst unter schwierigen Bedingungen Ergebnisse erzielen und auch andere zu höherer Leistung anspornen)
3. *Mental Agility* (beschreibt Personen, die mit Komplexität und Ambiguität vertraut sind und über innovative Problemlösestrategien verfügen)
4. *Change Agility* (beschreibt Personen, die mit neuen Lösungsansätzen experimentieren und an Kompetenzentwicklung interessiert sind).

Leistung, Motivation und Führungskompetenz als Auswahlkriterien von High Potentials

Martin und Schmidt (2010) sowie Silzer und Church (2010) veranschaulichen, dass für Entscheidungsträger in den Unternehmen jeweils unterschiedliche Kompetenzanforderungen relevant sind, dass aber Leistungsfähigkeit, Potential und

Führungskompetenz als die relevantesten Auswahlkriterien für High Potentials betrachtet werden können.

High Potentials zeichnen sich nach den Ergebnissen von Martin und Schmidt (2010) durch Begabung, Leistungsfähigkeit, Engagement sowie durch das Streben nach Aufstieg aus.

1. *Begabung und Leistungsfähigkeit:* Nachwuchsführungskräfte verfügen sowohl über angeborene als auch erlernte geistige, fachliche und soziale Kompetenzen, welche meist mit den Anforderungen an erfolgreiche Führungskräfte gleichgesetzt werden. Die Kompetenzanforderungen haben einen eher breiten und allgemeinen Charakter, da High Potentials eine Vielzahl möglicher Führungspositionen übernehmen sollen sowie komplexere Aufgabenstellungen bewältigen müssen. An sie wird die Aufgabe gestellt, ein Team anzuleiten, was die Fähigkeiten impliziert, andere zu führen, zu begeistern, in ihrer Entwicklung zu fördern und zu unterstützen. Wan (2011) nennt darüber hinaus emotionale Resilienz als weitere wichtige Eigenschaft für den späteren Umgang mit unter Umständen auch belastenden Situationen als Führungskraft.
2. *Engagement:* Ein weiteres Auswahlkriterium stellt eine persönliche Verbindung und Verpflichtung in Form von Engagement dar, welche die Nachwuchskraft gegenüber dem Arbeitgeber empfindet und zeigt.
3. *Aspiration:* Das Streben nach Anerkennung, Weiterentwicklung und nach zukünftiger Belohnung des persönlichen Einsatzes stellt ein weiteres Auswahlkriterium von High Potentials dar. Für Wan (2011) verfügen High Potentials über die Motivation, zu führen und einen beruflichen Aufstieg erreichen zu wollen, aber auch über Eigeninitiative, welche es ihnen ermöglicht, Karrierechancen und Entwicklungsherausforderungen für sich selbst wahrzunehmen und zu verfolgen.

Elprana et al. (2012) haben das bisher wenig erforschte Konstrukt der Führungsmotivation genauer in Bezug auf die Frage hin untersucht: „Was motiviert Menschen zu führen, bzw. was hält sie davon ab?“ (ebd., 202). Ihren Ergebnissen nach sind an erster Stelle die passenden Eigenschaften einer Person (72%), an zweiter Stelle die Führungsmotivation (68%) und erst an dritter Stelle situationale Rahmenbedingungen (58%) die grundlegenden Voraussetzungen für eine Führungskarriere. Personelle Faktoren als auch Kontextfaktoren sind demnach dafür ausschlaggebend, dass eine Nachwuchskraft eine Führungsposition übernehmen kann. Bestimmte Faktoren motivieren eine Person, eine Führungsposition anzustreben, oder sie können sie auch davon abhalten:

„Gestaltung, Autonomie, Verantwortung, Bestätigung, Mentoring und Wachstum. Es ist anzunehmen, dass Personen mit entsprechenden Interessen ein besonderes Befriedigungspotenzial in Führungspositionen vorfinden, selbst wenn sie sich bislang nicht konkret mit der Möglichkeit einer Führungskarriere auseinandergesetzt haben. Als Gegenpol zu diesen Anreizen wurden auch motivationale Hindernisse wie der emotionale Druck, der Verlust inhaltlichen Arbeitens sowie der Work-Life-Conflict benannt" (Elprana et al. 2012, 208f.)

Silzer und Church (2010) haben eine Rangfolge der Auswahlkriterien von Nachwuchsführungskräften ermittelt und 20 Unternehmen dazu befragt, welche Kriterien sie für die Bestimmung von Führungspotential benutzen. Die Unternehmen messen den Auswahlkriterien jeweils eine unterschiedlich hohe Relevanz zu, wie folgende Abbildung veranschaulicht.

Abbildung 5: Faktoren für die Bestimmung von Führungspotential (nach Silzer, Church 2010, 244f.)

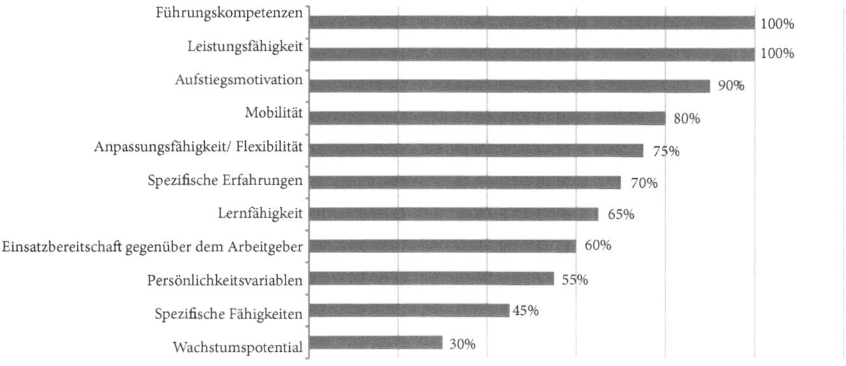

Wie aus der Abbildung ersichtlich wird, schätzen alle Unternehmen Führungskompetenzen und Leistungsfähigkeit als wichtige Indikatoren von Führungspotential ein. Die Motivation, beruflich voranzukommen, wird von 90% und damit vom Großteil der Unternehmen als Kriterium zur Bestimmung von Führungspotential herangezogen. Mobilität – die Bereitschaft an einen anderen Ort zu ziehen – stellt einen Faktor dar, der für mehr als drei Viertel der Unternehmen an vierter Stelle bei der Identifizierung von Führungspotential steht. Auffällig an den Ergebnissen ist, dass Mobilität nicht als Eigenschaft oder Kompetenz, sondern als Bereitschaft einen hohen Einfluss auf die Wahrnehmung des Potentials aus Sicht der Entscheidungsträger hat. Anpassungsfähigkeit, Flexibilität, Lernfähigkeit und spezifische berufliche Erfahrungen sind im Vergleich dazu für zwei Drittel bis drei Viertel der Unternehmen weniger relevante Auswahlkriterien.

Einsatzbereitschaft gegenüber dem Arbeitgeber und Persönlichkeitsvariablen wie z.B. Vertrauen gegenüber anderen, Integrität und spezifische berufliche Fähigkeiten zählen für ca. die Hälfte der Unternehmen zu Indikatoren, die sie für die Identifizierung von Führungspotential benutzen. Das Kriterium, das bei den Unternehmen die geringste Beachtung erfährt, ist das Wachstumspotential einer Person (in 30% der Unternehmen).

Wie Ready et al. (2010b) in zahlreichen Befragungen von Selektionsverantwortlichen, High Potentials und Führungskräften über die letzten Jahre festgestellt haben, ist die Benennung der Auswahlkriterien von High Potentials nicht einfach zu bewerkstelligen. „We were surprised to learn that the 'anatomy' of a high-potential employee was not easy for many of them to articulate" (ebd., 52). Neben einer höheren Leistung oder bestimmten Verhaltensweisen unterscheiden sich Nachwuchsführungskräfte nach den Autor/innen von anderen Mitarbeiter/innen darin, dass sie sich stärker mit der Unternehmenskultur und deren Werten identifizieren. Durch die Befragung von 45 Unternehmen konnten nach Ready et al. (ebd.) vier Auswahlkriterien von High Potentials herausgefiltert werden:

1. *Der Antrieb, sich selbst zu übertreffen:* High Potentials haben einen hohen Ehrgeiz und wollen zu den Besten zählen.
2. *Proaktive Lernfähigkeit:* Nachwuchsführungskräfte suchen nach neuen Wegen und Ideen bei der Lösung von Problemen, suchen aktiv nach Ressourcen, Informationen und Unterstützung. Ihre wichtigste Fähigkeit liegt darin, neue Lernerfahrungen in produktive Handlungen für das Unternehmen umsetzen zu können.
3. *Unternehmergeist:* High Potentials sind als Vorreiter und Pioniere bereit, auch Herausforderungen anzunehmen, die sie zwingen, aus ihren eigenen Komfortzonen herauszutreten.
4. *Sensible Wahrnehmungssensoren:* Die Fähigkeit, durch Klugheit und gesunden Menschenverstand Situationen passend wahrnehmen und bewerten zu können, spiegelt sich in folgenden Fähigkeiten von High Potentials wider: „They have a feel for timing, an ability to quickly read situations and a nose for opportunity. They have a knack for being in the right place at the right time" (ebd., 54).

Ein Gesamtmodell zu den Auswahlkriterien von Nachwuchsführungskräften

Im Unterschied zu bisheriger Forschung (vgl. Martin, Schmidt 2010; Silzer, Church 2010; Pepermans et al. 2003; Ready et al. 2010a) haben Dries und Pepermans (2012) die Auswahlkriterien von Nachwuchsführungskräften in keine Rangfolge gebracht, sondern in ein Modell integriert, welches nicht nur die Erwartungen der Unternehmen, sondern auch die Karriereinteressen der Person abbildet. Das Dries' und Peperman'sche Modell zu Auswahlkriterien von Nachwuchsführungskräften verfolgt die Zielsetzung, die in der Forschungsliteratur zusammengetragenen, personenbezogenen Kriterien für Führungspotential in einem ganzheitlichen Modell darzustellen, wie durch die folgende Abbildung visualisiert wird.

Abbildung 6: Das Modell zur Bestimmung von Führungspotential nach Dries und Pepermans (2012, 365)

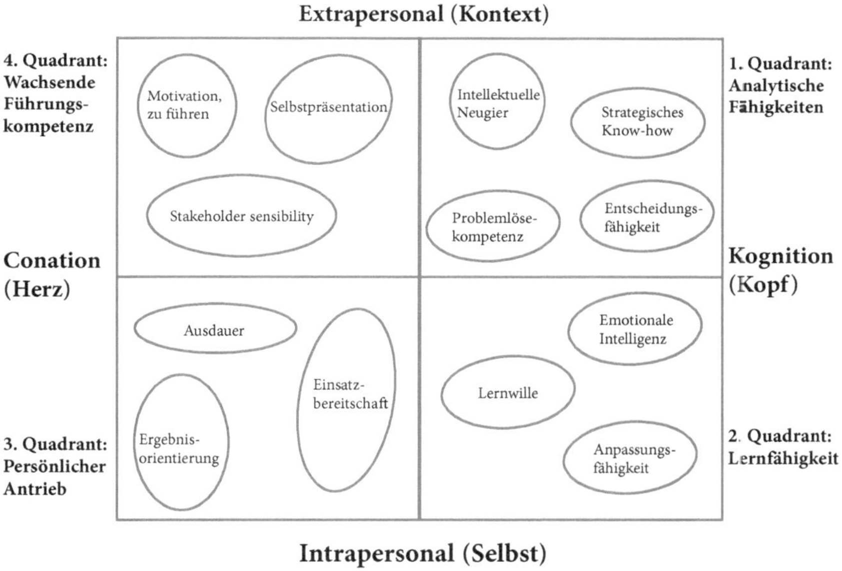

Das Modell von Dries und Pepermans (2012) besteht, wie aus der Abbildung hervor geht, aus vier übergeordneten Determinanten von Führungspotential:

1. Analytische Fähigkeiten
2. Lernfähigkeit
3. Persönlicher Antrieb
4. Wachsende Führungskompetenz

Das Modell gruppiert vier Determinanten von Führungspotential auf einer horizontalen und auf einer vertikalen Ebene. Die Determinanten werden auf der horizontalen Ebene dem Bereich Conation/ Herz oder dem Bereich der Kognition zugeordnet (Herz versus Kopf). Die vertikale Ebene beinhaltet extrapersonale Faktoren von Führungspotential bezogen auf den Kontext und intrapersonale Faktoren bezogen auf die Person (Kontext versus Selbst).

„The extrapersonal end of this dimension stands for leadership potential identification criteria that relate to the interaction criteria that relate to the interaction between an individual and his or her external environment. Criteria at the intrapersonal end of the dimension, on the other hand, focus on the individual's inner life" (Dries, Pepermans 2012, 364).

Die vier Determinanten umfassen 13 ihnen jeweils zu- bzw. untergeordnete Auswahlkriterien von Nachwuchsführungskräften. Eine ausführliche Darstellung und Definition aller 13 Faktoren ist bei Dries, Perpermans (2012, 364ff.) zu finden.

1. Zu dem *ersten Quadranten der analytischen* Fähigkeiten zählen das Auswahlkriterium intellektuelle Neugierde, was Offenheit gegenüber Feedback und neuen Impulsen meint, und der Faktor strategisches Know-how. Das Kriterium Entscheidungsfähigkeit, was bedeutet, entscheidungsfreudig und durchsetzungsfähig zu sein, und der Faktor Problemlösekompetenz, d.h. die Fähigkeit, Probleme, auch komplexer Natur, rasch und erfolgreich lösen zu können, werden ebenfalls zu analytischen Fähigkeiten gezählt.
2. Der *zweite Quadrant der Lernfähigkeit* enthält drei relevante Kriterien für Führungspotential: den Willen zu lernen, was die Suche nach neuen Lernerfahrungen impliziert, emotionale Intelligenz und Anpassungsfähigkeit in Form von Offenheit für Veränderungen, wenn dies neue Sachverhalte erfordern.
3. Der *dritte Quadrant des persönlichen Antriebs* besteht aus den Kriterien Ausdauer und Einsatzbereitschaft, indem die Person hohes intrinsisches Engagement, Motivation, den Willen zur Weiterentwicklung und Verantwortung zeigt. Des Weiteren wird der Faktor Ergebnisorientierung diesem Quadranten zugeordnet, was bedeutet, dauerhaft motiviert Ergebnisse von hoher Qualität abzuliefern.
4. Die Motivation zu führen, indem bereits Führungskompetenz darin gezeigt wurde, andere zu motivieren und anzuleiten, sowie Fähigkeiten der Selbstdarstellung, was Kenntnisse und Strategien der Person für die eigene Sichtbarkeit im Unternehmen bedeutet, können unter dem *vierten Quadranten der wachsenden Führungskompetenz* subsumiert werden. Ein weiteres Auswahlkriterium stellen Feingefühl und Gespür für relevante Akteure dar, was die Fähigkeit meint, karriererelevante Netzwerke und Beziehungen aufzubauen und zu pflegen.

Die Zuordnung und Differenzierung der einzelnen Indikatoren von Führungspotential im Rahmen des Modells gibt einen umfassenden Überblick über die Auswahlkriterien von Nachwuchsführungskräften und bezieht in den Entscheidungsprozess, welche Nachwuchskraft zum High Potential ernannt wird, neben den Interessen des Unternehmens auch die Karriereplanung des Individuums mit ein. Aus den einzelnen Determinanten, die Führungspotential konstituieren, lassen sich folgende Erkenntnisse ableiten (vgl. Dries, Pepermans 2012, 372f.):

1. Die übergeordnete Kompetenzanforderung der *analytischen Fähigkeiten* macht die Notwendigkeit der Fähigkeit deutlich, Informationen in Handlungen transferieren und als Führungskraft komplexer werdende Probleme lösen zu können.
2. Aus der Determinante der *Lernfähigkeit* wird der Anteil der Bereitschaft und der Fähigkeit, aus Erfahrungen lernen zu können, für die Attestierung von Führungspotential ersichtlich. Gleichzeitig wird die Erwartung an Nachwuchsführungskräfte, hochentwickelte Führungskompetenzen zu besitzen, abgeschwächt und eher die Lernfähigkeit, sich benötigte Kompetenzen aneignen zu können, vorausgesetzt (McCall 1998).
3. Die Determinante des *persönlichen Antriebs* durch Einsatzbereitschaft, Ergebnisorientierung und Ausdauer bewirkt die Auslese des Führungsnachwuchses. Es wird nur denjenigen Personen Führungspotential attestiert, die über die Fähigkeiten und auch über den Willen oder das Interesse, Führungsaufgaben zu übernehmen, verfügen.
4. Ebenso rücken bei dem bestimmenden Faktor der *wachsenden Führungskompetenz* nicht nur die Führungskompetenzen einer Nachwuchskraft sondern auch deren Karriereorientierung und -interessen ins Blickfeld der Betrachtung von Führungspotential, was in den Unternehmen meist vernachlässigt wird (Dries, Pepermans 2008).

Eine anschließende Befragung von Selektionsverantwortlichen offenbarte deren Übereinstimmung hinsichtlich der hohen Relevanz aller Modellfaktoren für die Identifikation von Führungspotential. Somit beinhaltet das Modell Faktoren, die eine hohe Passung zu den subjektiven Bewertungs- und Wahrnehmungsfaktoren und -mustern von Führungspotential und zur unternehmerischen Praxis aufweisen, wobei Effekte sozialer Erwünschtheit als eine Verwechslung von „'how it is' with 'how it should be'" (Dries, Pepermans 2012, 374) nicht ignoriert werden dürfen.

Als Kritik an dem Modell von Dries und Pepermans (2012) kann angeführt werden, dass in dem zweidimensionalen Modell keine Angaben dazu gemacht werden, ob bestimmte Kompetenzen bei der Identifikation von Führungspotential wichtiger als andere sind bzw. welchen Faktoren von Führungspotential in Abhängigkeit von der Größe, der Branche oder der Kultur des Unternehmens unterschiedliche Relevanz zugesprochen werden kann. Des Weiteren ist nicht klar, ob es sich bei den Kompetenzanforderungen um Soll- oder um Ist-Anforderungen der

Unternehmensrealität handelt. Zudem ist die Zuordnung der einzelnen Auswahlkriterien zu extra- und intrapersonellen Faktoren nicht gänzlich nachvollziehbar, da bei bzw. zwischen einzelnen Auswahlkriterien Überschneidungen zu einer anderen Ebene (intra- versus extrapersonal) auszumachen sind.

3.4 Zusammenfassung

In diesem Abschnitt wurden relevante Ergebnisse über die Merkmale von Nachwuchsführungskräften und deren Auswahlkriterien aus Unternehmenssicht dargestellt. Darüber hinaus konnten der Begriff des Potentials präzisiert und seine Klassifizierungen, wie z.B. hinsichtlich einer Rolle oder eines Aufgabenbereichs, aufgefächert werden. Zentrale Auswahlkriterien, durch welche Entscheidungsträger in Unternehmen angehende Führungskräfte von anderen Mitarbeiter/innen unterscheiden, sind Motivation, Leistung und Führungsstreben. Die Ernennung zum High Potential ist aber nicht nur das Ergebnis spezifischer Faktoren wie der Entwicklungs- oder Leistungsfähigkeit. Zu den Selektionskriterien von Nachwuchsführungskräften zählen zusätzliche Aspekte wie weitere Kompetenzen, Wissen, Werte und Karriereinteressen einer Person, welche Dries und Pepermans (2012) zu einem Gesamtmodell über die Auswahlkriterien von High Potentials zusammengefasst haben.

Kompetenzen und Verhaltensweisen von Nachwuchskräften, die dazu beitragen, als potentielle Führungskraft entdeckt zu werden und über die Faktoren Leistung, Führungskompetenz und Motivation hinausgehen, standen bis dahin kaum bzw. seither nicht im Zentrum weiterer Forschung, wie eine intensive Recherche aufzeigte. Daher erscheint es lohnenswert, sich in der vorliegenden Studie damit auseinanderzusetzen, welche individuellen und weiteren Faktoren die Auswahl von Nachwuchsführungskräften bestimmen, und damit aufzudecken, was Eintrittskarten für die Führungskarriere und für die Transition sind. Diese Fragestellung soll in die Forschungsfragen der Studie eingebettet werden, welche herausarbeiten will, was Charakteristika der Transition in die Führungsrolle sind, und wie dieser Übergangsprozess von Unternehmen gestaltet wird. Daher wird sich das nun anstehende Kapitel dem Forschungsschwerpunkt der vorliegenden Untersuchung der Transition von der Mitarbeiter- in die Führungsposition widmen und deren Merkmale, Herausforderungen und Anforderungen genauer herausarbeiten.

4. Die Transition von der Mitarbeiter- in die Führungsposition

Im Hinblick auf die Ableitung und Entwicklung der wissenschaftlichen Fragestellungen für die vorliegende Untersuchung wird in diesem Kapitel der Forschungsstand zu Transitionen von erstmals berufenen Führungskräften definiert und skizziert. Demzufolge werden im Folgenden Studien beleuchtet, welche die Herausforderungen, Kompetenzanforderungen und Möglichkeiten der Begleitung durch das Unternehmen im Rahmen des Übergangs in die Führungslaufbahn untersucht haben.

Der Eintritt von Nachwuchsführungskräften in Führungspositionen hat eine hohe Tragweite für die Führungskraft selbst, deren Team und die Wettbewerbsfähigkeit des Unternehmens (Manderscheid, Ardichvili 2008; Hill 2007). Auf individueller Ebene kann ein Scheitern zu Stress, Burnout, Arbeitsunzufriedenheit und zu einem Gefühl des Versagens bei der einzelnen Führungskraft führen (Dotlich et al. 2004; McCauley, Lombardo 1990). Die erste Führungsposition formt sowohl die Führungsphilosophie als auch den Führungsstil nachhaltig. Noch Jahrzehnte später lässt sich der Einfluss erster Erfahrungen als Führungskraft auf die Führungstätigkeit und den Karriereverlauf nachzeichnen wie Hill (2007, 49) und Souba (2000) konstatieren. Auf organisationaler Ebene hat ein Unternehmen mit beträchtlichen finanziellen und personellen Einbußen zu rechnen, wenn es einer Nachwuchsführungskraft nicht gelingt, sich an die Führungsverantwortung anzupassen. Parallel dazu hat deren Versagen negative Auswirkungen auf das Engagement und die Entwicklung der Mitarbeiter/innen, die ihr unterstehen (Byham et al. 2007). Ein Scheitern des Übergangs führt daher zu einer Unwirtschaftlichkeit des Unternehmens, da dadurch bestimmte Unternehmensziele durch die Führungskraft und ihr Team nicht erreicht werden können. Mit Führungstransitionen sind dementsprechend immer personelle und finanzielle Kosten verbunden (Louis 1980), wodurch deren Bewältigung aus individueller und organisationaler Perspektive eine hohe Bedeutung für den Unternehmenserfolg zugesprochen werden kann.

Hill (2007, 50) kritisiert, dass es trotz des hohen Stellenwerts und der Schwierigkeiten der ersten Bewährungsprobe als Führungskraft erstaunlich ist, wie wenig Beachtung den Erfahrungen und Herausforderungen in Wissenschaft und Praxis geschenkt wird, denen Führungsneulingen erstmals gegenüberstehen. „The shelves are lined with books describing effective and successful leaders. But very few address the challenges of learning to lead, especially for the first-time manager" (Hill 2007, 50). Auch Manderscheid und Ardichvili (2008) stellen fest, dass die Anzahl an wissenschaftlichen Studien recht begrenzt ist und dass stärker auf Erfahrungsberichte bzw. Ratgeber von Autor/innen oder Coaches, die Führungskräfte während des Übergangs begleitet haben, zurückgegriffen wird.

4.1 Transitionen – Definition und Merkmale

Menschen werden neben einem Übergang von der Mitarbeiter- in die Führungsposition in ihrem privaten und beruflichen Leben mit einer Vielzahl weiterer unterschiedlicher Transitionen, wie z.B. Heirat, Elternschaft oder dem Wechsel vom Studium bzw. der Ausbildung in den Beruf konfrontiert. Um das Wesen der Transition, deren Herausforderungen und die Möglichkeiten ihrer Begleitung im unternehmerischen Kontext verstehen zu können, ist es zunächst notwendig, sich mit einer Definition des Begriffes zu beschäftigen.

Transitionen können allgemein sowohl als Veränderungen als auch als der Zeitraum, in welchem diese Veränderungen stattfinden, beschrieben werden (Louis 1980, 330). Puschner (2010) erklärt, dass Transition auch als Wechsel oder Übergang bezeichnet werden kann, dass aber der Begriff der Transition in der wissenschaftlichen Debatte als der am besten geeignete Terminus erscheint. Zum einen lassen sich in dem Transitionsbegriff Aspekte der Pädagogik und Psychologie besser verorten, zum anderen wird er seiner Komplexität stärker gerecht.

Bis heute finden sich Einteilungen und Beschreibungen des Lebenslaufs nach Phasen, Stadien oder Stufen in der Lebenszyklusforschung, in der Entwicklungspsychologie und in der Psychologie (Olbrich 1995 zit. nach Griebel, Niesel 2013, 13). Die Phasen bzw. die Veränderungsvorgänge zwischen einzelnen Stadien wurden dagegen nicht beschrieben, woraus sich schließlich die Transitionsforschung als internationales und interdisziplinäres Forschungsfeld herausbildete, „in der biografische Wandlungsprozesse im sozialen Kontext untersucht werden" (Griebel, Niesel 2013, 13). Dieses Forschungsgebiet befasst sich mit dem „Wechseln von Individuen aus eingelebten Lebensabschnitten und -zusammenhängen in andere. Ihr Forschungsgegenstand liegt damit an einer Schnittstelle von individuellem Handlungs- und Bewältigungsvermögen und von gesellschaftlichen Handlungsvorgaben und -anforderungen" (Welzer 1993, 8). Transitionsforschung ist in verschiedenen wissenschaftlichen Fachdisziplinen der Anthropologie, der Erziehungswissenschaft, der Psychologie, der Soziologie und der Ethnologie verankert (Griebel, Niesel 2013; Felden 2010). Grundlage der Forschung zu Übergängen stellen unterschiedliche theoretische Ansätze (vgl. Griebel, Niesel 2013) dar, die Übergänge u.a. als Statuspassagen (Glaser, Strauss 1971), als Entwicklungsaufgaben (Havighurst 1982), als Übergangsriten (van Gennep 2005) oder als Transitionen (Welzer 1993) untersuchen.

Die Transition, in der sich eine Person befindet, kann damit erklärt werden, „dass jemand sich in einem Übergang befindet, wenn er außergewöhnliche Unstimmigkeiten in seinem Verhältnis zur sozialen und physikalischen Umwelt erlebt und sich herausgefordert fühlt, diese durch Anpassungs- und Veränderungsleistungen zu reduzieren" (Bußhoff 1998, 20). Wan und Tham (2011) präzisieren den Begriff der Transition wie folgt: „Transitions are changes that require us to transform how we perceive and interpret ourselves and the world around us, and to develop new priorities, learn new skills, behaviours and patterns of interpersonal reactions so that we can fit into the new roles" (ebd., 1). Übergängen, unabhängig, ob sie im privaten oder im beruflichen Bereich zu verorten sind, ist demnach gemeinsam, dass es sich um eine grundlegende Veränderung von Rollen handelt (Wan, Tham 2011; Ibarra 2004; Goodman et al. 2006). Sie bieten die Möglichkeit für die Realisierung von Wachstum und Potential (Goodman et al. 2006). Diese Veränderungen bedingen, dass Menschen die Wahrnehmung und Interpretation ihrer Umwelt verändern, neue Prioritäten, Kompetenzen und Verhaltensweisen in zwischenmenschlichen Interaktionen entwickeln, um eine Passung zu neuen berufliche Rollen herzustellen (Wan, Tham 2011; Dotlich et al. 2004).

Ibarra (2004) sieht die Herausforderungen von Transitionen in dem Aufgeben einer alten und dem Übernehmen einer neuen Rolle, wodurch die Identität einer Führungsperson aus mehreren Rollen besteht und damit häufig unklar und provisorisch wird: „But, career change is not a smooth, linear process of disengaging from the old while moving towards the new: In between exit from an old role and full participation in another, is a transition period in which identity is multiple, ill defined and provisional" (ebd., 4). Je stärker sich neue von alten Rollenanforderungen unterscheiden, desto stärkere Anpassungsleistungen muss die einzelne Person vollbringen. Im Rahmen des Übergangs vollzieht sich daher ein Coping-Prozess, in welchem Individuen Unterschiede der Rollenanforderungen wahrnehmen, interpretieren und versuchen, diese zu meistern (Ibarra 2004). Für Welzer (1993) sind Transitionen „Ereignisse, die den scheinbar gleichmäßigen Verlauf des Lebens unterbrechen und zu Verwerfungen und Brüchen führen, an deren Bewältigung die Subjekte Erfahrungen machen, also spezifische Sozialisationsprozesse durchlaufen" (ebd., 8). Diese Erfahrungen führen zu einer Entwicklung der Identität, die vom Individuum als komplexe Veränderungsprozesse erlebt werden. Derartige Wandlungsprozesse sind von einer hohen Lernintensität geprägt, da das Individuum Diskontinuitäten und Veränderungen auf den Ebenen des Individuums, der Beziehungen und Rollen und der Lebensumwelten bewältigen muss (vgl. Griebel, Niesel 2004).

Transitionen zeichnen sich durch unterschiedliche Merkmale bzw. Dimensionen aus (vgl. Wan, Tham 2011; Dotlich et al. 2004; Goodman et al. 2006, Schlossberg 1981) hinsichtlich

- *der Intensität:* in welchem Maße die Transition neues Wissen, neue Kompetenzen und den Aufbau von neuen beruflichen Beziehungen erfordert
- *der Überraschung:* ob die Transition erwartet oder unerwartet geschieht
- *der Erwünschtheit:* ob die Transition eine Weiterentwicklung oder einen Rückschritt darstellt
- *des Kontextes:* ob die Transition sich im beruflichen oder im privaten Kontext abspielt und ob es sich z.B. um einen Aufstieg zur Führungskraft oder um Elternschaft handelt
- *des Auslösers:* ob es einen Auslöser für die Transition gegeben hat, wie z.B. bei einer Beförderung oder ob dieser Auslöser erwartet wurde, aber nicht stattgefunden hat, wie z.B. bei einer erwarteten Beförderung nicht berücksichtigt zu werden
- *der Freiwilligkeit:* ob die Transition von der Person initiiert wurde oder ob es ihr von außen angeordnet bzw. auferlegt wurde

4.2 Merkmale der Transition von der Mitarbeiter- in die Führungsposition

Transitionen von der Mitarbeiter- zur Führungsposition stellen einen schwierigen und zugleich lohnenden Lern- und Entwicklungsprozess dar: „The process of becoming a leader is an arduos, albeit rewarding, journey of continuous learning and self-development" (Hill 2007, 49). Die stattfindenden Lernprozesse sind gekennzeichnet durch die Freude über neue Herausforderungen, die Angst zu versagen, das Element des Unbekannten und Erfolgsdruck und werden dadurch forciert (Paese, Wellins 2007).

Weiterhin wird bei dem Eintritt in die Führungsposition die berufliche Identität der Führungskraft durch Lernprozesse ausgedehnt und neu definiert, was von der einzelnen Person als schwierig und mit einem Gefühl der Isolation erlebt werden kann (Hill 2007, 55). Die erstmalige Übernahme einer Führungsaufgabe stellt durch den Rollenwechsel von der Mitarbeiter- zur Führungsebene einen Statuswechsel (Struß 2007) und einen deutlichen Einschnitt im Leben der angehenden Führungskraft dar, wie Becker (2004) folgendermaßen beschreibt:

> „Die Situation auf der Mitarbeiterebene ist nämlich verlockend einfach: er bekommt eine Aufgabe, erledigt sie und die Welt ist für ihn in Ordnung. Dagegen lebt eine Führungskraft in einer (...) anderen Situation: Sie hat ein Konfliktfeld zu einem befriedigenden

Ausgleich zu bringen, ohne je damit „fertig“ zu werden. Forderungen aus unterschiedlichen Richtungen, die oft im Widerspruch zueinander stehen, sind zu beantworten“ (Becker 2004, 59).

Dotlich et al. (2004) erklären, dass Nachwuchsführungskräfte, die in eine Führungsposition einmünden, zwei Transitionen gleichzeitig erleben bzw. ihnen gegenüberstehen. Sie müssen nicht nur den Wechsel vom Mitarbeiter- zum Führungskraftstatus, sondern auch den Übergang vom Geführten zum Führenden meistern. Dies stellt eine Herausforderung für diese dar, da neue Kompetenzen und Einstellungen erlernt und alte Gewohnheiten abgelegt werden müssen (Souba 2000; Dotlich et al. 2004).

Die Übernahme einer Führungsposition bei Nachwuchskräften, die erstmals diese Aufgaben übernehmen, verläuft in einem Transitionsprozess, der aus vier aufeinanderfolgenden Phasen besteht (vgl. Wan, Tham 2011).

Abbildung 7: Der Transitionsprozess bei Führungskräften (nach Wan, Tham 2011)

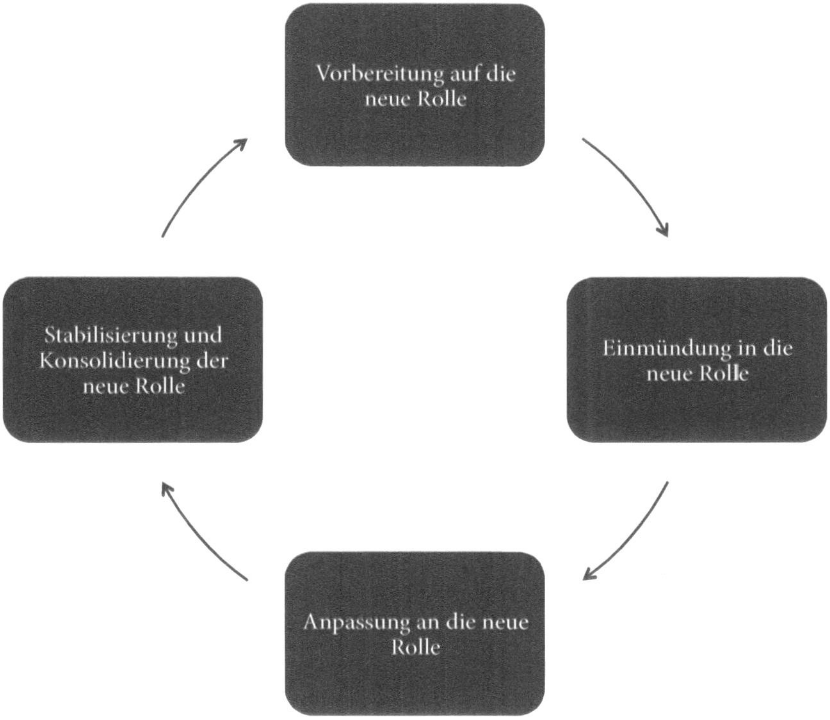

Wie die Grafik veranschaulicht, geht nach Wan und Tham (2011) der Phase der Einmündung in die neue Rolle die Phase der Vorbereitung vorweg, in der die Nachwuchsführungskraft die Veränderungen antizipiert und plant, wie sie mit diesen neuen Anforderungen umgehen wird. Wenn die betroffene Person schließlich in die Führungsposition einmündet, vollzieht sich die Phase der Anpassung, in der bisherige Vorstellungen, Rollen und Verhaltensweisen abgelegt bzw. neue übernommen werden. Daraufhin wird in der Phase der Stabilisierung und Konsolidierung eine Passung zwischen der alten und neuen Rolle angestrebt bzw. erreicht. Den Phasen der Anpassung und Stabilisierung folgt daraufhin eine weitere Vorbereitungsphase, in der sich die Person auf einen nächsten beruflichen Übergang vorbereitet.

Gilmore (2003) unterscheidet acht Phasen der Transition zur Führungskraft im Unternehmen, die durch die Entscheidung im Unternehmen beginnt, einen Führungswechsel anzustreben (Phase 1). Daraufhin folgt ein Selektionsprozess (Phase 2) in welchen die Herausforderungen, die das Unternehmen zukünftig bewältigen muss (Phase 3) und Kompetenzanforderungen an Führungskräfte (Phase 4) einfließen. Daran schließt sich die Suche und die Auswahl von geeigneten Kandidat/innen (Phase 5–7) an. Wenn eine Nachwuchsführungskraft oder ein Mitarbeiter/ eine Mitarbeiterin für eine Führungsposition ausgewählt wurde und die Stelle antritt, setzt die letzte Phase ein, in welcher die neu berufene Führungskraft und ihre Mitarbeiter/innen bzw. ihre Vorgesetzten ein Verständnis für wechselseitige Erwartungen entwickeln und sich Arbeitsbeziehungen herausbilden und verfestigen. Es kann festgehalten werden, dass sowohl die Beschreibung des individuellen Prozesses der neu berufenen Führungskraft (Wan, Tham 2011) als auch der Prozess im Unternehmen, der den Übergang vorbereitet und gestaltet (Gilmore 2003), für das Verständnis der folgenden Untersuchung relevant sind.

4.3 Herausforderungen und Kompetenzanforderungen an Führungsnovizen

Wenn neu berufene Führungskräfte erstmals eine Führungsposition übernehmen, müssen sie nach Dotlich et al. (2004) eine Vielzahl neuer Fähigkeiten entwickeln, wie z.B. Aufgaben zu delegieren, für die Entwicklung ihrer Mitarbeiter/innen Sorge zu tragen oder ein Team aufzubauen. Vor dem Hintergrund dieser Aufgaben entstehen verschiedene Herausforderungen für Führungsneulinge, die durch die Autor/innen wie folgt zusammengefasst werden:

1. *Aufgabe der bisherigen beruflichen Identität:* Von Führungsanfängern wird erwartet, ihre alte berufliche Identität als Nachwuchsführungskraft oder

High Potential abzulegen oder diese zumindest der Führungsidentität unterzuordnen, was zu einer beruflichen Heimatlosigkeit, „a sense of dislocation“ (Dotlich et al. 2004, 46) führen kann. Dies stellt keine einfache Aufgabe dar, da Menschen dazu neigen, die Identität, die sie erfolgreich gemacht hat, nicht aufgeben zu wollen. Führungskräfte reagieren auf diesen Identitätsverlust teilweise damit, einen autoritären Führungsstil zu entwickeln, andere zu kontrollieren oder jegliche Verantwortung abzugeben und somit keine Führungsidentität zu entwickeln.
2. *Vom Talent zum Talente-Entdecker:* Es ist der Auftrag von Führungskräften, Talente zu entdecken und bei ihrer Entwicklung zu unterstützen. Diese Aufgabe kann Führungsnovizen irritieren, da sie und ihre eigenen Talente nun nicht mehr im Mittelpunkt stehen: „The challenge is to become willing and able to help others become stars“ (ebd., 47).
3. *Differenzierung von Aufgaben und Mitarbeiter/innen:* Führungskräfte müssen ihre Mitarbeiter/innen motivieren, fördern und mit ihnen kommunizieren, um dafür zu sorgen, dass Arbeitsaufgaben erledigt werden. Dies verlangt von Führungsnovizen situationsspezifisch abzuwägen, ob in der jeweiligen Situation der Mitarbeiter/ die Mitarbeiterin oder die Aufgabe im Mittelpunkt stehen, was für eine unerfahrene Führungskraft zu einem Dilemma werden kann. „First-time leaders often find themselves in a quandary about whether tasks or people come first in a given situation“ (Dotlich et al. 2004, 48). Ebenso müssen Führungsneulinge die Balance zwischen der Zeit für die Erledigung der eigenen Aufgaben und der Anleitung der Mitarbeiter/innen finden (Charan et al. 2001).

Hill (2007) hat 19 neu berufene Führungskräfte im Verlauf eines Jahres zu ihren subjektiven Erfahrungen während des Übergangs zur Führungsposition befragt. Ziel war, die Herausforderungen und Kompetenzanforderungen zu identifizieren, die in dieser Zeit an diese gerichtet werden. Des Weiteren wurden in der Studie die Lernstrategien und Ressourcen zum Meistern der Transition thematisiert: „What did they find most difficult? What did they need to learn? How did they go about learning it? What resources did they rely upon to ease the transition and master their new assignments?“ (ebd., 50).

Eine zentrale Erfahrung in der Zeit des Übergangs ist, dass die neue Rolle von den meisten neu berufenen Führungskräften als wesentlich anspruchsvoller wahrgenommen wird, als sie sie zuvor eingeschätzt haben. Sie realisieren, dass eine Differenz zwischen ihren aktuellen Fähigkeiten und den Anforderungen der neuen Position besteht. „They are surprised to learn that the skills and methods required for success as an individual contributor and those required for success as a manager are starkly different" (Hill 2007, 50). Während die Person in der Vergangenheit für ihre Arbeitsergebnisse und ihren Arbeitserfolg selbst verantwortlich war, ist sie nun für die Initiierung, Planung und Kontrolle der Aktivitäten einer Gruppe zuständig (Wunderer 2007). Da ein Führungsneuling vor dem Wechsel in die Führungsposition als Individuum im Mittelpunkt stand und auf Führungsaufgaben nicht bzw. nicht ausreichend vorbereitet wurde (Hill 2007, 50), muss sie nun einen kompletten Perspektiven- und Einstellungswechsel vom ego- zum gruppenzentrierten Denken und Handeln vollziehen, bewältigen und dabei eine Führungsidentität entwickeln.

Hierbei entwickelt diese oder dieser häufig falsche Erwartungen oder Vorstellungen bezüglich der Führungsrolle. Da diese simplifizierend und unvollständig sind, sind sie häufig schwer mit der Realität des Führungsalltags in Einklang zu bringen. Die Erwartungen von vielen Führungsanfängern, dass mit der Führungsrolle mehr Rechte und Privilegien, wie z.B. größere Freiheit und Autonomie verbunden sind, werden bei dem Wechsel in die Führungsfunktion häufig auf den harten Boden der Realität zurückgeholt. Anstelle einer Zunahme an Autonomie fühlen sich Führungsnovizen durch wechselseitige Abhängigkeiten in ihren Handlungsspielräumen und Privilegien häufig eingeschränkt (Hill 2007, 51). Aufgrund der hohen Rollenvielfalt sind sie in ein Netz an Beziehungen verstrickt, und ihre Mitarbeiter/innen, die eigenen Vorgesetzten und Kunden haben unablässig – und häufig unterschiedliche – Erwartungen an sie. Um effektiv zu führen, stellt sich daher an Führungsnovizen die Anforderung, nicht nur Beziehungen zu den Mitarbeiter/innen, sondern auch zu wichtigen Schlüsselpersonen aufzubauen: „Unless they identify and build effective relationships with the key people the team depends upon, the team will lack the resources necessary to do its job" (ebd., 52).

Hinsichtlich der Autorität, die Führungskräften durch ihre Tätigkeit zuteil wird, gehen viele fälschlicherweise davon aus, dass ihre Macht auf der formalen Autorität ihrer Position beruht. Sie müssen jedoch lernen, dass diese nur dadurch entsteht, dass der Führungsneuling bei Mitarbeiter/innen, Kolleg/innen und Vorgesetzten als eine würdige Führungskraft wahrgenommen wird.

Es fällt ihnen häufig auch nicht leicht, sich Respekt und Vertrauen bei ihren Mitarbeiter/innen zu verdienen, wofür bisherige berufliche Leistungen nicht ausreichen. Viele Führungsnovizen sind sich nicht darüber im Klaren, welche Eigenschaften dazu beitragen, dass sie von anderen als würdige/r Vorgesetzte/r wahrgenommen werden. Es ist daher wichtig, die Absicht zu zeigen, die Führungsrolle umfassend auszufüllen. „They need to demonstrate their character – the intention to do the right thing" (ebd., 53) Zudem sollten Führungskräfte, die neu in dieser Rolle sind, ihre Fähigkeiten demonstrieren, „knowing how to do the right thing" (Hill 2007, 53). Dies kann problematisch sein, da Führungsnovizen sich oft genötigt fühlen, ihr Fachwissen und ihr Können unter Beweis zu stellen. Auch wenn der Nachweis der Fachkompetenz wichtig ist, um sich den Respekt bei den Mitarbeiter/innen zu verdienen, ist dies letztendlich nicht der Schwerpunkt, den diese von ihrer Führungskraft erwarten. Ein zu starker Eifer, die Fachkompetenz zur Schau zu stellen, kann deren Glaubwürdigkeit schwächen und dazu führen, dass die Mitarbeiter/innen indirekt an der Führungskompetenz zweifeln bzw. ihm oder ihr unterstellen, ihnen nicht zu vertrauen. Eine weitere Möglichkeit, um Anerkennung zu erhalten, ist: „the ability to deliver and execute the right thing" (ebd. 53). Da Führungsneulinge jedoch meist nicht über großen Einfluss verfügen, ist es von Vorteil, diesen durch Entwicklung eines Netzwerks aufzubauen. Mitarbeiter/innen müssen sich darüber hinaus ihrer Führungskraft verpflichtet fühlen, denn ohne ein Gefühl der Verpflichtung werden sie keine Initiative zeigen, was wiederum die Leistung des Teams negativ beeinflusst. Daher ist es nach Hill (ebd.) wichtig, dass Führungskräfte ihre Mitarbeiter/innen auffordern, Initiative zu ergreifen, um damit ihre eigene Glaubwürdigkeit aufzubauen.

Ein weiterer Stolperstein liegt darin, dass unerfahrene Führungskräfte dazu neigen, sich allzu sehr auf die Leistung und auf Beziehungen zu einzelnen Teammitgliedern zu versteifen, einzelne Personen zu bevorzugen und der Gruppenleistung und -kultur dagegen zu wenig Aufmerksamkeit zu schenken. Zur Identifizierung und Lösung von Problemen vertraut ein Führungsneuling nicht auf die Fähigkeiten der Gesamtgruppe der Mitarbeiter/innen. Es ist dessen oder deren zentrale Aufgabe, Veränderungen vorzuschlagen und zu initiieren, um die Teamleistung zu verbessern (vgl. auch Souba 2000). In dieser Situation muss sie Prozesse und Strukturen in einem Unternehmen, die über oder außerhalb ihres Verantwortungsbereichs liegen, in Frage stellen. Erst wenn sie diesen Teil ihrer Führungsaufgaben verstanden hat, ist sie in der Lage, ihre Führungsaufgaben vollverantwortlich zu übernehmen. Führungsnovizen sehen sich allerdings häufig mehr in der Rolle, Veränderungsprozesse, die ihnen von oben befohlen wurden, auf der Gruppenebene umzusetzen anstatt diese selbst zu initiieren. Sie sehen sich selbst oft nicht als Ambassadoren des Wandels (Hill 2007, 55). Ein Denken in Hierarchien und eine Fixierung auf eine Führungsautorität bergen die Gefahr, ihrem Verantwortungsbereich einen zu engen Rahmen zu geben und sich zu sehr darauf zu verlassen, dass andere Personen für sie Probleme lösen. Doch dies stellt eine grundsätzliche Fehleinschätzung der Führungsrolle dar. Führungskräfte müssen Veränderungen erzeugen, sowohl innerhalb als auch außerhalb ihres Verantwortungsbereichs, um den Erfolg ihres Teams sicher zu stellen. „They need to work to change the context in which their team operate, ignoring their lack of formal authority (Hill 2007, 55).

Hanauer (2009) hat anhand von 18 Interviews mit Führungskräften deren Lebenswelt auf der unteren und mittleren Führungsebene genauer in den Blick genommen. Er konnte herausarbeiten, dass bei Führungspersonen auf der unteren Führungsebene, die den Übergang von der Mitarbeiter- zur Führungsposition vollzogen haben, die fachliche Führung stark dominiert und die Delegation von Aufgaben noch zu wenig stattfindet. Darüber hinaus kann die untere Führungsebene häufig mit einer Sandwichposition zwischen den Mitarbeiter/innen und Vorgesetzten verglichen werden, in der der Wechsel vom Kollegen- zum Vorgesetztenverhältnis als schwierig beschrieben wird.

Hinsichtlich möglicher Stolpersteine der Transition haben Appelbaum und Valero (2007) 175 Führungskräfte in Kanada bei dem Eintritt in die Führungsrolle befragt (in Anlehnung an Watkins 2003). Für fast die Hälfte der Befragten steht im Vordergrund, möglichst immer die perfekte Lösung bzw. auf alle Fragen eine Antwort zu haben. Dabei nehmen sie sich keine Zeit, die Unternehmensbedinungen und -kultur zu verstehen (49%). Der zweithäufigste Fehler wird darin gesehen, in der Transition keine Beziehungen aufzubauen, keine Mitarbeiterorientierung zu besitzen, keinen Respekt zu zeigen und zu direktiv bei Anweisungen zu sein (16%). An dritter Stelle steht für 7% der Befragten das Problem, die Erwartungen der Vorgesetzten, die eigene Position, den eigenen Auftrag und die Ziele nicht eindeutig abzuklären. Entsprechend einer Rangfolge sind nach Appelbaum und Valero (2007) Erfolgsfaktoren für den Wechsel in die erste Führungsposition:

1. Beobachtung und Kennenlernen der Menschen, der Kultur und der Politik in einem Unternehmen (43%)
2. Vermittlung der eigenen Vision, Ziele und der erforderlichen Ressourcen und was von der Führungskraft zu erwarten ist (19%)
3. Aufbau von Beziehungen, Kontakt zu Mitarbeiter/innen, Lieferanten und Kunden (12%)
4. Abklärung und Bewältigung der Erwartungen von Vorgesetzten hinsichtlich der Position, des Auftrags, der Ziele und der zur Verfügung stehenden Ressourcen (11%)

Paese und Wellins (2007) beschreiben, dass sich bei Transitionen von erstmals berufenen Führungskräften der Tätigkeitsbereich, die Sichtbarkeit der Führungskraft und die Gefahr des Scheiterns in der neuen Rolle vergrößern. „The consequences of failure, the scope of business, degree of visibility, and size of thier constituency all increase as leaders are promoted" (ebd., 3). Um herauszufinden, warum Führungskräfte während des Übergangs in Führungspositionen scheitern, wie Führungskräfte ihre neuen beruflichen Rollen wahrnehmen und wie Unternehmen sie in dieser Rolle unterstützen, wurden 385 Führungskräfte aus Amerika, Europa und Asien zu den Herausforderungen und zu der Begleitung der Transition durch die Unternehmen befragt. Die Studienteilnehmer/innen wurden dazu aufgefordert, Herausforderungen bzw. Entwicklungsaufgaben im Lebensverlauf wie z.B. Hochzeit, Elternschaft und berufliche Übergänge entsprechend ihrer Schwierigkeit einzustufen. Ihre Einschätzungen demonstrieren, dass berufliche Transitionen von 19% der Führungskräfte als die schwierigsten Herausforderungen vor einem Todesfall (14,8%) und einer Scheidung (11,4%) bewertet werden. Die Hälfte der Befragten (48,7%) spricht der Transition gleichzeitig aber positive Auswirkungen und nur 16,4% sprechen ihr negative Effekte auf die eigene Karriere zu.

Schwierigkeiten des Übergangs ergeben sich durch erhebliche Veränderungen im politischen Netzwerk der Führungskraft, in der Komplexität der beruflichen Tätigkeiten und in sich durch den Statuswechsel verändernden sozialen Beziehungen am Arbeitsplatz. Die größte Anpassungsleistung wird von knapp zwei Drittel der Befragten (64,9%) in der Steuerung der Unternehmenspolitik, dem Umgang mit Ambiguität und Unsicherheit (55,5%) und in der Delegation von Aufgaben (55,3%) gesehen. Der Netzwerkaufbau oder strategisches Denken werden von wenigstens einem Drittel der Führungskräfte als weitere Herausforderungen betrachtet. Parallel dazu mussten die Führungskräfte bewerten, wie effektiv sie sich im Meistern dieser Aufgaben einschätzen. Die Ergebnisse weisen auf massive Unterschiede zwischen den Herausforderungen und den Fähigkeiten der Führungskräfte zur Bewältigung der Transition hin. Die folgende Abbildung gibt einen Überblick darüber, welche Relevanz die befragten Führungskräfte einzelnen Herausforderungen zusprechen und wie viel Prozent sich jeweils als effektiv in deren Bewältigung wahrnimmt.

Abbildung 8: Die Bewältigung der Transition von Führungskräften (nach Paese, Wellins 2007, 7)

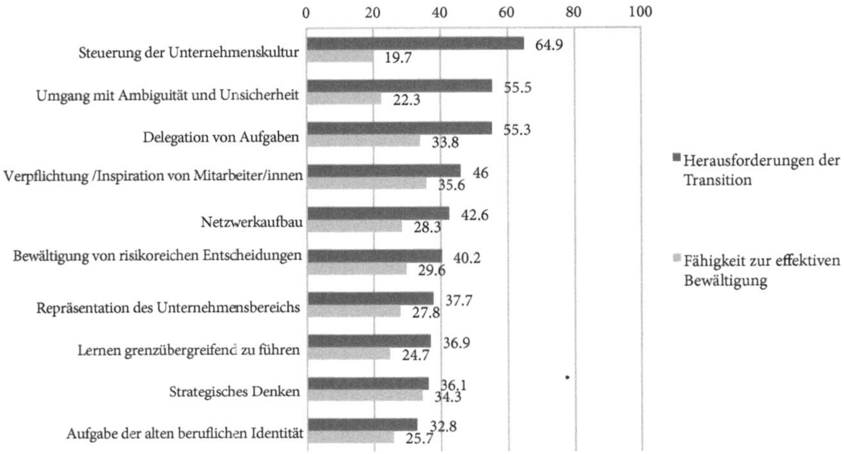

Aus der Abbildung ist zu erkennen, dass sich nur durchschnittlich ein Viertel bis ein Drittel als erfolgreich in der Erfüllung der Aufgaben einschätzt, die auf sie während der Transition zukamen. Während die Steuerung der Unternehmensaufgaben von zwei Drittel der Befragten als größte Schwierigkeit des Übergangs erlebt wird, betrachten sich weniger als ein Viertel effektiv in der Erfüllung dieser Aufgabe. Nur jede fünfte Führungskraft gibt somit an, dass sie sich in der Steuerung der Unternehmenskultur und im Umgang mit Ambiguität und Unsicherheit als erfolgreich beurteilt.

Parallel zu den Herausforderungen der Transition haben Paese und Wellins (2007) die Kompetenzanforderungen für neu berufene Führungskräfte abgefragt. Die Kompetenzen, die Führungskräfte für deren Bewältigung benötigen, sind für ca. ein Drittel die Fähigkeiten, andere zu beraten, für ihre Entwicklung Sorge zu tragen, der Aufbau eines starken Teams, die Fähigkeit, andere zu beeinflussen und mit zunehmender Komplexität und Ambiguität umgehen zu können. Weitere Fähigkeiten, wie z.B. Visionen zu entwickeln und zu teilen, die Fähigkeit zum strategischen Denken und zum Netzwerkaufbau werden von ca. einem Viertel als relevant eingestuft. Die folgende Abbildung stellt dar, welche Kompetenzen Führungskräfte selbst für den Erfolg der Transition von der Mitarbeiter- in die Führungsposition als relevant einschätzen.

Abbildung 9: Kompetenzanforderungen an Führungsnovizen (nach Paese, Wellins 2007, 15)

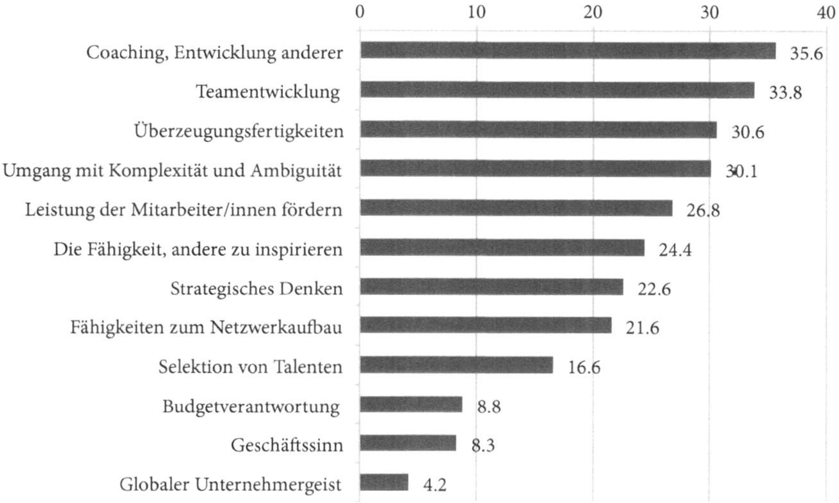

Die Abbildung zeigt, dass Fähigkeiten der neu berufenen Führungskraft, andere dazu zu bringen, Arbeitsaufgaben umzusetzen im Sinne einer Führungskompetenz, als die wichtigsten Kompetenzen während der Transition betrachtet werden können. „Coaching others, building teams, influencing, and managing performance are all skills directly associated with the shift to a focus on the contributions of others" (ebd., 15). Die individuelle Effektivität der Führungskraft durch ihren Geschäftssinn und Unternehmergeist hat dagegen während des Übergangs einen niedrigeren Stellenwert.

Bei extern berufenen Führungskräften verläuft die Transition häufig schwieriger als bei internen Mitarbeiter/innen (Charan et al. 2001; Watkins 2003). Gründe dafür sind, dass externe Führungskräfte die Strukturen, die Unternehmenskultur und informellen Netzwerke des Unternehmens meist nicht kennen, was die Sozialisation in das Unternehmen erschwert. Dazu kommt, dass neue Mitarbeiter/innen im Unternehmen unbekannt sind und sich Glaubwürdigkeit und Akzeptanz im Gegensatz zu Personen, die intern befördert wurden, erst noch verdienen müssen (Watkins 2003). Bei externen Nachwuchs- und Führungskräften, die eine Führungsposition erstmals übernehmen, verläuft die Transition parallel zu der organisationalen Sozialisation, in welcher sich die wechselseitige Anpassung zwischen Individuum und Organisation vollzieht (Louis 1980). Bei einer internen Nachwuchsführungskraft hat der Wechsel Konsequenzen auf die Interaktion mit Vorgesetzten und Mitarbeiter/innen, da sich mit einem Statuswechsel die Erwartungen an die beteiligten Personen verändern. Von dem Führungsneuling wird verlangt, mehrere Rollen als Mitarbeiter/in, Vorgesetzte/r und Kollege/ Kollegin zu bündeln und den Verpflichtungsgehalt der jeweiligen Rolle situationsabhängig zu balancieren (Struß 2007). Wenn es sich bei der Transition einer unternehmensinternen Nachwuchsführungskraft um einen „Statuswechsel unter bisher in der Hierarchie der Organisation gleichgestellten Teamkollegin und -Kollegen handelt" (ebd., 13), entsteht ein Spannungsverhältnis durch die Neupositionierung der Rolle der neu berufenen Führungskraft.

Es fällt auf, dass die Forschung die Rolle des Teams und die Auswirkungen der Transition auf dieses kaum thematisiert. Goodyear und Golden (2008) erklären, dass bei Übergängen im Führungskräftebereich eine stabile berufliche Beziehung zwischen der bisherigen Führungsperson und dem Team endet und eine neue Person an deren Stelle tritt, was zu Unsicherheit bei den Mitarbeiter/innen führen kann. In diesem Zeitraum kann es daher auch zu Konflikten kommen: „The leader seeks to impact the organization immediately, and the followers want a slower pace of change" (ebd., 5).

4.4 Die Begleitung der Transition in der Unternehmenspraxis

In Unternehmen wird trotz der größtenteils verankerten Instrumente der Führungskräfteentwicklung häufig vernachlässigt, High Potentials und Führungskräfte darin zu unterstützen, sich an neue Führungsrollen anzupassen. Die effektive Begleitung und Gestaltung der Transitionen von Führungs- oder Nachwuchsführungskräften wird nur in wenigen Unternehmen praktiziert, obwohl Karrieretransitionen zum Unternehmensalltag zählen (Watkins 2003; Manderscheid, Ardichvili 2008). Nach Watkins (2003) kann die Begleitung des Übergangs dazu beitragen, die besten Führungstalente zu identifizieren und an das Unternehmen zu binden:

> „In addition to reducing the costs of disruption, a common approach to managing leadership transitions can help you to identify and retain the best leadership talent. We don't identify star swimmer by throwing children into the pool unprepared; we teach them to swim, coach them, and then let performance speak for itself. Transition acceleration also is a skill that can be taught. Leaders should not succeed just because they happen to have mentors who are good swim coaches or because they get placed into situations that happen to play their strengths. Neither should promising people fail because they lack these advantages" (ebd., 9).

Hill (2007) konnte durch die Interviews, die sie mit 19 Führungskräften in Amerika geführt hat, herausarbeiten, dass der Großteil von Führungsneulingen nicht von sich aus um Unterstützung oder um Ratschläge bittet, häufig aus Angst, dass ihre Beförderung in Frage gestellt werden könnte oder dass Kolleg/innen bzw. Vorgesetzte kommunizierte Ängste oder Schwächen irgendwann gegen sie verwenden könnten. „The boss is supposed to have all the answers, so seeking help is a sure sign that a new manager is a 'promotion mistake'" (Hill 2007, 56). Neu berufene Führungskräfte fühlen sich bei der Bewältigung der Transition in die neue Rolle extrem alleine gelassen, was eine Unterstützung durch das Unternehmen umso wichtiger macht. Für die Begleitung der Transition ist es die Aufgabe der Personalentwicklung, „Phasen der beruflichen Entwicklung zu identifizieren, alternative Entwicklungspfade zu skizzieren und Entwicklungsangebote bereitzustellen, die das Individuum bei der Meisterung des jeweils anstehenden Übergangs unterstützen" (Schmidt 2007, 135).

Ziel der Unternehmen ist, wie Watkins (2003) durch die Befragung von 210 Geschäftsführungen und Vorstandsvorsitzenden in Amerika herausfand, dass Führungsneulinge möglichst rasch den sogenannten „Break Even-Point" (ebd., 16) erreichen, indem sie eine Wertschöpfung für das Unternehmen erreichen. Der „Break Even-Point" kann als der Zeitpunkt (im Durchschnitt nach 6,2 Monaten) bezeichnet werden, ab dem eine Führungskraft genauso hohe Gewinne im Sinne eines „Return of Invest" erwirtschaftet wie sie zuvor an Kosten verursacht hat. Daher kann eine Begleitung dazu beitragen, dass Führungskräfte diesen Punkt früher erreichen.

Da es sich bei der Bewältigung der Transition um einen Coping-Prozess handelt, kann ein Verständnis des Anpassungsprozesses hilfreich sein, um die Herausforderungen des Rollenwechsels vorherzusagen und die Anpassung an neue berufliche Rollen zu erleichtern (vgl. Ibarra 2004). Nach Dotlich et al. (2004, 51) haben Entwicklungsprogramme für Führungsanfänger/innen während der ersten 100 Tage der neuen Führungstätigkeit die Zielsetzung, den Führungserfolg und die Anpassung an die Führungsrolle sicher zu stellen bzw. zu erhöhen, sowie deren Selbstwahrnehmung zu steigern.

Folgende Entwicklungsinstrumente schlagen sie für die Begleitung der Transition vor:

1. Die Entwicklung der Führungskompetenz durch Wissensvermittlung, Selbsterfahrung und emotionale Erfahrungen in Führungsseminaren.
2. Die Beurteilung der Transition bzw. ein Feedback dazu, wie die neu berufene Führungskraft den Wechsel in die Führungsrolle meistert. Zielsetzung ist, den Prozess zu begleiten, zu bewerten und zu kontrollieren, anstatt den Erfolg oder Misserfolg des Übergangs nur zu vermuten. Feedback kann der Führungskraft Rückmeldung zu ihrem bisherigen Führungsverhalten geben. Durch Coaching kann sie die Ergebnisse des Feedbacks diskutieren und Maßnahmen erarbeiten,

um Lernziele zu erreichen, die für den Wechsel in das neue Aufgabengebiet relevant sind.
3. Beratung durch den oder die Vorgesetzten, um Führungsnovizen während der Transition zu unterstützen. „From formal mentoring programs to less formal one-on-one discussions, bosses can share their feelings and knowledge about what this particular passage entails“ (Dotlich et al. 2004, 51f.)

Peer-Gruppen, Rollenvorbilder, Leitfiguren und professionelle Netzwerke haben nach Ibarra (2004) eine Katalysatorfunktion, da durch diese Lernprozesse gefördert, die Bindung an die alte Rolle reduziert und die neue Rolle aufgebaut werden kann.

> „Career change is viewed as a transition process in which people linger between old and possible new identities for an extended period of time, before grounding a deeper change based on their own experience and practice in the new realm. Throughout this process peer groups, role models, guiding figures and professional communities (...) play key catalytic roles, by embodying possible selves, fostering "learning to be," guiding the passage, diluting the strength of ties premised on the old role, and providing a safe base“ (Ibarra 2004, 5).

Zur Entwicklung von Nachwuchsführungskräften für Führungspositionen schlägt Watkins (2012) vor, dass High Potentials kurz vor der Übernahme einer Führungsfunktion an einem umfangreichen Programm der Führungskräfteentwicklung teilnehmen, welches auf die organisationalen und personalen Bedürfnisse zur Bewältigung des Übergangs zugeschnitten ist und Führungsnovizen ermöglicht, externe Netzwerke aufzubauen.

Nach Wan und Tham (2011) können Unternehmen berufliche Übergänge durch Klarheit der Rollenanforderungen, der Kommunikation über Kompetenzlücken, über positive Rückmeldung und durch die Ermutigung zur persönlichen Reflexion erleichtern und unterstützen. Da sich die alten und die neuen Aufgaben von neu berufenen Führungskräften stark unterscheiden, können Führungsneulinge durch eine Klarheit der Anforderungen, ihrer Rolle und einer Bewertung ihrer Stärken und Schwächen durch Feedbackverfahren, Coaching und Mentoring Kompetenzlücken erkennen und daran arbeiten, diese zu schließen (ebd.). Darüber hinaus können die Vorgesetzten in Übergangsprozesse integriert werden, indem sie Führungsnovizen begleiten, unterstützen, sie anleiten und ihnen Feedback geben. Unternehmen können in der Phase der Vorbereitung auf die Führungsrolle Informationen über die Rolle, die Arbeitsinhalte und die Erwartungen an Führungskräfte bereithalten (Charan et al. 2001; Wan, Tham 2011). Führungskräfte werden ihrer eigenen Ansicht nach am stärksten „on-the-job“, folglich durch berufliche Lernerfahrungen (68,2% der Befragten) und in nahezu gleichem Maß durch Trainings (51%) und durch Lern- und Lebenserfahrungen außerhalb des Unternehmens (49,7%) auf ihre neue Führungsrolle vorbereitet (Akademie für Führungskräfte 2009).

Im Rahmen der Untersuchung von Paese und Wellins (2007) wurden Führungskräfte um ihre Einschätzung gebeten, wie Unternehmen die Transition begleiten können. Hinsichtlich der Frage, was sie in ihrem letzten beruflichen Übergang am meisten unterstützt hätte, gibt mehr als die Hälfte an, dass ihnen klare Leistungserwartungen am stärksten geholfen hätten. Analog dazu, dass Führungskräfte stark mit Ambiguität und Unsicherheit zu kämpfen haben, kann eine höhere Klarheit der Erwartungen sie bei der Erfüllung dieser Aufgabe unterstützen. Für 40 bis 45% der Befragten können bessere Rollenmodelle im Unternehmen, die Entwicklung eines neuen Verständnisses für die Führungsrolle, Angebote der Führungskräfteentwicklung und die Begleitung durch die Vorgesetzten den Übergangsprozess sinnvoll moderieren. Weitere Aspekte, wie die Unterstützung im Netzwerkaufbau und eine bessere Selbstwahrnehmung, können ebenfalls den Erfolg der Transition forcieren. „The message seems to be, help me understand what's expected of me by showing me what you mean, and spending time with me to help me understand“ (Paese, Wellins 2007, 14).

Für deren Erfolg benötigen Führungskräfte somit Klarheit bezüglich der Erwartungen an sie, Beratung, Wissensvermittlung, Möglichkeiten zur Selbsterfahrung, Feedback und erfolgreiche Rollenvorbilder (Paese, Wellins 2007; Wan, Tham 2011). Dafür ist es notwendig, Transitionen und ihre Anforderungen zu definieren, indem Veränderungen hinsichtlich des Wissens, der Erfahrungen, der Kompetenzen und Attribute, die einem Führungsneuling inmitten des Übergangsprozesses abverlangt werden, offen kommuniziert werden. Auf diese Weise erhalten diese eine realistische Vorschau auf die Zukunft. Eine Mentalität, neu berufene Führungskräfte „ins kalte Wasser zu schmeißen“, birgt dagegen das Risiko des Scheiterns. „It's evident that few leaders will be effective in making transitions if left on their own. Organizations who adopt the "sink or swim" mentality introduce more risk of leaders derailing in transitions“ (Paese, Wellins 2007, 20).

4.5 Zusammenfassung

Die Diskussion des Forschungsstandes über die Transition von Führungskräften, die erstmalig eine Führungsposition übernehmen, zeigte auf, dass diese in Deutschland bisher nicht als eigenständige Fragestellung (am ehesten bei Hanauer 2009) und auch im anglo-amerikanischen Forschungsbereich bisher nur in wenigen Studien untersucht wurde. Die Transition von Führungsneulingen entspricht einem beruflichen Rollenwechsel, der von der betroffenen Person als Lern- und Entwicklungsprozess erlebt und gemeistert werden muss. Neue Herausforderungen und Kompetenzanforderungen ergeben sich durch den Wechsel von der Mitarbeiter- zur Führungsrolle und vom Geführten- zum Führendenverhalten und verlangen von der Führungskraft die Aufgabe der bisherigen beruflichen Identität und die Entwicklung von Führungskompetenzen. Die einzelne Person muss die Erwartungen der Führungsrolle abklären und lernen, sich an diese anzupassen, sowie sich ein Ansehen bei Mitarbeiter/innen, Kolleg/innen und Vorgesetzten zu erarbeiten.

Eine Begleitung des Übergangs von Führungskräften findet in der Unternehmenspraxis kaum statt (Watkins 2003; Manderscheid, Ardichvili 2008). Führungsseminare, Feedbackprozesse, Coaching, Mentoring, Austausch mit Vorgesetzten und Kolleg/innen und eine Transparenz sowie Klarheit über Rollenanforderungen können dessen Bewältigung jedoch sinnvoll unterstützen. Ein Ansatz des Personalmanagements, der geeignet ist, um potentielle Führungskräfte nicht nur für das Unternehmen zu gewinnen und für Führungspositionen zu identifizieren, sondern auch, um Transitionen von der Mitarbeiter- in die Führungsposition zu begleiten, ist der Ansatz des Talent Managements. Der folgende Abschnitt wird daher das Konzept des Talent Managements genauer in den Blick nehmen und auf dessen Merkmale, Zielgruppen, Zielsetzungen und deren mögliche Umsetzung in der Unternehmenspraxis eingehen. Es soll im folgenden zudem Abschnitt aufgezeigt werden, dass dieser Ansatz für die Identifizierung, Gewinnung und Entwicklung von Nachwuchsführungskräften im Rahmen der Transition zur Führungskraft sinnvoll erscheint und wie dieser gestaltet wird.

5. Talent Management – eine theoretische und empirische Analyse

Das Konzept des Talent Managements wird vor dem Hintergrund des (drohenden) Fach- und Führungskräftemangels von Unternehmen verstärkt als der Königsweg betrachtet, um im Kampf um die besten Mitarbeiter/innen als Sieger hervorzugehen. Talent Management vereint verschiedene Funktionsbereiche des Personalmanagements in einem Konzept, um qualifizierte Mitarbeiter/innen zu identifizieren, zu gewinnen, ihre Entwicklung zu fördern und an das Unternehmen zu binden (Ritz, Sinelli 2010; Ewerlin, Süß 2012; Schaper 2009; Collings, Mellahi 2009; Bethke-Langenegger 2011; Schuler, Tarique 2012; Weitz 2009).

In diesem Kapitel wird zunächst der Begriff Talent erläutert und definiert. Im Anschluss daran werden dessen Bedeutung, seine Merkmale und die Effekte des Konzeptes verdeutlicht und auf seine Unterschiede zum klassischen Personalmanagement fokussiert. Da die empirische Studie der Dissertation die Prozesse der Identifizierung, Selektion und Entwicklung von Nachwuchsführungskräften im Rahmen der Transition in eine Führungsposition analysiert, wird dementsprechend ein besonderes Augenmerk auf die Gestaltung und Umsetzung des Konzeptes in der Unternehmenspraxis gelegt. Ein weiterer Schwerpunkt geht darauf ein und begründet, weshalb es sinnvoll ist, die untersuchten Transitionen in das Konzept des Talent Managements zu integrieren. Als Abschluss des Kapitels erfolgt eine kritische Diskussion der Befunde über die Merkmale und die Umsetzung des Talent Management-Ansatzes.

5.1 Der Talentbegriff

Wenn man Talent Management und die Identifikation, Auswahl sowie die Entwicklung von Nachwuchsführungskräften für den Kontext dieser Arbeit beschreiben und in seiner Bedeutung verstehen möchte, ist die Bestimmung des Begriffs Talent notwendig. Daher werden nun unterschiedliche Ansätze über Talent als Eigenschaften oder als Gruppe von Personen vor dem Hintergrund der Talent Management-Forschung erläutert, diskutiert und zu einer Definition von Talent zusammengeführt.

5.1.1 Unklarheit des Talentbegriffs

Trotz der zunehmenden Popularität von Talent Management bleiben Definitionen zum Talentbegriff unklar und unpräzise (Lewis, Heckman 2006; Gallardo-Gallardo et al. 2013), was alleine schon durch den Mangel einer einheitlichen bzw. standardisierten Talentdefinition begründet werden kann (Gallardo-Gallardo 2011; Gallardo-Gallardo et al. 2013; Bethke-Langenegger 2011). Es fällt auf, dass es wenige genaue Erklärungen oder Anhaltspunkte dafür gibt, welche Eigenschaften oder Verhaltensweisen eine Person mitbringen sollte, um als Talent zu gelten und als solches identifiziert zu werden (Ewerlin, Süß 2012, 280). Talentdefinitionen zeigen daher eine hohe Bandbreite an voneinander abweichenden Schwerpunktsetzungen und Dimensionen. Talent kann sich entweder auf eine Person, auf bestimmte Gruppen, deren Eigenschaften, deren Leistung oder auf deren Engagement beziehen, aber auch eine natürliche Begabung sein bzw. sich durch Erfahrungen herausbilden (Silzer, Dowell 2010, 13). In vielen Beiträgen zum Thema Talent Management wird der Begriff Talent als ein diesem Managementkonzept zugrunde liegendes Konstrukt betrachtet, welches als selbstverständlich vorausgesetzt wird und daher nicht explizit definiert werden muss (Gallardo-Gallardo et al. 2013). Bethke-Langenegger (2011) erhebt den Vorwurf, „dass der Begriff lediglich als Worthülse für Altbekanntes gebraucht wird, um alltägliche Funktionen in „modernere" Begrifflichkeiten zu übersetzen" (ebd., 3). Gallardo-Gallardo et al. (2013) sehen in der geschichtlichen Entwicklung des Wortes Talent auch eine Erklärung für dessen begriffliche Unschärfe, da der Begriff stets unterschiedlichen Bedeutungen unterworfen war.

Der Begriff Talent stammt vom griechischen Wort „tálanton" bzw. vom lateinischen Wort „talentum" ab, was eine Waage, das Gewogene oder eine Gewichtseinheit bezeichnet und ein dem Gewicht zugeordnetes Zahlungsmittel darstellte (Ritz, Sinelli 2010, 8; Silzer, Dowell 2010; Bethke-Langenegger 2011). In dem Gleichnis der anvertrauten Talente von Matthäus (25, 14–30) wird Talent als einer Person überlassenes Vermögen bezeichnet, wovon sich nach heutigem Verständnis Talent als anvertraute Fähigkeiten ableiten lassen. In diesem Gleichnis vertraut ein Kaufmann seinen Dienern entsprechend ihren jeweiligen Fähigkeiten sein Vermögen jeweils in Form von ein, zwei und fünf Talenten Silbergeld an, während er sich auf Reisen begibt. Zwei der drei Diener verdoppeln ihre Talente während seiner Abwesenheit, wohingegen der Diener, welcher nur ein Talent erhalten hat, dieses in der Erde vergräbt. Nach seiner Rückkehr lobt der Herr die beiden Diener, die das Vermögen vermehrt haben und befiehlt demjenigen, der dieses vergraben hat, sein Talent an den mit den meisten Talenten abzugeben.

Aus diesem Gleichnis lässt sich auch die Bedeutung des Begriffs ableiten, die nach dem deutschen Brockhaus (1973, 441) ein materielles Gut meint.

5.1.2 Das Rahmenmodell zur Talentdefinition nach Gallardo-Gallardo et al.

Gallardo-Gallardo et al. (2013, 297) integrieren die unterschiedlichen Blickwinkel und Schwerpunkte von Talentdefinitionen in einem Rahmenmodell zu einer Begriffsbildung von Talent, welches in der folgenden Abbildung dargestellt wird.

Abbildung 10: Das Rahmenmodell des Talentbegriffs (nach Gallardo-Gallardo et al. 2013, 297)

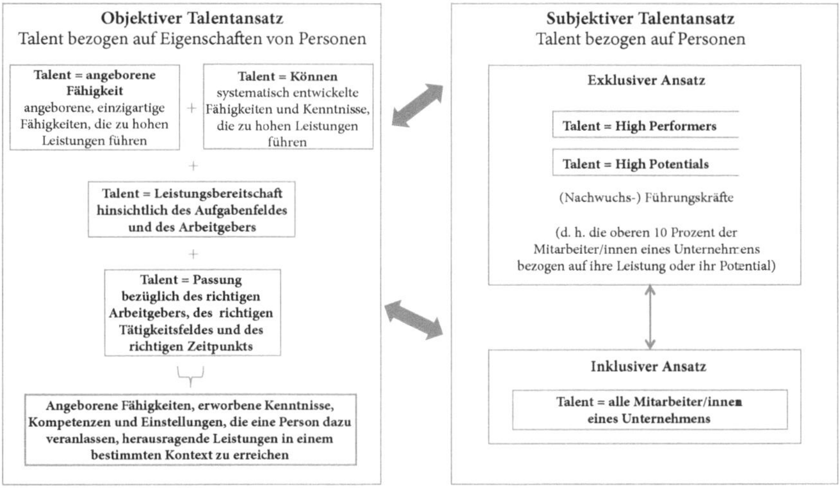

Die Abbildung veranschaulicht, dass zwischen einem objektiven und einem subjektiven Talentansatz unterschieden werden kann. Objektive Talentbegriffe beziehen sich auf Eigenschaften einer Person, während bei subjektiven Talentdefinitionen unterschiedliche Mitarbeitergruppen im Mittelpunkt stehen. Beide Ansätze lassen sich weiter untergliedern und überschneiden sich in Theorie und Praxis wie die folgenden Ausführungen darlegen sollen (Gallardo, Gallardo et al. 2013, 297).

Der objektive Talentansatz – Talent als Eigenschaften von Personen

Objektive Talentdefinitionen verstehen Talent als außergewöhnliche Eigenschaften und/oder Verhaltensweisen, welche eine Person zeigt. Es kann zwischen

Ansätzen unterschieden werden, nach welchen Talent als angeborene und entwickelte Fähigkeiten, als Leistungsbereitschaft und/oder als eine Passung zwischen den Talenten einer Person und deren Arbeitskontext verstanden werden.

Talent als angeborene Fähigkeiten

Der Großteil der Talentdefinitionen bezeichnet Talent als angeborene Begabung bzw. als Fähigkeiten, die es einer Person ermöglichen, herausragende oder höhere Leistungen als Personen ohne diese Fähigkeiten zu erzielen (Winkler 2009). Der Begriff der Fähigkeiten wird dabei sehr allgemein und offen gehalten (Ewerlin, Süß 2012). „Most (...) scholars and practioners seem to believe that talent is innate, at least to some extent" (Gallardo-Gallardo et al. 2013, 293). Es herrscht eine langjährige Kontroverse, ob Talent aus angeborenen oder aus erlernten Fähigkeiten besteht oder ob es sich hierbei um das Ergebnis eines Zusammenspiels von Anlage und Umwelt handelt. Konsens ist mittlerweile darüber zu finden, dass sowohl angeborene als auch im Lebensverlauf erworbene Faktoren ein Talent bilden, aber nicht darüber, welcher Komponente (angeboren oder erlernt) ein größerer Anteil zugesprochen werden kann. Eine ausführliche Auseinandersetzung zu dieser Diskussion ist in Meyers et al. (2013) zu finden. Silzer und Dowell (2010, 13) erklären, dass eine Trennung zwischen Mitarbeiter/innen, die eine angeborene Begabung oder erlernte Fähigkeiten und Kenntnisse besitzen, in der Unternehmenspraxis eher seltener vorzufinden ist.

Talent als systematische entwickelte Fähigkeiten

Im Unterschied zu Ansätzen, die Talent als angeborene Fähigkeiten definieren, liegt der Schwerpunkt anderer Talentdefinitionen auf bewusstem Üben und auf dem Lernen durch Erfahrung (Gallardo-Gallardo et al. 2013). Es spiegelt sich ein Gegenwartsbezug hinsichtlich einer erbrachten Leistung, aber auch ein Zukunftsbezug hinsichtlich der benötigten Lernfähigkeit von Talenten wider (vgl. Ewerlin, Süß 2012; Steinweg 2009). Talent kann nach diesen Ansätzen als ein temporäres Phänomen bezeichnet werden, da der Talentstatus nur bis zum Erreichen der jeweiligen nächsten beruflichen Position oder Karrierestufe anhält und dann erneut unter Beweis gestellt werden muss (Steinweg 2009). In der Unternehmenspraxis wird Mitarbeiter/innen der Talentstatus erst mit erbrachter Leistung nach ein-, zwei- bzw. dreijähriger Unternehmenszugehörigkeit zugeschrieben (Dries, Pepermans 2008; Pepermans et al. 2003). Solch ein Talentansatz schließt anhand von Arbeitsergebnissen und -erfolgen, die eine Person erzielt, auf Talent (Gallardo-Gallardo et al. 2013, 294). Dries et al. (2012) betrachten hohe Leistung zwar als wichtige Voraussetzung, um einer Person ein Talent zuzusprechen und diese dadurch als High Potential zu identifizieren, Lernfähigkeit bleibt aber das vorrangige Kriterium, um Talente von Nichttalenten zu unterscheiden „We conclude that altough high performance may be a precondition to being identified as a high potential, learning agility is an overriding criterion for separating high potentials from non-high potentials" (Dries et al. 2012, 351). Die Befragung von 188 Personalverantwortlichen aus Schweizer Klein-, Mittelstands- und Großunternehmen belegt ebenso, dass für den Großteil der Unternehmen (91%) Entwicklungspotential das wichtigste Kriterium für die Einstufung einer Person als Talent ist und dass die bisherige Leistung und die Leistungsmotivation erst an zweiter und dritter Stelle für drei Viertel (ca. 75%) der Unternehmen stehen (Bethke-Langenegger 2011).

Talent als Leistungsbereitschaft

Nach Ritz und Sinelli (2010, 8) zeichnen sich Talente neben fachlichen und sozialen Kompetenzen durch Leistungsbereitschaft aus, die sich in hoher Motivation, Engagement, Freude an der Aufgabe und dem inneren Drang nach beruflicher und persönlicher Weiterentwicklung zeigt. Leistungsfähigkeit wird bei Talenten durch die Verbindung von Wissen und Engagement deutlich. So tun diese „nicht nur etwas, was sie gut können, sie machen es auch noch gern" (Rüttinger 2006, 18). Pruis (2011) betont den zeitlich stabilen und intrinsischen Charakter eines Talents:

> „It is most likely that an individual is sustainably talented at something that has truly captured their heart and mind – something that they wake up for in the morning and dream of at night. Therefore, talent can be explained as something intrinsic, something that reinforces itself and does not require appreciation from others" (ebd., 208)

Talentansätze, welche sich auf Leistungsbereitschaft beziehen, sind als Ergänzung zu Definitionen zu verstehen, die Talent als natürliche oder erworbene Fähigkeiten bezeichnen. Talent kann somit nicht nur mit Leistungsbereitschaft und Engagement gleich gesetzt werden (Gallardo-Gallardo et al. 2013, 294), sondern setzt sich aus weiteren Bestandteilen zusammen, wie die Definition des Talentbegriffs am Ende des Kapitels aufzeigen wird.

Talent als Passung

Die bisher aufgeführten Talentdefinitionen sehen ihren Schwerpunkt in Eigenschaften der Person des Mitarbeiters oder der Mitarbeiterin. Dagegen beziehen Ansätze, welche „Talent as Fit" (Gallardo-Gallardo et al. 2013, 294) definieren, die Passung zwischen dem Talent einer Person und dem Arbeitskontext und somit unternehmens- oder branchenspezifische Besonderheiten mit ein. Dies bedeutet, dass eine Person, die in dem einen Unternehmen als Talent gilt, in einem anderen Unternehmen nicht als solches betrachtet werden muss (Pfeffer 2001; Blass et al. 2009). Der Kontext, in welchem eine Person arbeitet bzw. arbeiten soll, hat somit einen hohen Einfluss auf die Bedeutung von Talent und lässt sich nicht nur durch die Qualität der Kompetenzen und der Motivation einer Person definieren.

Der subjektive Talentansatz – Talent bezogen auf Personen

Subjektive Talentansätze beziehen sich auf die Person bzw. auf Personengruppen im Unternehmen und unterscheiden zwischen dem inklusiven Ansatz, nach welchem alle Mitarbeiter/innen eines Unternehmens über Talente verfügen, und dem exklusiven Ansatz, welcher sich auf (Nachwuchs-)Führungskräfte fokussiert.

Der inklusive Ansatz

Der inklusive Talentansatz spricht allen Mitarbeiter/innen einer Organisation ein Talent zu (vgl. Steinweg 2009). „Everyone in an organization has talent, even if some have more talent than others“ (Armstrong 2007, 390), und Silzer und Dowell (2010, 14) stellen fest, dass „in some cases, talent might refer to the entire employee population“. Valide Auswahlverfahren prüfen in inklusiven Talentansätzen, ob eine Person zu einem Unternehmen passt und ob diese ihre Fähigkeiten für den Unternehmenserfolg einbringen kann bzw. will. Kompetenz- und Performance Management reduzieren die Wahrscheinlichkeit für niedrigere Leistungen und falsche Stellenbesetzungen. Diese Vorgehensweisen erhöhen somit die Aussicht, dass es sich bei allen Mitarbeiter/innen eines Unternehmens um eine große Talentmasse handelt (Steinweg 2009, 6).

Der exklusive Ansatz

Exklusive Talentdefinitionen konzentrieren sich auf die Gruppen der Führungs- und Nachwuchsführungskräfte des Unternehmens in Form einer gesonderten Behandlung für diese Mitarbeitergruppe, da ihr ein bestimmter Wert oder eine strategische Relevanz ihrer Position für den Unternehmenserfolg attestiert wird (Gelens et al. 2013, 342; Gallardo-Gallardo et al. 2013; Dries 2013). Exklusive Talentdefinitionen schließen andere Mitarbeitergruppen des Unternehmens aus, sind in der Unternehmenspraxis jedoch am häufigsten anzutreffen (Dries, Pepermans 2008; CIPD 2012; Steinweg 2009). Bethke-Langenegger (2011) erklärt, dass Führungskompetenzen neben den Merkmalen Potential und Leistung wesentliche Merkmale von Talenten sind, da sie als die Führungskräfte der Zukunft gesehen werden. Die exklusive Talentbezeichnung birgt vor diesem Hintergrund jedoch die Gefahr, dass durch die Bestimmung von Talenten im Umkehrschluss alle anderen Personen, die nicht als Talente gelten, als talentlos gelten (McDonnell 2011). Im Kapitel 5.2 sollen die Gefahren bzw. Nachteile der exklusiven Talentdefinition genauer ausgeführt werden, wenn Zielgruppen des Talent Management ausführlich benannt werden.

5.1.3 Zusammenfassung und Definition von Talent

Durch das Rahmenmodell von Gallardo-Gallardo et al. (2013) wird das Begriffschaos um die Talentdefinition verringert und der Begriff Talent erhält auf diese Weise mehr Trennschärfe, Eindeutigkeit und Struktur. Es können folgende Ergebnisse zusammengefasst werden:

1. Talent kann als Objekt und als Subjekt verstanden und strukturiert werden. Definitionen von Talent als angeborene oder entwickelte Fähigkeiten, als Leistungsbereitschaft und als Passung im Rahmen des objektiven Talentansatzes reichen einzeln nicht als Indikatoren für Talent aus, sondern sind als sich gegenseitig ergänzende und zusammenwirkende Faktoren zu verstehen (Gallardo-Gallardo et al. 2013).
2. Die unterschiedlichen Zugänge und Verständnisse des Talentbegriffes bringen zum Ausdruck, dass vom Unternehmen bzw. durch die in diesem Kontext agierenden Selektionsverantwortlichen bestimmt wird, was unter einem Talent zu verstehen ist und dies somit subjektiv konstruiert wird und abhängig von vielfältigen Kontextfaktoren, dem jeweiligen Unternehmen und der Branche ist. „Entscheidend scheint bei der Begriffsdefinition zu sein, dass jede Organisation selbst versucht zu ergründen, welcher Personenkreis mit welchen Merkmalen für sie unter den Begriff Talent fällt" (Ritz, Sinelli 2010, 8). In Abhängigkeit zum jeweiligen Talentverständnis ergeben sich damit unterschiedliche Schwerpunktsetzungen des Talent Managements. Ein Talent Management, welches von Talent als angeborene Eigenschaften ausgeht, wird sich in seinen Maßnahmen stärker auf die Identifizierung und Auswahl der „geborenen" Führungskräfte konzentrieren. Ein Ansatz, der Talent als systematisch entwickelbare Eigenschaften betrachtet, wird dagegen der Entwicklung der Führungskräfte eine größere Bedeutung beimessen.
3. Talente zeichnen sich durch die Merkmale Begabung und Leistung aus. Leistung bezieht sich auf die Fachkompetenz und die aktuelle Qualität der Aufgabenerfüllung einer Person (Ewerlin, Süß 2012, 280). Begabungen stellen Fähigkeiten oder Veranlagungen dar, durch welche Personen hervorragende Leistungen in einem oder in mehreren Gebieten menschlicher Funktionsfähigkeit erzielen. Ein Talent zeigt sich demnach in einer höheren Leistung, die

eine Person im Vergleich zu anderen Personen des gleichen Alters bzw. Erfahrungshintergrundes erbringt oder durch eine dauerhafte persönliche Höchstleistung (Njis et al. 2014).
4. Zudem fließen in den Talentbegriff Potential, eine hohe Leistungsbereitschaft, intrinsische Motivation und der Wille zur Weiterentwicklung ein. Talente besitzen „systematically developed innate abilities of individuals that are deployed in activities they like, find important, and in which they want to invest energy" (ebd., 7).

Auf Basis dieser Erkenntnisse wird nun für die eigene Untersuchung eine Begriffsdefinition von Talent abgeleitet. In Anlehnung an das Rahmenmodell von Gallardo-Gallardo et al. (2013), die Talentdefinitionen von Njis et al. (2014), Bethke-Langenegger (2011) sowie von Ewerlin und Süß (2012) kann Talent folgendermaßen definiert werden:

Ein Talent stellen

1. (Nachwuchs-) Führungskräfte dar,
2. die eine Passung hinsichtlich des Arbeitgebers, des Tätigkeitsfeldes und des Zeitpunktes aufweisen und
3. die durch angeborene und erworbene Fähigkeiten, Kenntnisse und Einstellungen herausragende oder höhere Leistungen als Personen des gleichen Alters oder Erfahrungshintergrundes in einem bestimmten Kontext erbringen.
4. Darüber hinaus besitzen Talente Potential, Leistungsbereitschaft und den Willen zur Weiterentwicklung.

Da im Mittelpunkt dieser Arbeit Nachwuchsführungskräfte beim Übergang von der Mitarbeiter- zur Führungsposition stehen, wird an dieser Stelle darauf hingewiesen, dass in den folgenden Ausführungen der Begriff Talent synonym zu den Begriffen Nachwuchsführungskraft und High Potential verwendet wird.

5.2 Talent Management

Im Anschluss an die Definition von Talent werden nun Merkmale und Besonderheiten des Talent Management-Konzepts und der Forschungsstand zu Verbreitung und Gestaltung des Ansatzes in der Unternehmenspraxis in Deutschland und Europa erläutert.

5.2.1 Definition und Zielgruppen von Talent Management

Als Auslöser für die zunehmende Popularität des Talent Management-Konzepts in der Personalpraxis und der Wissenschaft gilt der Ende der 1990er Jahre durch eine Gruppe von McKinsey-Beratern ausgerufene „War for talent“ (Chambers et al. 1998), mit dem Talent Management seither als ein Krieg um die besten Talente assoziiert wird (Ritz, Sinelli 2010). Gelens et al. (2013) bezeichnen Talent Management mittlerweile als ein allgegenwärtiges Phänomen in der Personal- und Unternehmenspraxis: „Implementing talent management practices in organizations is ubiquitous, and talent management has therefore become an omnipresent phenomenon“ (ebd., 342).

Die hohe Relevanz des Ansatzes wird durch unterschiedliche Studien (z.B. Kienbaum 2012; Capgemini Consulting 2009; BCG 2010) untermauert, die dem Konzept aktuell und in Zukunft eine zunehmende Priorität innerhalb der Personalarbeit und eine hohe Bedeutung für den Unternehmenserfolg zusprechen. Bei der Befragung der Boston Consulting Group (BCG 2010) von mehr als 5000 Selektionsverantwortlichen aus 109 Ländern wird Talent Management in Deutschland als zukünftig größte Herausforderung der Personalarbeit betrachtet. Trotz einer zunehmenden Relevanz des Konzeptes in der Unternehmenspraxis sind aber die wenigsten Unternehmen mit der Umsetzung ihres Talent Managements zufrieden. Die Identifizierung, Gewinnung, Entwicklung und Bindung von Talenten stellen für die meisten Unternehmen Aufgaben dar, die nicht immer einfach und erfolgreich zu bewerkstelligen sind (Heinen, O'Neill 2004; Minbaeva, Collings 2013). „However, the talent management process is difficult. As noted above, many organisations struggle to effectively manage it“ (Minbaeva, Collings 2013, 1762).

Definition von Talent Management

Obwohl Talent Management eine immer größer werdende Popularität zuteil wird (Gelens et al. 2013), besteht ein Mangel an theoretischer Fundierung, empirischen Studien und konzeptioneller Entwicklung der Talent Management-Forschung, was aus dem normativen Charakter und der Praxisorientierung der meisten Beiträge resultiert (Collings, Mellahi 2009; Lewis, Heckman 2006). Wohl auch aufgrund dieses Mangels an Theorie zeigt sich, dass eine starke Unklarheit hinsichtlich der Definition, der Inhalte und der Zielsetzungen des Konzepts besteht (Lewis, Heckmann 2006; Gelens et al. 2013). Wie Silzer und Dowell (2010, 14) konstatieren, konzentrieren sich Erklärungen von Talent Management häufig auf dessen Prozesse, Elemente oder die unterschiedlichen Talente, die durch dieses Konzept gefördert werden sollen. Eine Formalisierung des Begriffes und seine Definition erfolgt darüber hinaus jedoch häufig nicht.

Trotz einer Uneinheitlichkeit des Begriffs hat der Ansatz eine gemeinsame Basis, nämlich die Bedarfsformulierung des Unternehmens an aktuell und zukünftig benötigtes Humankapital für besondere Schlüsselpositionen und die Festlegung und Planung von entsprechenden Umsetzungsmaßnahmen (Ewerlin, Süß 2012; Heinen, O'Neill 2004). „At its heart, talent management is simply a matter of anticipating the need for human capital and then setting out a plan to meet it" (Cappelli 2008, 39).

Der Ansatz von Cappelli (2008), welcher unter Talent Management „Getting the right people with the right skills into the right jobs" (ebd., 1) versteht, impliziert, dass dessen Kern in der passenden Stellenbesetzung liegt. Diese Begriffsdefinition ist allerdings unzureichend, da Talent Management nicht mit der klassischen Personalgewinnung oder Personalauswahl gleichzusetzen ist (Ritz, Sinelli 2010, 9). Nach Schaper (2009, 17f.) kann zwischen Ansätzen, die sich auf die operativen Aspekte des Prozesses oder auf dessen strategische Aspekte konzentrieren, unterschieden werden. So kann ein Talent Management, das einen strategischen Ansatz verfolgt, als „die Gesamtheit personalpolitischer Maßnahmen in einem Unternehmen zur langfristigen Sicherstellung der Besetzung kritischer Rollen und Funktionen" (Heyse, Ortmann 2008, 11) bezeichnet werden. Armstrong (2007) betont dagegen den funktionalen Aspekt im Talent Management und beschreibt es als „integrated set of activities to ensure that the organization attracts, retains, motivates and develops the talented people it needs now and in the future" (ebd., 390). Ein Ansatz, welcher operative und strategische Bestandteile einer Talent Management-Definition vereint und für den weiteren Verlauf dieser Arbeit verwendet wird, ist bei Ritz und Sinelli (2010) zu finden. Diese definieren Talent Management als

> „jene Organisationskonzepte und -massnahmen, die sich gezielt mit der Gewinnung, Erhaltung und Entwicklung von gegenwärtigen oder zukünftigen Mitarbeitenden auseinandersetzen, die aufgrund ihrer vergleichsweise knappen, stark nachgefragten und für die Organisation zentralen Schlüsselkompetenzen als Talente bezeichnet werden" (ebd., 10).

Talent Management kann nicht als Konzept betrachtet werden, das für jedes Unternehmen identisch übernommen werden kann (Ritz, Sinelli 2010, 9; Heinen, O'Neill 2004). Vielmehr erfordert es die situationsspezifische Anpassung an das jeweilige Unternehmen, und an dessen Ziele, Bedürfnisse und Ressourcen.

Zielgruppen des Talent Managements

Der Ansatz richtet sich mit seinen Maßnahmen an interne und/ oder externe Talente und kann hierbei einen inklusiven oder exklusiven Talentansatz wählen. Das Konzept bezieht sowohl bereits im Unternehmen vorhandene interne Talente als auch potentielle externe Mitarbeiter/innen in seine Aktivitäten ein. Bethke-Langenegger (2011) erklärt jedoch, „dass der War for Talent nicht auf dem externen Arbeitsmarkt ausgetragen wird, denn der Talentstatus wird den Mitarbeitenden erst nach einer gewissen „Bewährungszeit“ zugesprochen“ (ebd., 43). Dadurch wird ersichtlich, dass sich der Ansatz stärker auf die derzeitigen Mitarbeiter/innen des Unternehmens als auf externe Leistungsträger konzentriert. Die Vorteile der internen Stellenbesetzung liegen nach Kleebaur (2007) darin begründet,

> „dass die Position mit einer Person besetzt wird, die bereits Erfahrungen in der Organisation gesammelt, interne Prozesse kennen gelernt, ein internes Netzwerk aufgebaut, sich also insgesamt in die Organisation eingelebt hat. Das interne Recruiting hat aus diesen Gründen den Vorteil, dass die generellen Einarbeitungs- und Sozialisierungszeiten wesentlich verkürzt werden und sich der alte neue Mitarbeiter leichter in neue Aufgabenfelder und Arbeitsgruppen integrieren kann“ (Kleebaur 2007, 15).

Die externe Rekrutierung wird dagegen gewählt, wenn eine Stelle nicht intern besetzt werden kann oder soll, und ermöglicht die Integration von neuem Erfahrungs- und Fachwissen der neu eingestellten externen Mitarbeiter/innen und dadurch eine Veränderung der Unternehmensstrukturen (ebd.). Auch wenn sich Talent Management größtenteils an interne Nachwuchskräfte richtet, ist es nach Armutat (2008) wichtig, Talente nicht nur intern, sondern auch extern zu gewinnen.

In der Befragung der Boston Consulting Group (BCG 2010) von mehr als 5000 Selektionsverantwortlichen weltweit zeigt sich, dass Unternehmen zu ähnlichen Teilen interne als auch externe Talente bei der Stellenbesetzung für Führungspositionen berücksichtigen. In mittelständischen Unternehmen in Deutschland zeichnet sich wieder ein anderes Bild ab. Laut den Ergebnissen der Commerzbank (2011, 53) rekrutieren 83% von 4000 befragten Unternehmen ihre Führungskräfte aus den eigenen Reihen.

Talent Management-Ansätze streben entweder eine inklusive oder eine exklusive Einbeziehung der Mitarbeiter/innen an (Gelens et al. 2013, 342; Gallardo-Gallardo et al. 2013; Iles et al. 2010). Die Mitarbeitergruppen in einem Unternehmen, welche am stärksten von den Maßnahmen eines Talent Managements angesprochen werden und davon profitieren, sind High Potentials und Führungskräfte (CIPD 2012; Gandossy, Kao 2004; Kirchner 2013). Laut Collings und Mellahi (2009) wird der exklusive Talent Management-Ansatz wegen seiner Kosteneffizienz und -effektivität am häufigsten in den Unternehmen angewandt. Die Befragung des Chartered Institute of Personnel and Development CIPD (2012, 12) kommt ebenfalls zu dem Ergebnis, dass in weniger als der Hälfte (44%) der befragten Unternehmen alle Mitarbeiter/innen Zielgruppe eines inklusiven Talent Management-Ansatzes sind. High Potentials (73%) und ältere

Führungskräfte (62%) stehen am stärksten im Mittelpunkt dieser Maßnahmen. Junge Führungskräfte geraten laut dieser Studie jedoch ins Hintertreffen und stehen im Vergleich zu anderen Zielgruppen am seltensten im Blickfeld der Maßnahmen, wie die folgende Abbildung verdeutlicht.

Abbildung 11: Zielgruppen im Talent Management (nach CIPD 2012, 12)

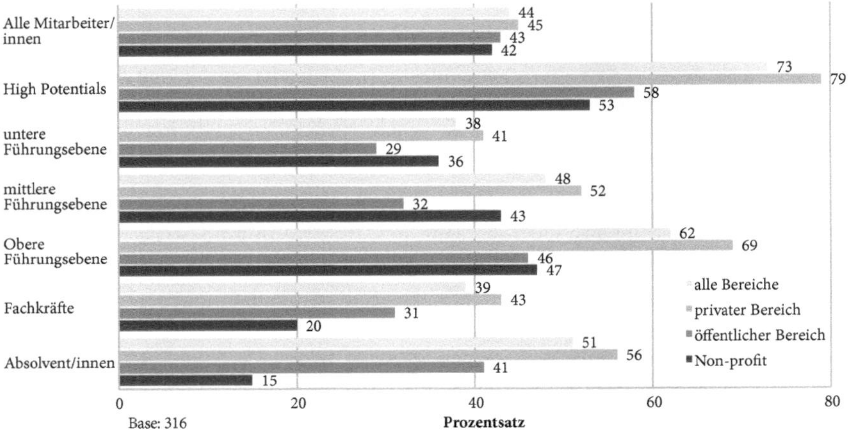

Die Konsequenzen einer Bevorzugung von (Nachwuchs-)Führungskräften anhand festgelegter Talentkriterien kann einen positiven Wettkampf hervorrufen und auch die Motivation der Mitarbeiter/innen erhöhen, wie Höglund (2012, 136) zeigt. Ein Talentansatz, welcher sich nur auf die Entdeckung, Förderung und Bindung von den vermeintlich „besten" Mitarbeiter/innen und auf angehende Führungskräfte des Unternehmens konzentriert, birgt aber auch bestimmte Nachteile und Risiken. Zum einen kann auf High Potentials als das „elite subset of an organization's population" (Gallardo-Gallardo et al. 2013, 295) ein großer Druck ausgeübt werden, der bei ihnen ein Gefühl der Überforderung auslösen kann. Dieser entsteht durch die Erwartungshaltung, dass sie die gesamte Verantwortung im Unternehmen tragen. Der Ausschluss aller anderen Mitarbeiter/innen, die den Großteil der unternehmerischen Belegschaft darstellen, kann dazu führen, dass sich diese ausgeschlossen, demotiviert und als Mitarbeiter/innen zweiter Klasse behandelt fühlen. Dies hat möglicherweise auch einen schädlichen Wettkampf zwischen Talenten und Nicht-Talenten zur Folge (Steinweg 2009; McDonnell 2011; Pfeffer 2001). Zudem werden durch solch einen Talent Management-Ansatz die hohe Wechselbereitschaft und Mobilität von ehrgeizigen und nicht als Talente behandelten Mitarbeiter/innen zur Karriereförderung unterschätzt, die Nachwuchskräften aus der Generation Y, besonders zugesprochen werden (Erickson 2008). Nachteile des inklusiven Talent Management-Ansatzes sind dagegen, dass eine Unterscheidung und Abgrenzung zum Personalmanagement dann sehr schwer fällt, wenn alle Arbeitskräfte als Talente dementsprechend rekrutiert, identifiziert und entwickelt werden müssen (Gallardo-Gallardo et al. 2013).

5.2.2 Talent Management und der Matthäus-Effekt

Der exklusive Talent Management-Ansatz profitiert vom sogenannten Matthäus-Effekt. Der Matthäus-Effekt geht auf das Matthäusgleichnis der anvertrauten Talente (Gallardo-Gallardo et al. 2013, vgl. Kapitel 5.1.1), zurück und beschreibt ein Phänomen, welches in Bezug auf den Bekanntheitsgrad und die Zitationsanzahl von Wissenschaftler/innen beobachtet und analysiert wurde (Zuckermann, Merton 2010). Je häufiger der Name einer Wissenschaftlerin oder eines Wissenschaftlers zitiert wird, umso stärker steigen ihr bzw. sein Bekanntheitsgrad und Ansehen in der Wissenschaft an. Die Zunahme des Renommees führt wiederum dazu, dass diese Person häufiger in anderen Publikationen zitiert wird. Somit steigen Bekanntheitsgrad und Anzahl der Zitationen eines Wissenschaftlers oder einer Wissenschaftlerin vergleichbar zueinander an (ebd., 289).

Der Matthäus-Effekt als „fehlgeleitete Art und Weise, wissenschaftliche Anerkennung zuzuteilen“ (ebd., 288), kann, wie es Siebert (2009, 24) auf das Vorankommen von Wissenschaftler/innen bezieht, auch auf High Potentials und Führungskräfte im exklusiven Talent Management-Ansatz bezogen werden: „Es ist ein sich selbst beschleunigender Effekt, der denen, die schon haben mehr gibt und denen, die noch nichts haben nichts übrig lässt“ (ebd., 24). Im Kontext der Auswahl und Förderung von Nachwuchs- und Führungskräften führt die verstärkte Bündelung von Ressourcen bei Mitarbeiter/innen, die eine höhere Leistung erbringen, zu einem höheren Investitionsertrag. Dies erscheint plausibel, da mehr Ressourcen dorthin verteilt werden, wo ein höherer Ertrag zu erwarten ist, was die Leistung dieser Mitarbeiter/innen wiederum noch mehr steigert (Gallardo-Gallardo et al. 2013, 296; Bothner et al. 2011). Der Matthäus-Effekt führt dazu, dass Nachwuchsführungskräfte verstärkt für Förderprogramme oder Führungspositionen vorgesehen werden, aber andere Mitarbeiter/innen immer mehr aus dem Blickfeld der Berücksichtigung für eine Förderung und beruflichen Aufstieg geraten.

Um zu untersuchen, welche Faktoren den Matthäus-Effekt bei Karrieren in der Wirtschaft auslösen oder hemmen, haben Bothner et al. (2011) ein mathematisches Modell simuliert, das von Braun (2013) ins Deutsche übersetzt und zur Erklärung von beruflichen Aufstiegsprozessen vorgestellt wurde. Dieses Modell basiert auf einer hypothetischen Gruppe von Personen, die ihre berufliche Laufbahn gemeinsam starteten und sich zu Beginn hinsichtlich ihrer Fähigkeiten und Kenntnisse nicht unterschieden, sich später aber unterschiedlich schnell und erfolgreich entwickelten. So stellte sich heraus, dass einige Personen „im weiteren Verlauf (…) eine Karriere im Turbogang erlebten, während andere auf der Stelle zu treten schienen" (Braun 2013, 14). Der Matthäus-Effekt zeigt damit seine Wirkung, indem ein Schneeballeffekt an weiterer Anerkennung und Aufmerksamkeit nur bei Personen einsetzte, denen es in der Simulation gelang, durch ihre Leistung zu einem frühen Zeitpunkt ihrer Karriere Anerkennung zu erhalten.

Die angebrachte Frage, ob der Effekt immer auftritt, ist nach Bothner (2012) deutlich davon abhängig, inwieweit der Status der Person vom Status derjenigen beeinflusst wird, welche sie oder ihn bewerten, respektive ob sich dieser an den Status der beurteilenden Personen annähern kann. Wenn „der Status durch soziale Schichten hindurch diffundieren kann" (ebd., 1), wie z.B. bei Nachwuchsführungskräften, die von ihren Vorgesetzten für eine Führungsposition vorgeschlagen werden, kann der Matthäus-Effekt greifen. Wenn der Status einer Nachwuchskraft durch den Status, der auswählenden oder beurteilenden Personen aber nicht beeinflusst wird, kann es zu keiner Statusdiffusion kommen und der Matthäus-Effekt zeigt keine Wirkung (ebd.). Es ist somit anzunehmen, dass es durch die besondere Aufmerksamkeit, die Führungs- und Nachwuchsführungskräften in einem exklusiven Talent Management-Ansatz geschenkt wird (Ready et al. 2010a), zu einer Statusdiffusion kommen und der Matthäus-Effekt seine Wirkung entfalten kann.

5.2.3 Die Abgrenzung von Talent Management und Personalmanagement

Talent Management kann als ein Segment des Personalmanagements bezeichnet werden, in dessen Mittelpunkt die Talente eines Unternehmens stehen (Bethke-Langenegger 2011, 10; Iles et al. 2010). Für Felfe und Franke (2014, 4f.) stellt das Personalmanagement eine Funktion der Unternehmensführung dar, was auch als Human Resources Management, HRM, HR oder Personalwesen bezeichnet wird. Bestandteile des Personalmanagements sind die Personalgewinnung, die Personalbetreuung und die Personalentwicklung. Die Gemeinsamkeiten von Talent Management und Personalmanagement liegen darin, dass ihre Prozesse und Funktionen eng miteinander verknüpft sind (Iles et al. 2010).

> „TM is not essentially different form HRM; both involve getting the right job at the right time and managing the supply, demand and flow of people through the organization; it involves a collection of typical HR activities such as recruitment, selection, training and appraisal" (ebd., 2010, 13).

Unternehmen greifen bei Talent Management-Aktivitäten auf eine Vielzahl an Prozessen und Instrumenten der Personalauswahl und der Personalentwicklung sowie auf Instrumente und Maßnahmen zur Identifizierung und Entwicklung von High Potentials und der Führungskräfteentwicklung zurück. Dadurch leistet das Konzept mit seinen Aufgaben, Schwerpunktsetzungen und Maßnahmen einen zusätzlichen Beitrag zu den festen Funktionen des Personalmanagements (Silzer, Dowell 2010). Folgende Abbildung gibt einen Überblick darüber, welche HR-Prozesse meist auch Bestandteil von Talent Management-Praktiken in der Unternehmenspraxis sind.

Abbildung 12: Segmente des Talent Managements (nach Silzer, Dowell 2010, 19)

Unterschiede zwischen Talent Management und Personalmanagement bestehen darin, dass sich Maßnahmen des Talent Managements auf vom Unternehmen stark nachgefragte und für den Unternehmenserfolg wichtige Zielgruppen beziehen, wohingegen sich das Personalmanagement und die Personalentwicklung über alle Mitarbeitergruppen in einem Unternehmen erstreckt (Ritz, Sinelli 2010, 9; Heyse, Ortmann 2008, 11; Iles et al. 2010; Ewerlin, Süß 2013). Zudem werden Prozesse und Instrumente im Talent Management stärker zu einem Gesamtprozess integriert, als dies im klassischen Personalmanagement geschieht (Ewerlin, Süß 2012, 281; Scheffer 2008). Ewerlin und Süß (2013) führten eine explorative Online-Befragung von Personalverantwortlichen aus 226 Groß, Klein- und mittelständischen Unternehmen zum Einsatz und zur Gestaltung von Talent Management durch. Demnach adaptiert Talent Management die Maßnahmen des HR und erfindet diese nicht neu, geht aber trotzdem mit seinen Aktivitäten über reine Einzelmaßnahmen hinaus und verzahnt diese stärker miteinander und konkretisiert diese. Dies führt dazu, dass Talent Management tatsächlich „mehr als eine Kopplung von Einzelmaßnahmen ist, insofern tatsächlich zu einer systematischen Förderung der Talente beiträgt und somit über ‚übliches' Personalmanagement hinausgeht" (ebd., 56).

Kritiker des Talent Management-Ansatzes verurteilen das Konzept jedoch dafür, sich altbewährte Konzepte der Personalmanagements zu eigen zu machen und es nur mit einem neuen Etikett zu versehen. In diesem Falle ist Talent Management nichts anderes als „alter Wein in neuen Schläuchen" (Jäger 2008, 17). Jäger (2008, 17) sieht die Schwächen des Talent Managements im Gegensatz zu Ewerlin und Süß (2013) in dem uneinheitlichen Bild und in dem Fehlen eines ganzheitlichen oder nachhaltigen Ansatzes. So kann dem Konzept häufig keine eigenständige Funktion innerhalb des Personalmanagements zugesprochen werden. In seinen Augen werden die Prozesse der Identifizierung und Entwicklung von Talenten häufig isoliert nebeneinander durchgeführt und die Implementierung eines Talent Management-Prozesses fehlt in weiten Teilen bezogen auf das gesamte Unternehmen. Diese Kritik kann von den Ergebnissen Kirchners (2013, 13) gestützt werden. Die Umsetzung von Talent Management geschieht in zwei Drittel der von ihr befragten Unternehmen in Deutschland durch lose miteinander verbundene Einzelmaßnahmen und ist nur in 13% der Unternehmen als systematischer Prozess angelegt.

5.2.4 Zielsetzungen und Effekte von Talent Management

Talent Management hat die Zielsetzung, zum Erreichen der strategischen Unternehmensziele beizutragen (Cappelli 2008), indem Talente an das Unternehmen gebunden werden und ihre Loyalität, Arbeitsleistung sowie -motivation erhöht werden sollen (Armutat 2008). Für ca. 90% von 313 Personalverantwortlichen, die zur Gestaltung und Verbreitung von Talent Management in Deutschland befragt wurden (vgl. Ewerlin, Süß 2013, 55), sind die Entwicklung und die

Bindung von Talenten sowie die Nachfolgeplanung die wichtigsten Ziele von Talent Management. Der Einsatz von Talenten und die Unterstützung der Unternehmensstrategie stellen dagegen nur für 50% der Unternehmen ein Ziel dar. Seine Einführung bietet nach Scheffer (2008, 5) die Vorteile, einen Status Quo über die vorhandenen Talente und deren Kompetenzen erheben zu können. Talentengpässe, Probleme der Nachfolgeplanung und Talentfluktuationen können reduziert, die Qualität der Rekrutierung und der Identifizierung von angehenden Führungskräften verbessert und durch die Auswahl und Förderung von geeigneten Führungskräften die Führungsqualität im Unternehmen gesichert werden. Qualifizierungsressourcen können durch das Konzept optimal eingesetzt werden und betriebswirtschaftliche Kennzahlen den Einsatz von Personalentwicklungsmaßnahmen legitimieren.

Die Forschung über Talent Management hat in den letzten Jahren vorrangig dessen Erfolgskriterien, seine Umsetzung und Optimierungsmöglichkeiten untersucht (Lewis, Heckman 2006). Es kamen auch Untersuchungen über die Effekte hinzu, welche den finanziellen Vorteil für den Unternehmenserfolg verstärkt belegen (Bethke-Langenegger 2011). In einer internationalen Studie konnte nachgewiesen werden, dass Unternehmen, die Talent Management erfolgreich umsetzen, mehr Gewinn als Unternehmen ohne erfolgreiches Talent Management verzeichnen konnten (Komm et al. 2007). In 188 befragten Klein-, Mittelstands- und Großunternehmen der Schweiz wurden positive monetäre Effekte auf den Unternehmenswert am Kapitalmarkt, die Produktivität der Talente, die Unternehmensproduktivität und auch auf den Unternehmensgewinn herausgearbeitet. Gründe für den positiven Einfluss werden in einer erhöhten Arbeitsmotivation, abnehmenden Mitarbeiterfluktuation und in Kosteneinsparungen im Personalmanagement gesehen (Bethke-Langenegger 2011, 30ff.). Positive Effekte auf der Mitarbeiterebene können in einer höheren Leistungsmotivation, stärkerer Unternehmensverbundenheit und in zunehmender Arbeitszufriedenheit in mehr als 84% der Unternehmen beobachtet werden. Auch geben mehr als drei Viertel der Personalverantwortlichen an, dass sich Attraktivität und Ruf des Unternehmens durch die Einführung von Talent Management verbessert hat.

Silzer und Dowell (2010) sehen Ergebnisse wie diese jedoch zwiespältig, da der Zusammenhang zwischen der Implementierung von Talent Management und dem Unternehmenserfolg aufgrund anderer Variablen, die auch einen Effekt auf die finanziellen Ergebnisse eines Unternehmens haben können, nicht leicht zu messen ist: „From our perspective, there does seem to be a link between talent practices and financial outcome measures, but it would be premature to conclude that it is causal" (ebd., 8).

5.2.5 Funktionen und Phasen des Talent Management-Ansatzes

Die unternehmensinterne Umsetzung von Talent Management vollzieht sich auf drei Ebenen. Auf der ersten Ebene wird die Strategie des Talent Managements aus der Unternehmensstrategie abgeleitet, auf der zweiten Ebene werden Instrumente und Prozesse im Rahmen des Talent Management-Konzepts in einem Prozesskreislauf umgesetzt und auf der dritten Ebene wird der Ansatz in der Organisation verankert (Putlitz et al. 2008, 63). Die Realisierung von Talent Management in der Unternehmenspraxis wird durch die folgende Abbildung in ihrem Zusammenhang veranschaulicht.

Abbildung 13: Die Umsetzung des Talent Management-Konzeptes in der Unternehmenspraxis (in Anlehnung an Armutat 2008; Putlitz et al. 2008; Kirchner 2013)

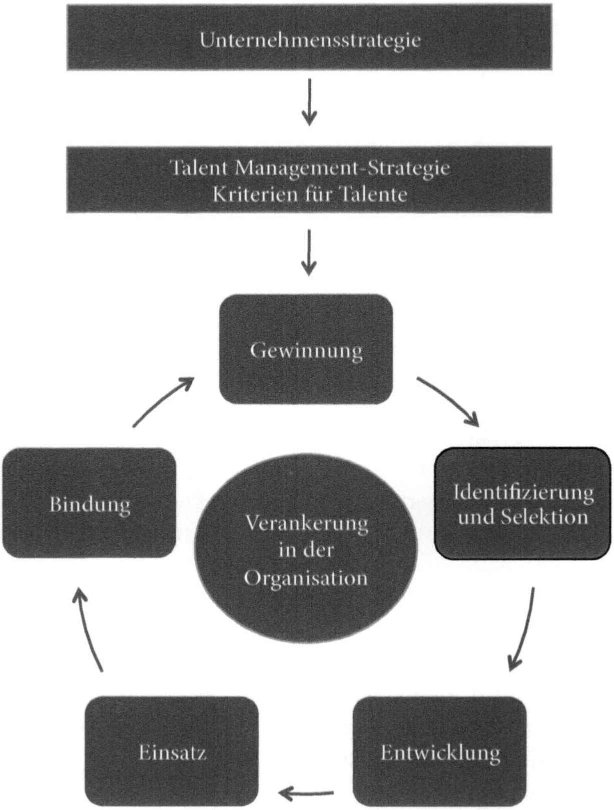

Die einzelnen Ebenen des Talent Management-Konzepts und ihr wechselseitiger Zusammenhang sollen im Folgenden erörtert werden.

1. Die Ableitung der Talent Management-Strategie aus der Unternehmensstrategie

Die Talent-Strategie ist ein relevanter Bestandteil der Unternehmensstrategie, weil Unternehmen nur mit den passenden Arbeitskräften ihre Ziele erreichen können, um ihren Erfolg und ihre Wettbewerbsfähigkeit zu erhalten bzw. zu steigern (Steinweg 2009; Silzer, Dowell 2010).

> „TM calls for the business strategy to be the starting point and flowing from this, the organization needs to ensure that they possess the talent to execute it. Consequently, the HR and talent strategy need to align with the business strategy but how this is operationalized is a key challenge for practioners“ (McDonell 2011, 170).

Die Ableitung, welche Kompetenzen das Unternehmen benötigt, setzt die vorherige Analyse der unternehmerischen Strategie voraus, in welcher geprüft wird, welche bzw. wie viele Führungs- und Nachwuchsführungskräfte mit welchen Kompetenzen das Unternehmen in Zukunft benötigt (Putlitz et al. 2008, 63f.; Heinen, O'Neill 2004). Wenn die strategische Ausrichtung des Unternehmens z.B. die Investition in den chinesischen Markt vorsieht, werden Talente mit entsprechender Projekt- und/oder Auslandserfahrung, Sprachkenntnissen und interkulturellen Kompetenzen benötigt. Die Entwicklung einer Talentstrategie erfordert daher die intensive Kooperation zwischen dem Personalmanagement, den oberen Führungskräften und der Geschäftsführung des Unternehmens.

2. Die Funktionen und der Prozess des Talent Managements

Talent Management besteht aus mehreren ineinander übergehenden und miteinander verknüpften Funktionen bzw. Phasen. Diese durchlaufen der Führungsnachwuchs und Führungskräfte als Talente in einem (exklusiven) Talent Management in einer Art Prozesskreislauf (vgl. Ritz, Sinelli 2010; Ewerlin, Süß 2012; Kirchner 2013). Es handelt sich dabei um eine Prozesskette bzw. um einen Kreislauf mit den Funktionen der Gewinnung, der Identifizierung, der Entwicklung, dem Einsatz und der Bindung von Talenten, der sich „am Lebenszyklus des Mitarbeiters“ (Putlitz et al. 2008, 64) orientiert. Der Kreislauf beginnt bei der Gewinnung von Talenten, setzt sich bei ihrer Entwicklung und deren Einsatz als Führungskräfte fort und mündet in deren Bindung an das Unternehmen, bevor er schließlich bei der Gewinnung neuer Talente von Neuem ansetzt (Ewerlin, Süß 2013).

Die Gewinnung von Talenten

In der ersten Phase werden Talente gewonnen, die entweder innerhalb oder außerhalb des Unternehmens tätig sind. Hierfür ist im Vorfeld zu klären, welche Fachkenntnisse, welches spezifische Know-how und welche weiteren Kompetenzen für die jeweiligen Stellen benötigt werden (Putlitz et al. 2008). Aktives zielgruppenorientiertes Personalmarketing, die Entwicklung und Pflege einer Arbeitgebermarke durch Employer Branding oder auch Kooperationsmaßnahmen mit Hochschulen können dazu beitragen, die Anzahl von externen Nachwuchsführungskräften und Führungskräften im Unternehmen zu erhöhen und sich Talente auch schon früh zu sichern (Scheffer 2008, 6).

Die Identifizierung und Selektion von Talenten

Voraussetzung für die zweite Phase im Talent Management – die Identifizierung und Selektion von Talenten – sind Kenntnisse über die erfolgskritischen Schlüsselpositionen im Unternehmen und die Entwicklung von Kompetenzmodellen, welche die gegenwärtigen und zukünftigen Kompetenzanforderungen an potentielle Stelleninhaber abbilden (Ewerlin, Süß 2012). Durch Leistungs- und Potentialbewertungen werden unternehmensinterne Talente für potentielle Schlüsselpositionen identifiziert (Steinweg 2009; Scheffer 2008). Ritz und Sinelli (2010, 17) konstatieren, dass bei der Selektion von Talenten für konkrete Führungspositionen klassische Instrumente der Personalauswahl und Simulationsverfahren, wie Assessment Center, zum Einsatz kommen. Positionen für Talente sind meist Schlüsselpositionen in Unternehmen, weshalb führungsrelevante soziale und personale Kompetenzen, wie z.B. Motivation, Teamfähigkeit und situatives Verhalten z.B. gegenüber Geführten, durch Simulationsverfahren erfasst und beurteilt werden sollen.

Die Entwicklung von Talenten

Die dritte Phase bezieht sich auf die Entwicklung von Talenten. Durch vorherige Leistungs- und Potentialbeurteilungen kann ein individueller Entwicklungsbedarf festgestellt werden. Konkrete Maßnahmen werden mit Unterstützung der Personalentwicklung und meist auch mit der Beteiligung der Vorgesetzten festgelegt, um Kompetenzen für zukünftige und aktuelle Aufgaben zu entwickeln (Heinen, O'Neill 2004). „The development activities generally include on-the-job experience coupled with targeted education/ learning opportunities" (ebd., 72). Zielsetzung ist, sowohl die richtige Förderung von Nachwuchsführungskräften, deren Vorbereitung auf Führungspositionen als auch die langfristige Bindung der

Person an das Unternehmen zu gewährleisten (Armutat 2008, 11; Steinweg 2009). Hierfür können Maßnahmen der Personal- und Führungskräfteentwicklung herangezogen werden, wie z.B. Projekte, Job Rotationen, Mentoring, Coaching, Möglichkeiten zum Erfahrungsaustausch, Feedbackverfahren oder auch Portfolioarbeit, die Lern- und Entwicklungsprozesse reflektierbar machen (Schaper 2009, 28).

Der Einsatz und die Bindung von Talenten

Der Einsatz eines Talents in einer konkreten Aufgabe oder auf einer konkreten Position und seine Beurteilung stellen die vierte Funktion dieses Konzeptes dar. Der passende und fordernde Stelleneinsatz gewährt ein hohes Entwicklungs- und Motivationspotential sowie die Umsetzung des Leistungspotentials einer Führungs- oder Nachwuchsführungskraft (Scheffer 2008, 7). Die fünfte und letzte Phase von Talent Management stellt die Bindung von Talenten an das Unternehmen dar, um deren Austritt aus dem Unternehmen zu verhindern, da damit finanzielle Verluste und die Abwanderung von Wissenskapital einhergehen würden (Ewerlin, Süß 2012). Anreizsysteme bieten die Möglichkeit, die intrinsische und extrinsische Motivation zu beeinflussen, wobei Ritz und Sinelli (2010, 18) erläutern, dass Merkmale der Arbeit, wie deren Inhalte, die Übernahme von Verantwortung und eine Ausgewogenheit der Work-Life-Balance, eine höhere Wirkung als das Gehalt auf die Bindung von Mitarbeiter/innen haben.

Nach Tarique und Schuler (2012) zählen die Förderung des Engagements von Talenten, Angebote der Karriereplanung und -entwicklung, Trainings zur Förderung unternehmensspezifischer Kompetenzen und die Implementierung einer inklusiven Talent Management-Kultur zu effektiven Bindungsstrategien. Unternehmen signalisieren dadurch, dass allen Arbeitnehmer/innen Wertschätzung für ihre Arbeit und Entwicklung entgegengebracht wird, was deren Identifikation mit dem Arbeitgeber und die Arbeitszufriedenheit erhöht und somit Unternehmensaustritte reduzieren kann. Trainings zur Entwicklung unternehmens- oder stellenspezifischer Kompetenzen sorgen des Weiteren dafür, dass Kompetenzen einer Arbeitskraft nicht auf andere Unternehmen übertragbar sind, was deren Wert für andere Unternehmen und eine Wechselbereitschaft unter Umständen auch reduzieren kann.

3. Die Verankerung des Talent Management-Konzeptes in der Organisation

Talent Management ist ein Top-down Prozess (Iles et al. 2010, 906), der ganzheitlich und nachhaltig im Unternehmen verankert werden muss. Dafür ist eine unternehmensweite Sensibilisierung für das Thema top-down von der

Geschäftsführung und den Führungskräften anzustoßen, damit die Wertschätzung von Talenten im Unternehmen zu einem Teil der Unternehmens- und Führungskultur werden kann (Armutat 2008, 9). Die Verankerung des Konzepts erfolgt durch dessen Integration in das bestehende Personalmanagement und durch die Verzahnung mit bestehenden HR-Prozessen (Minbaeva, Collings 2013; Armutat 2008). Wesentliche Voraussetzung für die erfolgreiche Implementierung eines Talent Management-Konzeptes ist die operationalisierte und einheitliche Festlegung der Talentkriterien im Unternehmen, die miteinander vergleichbar sind und Diversity-Aspekte beinhalten (vgl. Kirchner 2013).

Die Transition von Führungskräften als Teil des Talent Management-Prozesses

Der einzige bisher bekannte Talent Management-Ansatz, der sich auf Führungskräfte bezieht, die in einem internationalen Kontext agieren und die Transition in die Führungsposition aufgreift, ist bei Sloan et al. (2003) zu finden. Deren Konzept des „framework for managing global leadership talent strategically“ (ebd., 235) kann auch auf Talent Management-Aktivitäten von Unternehmen im nationalen Bereich bezogen werden (Silzer, Dowell 2010) und ist somit für die vorliegende Untersuchung in hohem Maße geeignet, welche den Übergang von der Mitarbeiter- in die Führungsposition analysiert. Die Implementierung eines Talent Management-Systems besteht aus fünf miteinander verbundenen Elementen (Sloan et al. 2003, 237):

1. Identifikation von Talentlücken
2. Wahl der Herkunft der benötigten Talente
3. Initiierung des Talent Management-Prozesses
4. Aufbau eines betrieblichen Unterstützungssystems und die Verankerung von Talent Management im Unternehmen

Vor diesem Hintergrund können nach Sloan et al. (2003) sechs relevante Prozesse im Rahmen der Koordination von Talent Management-Strategien identifiziert werden, die in drei Clustern dargestellt werden:

1. Gewinnung und Bindung von Talenten, um geeignete Führungskräfte an das Unternehmen heranzuziehen
2. Auswahl von Talenten und die Begleitung der Transition, um bei der Übernahme neuer Rollen und Aufgaben zu unterstützen
3. Mobilisierung und Entwicklung, um hohe berufliche Leistungen und Weiterentwicklung zu fördern.

Die Transition, unabhängig, ob sie interne oder externe Nachwuchs- und Führungskräfte zu bewältigen haben, wird in diesem Konzept als begleitender Prozess im Talent Management aufgefasst und stellt einen bedeutenden Schritt in ein neues berufliches Umfeld dar (Sloan et al. 2003, 268). Die Autor/innen betonen, dass Unterstützungsmaßnahmen des Übergangs im Gegensatz zu Auswahlprozessen in den Unternehmen oftmals zu kurz kommen, was die Einarbeitungszeit der Führungskräfte häufig unnötig in die Länge ziehe. Entwicklungsmaßnahmen können hier Unterstützung und Beratung bei der Übernahme neuer beruflicher Rollen bieten: „Transitioning activities include support and coaching to help individuals transferring from one location to another, transitioning from one role to another and being placed within a new work group and organizational context" (ebd., 268).

5.2.6 Die Umsetzung von Talent Management in der Unternehmenspraxis

Talent Management kann als ein Transformationsprozess bezeichnet werden, der aus den Faktoren Input, Prozess und Output besteht (Thunnissen et al. 2013). „We use talent(s) as input, 'process' and develop it (them) with HR practices in order to get the desired output" (ebd., 1749). In Übereinstimmung mit diesen drei Elementen konzentriert sich Forschung zu Talent Management auf die Definition von Talent (vgl. Gallardo-Gallardo et al. 2013), auf die erwarteten Effekte durch Talent Management (vgl. Bethke-Langenegger 2011; Collings, Mellahi 2009; Lewis, Heckman 2006) und auf dessen konkrete Gestaltung und Verbreitung.

In Europa und Deutschland steckt die Forschung zu der Umsetzung von Talent Management jedoch noch in den Kinderschuhen, und nur wenige Studien sind hierzu bisher durchgeführt worden (Ewerlin, Süß 2012). Dennoch gibt es erste Untersuchungen, die weiterer Forschung die Tür öffnen und Aufschluss über die Umsetzung des Talent Managements in Deutschland und Europa geben. Sie sollen im Folgenden genauer beleuchtet werden.

Die Unternehmensberatung Tower Perrins (Enneking et al. 2005, 3ff.) hat 68 Personalmanager aus 64 mittelgroßen bis großen deutschsprachigen Unternehmen zur Umsetzung ihrer Talent Management-Aktivitäten befragt. Hinsichtlich der Identifizierung, Entwicklung, dem Einsatz und der Bindung von Talenten lassen sich folgende Ergebnisse darstellen:

1. *Anwendung des Talent Management-Ansatzes:* Der Großteil der Unternehmen verwendet Instrumente und Prozesse, die sich in erster Linie an untere und mittlere Führungskräfte richten. Nur in jedem zweiten Unternehmen werden alle Arbeitskräfte durch Maßnahmen gefördert. Wenn man jedoch bedenkt,

dass Arbeitnehmer anderer Positionen die späteren Führungskräfte darstellen können, ist hier ein Verbesserungsbedarf festzustellen.

2. *Definition von Talent:* Nur in 70% der Unternehmen herrscht ein einheitliches Talentverständnis, das auch nicht immer konsistent angewendet wird und sich lediglich auf die Führungskarriere bezieht. In einigen Unternehmen ist somit keine identische Vorstellung darüber zu finden, nach welchen Kriterien Talente identifiziert werden. Unternehmen ziehen mehrere Auswahlkriterien heran, was verdeutlicht, dass der Talentbegriff mehrdimensional definiert ist.
3. *Identifizierung von Talenten:* Nur in knapp 30% der Unternehmen erfolgt die Kommunikation darüber, welche Nachwuchskräfte in ein Talent Management-Programm aufgenommen werden, öffentlich. Die Prozesse der Talentidentifizierung sind von einer hohen Intransparenz geprägt und laufen vielfach abseits offizieller Auswahlprozesse ab. Auch können sich Nachwuchskräfte nur in jedem dritten Unternehmen für ein Förderprogramm selbst nominieren, und nur in jedem fünften Unternehmen werden die Auswahlkriterien dafür bekannt gemacht. Die meisten Unternehmen sehen auch keine Veranlassung, andere Mitarbeitergruppen, die nicht im Talent Management angesprochen werden, durch spezielle Programme zu unterstützen. Talente werden in 90% der Unternehmen durch die klassische Vorgesetztenbeurteilung identifiziert. In einem Drittel der Unternehmen werden ergänzend dazu Management Konferenzen, Assessment Center, Interviews und Feedbackverfahren eingesetzt.
4. *Einsatz von Talenten:* Es zeigt sich, dass Talente in erster Linie die vertikale Karriere als Führungskraft erwartet und dass ihnen nur in Ausnahmefällen ein horizontaler Karrieretyp angeboten wird, da diese Karrierevarianten in den Unternehmen noch zu wenig umgesetzt werden.
5. *Entwicklung von Talenten:* Die Begleitung der Talente erfolgt durch Entwicklungsmaßnahmen durch das Unternehmen, welche sich auf einen Zeitraum von zwei bis drei Jahren erstrecken. Angehende Führungskräfte werden am häufigsten durch die Übernahme von Projekten (in 68% der Unternehmen) und in mehr als der Hälfte der Betriebe durch Mentoring in ihrer Entwicklung unterstützt.
6. *Bindung von Talenten:* Die Bindung von Nachwuchs- oder Führungskräften durch bestimmte Maßnahmen, wie z.B. durch monetäre Anreize, wird in den Unternehmen kaum genutzt.

Weiterhin lassen sich durch die unterschiedlichen Ausgestaltungen der Talent Management-Aktivitäten nach Enneking et al. (2005, 3) zwei Gruppen von Unternehmen bilden, die entweder Talent Management erfolgreich durchführen oder darin noch Verbesserungsbedarf haben. Die Betriebe, die Talent Management erfolgreich betreiben, unterscheiden sich von den Unternehmen mit Nachholbedarf in folgenden Punkten:

- eine einheitliche Talentdefinition, die im Großteil der Unternehmen mehrdimensional ist und weitere Kriterien wie z.B. Persönlichkeitsvariablen miteinbezieht,
- transparente Kommunikation der Kriterien und Prozesse des Talent Managements,
- die Möglichkeit zur Selbstnominierung von Talenten für Förderprogramme,
- der aus dem Selektionsprozess resultierende Ausschluss von anderen Mitarbeitergruppen wird durch spezielle Programme aufgefangen und
- eine hohe Verantwortung der Personalentwicklung für den Talent Management-Prozess und die Einbeziehung und Kooperation mit dem Linienmanagement.

Kirchner (2013) gibt in ihrem Ergebnisbericht zu ihrem unveröffentlichten Dissertationsprojekt, welches die organisationale Umsetzung von Talent Management durch die Befragung von 96 Personalmitarbeitern und Talent Management-Expert/innen untersuchte, einen Überblick über das aktuelle Verständnis von Talent und Talent Management in Deutschland:

1. *Anwendung des Talent Management-Ansatzes:* Das Konzept wird von mehr als der Hälfte der Befragten als kooperative Aufgabe zwischen Personalbereich, Unternehmensleitung und Führungskräften verstanden. In fast zwei Drittel der Unternehmen steht die Förderung von Nachwuchsführungs- und Führungskräften im Mittelpunkt der Aktivitäten. Die Umsetzung der jeweiligen Konzepte erfolgt in zwei Drittel der Unternehmen durch lose gekoppelte Einzelmaßnahmen und weniger durch einen systematischen Prozess, der nur in 13% der Unternehmen existiert.
2. *Definition von Talent:* Die Benennung zum Talent erfolgt an erster Stelle in mehr als 80% der Unternehmen aufgrund des der Person zugesprochenen Potentials, an zweiter Stelle aufgrund der Leistung und an dritter Stelle aufgrund der Kompetenz. Die Dauer der Zugehörigkeit zum Unternehmen hat auf die Talentbenennung den geringsten Einfluss. Nur die Hälfte der Unternehmen verfügt über ein strategisches Kompetenzmanagement, was zu einer uneinheitlichen und auch intransparenten Talentdefinition führt.
3. *Identifizierung von Talenten:* Der Talentstatus ist in mehr als 60% der Unternehmen transparent kommuniziert und laut ca. 40% der Befragten findet ein Informationsaustausch mit den Mitarbeiter/innen statt.

4. *Entwicklung, Einsatz und Bindung von Talenten:* Der Großteil der Befragten (85%) sieht alle personalpolitischen Maßnahmen als Prozessschritte eines Talent Managements an. Die Entwicklung von Talenten stellt den Prozessschritt dar, dem die Unternehmen die größte Relevanz zusprechen. Die Gewinnung, der Einsatz und die Bindung von Talenten werden nur in der Hälfte der Unternehmen als Prozessschritte des Talent Managements definiert.

Ewerlin und Süß (2013, 52ff.) haben aufgrund des bisherigen Mangels an systematischer wissenschaftlicher Forschung zur Gestaltung und Verbreitung des Talent Managements in Deutschland 313 Personalverantwortliche zu der Thematik befragt. Ca. 22% der untersuchten Unternehmen sind klein- und mittelständische Unternehmen (KMU) und ca. 78% Großunternehmen, was einen Vergleich nach Unternehmensgröße möglich macht.

1. *Anwendung des Talent Management Ansatzes:* Ca. 82% der Großunternehmen und ca. 50% der KMUs betreiben Talent Management. Dieser Unterschied kann durch das stärker professionalisierte und institutionalisierte Personalmanagement in Großunternehmen und deren höhere finanziellen und personellen Ressourcen erklärt werden.
2. *Identifizierung, Entwicklung, Einsatz und Bindung von Talenten:* Im Talent Management lassen sich drei Maßnahmenbündel identifizieren:
   a) Maßnahmen der Gewinnung und Vergütung (u.a. Gehaltskomponenten, E-Recruiting und die Teilnahme an Hochschul- und Karrieremessen)
   b) Maßnahmen der Entwicklung und Karriereplanung (u.a. Förderprogramme für Talente, Laufbahn- und Karriereplanung, Mentoring, Coaching und Potentialbeurteilungen)
   c) Maßnahmen der Beurteilung und des Einsatzes von Talenten (Nachfolgeplanungen, Jobrotationen und 360-Grad Feedbacks)

In Bezug auf die Anwendung der Maßnahmenbündel in den Unternehmen kann festgestellt werden, dass Unternehmen identifiziert werden können, die sich entweder auf das erste Maßnahmenpaket, die Gewinnung von Talenten, oder auf die Entwicklung, die Beurteilung und den Einsatz konzentrieren. Maßnahmen zur Entwicklung und Karriereplanung werden etwas häufiger als die anderen Maßnahmenpakete angeboten (Ewerlin, Süß 2013, 56).

Ein Vergleich zwischen KMU und Großunternehmen zeigt, dass nach Burger (2009) Talent Management in Großunternehmen mehr eine Elitenförderung darstellt, während es in KMU einer „Substanzerhaltung" (ebd., 57) gleichkommt. Danach scheint Talent Management in KMU in geringerem Umfang und weniger professionalisiert als in Großunternehmen zu verlaufen (Ewerlin, Süß 2012, 291;

Schaper 2009) und die Implementierung eines strategischen Ansatzes abhängig von Umsatzzahlen und Mitarbeiterzahlen zu sein (Ewerlin, Süß 2012; Festing et al. 2013).

Entwicklungsstufen des Talent Managements

Das britische Chartered Institute of Personell and Development (CIPD 2008 zit. nach Schaper 2009, 17f.) stellte unterschiedliche Ausprägungsvarianten von Talent Management-Aktivitäten dar und klassifiziert diese nach fünf Entwicklungsstufen:

1. Auf der untersten Stufe stehen Unternehmen, deren Talent Management oder formelle Personalmanagement-Strategien in den Unternehmen noch nicht vorhanden sind. Dadurch findet die Gewinnung und Entwicklung von Talenten auf einer informellen Basis statt.
2. Maßnahmen des Talent Managements, die isoliert oder lokal stattfinden und in keine auf das gesamte Unternehmen bezogene oder integrierte Talent Management-Strategie eingebettet sind, sind auf der zweiten Entwicklungsstufe zu finden.
3. Dagegen weisen Aktivitäten, die auf der dritten Entwicklungsstufe angesiedelt sind, einen koordinierten und integrierten Charakter auf und werden für bestimmte Mitarbeitergruppen oder Organisationseinheiten angewandt.
4. Unternehmen, die sich auf der vierten Entwicklungsstufe befinden, haben Talent Management als unternehmensweite und koordinierte Strategie implementiert, die der allgemeinen Strategie des Personalmanagements untergeordnet ist.
5. Der Unterschied zur fünften Entwicklungsstufe besteht darin, dass Talent Management auf dieser Stufe klarer Bestandteil der Unternehmensstrategie bzw. -führung ist.

Nach Schaper (2009) erlauben diese Entwicklungsstufen Unternehmen die Beurteilung und den Vergleich ihrer Talent Management-Aktivitäten, was jedoch nicht bedeuten soll, dass die höchste Entwicklungsstufe angestrebt werden muss. „Vielmehr kommt es darauf an, welche Anforderungen in Bezug auf das Talentmanagement eine Organisation im Rahmen einer erfolgreichen Unternehmensstrategie zu erfüllen hat" (ebd., 18).

5.2.7 Kritik am Talent Management-Ansatz

Auch wenn Talent Management als ein Königsweg zum Umgang mit Talenten scheint, werden durch die Zusammenschau des Forschungsstandes Versäumnisse und Einschränkungen des Ansatzes offenkundig. Auf relevante Kritikpunkte soll nun genauer eingegangen und damit Grenzen sowie Herausforderungen des Konzeptes thematisiert werden.

1. Den Dreh- und Angelpunkt aller Talent Management-Aktivitäten stellt das Erreichen der Unternehmensziele dar. Dadurch wird dieser zu einem eng gefassten und eindimensionalen Ansatz (Thunnissen et al. 2013, 1754), da die Zielsetzung allein aus der Unternehmensstrategie abgeleitet wird. Dies wird auch in den unterschiedlichen Talentdefinitionen erkennbar. Sowohl subjektive als auch objektive Talentansätze (vgl. Gallardo-Gallardo et al. 2013) haben als einziges Ziel, den Anforderungen der Arbeitgeber zu entsprechen (Thunnissen et al. 2013). Talent Management ist darauf gerichtet, durch die Steigerung der Mitarbeiterleistung den Unternehmenserfolg zu erhöhen, wodurch der Erfüllung unternehmerischer Ziele eine wesentlich größere Rolle zukommt als dem Entwicklungsaspekt oder dem Wohlbefinden des Individuums.
2. Die implizite Annahme der Umsetzung von Talent Management ist, dass alle beteiligten Akteure, wie Vorgesetzte, HR und die Geschäftsführung, die gleichen Interessen und Ziele verfolgen. In der Unternehmensrealität sieht es jedoch häufig so aus, dass die Bedürfnisse und Interessen verschiedener Stakeholder sowohl untereinander als auch mit den Unternehmenszielen in Konflikt geraten (Thunnissen et al. 2013, 1757).
3. Auch wenn teilweise die aktive Rolle der Talente (Ready et al. 2010a) betont wird, wird die Verantwortung des Individuums für die eigene Karriere und ihre Entwicklung in Talent Management-Ansätzen kaum erwähnt bzw. hat im Zuge der intransparenten Talentkommunikation in den Unternehmen kaum einen Stellenwert im Vergleich zu der Entscheidungsmacht der Vorgesetzten und Selektionsverantwortlichen.
4. Einheitliche Entscheidungen darüber, was die Auswahlkriterien von Talent sind, sind bei der hohen Anzahl an Personengruppen, die an der Talentdefinition beteiligt sind, in der Unternehmenspraxis nicht einfach zu erzielen und können zu Konflikten führen. Gewählte oder erzwungene einheitlich-informelle Definitionen sind in ihren Auswahlentscheidungen daher häufig intransparent und unsystematisch (Thunnissen et al. 2013, 1755). Eine Talentdefinition, die keine flexible Anpassung oder Diskussion ihrer Kriterien zulässt, hat sich dem Vorwurf zu stellen, die Reproduktion der bestehenden Machtverhältnisse bzw. der Unternehmens- sowie Führungskultur anzustreben und keine Veränderungen oder Innovationen zuzulassen.
5. Es kann ebenfalls bemängelt werden, dass Kompetenzen, die für den Arbeitsmarkt außerhalb des Unternehmens wichtig sind, im Rahmen von Talent

Management weniger entwickelt werden (vgl. Schuler und Tarique 2012). Eine einseitige Förderung der internen Beschäftigungsfähigkeit gereicht Nachwuchskräften, dem Arbeitsmarkt und auch der Gesellschaft zum Nachteil.

6. „Nicht-Talente“ werden in Talent Management-Prozessen kaum berücksichtigt, was zu einer Segmentierung der Arbeitskräfte führt und negative Auswirkungen auf deren Arbeitszufriedenheit und die Identifikation mit dem Arbeitgeber haben kann. Personalfluktuationen und Entlassungen werden im Talent Management kaum aufgegriffen, vielmehr wird eine Prävention und die Bindung der Mitarbeiter/innen angestrebt (Thunnissen et al. 2013, 1755). Daher erscheint es vernünftig, Fluktuationen nicht länger zu verleugnen, sondern neue Strategien wie z.B. das Kontakthalten zu ehemaligen Talenten stärker zu verankern und zu einem Einstellungswandel in den Unternehmen beizutragen.
7. Nachwuchs- und Führungskräfte werden durch Talent Management-Aktivitäten ausgewählt, selektiert und vom Rest der Mitarbeiter/innen des Unternehmens durch die exklusive Behandlung abgegrenzt. Talentförderung wird in diesem Falle zu einer Elitenförderung, die sich, wie bei der Stellenbesetzung für Führungspositionen, größtenteils an Männern und männlichen Karrieren orientiert (Macha et al. 2010; Macha 2005; 2004). In der bisherigen Praxis trägt Talent Management damit zu einer Reproduktion der bestehenden sozialen Machtverhältnisse bei bzw. zementiert diese und hat Anteil daran, dass talentierte Frauen von Führungskarrieren ausgeschlossen und benachteiligt werden. Es gibt im aktuellen Forschungsstand über Talent Management keinerlei Hinweise darauf, ob bzw. in welchem Maße Gleichstellung und Chancengleichheit innerhalb des Ansatzes gefördert werden oder Bestandteil davon sind. Kirchner (2013) konstatiert, dass Diversity-Dimensionen wesentlich stärkeren Eingang in die Umsetzung von Talent Management, wie z.B. bei der Talentdefinition, finden müssen.

Unternehmen können in Zeiten der Internationalisierung, des demographischen Wandels und des Führungs- und Fachkräftemangels nicht länger darauf verzichten, wertvolle Ressourcen von Frauen und Migrant/innen zu vernachlässigen, da diesen in der heutigen gesellschaftlichen und unternehmerischen Realität eine hohe Bedeutung zukommt (vgl. Welpe et al. 2013). Das Gewinnen von Führungstalenten stellt in diesem Zusammenhang eine zentrale Herausforderung für Unternehmen dar. Talent Management muss deshalb innovations- und veränderungsfähig sein bzw. werden und in der Lage sein, das Konzept weiterzuentwickeln und an bestehende Herausforderungen anzupassen. Um Benachteiligungen zu reduzieren, ist es angezeigt, Gender Mainstreaming (Macha et al. 2011; Macha, Struthmann 2011; Macha et al. 2010), Diversity Management (Gardenswartz,

Rowe 2002; Aretz, Hansen 2002) und/ oder Gender- und Diversity Management (Struthmann 2013) mit Talent Management zu verknüpfen und Schnittmengen zu generieren. Dafür ist es notwendig, Gender- und Diversity-Kategorien als strukturelle Dimensionen und gleichstellungspolitische Strategien als eine Querschnittsfunktion im Talent Management-Konzept zu implementieren. Auf diese Weise können Talent Management und gleichstellungspolitische Strategien voneinander profitieren und wechselseitige Synergieeffekte erzielen.

5.2.8 Zusammenfassung

In diesem Kapitel wurden wesentliche Merkmale des Talentbegriffs und des Talent Management-Ansatzes, wie dessen Zielsetzungen und Effekte, eine Abgrenzung zum Personalmanagement und die Umsetzung in der Unternehmenspraxis dargestellt.

Die Ausführungen verdeutlichen, dass Talent Management durch seinen systematischen, ganzheitlichen und in das Unternehmen und in das Personalmanagement integrierten Ansatz den Rahmen schaffen kann, sowohl für eine Talentpipeline an Führungskräften im Unternehmen zu sorgen, als auch Karriereübergänge wie die Transition von der Mitarbeiter- in die Führungsposition zu begleiten. Innerhalb des Talent Management-Prozesses werden geeignete interne oder externe Kandidat/innen für Führungspositionen durch Instrumente der Personalauswahl, der Mitarbeiterbeurteilung und/oder der Talentidentifikation identifiziert und selektiert. Im Anschluss daran werden potentielle Führungskräfte durch entsprechende Entwicklungsinstrumente und -maßnahmen auf die Übernahme einer Führungsposition vorbereitet und/ oder dabei begleitet und unterstützt. Der Prozess des Talent Managements (Putlitz et al. 2008; Kirchner 2013) zeigt damit Parallelen zum Transitionsprozess (vgl. Wan, Tham 2011; Gilmore 2003) auf, bzw. es lassen sich Phasen des Übergangs in dem Prozess des Talent Managements verorten. Talent Management kann somit zur Vorbereitung und Begleitung der Transition von Führungsneulingen eingesetzt werden (Sloan et al. 2003) bzw. kann der Übergang in diesen Ansatz integriert werden. Nach Griebel und Niesel (2004) ist Transition ein ko-konstruktiver Prozess, welcher aufgrund seiner unterschiedlichen Entwicklungsaufgaben für die betroffene Person und ihr Umfeld der Moderation durch Kommunikation und Partizipation bedarf, was durch diesen Ansatz geleistet werden kann.

Im Mittelpunkt der Forschung über Talent Management standen bisher die Verbreitung und Umsetzung des Ansatzes in Bezug auf sein Gesamtkonzept. Untersuchungen, welche sich auf einzelne Funktionen beziehen oder diese speziell für angehende Führungskräfte im Rahmen von Karriereübergängen analysieren, sind bislang nicht bekannt, was die folgende empirische Untersuchung aufgreifen und erstmals untersuchen will.

Nachdem Talent Management nun mit seinen Charakteristika, Zielen, Phasen und Funktionen vorgestellt wurde, soll im folgenden Abschnitt ein Überblick über den Forschungsstand zu den im Talent Management verankerten Funktionen bzw. Prozessen der Identifizierung, Auswahl und Entwicklung des Führungsnachwuchses gegeben werden. Daraufhin wird es möglich sein, die Fragestellungen der vorliegenden Studie fundiert entwickeln und darlegen zu können.

6. Identifizierung, Auswahl und Entwicklung von Führungs- und Nachwuchsführungskräften durch Talent Management

Die Selektion und Entwicklung zukünftiger Führungskräfte stellt innerhalb des Talent Management-Kreislaufs, bei der Besetzung von Führungspositionen und im Rahmen der Transition eine wichtige Funktion und Herausforderung dar (vgl. Kapitel 5). Im Anschluss an die Ausführung des Talent Management-Ansatzes, werden in diesem Abschnitt die Phasen der Talentidentifikation, -auswahl und -entwicklung einen zentralen Raum einnehmen. Eine Zielsetzung der folgenden Studie ist, Erkenntnisse darüber zu gewinnen, mit welchen Instrumenten und Maßnahmen entsprechend einem Talent Management Nachwuchskräfte als potentielle Führungskräfte in Großunternehmen in der Region Schwaben und Oberbayern identifiziert und vor bzw. während der Transition in die Führungsposition begleitet werden. Daher sollen Forschungsergebnisse über Selektions- und Entwicklungsprozesse von High Potentials in Großunternehmen, bevor bzw. während sie als Führungskraft tätig sind, beleuchtet werden. Dieses Kapitel stellt damit einen wichtigen und abschließenden Teil für die Entwicklung der Fragestellungen und für die spätere Analyse der Auswahl- und Entwicklungsprozesse von Nachwuchsführungskräften in der vorliegenden Untersuchung dar.

6.1 Identifizierung und Auswahl von angehenden Führungskräften

Steinweg (2009, 125ff.) gibt im Rahmen ihres Beitrags zur Umsetzung von Talent Management in Großunternehmen einen Überblick über Instrumente, welche für die Identifizierung von Talenten angewendet werden. Neben den Ergebnissen von Steinweg (ebd.) werden weitere Forschungserkenntnisse zu der Konzeption, Zielsetzung und Umsetzung von Identifizierungs- und Auswahlinstrumenten bei High Potentials vorgestellt.

6.1.1 Instrumente zur Identifizierung und Auswahl

Nachwuchsführungskräfte werden unternehmensintern meist durch Leistungs- und Potentialbeurteilungen im Rahmen der Mitarbeiterbeurteilung und der Talentidentifikation entdeckt sowie identifiziert (Steinweg 2009). Worin der

Unterschied zwischen dem Entdecken und dem Identifizieren des Führungsnachwuchses besteht, erläutert Thomas (2003) folgendermaßen:

> „Mit dem Begriff „Entdecken" ist hier eine Vorstufe der treffsicheren Identifikation gemeint. Entdecken meint das „Aufspüren" und „Finden" von Mitarbeitern, denen man nach erstem Augenschein Führungspotenziale zutraut. (...) Unter „Identifikation" wird dabei die der „Entdeckung" folgende, möglichst verlässliche (valide) Erkennung von tatsächlich vorhandenen Potenzialen verstanden. Entdecken und Identifizieren sind somit keine qualitativ getrennten Maßnahmen; sie unterscheiden sich vielmehr auf einem Kontinuum der Genauigkeit und Validität (Gültigkeit) der jeweils getroffenen Aussagen" (ebd., 67).

Im Folgenden werden Prozesse der Mitarbeiterbeurteilung und der Talentidentifikation sowie die dabei eingesetzten Instrumente und Verfahren vorgestellt, die zur Identifizierung von Führungstalenten im Rahmen des Talent Managements verwendet werden.

1. Die Mitarbeiterbeurteilung

Die Identifizierung und Selektion von High Potentials hat häufig ihren Anfangspunkt im jährlichen Mitarbeitergespräch, in welchem die Mitarbeiterbeurteilung angesiedelt ist. „Selection usually begins either with nomination by the employee's immediate supervisor or through the annual appraisal process" (Fernández-Aráoz 2011, 80). In der Mitarbeiterbeurteilung erfolgt der Vergleich von Leistung und Potential einer Person mit den tatsächlichen Erwartungen an einen möglichen Stelleninhaber bzw. an eine mögliche Stelleninhaberin. Die Nachwuchskraft erhält ein Feedback, und es können erste Informationen darüber gewonnen werden, ob eine Person in einem Unternehmen in Zukunft als Führungskraft tätig werden bzw. ob diese in Richtung Führung gefördert werden soll (Steinweg 2009, 127ff.). Somit spielt nicht nur die Leistung einer späteren Nachwuchsführungskraft eine Rolle, sondern auch, ob die Person das Potential für führungsrelevante Tätigkeiten besitzt. Der Vergleich zwischen Leistung und Potential findet am häufigsten durch formularunterstützte Mitarbeitergespräche, multiple Feedbackmethoden, Interviews und durch weitere Methoden der Leistungs- und Potentialbeurteilung (ausführlich Lang-von Wins, Rosenstiel 1998) statt, welche die Voraussetzung für die Nachfolgeplanung, die Identifikation von Talenten und für die Einleitung individueller Entwicklungsmaßnahmen sind.

Mitarbeitergespräche

Mitarbeitergespräche können als das Standardinstrument zur Identifizierung von Führungspotential betrachtet werden. Sie gelten als Indikatoren für die künftige Effektivität in der Führungsrolle, weil darin Leistungsentwicklungen einer Person der letzten Jahre abgebildet werden (Silzer, Church 2010). Es lassen sich zwei Typen von Mitarbeitergesprächen unterscheiden, die jeweils einmal innerhalb eines Jahres stattfinden (Steinweg 2009, 128ff.). Mitarbeitergespräch Typ A hat die Zielsetzung, die Leistung einer Person zu beurteilen und Ziele für das kommende Jahr zu vereinbaren. Dieses Gespräch dauert ca. 60 Minuten und wird für angehende Nachwuchsführungskräfte in der Regel mit dem oder der Vorgesetzten geführt. Das Mitarbeitergespräch Typ B hingegen legt den Gesprächsschwerpunkt stärker auf die Entwicklung des Mitarbeiters/ der Mitarbeiterin und hat eine Gesprächsdauer von 60 bis 90 Minuten. Im Zentrum steht die Besprechung der Stärken der Person und welche Kompetenzen für die Bewältigung jetziger Aufgaben und zur Vorbereitung auf spätere Aufgaben noch benötigt werden (ebd.). Laut Thomas (2003, 78f.) erfolgen Potentialaussagen in Mitarbeitergesprächen entweder qualitativ durch z.B. die Angabe, dass die Person über Potential für die Übernahme von Führungspositionen verfügt oder quantitativ durch die Gegenüberstellung von dem Anforderungsprofil einer Führungsstelle und dem Leistungsprofil einer Person.

Multiple Feedbackverfahren und Interviews

Unternehmen benutzen multiple Feedbackverfahren und Interviews in Form einer fragebogenbasierten Leistungsbeurteilung, um die Leistung einer Person zu bewerten (Steinweg 2009, 138 ff.). Die Methode ist jedoch nicht mit dem 360-Grad Feedback zu verwechseln, das nicht zur Beurteilung von Leistung herangezogen wird, sondern ein Entwicklungsinstrument darstellt. Durch die Selbsteinschätzung der eigenen Person und durch die Fremdeinschätzung durch Kolleg/innen und Vorgesetzte erhält die potentielle Führungskraft Rückmeldung zu ihrer Leistung aus verschiedenen Perspektiven und vergleicht diese miteinander. Auch mit Hilfe von Interviews, welche die Kompetenzanforderungen der Position abbilden, kann mehr über die konkrete Leistung in bestimmten Situationen erfahren werden.

2. Die Talent-Identifikation von Nachwuchsführungskräften

Nachdem die Leistung und auch das Potential einer zukünftigen Führungskraft in Mitarbeitergesprächen bereits zwischen der Nachwuchskraft und dem oder der Vorgesetzten diskutiert wurden, findet in weiteren Schritten die Identifizierung und Selektion von Nachwuchsführungskräften statt. Die in der Talentidentifikation verwendeten Instrumente haben gemeinsam, dass es sich hierbei um Instrumente der Potentialbeurteilung handelt (vgl. Lang-von Wins, Rosenstiel 1998). Die Potentialbeurteilung gibt Aufschluss über die Fähigkeiten, Leistungen und mögliche Eignung einer Person für künftige Führungspositionen und ist losgekoppelt von herkömmlichen Mitarbeiterbeurteilungen (Breisig 2014).

> „Während bei der normalen Personalbeurteilung durch die direkte Führungskraft die Leistung und das Verhalten der Beschäftigten in der Vergangenheit (z.B. im zurückliegenden Jahr) bewertet wird, geht es bei der Potenzialbeurteilung um eine zukunftsorientierte Betrachtung der Eignung von Mitarbeiterinnen und Mitarbeitern für andere, in der Regel (aber nicht zwingend) hierarchiehöhere Stellen“ (ebd., 128).

Die Talent-Identifikation findet nach Steinweg (2009, 144ff.) in Großunternehmen durch Personalkonferenzen, sogenannte People Reviews, durch das Instrument der Performance-Potential-Matrix, Talent-Development-Seminare und Talent-Pools statt, auf deren Zielsetzung und Inhalte nun genauer eingegangen wird. Mit Hilfe dieser Instrumente und Verfahren diskutieren Vorgesetzte mit ihren Kolleg/innen der gleichen und höheren Führungsebenen die Leistungen, Kompetenzen und/ oder das Potential einer Nachwuchskraft. Das Ergebnis stellt eine gemeinsam getroffene Entscheidung der Bewertung für die weitere Nominierung der Person für künftige Führungspositionen oder Förderprogramme dar (ebd., 144).

Management Konferenzen und die Performance-Potential-Matrix

In Personalkonferenzen, moderiert durch die Personalabteilung, besprechen Vorgesetzte mit Kolleg/innen und höheren Vorgesetzten die Leistungs-und Potentialbewertungen ihrer Mitarbeiter/innen. Diese Meetings werden z.B. auch People Review oder Talent Review Workshops genannt und haben das Ziel, geeignete Mitarbeiter/innen für Führungspositionen zu benennen (Steinweg 2009; Breisig 2014; Thomas 2003). Dieses Vorgehen lässt auf der einen Seite eine stärkere Objektivierung der subjektiven Bewertungen von einzelnen Führungskräften zu und bildet auf der anderen Seite ein unternehmensübergreifendes einheitlicheres Führungsverständnis heraus (Thomas 2003, 85).

Grundlage der Diskussion ist meist das Instrument der Performance-Potential-Matrix. Der Talent-Status von Mitarbeiter/innen wird von Führungskräften, teilweise auch mit Vertreter/innen des HR diskutiert, in eine Matrix eingruppiert und mit einer konkreten Bezeichnung versehen. Der definierte Talent-Status bildet die Grundlage für die Nachfolgeplanung und die Festlegung von weiteren Entwicklungsmöglichkeiten (Steinweg 2009). Die Bezeichnung für den individuellen Talent-Status der Mitarbeiter/innen zeigt jeweils große unternehmensabhängige Unterschiede und variiert von Benennungen wie „Problem Kandidat“ bis zu „Führungstalent“ oder „Shooting Star“ (ebd., 150). Die X-Achse der Matrix spiegelt die Leistungsbeurteilung einer Person wider. Inhalte der Skalierung stellen die Arbeitsergebnisse, Aufgabenerfüllung und weitere unternehmenskulturbeeinflusste

Leistungs- und Kompetenzkriterien dar. Die Vorgesetzten können durch die Skalierung der Erwartungserfüllung reflektieren und entscheiden, ob der Mitarbeiter/die Mitarbeiterin die an ihn oder sie gesetzten Erwartungen nicht, teilweise, ganz oder in noch höherem Maße erfüllt hat. Die Y-Achse besteht meist aus drei bis vier Kategorien, die jeweils eine Potentialbewertung, verbunden mit einer Positions- oder Aufgabenempfehlung für die Zukunft, beinhaltet (Steinweg 2009, 149f.). Die folgende Abbildung zeigt, wie Leistung und Potential in einer Performance-Potential-Matrix visualisiert werden können:

Abbildung 14: Die Potential-Performance-Matrix (Hölzle, 2013, 35)

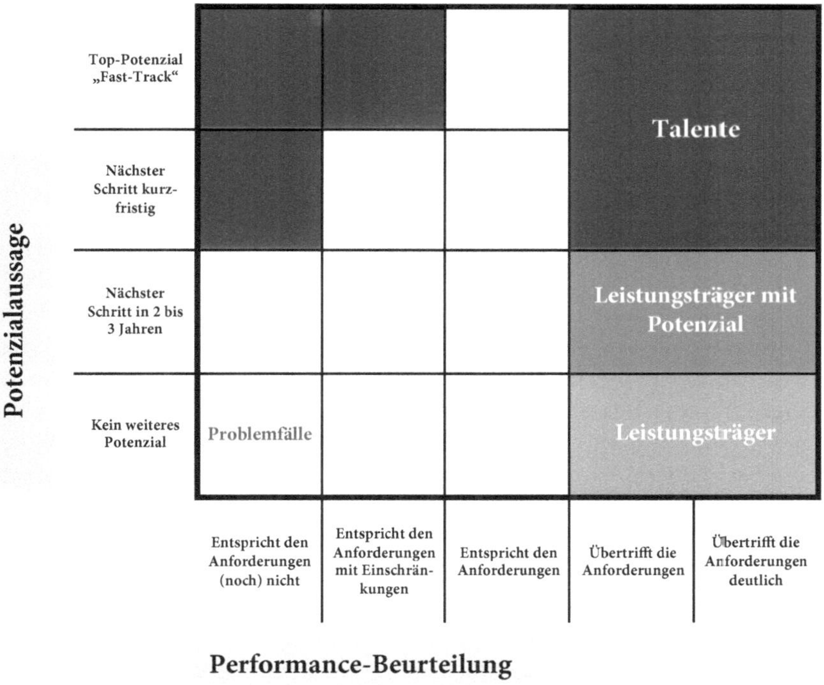

Talent-Pools

Talent-Pools sind sowohl Ergebnis als auch Instrument der Identifizierung von Nachwuchsführungskräften (Thomas 2003). Der Einsatz eines Talent-Pools hat das Ziel, alle passenden Talente, die für eine Stelle im Führungsbereich als geeignet erscheinen, gebündelt aufzulisten, deren Kompetenzen und Potentiale zu diskutieren und für deren Entwicklung sowie Bindung an das Unternehmen Sorge zu tragen (Heinen, O'Neill 2004). Dieses Instrument erleichtert die Stellenbesetzung, wenn eine Führungsposition unerwartet frei wird. Alle Teilnehmer/innen dieses Pools erhalten Entwicklungsmöglichkeiten, welche sie nicht auf eine konkrete Position, sondern auf allgemeine Führungsaufgaben in allen Führungsebenen des Unternehmens vorbereiten sollen. Ausgewählt werden Nachwuchskräfte, welche im Rahmen einer People Review Konferenz eine hohe Leistungs- und Potentialbewertung erhalten haben (Steinweg 2009, 155ff.). So ist es möglich, alle Führungstalente in einem Talent-Pool für alle Führungsebenen oder in mehreren Talent-Pools für unterschiedliche Führungsebenen abzubilden, wie Steinweg (ebd.) beschreibt. Die Bewertung aufgrund diagnostischer Verfahren aus Management Audits und Assessment Center dient der Verifizierung der Aufnahme in den Talent-Pool und ist die Entscheidungsgrundlage dafür, „für wen welche Position in welchem Zeitraum in Frage kommt und welche Entwicklungsprogramme und zusätzlichen Aufgaben passend sind" (Steinweg 2009, 158).

Talent-Development-Seminar

Talent-Development-Seminare entsprechen, den Aufbau betreffend, Lernpotential-Assessment Centern, in welchen durch zwei Lernseminartage, die im Abstand von 6 Monaten stattfinden, das Lernpotential mittels der Lerndifferenz zwischen diesen zwei Tagen erhoben wird. Das Potential der Lernfähigkeit gilt hierbei als das wichtigste Aufstiegskriterium (Steinweg 2009, 158f.). Voraussetzungen für eine Teilnahme sind hohe Arbeitsleistungen des Mitarbeiters oder der Mitarbeiterin, welche bereits dokumentiert wurden. Das geforderte Verhalten wird durch Assessment Center-typische Übungen wie Rollenspiele oder Business Case-Analysen mit dem Einsatz von Kompetenzmodellen unter der Beobachtung von Vorgesetzten und HR Vertreter/innen gemessen. Die Inhalte sind auf verschiedene Führungspositionen (abhängig davon, ob die Stelle eine untere, mittlere oder höhere Führungsebene betrifft) zugeschnitten. Zudem wird die Karriereaspiration in Interviews abgefragt. Im Rahmen einer Bewertung erhalten die Teilnehmer/innen eine Gesamteinschätzung ihres Potentials, wie z.B. „Potenzial in Ansätzen vorhanden bzw. durchgefallen; entwicklungsfähiges Potenzial und Potenzial für höhere Positionen sichtbar" (ebd., 159).

Darüber hinaus kristallisieren sich aus verschiedenen Untersuchungen (Silzer, Church 2010; Breisig 2014; AMA 2011) weitere Identifizierungs- und Auswahlinstrumente in der Unternehmenspraxis heraus, die eine Erweiterung und Ergänzung zu den Ergebnissen von Steinweg (2009) darstellen und wie folgt vorgestellt werden.

Karrierepfade

Breisig (2014, 20) führt an, dass die Darstellung differenzierter und multipler Karrierepfade Eckpfeiler der Auswahl und Förderung von Nachwuchsführungskräften darstellen können. Karrierepfade sind für das Unternehmen charakteristische und häufige Positionsfolgen und können in einem einfachen Ansatz zwischen der Fach-, Führungs-, Experten- und Projektkarriere unterschieden werden (Friedli 2002; Heinen, O'Neill 2004). Für jeden Laufbahntypus werden Aufgaben und Tätigkeiten und die dafür benötigten Kompetenzen in Form von Anforderungsprofilen beschrieben und Entwicklungsmaßnahmen festgelegt.

Kompetenzmodelle

Kompetenzmodelle werden nicht nur für die Talentidentifikation, sondern auch zur Festlegung des weiteren Entwicklungsbedarfs von Nachwuchsführungskräften verwendet (Berke 2012). Kompetenzmodelle beschreiben ein Bündel an Verhaltensweisen, die für die Erfüllung stellenbezogener Aufgaben erforderlich sind. Kompetenzen wie z.B. Kommunikations- oder Teamfähigkeit werden anhand konkreter Kriterien als Verhaltensbeschreibungen aufgelistet (Steinweg 2009; Breisig 2014). Kompetenzmodelle können für das gesamte Unternehmen, für bestimmte Bereiche oder für Mitarbeitergruppen eines Unternehmens entwickelt werden. Sie haben verschiedene und vielseitige Einsatzmöglichkeiten, wie z.B. die Erstellung von Anforderungsprofilen für Führungspositionen, als Grundlage für Potentialbewertungen, 360-Grad Feedbacks oder für Mitarbeitergespräche (Jetter 2008; McEntire, Greene-Shortridge 2011). Dadurch werden sie zu einem Bezugssystem zur Vereinheitlichung von Kompetenzanforderungen für die gesamte Auswahl und Entwicklung des Führungsnachwuchses und von Führungskräften (Breisig 2014, 17).

Interviews

Interviews können als das am meisten verbreitete Verfahren zur Feststellung und Beurteilung von Potential und zur Personalauswahl betrachtet werden (Lang-von Wins, Rosenstiel 1998). Steinweg (2009, 197) unterscheidet zwischen unstrukturierten und strukturierten Interviews. Bei unstrukturierten Interviews hängt die prognostische Aussagekraft stark von den Fähigkeiten des Interviewers ab, und dementsprechend ist dieses Auswahlinstrument sehr anfällig für Beobachtungs- und Beurteilungsfehler. Strukturierte Interviews gewähren aufgrund eines Leitfadens mit Fragen, welche die Kompetenzanforderungen an die zu besetzende Stelle abbilden, eine höhere Nachvollziehbarkeit und reduzieren

Verzerrungseffekte (Steinweg 2009) Nach Thomas (2003, 88f.) wird das Interview stärker zur Mitarbeitergewinnung als zur Potentialbewertung von Nachwuchs- oder Führungskräften verwendet. In der Unternehmenspraxis können durch die gestellten Fragen Leistungen, Potential und Karriereperspektiven des Bewerbers oder der Bewerberin abgebildet werden (Silzer, Church 2010, 267).

Psychologische Tests

Psychologische Tests dienen fast ausschließlich der Festlegung des Entwicklungsbedarfs einer Person und sind häufiger Bestandteil von Assessment Centern, anstatt dass sie ausschließlich für die Auswahl einer Nachwuchsführungskraft benutzt werden. Sie bieten aber dennoch Vorteile für die mögliche Unterscheidung des Langzeitpotentials von High Potentials und externen Bewerber/innen, sowie die Erfassung der kognitiven Fähigkeiten und Lernfähigkeit für Coaching- und Entwicklungsprogramme (Steinweg 2009). Da unter Zeitdruck Fragen korrekt beantwortet werden müssen, können bei kognitiven Leistungstests das Verhalten oder die Leistungen von Bewerber/innen identifiziert und bewertet werden (Jetter 2008).

Assessment Center

In einem Assessment Center (AC) werden Kompetenzen und Eigenschaften mehrerer Bewerber/innen in unterschiedlichen Übungen wie z.B. Rollenspielen, Gruppendiskussionen oder Fallstudien von Selektionsverantwortlichen und Vorgesetzten beobachtet und im Abgleich mit zuvor ermittelten Anforderungsanalysen bewertet (Domsch 2009; Steinweg 2009). Ein Assessment Center soll die Eignung einer Person für eine bestimmte Stelle oder Position prüfen und hat aufgrund der Kombination mehrerer Bewertungsinstrumente und des tatsächlich beobachteten Verhaltens einen hohen Prognosewert für die Eignung einer Person zur Führungskraft (Steinweg 2009).

3. Die Selektion von Nachwuchsführungskräften

Während durch die Talentidentifikation Leistungs- und Potentialträger/innen für potentielle Positionen oder Fördermaßnahmen benannt werden, werden im Rahmen der Mitarbeiterrekrutierung und -selektion geeignete Bewerber/innen für konkrete Führungspositionen durch Verfahren der Personaldiagnostik ausgewählt.

Breisig (2014, 46f.) räumt ein, dass es bei der Identifikation des Führungspotentials mehr um die Entscheidung für die Aufnahme der betreffenden Person in den Kreis des Führungsnachwuchses als um die Auswahl für eine konkrete Stelle geht. Für eine konkrete Stellenbesetzung werden neben den Ergebnissen aus vorgelagerten oder parallel ablaufenden Potentialeinschätzungen weitere Kriterien wie z.B. der berufliche Werdegang, Zeugnisse und Zusatzqualifikationen herangezogen. Die Auswahl von Nachwuchsführungskräften für konkrete Positionen geschieht durch Instrumente der Personalauswahl, am häufigsten mittels Interviews, psychologische Tests und Assessment Center (Steinweg 2009, 197).

6.1.2 Merkmale von Identifizierungs- und Auswahlprozessen

Nachdem die in den Unternehmen verwendeten Instrumente zur Selektion von Nachwuchsführungskräften für die Besetzung von Führungspositionen beschrieben wurden, werden nun Merkmale der Identifizierungs- und Auswahlprozesse von Nachwuchsführungskräften genauer analysiert und erläutert.

Merkmal 1: Auswahlprozesse von High Potentials sind unterschiedlich standardisiert.

Silzer und Church (2010) schildern, dass heute mehr Zeit und Ressourcen für die Auswahl und Förderung von High Potentials aufgewendet werden, und prophezeien ebenfalls, dass es in den kommenden Jahren zu einer weiteren Verbesserung in der Definition, Identifikation, Entwicklung und Bewertung von zukünftigen Führungskräften kommen wird. Die Identifizierung von Nachwuchsführungskräften findet in Unternehmen in einem formell-strukturierten, halbstrukturierten oder informellen Prozess statt (ebd., 232, Ready et al. 2010b). In einer Studie der American Management Association Enterprise AMA (2011) von 562 Führungskräften unterschiedlicher Führungsebenen und Vertreter/innen des Personalmanagements gibt fast die Hälfte der Befragten an, dass die Identifizierung größtenteils informell (43,8%) oder in einer Kombination von informeller und systematischer Auswahl (42,2%) in ihren Unternehmen verläuft. Weniger als 10% betrachten die Identifizierung von High Potentials als einen formellen Prozess (ebd.). Der Formalisierungsgrad des Auswahlprozesses ist in Großunternehmen höher als in mittelständischen oder in Kleinunternehmen, wie Silzer und Church (2010) folgendermaßen begründen:

> „Larger organizations are more likely to formalize the process to make sure all business units are meeting identification goals and time lines and discussing developmental moves. They have a need for more talent and want to make sure they are not overlooking anyone currently in the organization. (…) Smaller organizations are likely to take a more informal approach since there is less need to coordinate broadly across many business units and because the talented individuals are more likely to already be known by senior management" (ebd., 232).

Laut Pepermans et al. (2003) geben 63 der 86 von ihnen befragten Unternehmen (73,3%) an, dass im Rahmen ihrer HR-Prozesse Nachwuchsführungskräften eine besondere Beachtung geschenkt wird, was wiederum von bestimmten organisationalen Besonderheiten wie der Größe oder dem Internationalisierungsgrad des Unternehmens abhängig ist.

Merkmal 2: Bei der Bestimmung von Führungspotential steht die Dynamik und Unplanbarkeit von Führungsaufgaben im Vordergrund.

Die Prognose, welche Kompetenzen und Einstellungen angehende Führungskräfte in Zukunft benötigen bzw. was konkrete Auswahlkriterien sind, stellt aufgrund der raschen Veränderung von Unternehmensstrategien und den sich dadurch wandelnden Führungsrollen und -kompetenzen eine Herausforderung dar (Silzer, Church 2010, 242). Aus diesem Grund spielen bei der Bestimmung von Führungspotential respektive der Auswahl von Nachwuchsführungskräften weniger klar formulierbare Positions- und Arbeitsaufgaben und eine stärkere Unplanbarkeit eine Rolle. Unternehmen wählen daher Nachwuchsführungskräfte aus, „who are highly likely to be effective in future leadership positions five to ten or more years into the future“ (ebd., 24). In den 13 von Karaevli und Hall (2003) befragten Unternehmen zur Identifizierung und Entwicklung von High Potentials kristallisiert sich heraus, dass alle Unternehmen unterschiedliche Definitionen von angehenden Führungskräften haben. Um als Nachwuchsführungskraft nominiert zu werden, muss die Person die Fähigkeit besitzen, sich entwickeln und wachsen zu können, um für eine Reihe von Führungspositionen zu einem späteren Zeitpunkt der Karriere geeignet zu sein (Silzer, Church 2010). Dementsprechend ist die Auswahl von Talenten, die sich auf keine konkreten Stellenanforderungen bezieht und auch eine stärkere Unplanbarkeit und Dynamik von Führungsaufgaben beinhaltet, wesentlich schwieriger zu leisten, als wenn sich diese auf ein konkretes Stellenprofil beziehen würde (Wan 2011).

Merkmal 3: Die Auswahl von High Potentials ist ein subjektiv konstruierter Prozess der Entscheidungsträger, in dem die Leistung der Nachwuchskraft im Vordergrund steht.

Mehrere Personengruppen im Unternehmen mit verschiedenen Perspektiven und Interessen, wie obere und untere Führungsebenen, das Personalmanagement und zu einem wesentlich geringeren Anteil der Mitarbeiter/ die Mitarbeiterin selbst, sind in den Prozess der Identifikation und Auswahl von Nachwuchsführungskräften involviert (Pepermans et al. 2003; AMA 2011; Karaevli, Hall 2003). Daher scheint es aufgrund häufig unterschiedlicher Zielsetzungen und Interessen der einzelnen Akteure nicht verwunderlich, dass Auswahlprozesse trotz einer hohen Übereinstimmung zwischen verschiedenen Beobachtern (vgl. Dries, Pepermans 2012, 367) in vielen Fällen nicht auf eine einstimmige Entscheidung hinauslaufen. Die Suche nach und die Identifikation von passenden Führungskräften kann dadurch zu einem zeitraubenden und teuren Prozess werden (McEntire, Greene-Shortridge 2011, 267).

In den 20 von Silzer und Church (2010) befragten Unternehmen nutzen alle Unternehmen Instrumente und Maßnahmen zur Auswahl von High Potentials. Für die Identifikation von Führungspotential wird aber nicht der eine Königsweg gewählt, wie aus den Ergebnissen erkennbar wird, sondern eine Vielzahl von Auswahlinstrumenten und -techniken verwendet (ebd., 274). Die Bewertung bzw. die Empfehlung des oder der direkten Vorgesetzten, Führungskräftekonferenzen und Mitarbeitergespräche werden in der Unternehmenspraxis am häufigsten eingesetzt (Silzer, Church 2010; AMA 2011). Die Empfehlung durch den eigenen Vorgesetzten kann als ausschlaggebend für den beruflichen Aufstieg und auch als eine zentrale Zugangsvoraussetzung für eine Führungsposition betrachtet werden (Silzer, Church 2010). Breisig (2014, 33) weist in diesem Zusammenhang auf die besondere Verantwortung der direkten Führungskraft für die berufliche Entwicklung ihrer Mitarbeiter/innen hin. Formelle Instrumente wie 360-Grad Feedbacks und Kompetenzmodelle finden immerhin in fast zwei Drittel der Unternehmen Beachtung. Fast ein Drittel greift auf Interviews bei der Talentidentifizierung zurück. Weitere Instrumente wie Assessment Center oder Persönlichkeitstests, die eine objektivere Auswahl ermöglichen würden, erfahren dagegen in nur 15% der Unternehmen Berücksichtigung (Silzer, Church 2010, 266). In 13 von Karaevli und Hall befragten Großunternehmen in den USA, darunter Dell Computer, Ericsson, Motorola und die Army der USA, zählen Leistungsbeurteilungen, 360-Grad Feedbacks und Kompetenzmodelle zu den Instrumenten der High Potential-Identifizierung.

Pepermans et al. (2003) und die American Management Association Enterprise (AMA 2011) entdeckten ebenfalls, dass der Rückschluss auf das Potential einer Nachwuchskraft für eine Führungsposition durch Selektionsverantwortliche der Unternehmen eher durch klassische Leistungsbeurteilungen und Potentialbewertungen erfolgt, statt einer Selbsteinschätzung der Person, Instrumente wie Development Center oder externe Evaluationen.

> „It becomes clear that the identification of HPs is mainly a hierarchical initiative, with the immediate supervisor and top management taking the lead. Allowing for a fully open initiative from anyone, concerning the identification is quite rare. The sources

of information that are used, are rather "traditional" ones and apparently, information on HPs is gathered through more established internal techniques" (Pepermans et al., 2003, 670).

Diese Präferenzen lassen darauf schließen, dass die Identifizierung von Nachwuchsführungskräften einen unausgereiften, von den Entscheidungsträgern subjektiv konstruierten und hierarchisch initiierten Prozess darstellt, der v.a. die bisherige Leistung einer Person zu dem entscheidenden Indikator von Führungspotential macht. Die Auswahl von Talenten und die damit verbundene Bewertung von Führungspotential lässt meist genaue, objektive und übertragbare Richtlinien vermissen und verläuft häufig in einem informellen Rahmen. Den Vorgesetzten wird bei der Auswahl und auch bei der Förderung von Nachwuchsführungskräften eine hohe Entscheidungsmacht eingeräumt. Auswahlentscheidungen spiegeln daher häufig die subjektiven oder voreingenommenen Beurteilungen der Entscheidungsträger wider (Buckingham, Vosburgh 2001; Pepermans et al. 2003).

Auswahlprozesse von Nachwuchsführungskräften bergen deshalb die Gefahr, dass sich Verzerrungseffekte darin niederschlagen und ungeeignete Nachwuchskräfte für Führungspositionen ausgewählt werden, Mitarbeiter/innen mit Potential dagegen übersehen werden und letztlich das Unternehmen verlassen (Silzer, Church 2010).

„Another concern is that the identification process is subjective and not only can reflect the biases of current leaders but also might miss some employees who can later make significant contributions to the organization. These missed individuals may be more likely to leave the organization if they feel they are being exclude from career opportunities" (ebd., 220f.).

Trotz und gerade wegen unterschiedlicher Instrumente der Potentialidentifikation sehen Dominick und Gabriel (2009, 432) in diesem Prozess eine große Herausforderung. Potential erkennt ein/e Beobachter/in nicht nur durch die Handlungen einer Person, sondern auch durch die Fähigkeit, ein bestimmtes Verhalten als Hinweis auf Potential zu erkennen und Personen dabei zu unterstützen, dieses in Leistung zu übersetzen. Daher ist es wichtig, nicht nur Mitarbeiter/innen bei der Entwicklung von Potential zu unterstützen, sondern auch andere Personen wie Vorgesetzte zu schulen, das Potential ihrer Mitarbeiter/innen wahrzunehmen und zu fördern (ebd., 432). Verschiedene Theorien wie z.B. Banduras Theorie des sozialen Lernens (1997) oder Seligmans Theorie der erlernten Hilflosigkeit (1992) zeigen, welchen Einfluss Erwartungen anderer auf Interessen, Motive und das Vertrauen in die eigenen Fähigkeiten haben.

Merkmal 4: Der Eigenanteil der Nachwuchskraft, als Talent identifiziert zu werden, ist groß, und an sie werden häufig die gleichen Anforderungen wie an Führungskräfte gestellt.

Ein Mitarbeiter oder eine Mitarbeiterin hat selbst entscheidenden Anteil daran, als High Potential angesehen zu werden. Die Wahrscheinlichkeit der Ernennung erhöht sich durch eine Sichtbarkeit der Nachwuchskraft, welche diese z.B. durch Projekte oder die Arbeit in Teams mit einer hohen Leistung erzielt, wie Makela et al. (2010 zit. nach McDonnell 2011) einräumen. Führungspotential wird häufig mit den Kompetenzen einer erfolgreichen Führungskraft gleichgesetzt oder gar verwechselt (Dries, Pepermans 2012). Die Gleichsetzung von Führungspotential mit erfolgreicher Führung muss kritisch betrachtet werden, da so der Eindruck entsteht, dass an Nachwuchsführungskräfte oder Führungsnovizen, die wenig oder keine Führungserfahrung haben, die gleichen Anforderungen wie an Führungskräfte gestellt werden. Zudem ist nicht geklärt, ob in Zukunft die gleichen Führungskompetenzen wie heute benötigt und diese auch vom notwendigen Erfolg gekrönt sein werden (Briscoe, Hall 1999).

Merkmal 5: Der Prozess des beruflichen Aufstiegs ist von großer Intransparenz geprägt.

Der Prozess der Ernennung zum High Potential ist sehr intransparent, wie Ready et al. (2010b) schildern. Mitarbeiter/innen, die Interesse an einer späteren Führungsposition haben, erhalten häufig weder formelle Bekanntmachungen für die Teilnahme an Förderprogrammen noch Mitteilungen, dass sie als zukünftige Führungskräfte betrachtet werden. Informationen darüber werden mehr indirekt, informell bzw. nur an ausgewählte Nachwuchskräfte weitergegeben (AMA 2011). Fernández-Aráoz et al. (2011) zeigen in ihrer Befragung von 70 Unternehmen weltweit, dass High Potentials entweder in vertraulichen Gesprächen über ihren Talentstatus direkt oder indirekt durch den Vorschlag an der Teilnahme an bestimmten Entwicklungsmaßnahmen informiert werden.

Die Auswahlkriterien für die Talenternennung und die Stellenbesetzung sind für Mitarbeiter/innen häufig intransparent bzw. verwirrend (Fernández-Aráoz et al. 2011). Nachwuchsführungskräfte werden selten über ihren High Potential-Status informiert, vielmehr wird dieser wie ein streng gehütetes Geheimnis (Ready et al. 2010a, 78) behandelt, häufig aus Angst, dass Mitarbeiter/innen, denen dieser Status nicht zugesprochen wird, das Unternehmen verlassen oder unmotiviert sein könnten. Ein weiterer wichtiger Grund, der die mangelnde Kommunikation über Potentiale plausibel macht, ist, dass die Auswahl von High Potentials allzu subjektiv oder ungerecht ist und somit gegenüber

Kandidat/innen, die nicht ausgewählt wurden, nicht vertretbar wäre (Ferández Aráoz et al. 2011, 81f.) Mit einem transparenten Ansatz der Talentkommunikation geht aus Unternehmenssicht das Versprechen einher, die Person auf dem Weg zur Führungsposition mit konkreten Entwicklungsangeboten zu unterstützen. Wenn dieses Versprechen jedoch nicht in die Tat umgesetzt wird, können sich nicht geförderte High Potentials manipuliert oder an das Unternehmen scheingebunden fühlen (Ready et al. 2010a).

Beide Ansätze der Nichttransparenz und der Transparenz der Talentauswahl beinhalten die Nachteile, entweder gute Nachwuchskräfte zu verlieren oder den Worten auch tatsächliche Taten folgen lassen zu müssen: „Either approach has risks: If you don't make the list public, you might lose your best performers; if you opt for transparency, you'll heighten the expectation of action" (ebd., 82). Die Selbstnominierung der Nachwuchskraft trägt jedoch ebenfalls Risiken, da Nachwuchskräfte dazu neigen, ihr Potential zu überschätzen. Zudem darf nicht die Gruppe von Mitarbeiter/innen vergessen werden, die ihr Potential unterschätzen und sich nicht selbst für die Aufnahme in einen Talentpool oder für eine frei werdende Stelle als Nachwuchsführungskraft nominieren. Im Kontext mit anderen Instrumenten und Verfahren verwendet, erscheint die Selbstnominierung aber nützlich (Fernández-Aráoz et al. 2011, 80). Wenn ein Auswahlprozess dagegen offen und transparent gehalten wird, verringert dies den Anteil subjektiver Entscheidungen, da mehrere Perspektiven bei einer Auswahlentscheidung berücksichtigt werden (Burger 2009, 59). Dieses Vorgehen kann dazu beitragen, dass im Unternehmenskontext unterrepräsentierte Mitarbeitergruppen wie Frauen, Mitarbeiter/innen mit Migrationshintergrund oder ältere Arbeitskräfte (vgl. Struthmann 2013) bei der Stellenbesetzung stärker berücksichtigt und Mechanismen sowie Strukturen, die zu ihrer Benachteiligung führen, reduziert werden können.

Merkmal 6: High Potentials erwartet größtenteils die klassische Führungskarriere.

Die Vorteile, von denen Nachwuchsführungskräfte durch ihre Ernennung profitieren, sind laut Dries, Pepermans (2008) eine höhere Arbeitsplatzsicherheit, ein schnellerer beruflicher Aufstieg, als dieser nicht ernannten Kolleg/innen möglich ist, eine bevorzugte Behandlung im Unternehmen sowie eine traditionelle Führungskarriere. High Potentials selbst sehen die Bevorzugungen für die eigene Person im Vergleich zu anderen Arbeitskräften vorrangig in der höheren Sichtbarkeit und dem Aufstieg, besonderen Aufgaben und dass sie an mehr Schulungen teilnehmen können (Campbell, Smith 2010). Entgegen der postmodernen Vorstellung der neuen Karrieretypen, die verschiedene und unsichere

Karrierepfade nach sich ziehen, kann davon ausgegangen werden, dass Nachwuchsführungskräften eine klassische, aufstiegsorientierte Führungskarriere mit langfristigen Perspektiven angeboten wird (Dries, Pepermans 2008, 102).

6.2 Entwicklung von angehenden Führungskräften

An die Identifizierung und Auswahl von Nachwuchsführungskräften schließt sich die nächste Phase im Rahmen des Talent Management an, nämlich die Planung und Gestaltung der weiteren Entwicklung der angehenden Führungskraft. Spätestens nach oder während der Potentialbeurteilung erfolgt ein Abgleich zwischen dem Bedarf des Unternehmens und den Entwicklungsmöglichkeiten sowie -erwartungen von angehenden Führungskräften (Heinen, O'Neill 2004). Wenn die Entwicklungsmöglichkeiten und -interessen des Individuums den Erwartungen des Unternehmens entsprechen, werden weitere Ziele und Maßnahmen in einem Entwicklungsgespräch formuliert und festgelegt (Breisig 2014, 25).

6.2.1 Instrumente der Entwicklung

Talent Management nutzt die klassischen Instrumente der Personalentwicklung und der Führungskräfteentwicklung (Silzer, Dowell 2010), um angehende Führungskräfte auf die erfolgreiche Bewältigung neuer und oft auch noch nicht vorhersagbarer Aufgaben vorzubereiten und auf diese Weise Differenzen zwischen Soll- und Ist-Profilen zu minimieren bzw. zu beseitigen (Armutat 2007; Erten-Buch et al. 2006). Gleichzeitig dienen Entwicklungsmaßnahmen und -programme der Bindung von Führungskräften an das Unternehmen und werden zielgruppen- und themenabhängig konzipiert (Steinweg 2009, 174).

Da Führungskräften ein entscheidender Anteil am Unternehmenserfolg durch ihren direkten Einfluss auf das Verhalten von Mitarbeiter/innen zugesprochen wird, erhalten sie besondere Angebote durch die Führungskräfteentwicklung (Hanauer 2009; Felfe, Franke 2014). Nach Armutat (2007) handelt es sich um eine Aufgabe des Personalmanagements, um Führungskompetenzen von Führungskräften und Nachwuchsführungskräften „systematisch zu diagnostizieren, zu dokumentieren, zu entwickeln und für das Unternehmen nutzbar zu machen" (ebd., 15). Führungskräfteentwicklung beschäftigt sich somit nicht nur mit der Entwicklung von Führungskräften, sondern auch mit der Vorbereitung hin zu Führungskräften wie Steinkellner et al. (2006, 152) beschreiben. Die Entwicklung von Führungskräften unterscheidet hierbei vier Zielgruppen (Armutat 2007, 15ff.):

1. Mitarbeiter/innen, welchen das Potential für zukünftige Führungspositionen zugesprochen wird. Führungskräfteentwicklung hat bei Nachwuchsführungskräften die Zielsetzung, sie auf die Übernahme einer ersten Führungsposition vorzubereiten.
2. Potentialträger, die bereits Führungskräfte sind und die veränderte Aufgaben- und Verantwortungsbereiche auf einer gleichen oder höheren Führungsebene übernehmen sollen.
3. Alle Führungskräfte im Unternehmen mit dem Bedarf nach der Weiterentwicklung von Management- und Führungskompetenzen.
4. Führungskräfte der oberen Führungsebenen, die individuelle und exklusive Entwicklungsangebote erhalten.

Die vorliegende Arbeit stellt hier die Gruppe der Nachwuchsführungskräfte und ihre Entwicklung vor und bei der Übernahme einer Führungsposition in den Mittelpunkt der Betrachtung.

Maßnahmen und Instrumente zur Entwicklung von angehenden Führungskräften

Im Mittelpunkt der Angebote stehen Möglichkeiten der Reflexion des eigenen Führungshandelns als auch der Fremdeinschätzung anderer, des Austausches und der Netzwerkbildung mit der Peergroup und der Unterstützung von höheren Vorgesetzten. Instrumente und Maßnahmen der Führungskräfteentwicklung zeigen demnach eine enorme und wenig überschaubare Vielfalt auf, weshalb auf diejenigen näher eingegangen werden soll, denen im Rahmen der Führungskräfteentwicklung eine hohe Bedeutung zugesprochen werden kann (Felfe, Franke 2014; Breisig 2014; Armutat 2007; Gleich 2011). Die Angebote können nach Armutat (2007, 45) dahingehend differenziert werden, ob sie

1. *„into-the-job"* als Vorbereitung auf den Einstieg in das Unternehmen,
2. *„on-the-job"*, d.h. während der täglichen Arbeit,
3. *„off-the-job"* außerhalb des Arbeitsplatzes oder
4. *„near-the-job"*, d.h. nicht während der Arbeitstätigkeit, aber in räumlicher und zeitlicher Nähe zum Arbeitsplatz durchgeführt werden.
5. Des Weiteren unterscheiden sich Maßnahmen und Instrumente im Rahmen der Führungskräfteentwicklung, ob sie als Einzelmaßnahmen oder integriert in einem *Programm* angeboten werden.

Ein Eindruck über die Kategorisierung und Vielfalt der Instrumente und Maßnahmen wird in folgender Abbildung gegeben.

Abbildung 15: Überblick über Instrumente und Maßnahmen der Führungskräfteentwicklung (in Anlehnung an Wunderer 2007, 360ff.)

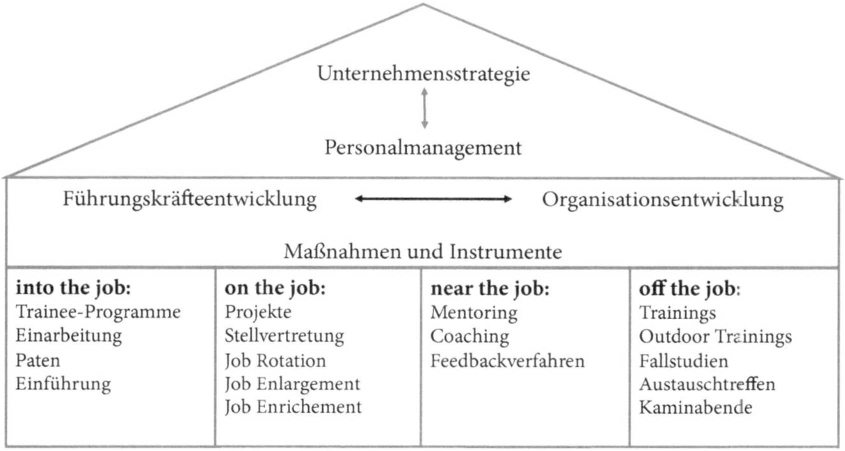

Die in der Abbildung dargestellten Maßnahmen werden nun entsprechend ihrer Kategorisierung, ihres Konzeptes und ihrer Zielsetzung genauer erläutert. Es wird darauf verzichtet, auf ihren konkreten Ablauf und ihre Effektivität einzugehen, da die Evaluation von Maßnahmen der Führungskräfteentwicklung nicht Gegenstand dieser Arbeit ist. Eine Darstellung von Ablauf, Effektivität und Wirksamkeit dieser Instrumente und Maßnahmen ist bei Felfe und Franke (2014, 58ff.) zu finden.

1. „Into-the -job"-Maßnahmen

Trainee-Programme, Einarbeitungspläne, Patenschaften oder Unterweisungen, die eine Vorbereitung und Unterstützung beim Eintritt in das Unternehmen darstellen, werden als into-the-job-Maßnahmen der Führungskräfteentwicklung bezeichnet. Mitarbeiter/innen, die neu in das Unternehmen kommen, sollen damit die Sozialisation in das Unternehmen erleichtert und spezielle Kenntnisse und Informationen vermittelt werden, die für die Ausübung ihrer Tätigkeiten und das Kennenlernen des Unternehmens wichtig sind. In Einführungsveranstaltungen erhalten sie einen Überblick zu relevanten Themen wie den Unternehmensdaten, die als Unterweisungen bezeichnet werden. Patenschaftsprogramme stellen neuen Führungs- und Nachwuchsführungskräften erfahrene Unternehmensvertreter für die erste Zeit im Unternehmen zur Seite, an welche sie sich bei allen Fragen rund um das Unternehmen und ihre Tätigkeit wenden können (Gleich 2011, 118).

2. „Off-the-job"-Maßnahmen

Maßnahmen, die off-the-job angeboten werden, finden außerhalb des Arbeitsplatzes durch Führungstrainings, Outdoor Trainings, Fallstudien, Förderkreise, Austauschtreffen, Kaminabende und Planspiele, aber auch Simulationen statt.

Führungskräfteseminare

Seminare und Trainings, die sich an die Zielgruppe der (angehenden) Führungskräfte richten, können als Führungstrainings bezeichnet werden (Felfe, Franke 2014, 3) und verfolgen das Ziel, Wissen und Fähigkeiten zu fördern, die in Verbindung mit Führungsaufgaben stehen (Collins, Holton 2004) und konkrete Verhaltensweisen einzuüben (Felfe, Franke 2014). Ziele von Führungstrainings können sehr vielfältig sein und sich z.B. konkret auf die Führungsaufgabe und die Führungsperson, das Kennenlernen und bewusste Einsetzen von Führungstheorien, -stilen, -instrumenten oder das Analysieren und Steuern von Gruppenprozessen beziehen (ebd.). Sie beinhalten generell vier Themenbereiche, die sich entweder auf die Führungskompetenz, das Unternehmen, auf soziale Kompetenzen wie z.B. auf Kommunikations- und Problemlösefähigkeit oder auf die Fachkompetenz der Führungskraft beziehen (Becker 2002, 235). Der hohe Kommunikationsanteil der Führungstätigkeiten lässt nach Felfe und Franke (ebd., 58f.) darauf schließen, dass die Vermittlung sozialer Kompetenzen und Kommunikationsfähigkeit im Mittelpunkt der Seminare stehen. Daher erscheint es auch nicht verwunderlich, dass an erster Stelle die Verbesserung der Kommunikationsfähigkeit, an zweiter Stelle die Weiterentwicklung der Problemlösungskompetenz und an dritter Stelle die Vermittlung von Strategien zur Mitarbeitermotivation gewählt werden. In den Trainings werden Vorträge und Übungen, Rollenspiele, Gruppendiskussionen, teilweise auch Videomaterial oder Unterlagen zur schriftlichen Bearbeitung als Methoden verwendet, wie Bogner (2007, 130ff.) in ihrer Analyse von Führungstrainings dargestellt hat.

Outdoor Führungstrainings

Im Rahmen der Führungskräfteentwicklung werden Outdoor Führungstrainings häufig als eine besondere Trainingsform zur Förderung personaler und sozialer Kompetenzen angewandt (Felfe, Franke 2014, 69f.). Teams zusammen mit der Führungskraft oder Führungs- und Nachwuchsführungskräfte alleine nehmen an unterschiedlichen Übungen zur Orientierung, Geschicklichkeit und Kondition in der Natur teil, wie z.B. in einem Hochseilgarten, in einem Wald oder auf einem Segelschiff. Durch diese Aufgaben sollen vor allem Verantwortungsbereitschaft,

Initiative und Engagement gesteigert werden oder auch die Kommunikation, Führung im Team, die Konfliktfähigkeit oder Beziehungen im Team, z.B. hinsichtlich Vertrauen oder Respekt, verbessert werden. Outdoor Trainings ermöglichen durch das unmittelbare Erleben von Vertrauen, Toleranz und Kooperation und das gemeinsame Ausführen der Übungen und eine starke Reflexion des Verhaltens eine Veränderung des Selbstkonzeptes und bisheriger Einstellungen, Normen und Werte der Führungskraft (Felfe, Franke 2014).

Fallstudien, Planspiele und Simulationen

High Potentials und Führungskräfte können in Fallstudien, Simulationen und Planspielen simulierte Konfliktfälle aus dem Führungsalltag bearbeiten. Einzelne Personen oder Gruppen können mit Hilfe von Leitfragen das Problem identifizieren, Ursachen analysieren und Lösungswege entwickeln. In Planspielen werden komplexere Fälle wie z.B. ein Wirtschaftsbetrieb mit bestimmten Problemen in mehreren Durchgängen simuliert. Die (angehende) Führungskraft muss Entscheidungen treffen, deren Konsequenzen für das Unternehmen simuliert und an die Teilnehmer/innen rückgemeldet werden (Sonntag, Schaper 2006). Die größten Vorteile dieser Maßnahme werden im Kennenlernen und Einüben komplexer Führungsprozesse und -aufgaben in einem Schonraum ohne reale Folgen für das Unternehmen und die daran teilnehmenden Personen gesehen. In diesem Kontext können vielfältige Lernerfahrungen gesammelt werden und Lernen sowie Änderungen des Verhaltens können direkt beobachtet werden (Felfe, Franke 2014, 76).

Vernetzungsangebote

Austauschtreffen, Förderkreise und Kamingespräche regen die Vernetzung von Nachwuchsführungskräften, Führungsnovizen und Führungskräften untereinander und den Netzwerkaufbau an. Bei Förderkreisen können auch flankierend Seminare oder Coaching angeboten werden (ebd., 83). Austauschtreffen bieten die Möglichkeit, an den Erfahrungen der Peers teilzuhaben, die auch neu in der Führungsrolle sind, und Stärken, aber auch Defizite des eigenen Führungshandelns für sich selbst herauszuarbeiten. Kamingespräche haben ebenfalls die Zielsetzung, Vernetzung, Informations- und Erfahrungsaustausch anzuregen und finden als unabhängige Abendveranstaltungen oder als Teil von Trainee- oder Führungskräfteentwicklungsprogrammen statt. Durch den Austausch mit erfahreneren Führungskräften oder der Geschäftsführung zu einem vorher festgelegten Thema in lockerer Atmosphäre können Nachwuchsführungskräfte und Führungskräfte, die neu in dieser Position sind, von den Erfahrungen und

Informationen erfahrener Vorgesetzter profitieren, im Unternehmen sichtbar werden und das eigene berufliche Netzwerk erweitern (Felfe, Franke 2014 83).

3. „Near-the-job"-Maßnahmen

Maßnahmen wie Feedbackverfahren, Mentoring und Coaching werden near-the-job d.h. nicht während der täglichen Arbeit, aber in räumlicher und zeitlicher Nähe dazu durchgeführt und haben eine direkte Verbindung zu der jeweiligen beruflichen Aufgabe oder Tätigkeit (Armutat 2007, 45).

Feedbackverfahren

Eine Weiterentwicklung und ein Ankommen in der Rolle als Führungskraft kann durch das Führungsfeedback, auch als Beurteilung der Vorgesetzten oder Vorgesetztenfeedback bezeichnet, und durch das Mehrquellen-Feedback erzielt werden (Breisig 2014).

Im Führungsfeedback beurteilen die Mitarbeiter/innen das Führungsverhalten ihres oder ihrer Vorgesetzten mittels eines anonymisierten Fragebogens. Dieses Verfahren gibt Führungskräften die Möglichkeit, sich mit den Wirkungen ihres Verhaltens im konstruktiven Dialog mit den ihnen unterstellten Mitarbeiter/innen auseinanderzusetzen. Durch das Mehrquellen-Feedback oder das multiperspektivische Feedback von verschiedenen Bezugsgruppen erhält die Führungskraft Informationen und Feedback aus mehreren Perspektiven zu ihrem bisherigen Führungsverhalten (Day, Harrison 2011). Abhängig davon, wie viele und welche Gruppen sich an diesem Verfahren beteiligen, handelt es sich um ein 180-, 270- oder 360-Grad-Feedback. Das 180-Grad Feedback integriert die Bewertungen des Führungsneulings selbst, der oder des Vorgesetzten und der ihr unterstellten Mitarbeiter/innen. Bei dem 270-Grad Feedback werden darüber hinaus noch die Einschätzungen der Kolleg/innen der Führungskraft miteinbezogen. Bei dem 360-Grad Feedback werden zudem die Bewertungen von internen sowie externen Kunden abgebildet (Breisig 2014, 67f.), was zu besserer Zusammenarbeit und Kooperationen beiträgt. Dieses Verfahren wird der Komplexität der Führungsrolle stärker gerecht, da es mehrere Bewertungen zusammenführt, und die Ergebnisse in einem Gespräch oder in einem moderierten Workshop diskutiert (ebd.). Die Führungskraft kann so in der Entwicklung von führungsrelevanten Kompetenzen und Einstellungen unterstützt werden und das Selbstbild mit dem Fremdbild abgleichen (Armutat 2007, 46).

Coaching

Coaching hat in der Führungskräfteentwicklung einen hohen Stellenwert und richtet sich als individuelle „personen- und prozessorientierte Beratung" (Felfe, Franke 2014, 85) an alle Führungskräfte, unabhängig, ob sich diese im Status als Nachwuchsführungskraft, frisch in der neuen Position oder in langjähriger Führungsfunktion befinden. Die Person soll durch Coaching in der Wahrnehmung, in dem Ausfüllen und in der Wirksamkeit der aktuellen oder zukünftigen Führungsrolle und der Entwicklung neuer Perspektiven durch das Prinzip „Hilfe zur Selbsthilfe" unterstützt werden (Steinkellner et al. 2006). Dies erscheint in Hinsicht auf die Komplexität der Rollen- und Kompetenzanforderungen an Führungskräfte als sinnvolles Instrument, um der Vielfalt an Erwartungen erfolgreich begegnen zu können. In fünf bis zehn Coachingsitzungen über einen Zeitraum von drei bis sechs Monaten werden zwischen dem oder der Coachee und einem unternehmensinternen oder -externen Coach aktuelle Probleme in der Führungsrolle besprochen und Lösungsmöglichkeiten erarbeitet, welche Lernprozesse anstoßen und die Effektivität sowie Effizienz des aktuellen Führungsverhaltens erhöhen sollen. Häufige Themen sind Konflikte in den Beziehungen zu den Mitarbeiter/innen, die Vorbereitung auf die neue Rolle, Fragen oder Probleme hinsichtlich des Rollenwechsels, die Bewältigung von herausfordernden Themen oder Projekten oder die Vereinbarkeit von Karriere und Privatleben (Rauen 2005).

Mentoring

Stärker als im Coaching steht im Mentoring die Persönlichkeitsentwicklung der Führungs- oder Nachwuchsführungskraft im Mittelpunkt. Dem Konzept von Mentoring ist inhärent, dass es sich hierbei um eine direkte berufliche Lern-, Entwicklungs- und Austauschbeziehung zwischen einer Person mit einem größeren beruflichen Erfahrungshintergrund und einer Person mit niedriger beruflicher Erfahrung handelt. Im Mentoring begleitet und unterstützt eine ältere erfahrenere Führungskraft als Mentor/in eine neu in das Unternehmen oder die Führungsposition eingetretene Nachwuchskraft, die als Mentee bezeichnet wird. Durch Informations- und Erfahrungsweitergabe, Beratung, Feedback zu den eigenen Stärken und Schwächen und Vermittlung von Kontakten wird der oder die Mentee in der Kompetenzentwicklung, Rollenausübung als Führungskraft, bei der Karriereplanung und bei dem Netzwerkaufbau im Unternehmen unterstützt (Felfe, Franke 2014, 87; Thomas 2003). „Through observing and interacting with mentors, developing leaders can expand their perceptions of key organizational challenges and strategies as well as enhance more microlevel interpersonal skills“ (Day, Harrison 2011, 459). Mentoring basiert auf beiderseitiger Offenheit für einen Wissens- und Erfahrungsaustausch und gegenseitigem Respekt und Wertschätzung. Mentee und Mentor/in stammen dabei aus unterschiedlichen Organisationseinheiten und haben weder ein Vorgesetzte/r-Mitarbeiter/in- noch ein Lehrer/in-Schüler/in-Verhältnis (Armutat 2007, 49). In Übergangsphasen, die zum Teil auch schwierig verlaufen können, wie bei der Transition von der Mitarbeiter- zur Führungsposition, steigt die Inanspruchnahme von Mentoring, auch aufgrund der Funktionen und Vorteile für die Karriereförderung und die psychosoziale Unterstützung des oder der Mentee (Kram 1985).

4. „On-the-job“-Maßnahmen

On-the-job-Maßnahmen ermöglichen Anpassung an spätere Anforderungen, Lernen und Entwicklung während der Arbeitstätigkeit und erleichtern es, neues Wissen in Verhalten zu übersetzen, weil Theorie und Praxis nicht voneinander getrennt werden. Durch neue Lernmöglichkeiten, Aufgaben und den Austausch in Teams können neue Kompetenzen erworben und weiterentwickelt werden (Steinweg 2009). „Ideally, job assignments will involve novelty and the need to adapt. The greater the change in scope and responsibility, the greater the learning“ (Fernández-Aráoz et al. 2011). Projektleitungen, Stellvertreterfunktionen, Job Rotationen und Job Enrichment sind Maßnahmen, die High Potentials und Führungskräften „on-the-job“ angeboten werden.

Projektleitungen und Stellvertreterfunktionen

Projektleitungen, Assistenzen, die Übertragung von Sonderaufgaben und Stellvertreterfunktionen ermöglichen High Potentials vor der Übernahme einer Führungsposition unter realen Bedingungen, Führungserfahrungen zu sammeln, da für einen, meist begrenzten, Zeitraum oder Bereich Verantwortung für ein Projekt oder ein Team übernommen wird (Gleich 2011). Thomas (2003) bezeichnet die Übernahme von Projekten als eine „Spielwiese“ für Nachwuchsführungskräfte (ebd., 97), da sie mit allen Führungsaufgaben wie Personalführung, Planung, Organisation, Kontrolle und der Delegation konfrontiert werden (Büser, Gülpen 2003, 61). Auf diese Weise können durch den Realitätsbezug notwendige Kompetenzen aufgebaut, weiterentwickelt und die eigenen Erwartungen mit den tatsächlichen Anforderungen einer Führungsstelle verglichen werden. Auch erfahrenere Führungskräfte können durch die Übernahme einer Projektleitung ihre Führungskompetenz und Sozialkompetenz weiterentwickeln (Felfe, Franke 2014, 82f.).

Job Rotationen, Job Enlargement und Job Enrichement

Nach Hungenberg und Wulf (2006 zit. nach Gleich 2011, 120) haben Job Enrichement, Job Enlargement und Job Rotationen die Zielsetzung, durch die Veränderung oder Erweiterung der Aufgaben die Leistungsmotivation zu erhöhen, weitere Kompetenzen aufzubauen und nach deren Evaluation auch den Führungsnachwuchs zu selektieren. Job Enrichement bezeichnet die Übertragung qualitativ höherer Aufgaben und somit die vertikale Ausweitung der Arbeitsinhalte, während Job Enlargement den aktuellen Aufgaben noch weitere qualitativ gleichwertige Aufgaben hinzufügt. Neue Erfahrungen und Kenntnisse können durch Job Rotationen erworben werden (Steinweg 2009; Gleich 2011). In diesem Zusammenhang kann die Vergabe von herausfordernden Arbeitsaufgaben dazu beitragen, die Entwicklung neuer Kompetenzen wie Teamentwicklung oder strategisches Denken zu verbessern: „Complex cognitive and social skills can be developed when individuals are challenged or pushed beyond their comfort zones. These stretch assignments can facilitate self-awareness that can challenge how an individual learns, thinks, and interacts" (Day, Harrison 2011, 459).

5. Programme der Führungskräfteentwicklung

Neben einzelnen Entwicklungsmaßnahmen, die angehende Führungskräfte auf ihre neuen Positionen vorbereiten und bei der Bewältigung neuer Aufgaben unterstützen sollen, erfahren Förderprogramme für High Potentials und Führungskräfte eine immer größer werdende Beachtung in den Unternehmen (Silzer, Church 2010), „da auf diese Weise die Förderung von hoch talentierten High Potentials bzw. jungen Führungskräften von der Weiterentwicklung der normalen Mitarbeiter getrennt werden kann, um den Nachwuchs so schnell und effektiv wie möglich zu fördern" (Seebacher, Wiegel 2003, 112). Nach Wollsching-Strobel und Sternecker (2012; 93) verfolgen Programme der Führungskräfteentwicklung folgende Ziele:

- eine längerfristige Personalplanung
- die frühzeitige und schnelle Rekrutierung, Entwicklung und Nutzung von talentierten Führungskräften
- deren Vorbereitung auf zukünftige zentrale Führungsaufgaben
- die Möglichkeit, auf einen Pool an möglichen Führungskräften für interne Besetzungen von Führungspositionen zurückgreifen zu können
- die Vermeidung von teuren und zeitkostenden Fehlbesetzungen
- die Bindung von qualifizierten Arbeitnehmern an das Unternehmen durch Möglichkeiten der Weiterentwicklung, Verantwortungsübernahme, Arbeitsplatzsicherheit und monetärer Anreize

Auch wenn Förderprogramme die Vorbereitung von Nachwuchskräften auf Fach-, Projekt- und Führungsaufgaben vorsehen, richtet sich der Großteil der Programme an Personen mit einem vermuteten Führungspotential (Wollsching-Strobel, Sternecker 2012, 92).

Breisig (2014) stellt fest, dass sich diese Programme in ihrer Anlage, Bezeichnung und ihrem Formalisierungsgrad unterscheiden. Titel der Programme können „Start-up-Leadership-Programm, Führungskräfte-Entwicklungs-Programm oder Succession-Management-Prozess" (ebd. 16) lauten. Diejenigen Mitarbeiter/innen, die sich in dem Talentpool befinden, nehmen nach Steinweg (2009, 178) häufig an besonderen Entwicklungsprogrammen teil. Diese finden in einem Zeitraum von drei bis zwölf Monaten statt, in dem verschiedene Module zu jeweils drei Tagen verteilt sind oder in Zwei-Wochen-Blöcken mit drei Monaten Abstand. In Großunternehmen werden diese Programme auch in Kooperation mit Universitäten oder Business Schools durchgeführt. Förderprogramme dauern nach Büser und Gülpen (2003, 60) zwischen ein und zwei Jahren und bestehen aus zwei Bestandteilen, erstens der Förderung allgemeiner Fähigkeiten und Kenntnisse, die alle Nachwuchsführungskräfte beherrschen müssen, und zweitens aus speziellen Fördermaßnahmen für den individuellen Bedarf. Selbststudium mit Fachliteratur, Seminare, Lernbeziehungen und Lernen in der Praxis werden dabei miteinander kombiniert.

Trotz unterschiedlicher Bezeichnungen bestehen qualitativ hochwertige Programme aus bestimmten, sich wiederholenden Kernelementen, wie Wollsching-Strobel und Sternecker (2012), Allio (2005) und Fernández-Aráoz et al. (2011) zusammenfassen:

1. Zunächst erfolgt eine Situations- und Bedarfsanalyse, in welcher eine quantitative und qualitative Ist- und Soll-Analyse des künftigen Personalbedarfs durchgeführt wird. Auf diese Weise können Informationen darüber gewonnen werden, welche Anforderungen die Programmteilnehmer/innen erfüllen müssen und wie viele Nachwuchsführungskräfte für frei werdende Positionen benötigt werden.
2. Daraufhin werden Kandidat/innen meist durch den Vorschlag der Vorgesetzten, des Personalbereichs, teilweise auch durch eine Selbsternennung, ein Auswahlverfahren und eine Potentialbewertung identifiziert und in das Programm aufgenommen.
3. Nachdem idealerweise mit den Nachwuchsführungskräften vor dem Programmstart persönliche Entwicklungsziele vereinbart wurden, nehmen sie an bestimmten Maßnahmen zur Vorbereitung auf spätere Führungsfunktionen teil. In Trainings werden Kompetenzen wie das Führungsverhalten, Modera-

tionstechniken, Kommunikations- und Präsentationsfähigkeiten oder Teamarbeit gezielt weiterentwickelt. Durch Projektarbeiten können die für die künftigen Positionen notwendigen Kompetenzen on-the-job ausgebaut und verbessert werden. Die near-the-job-Instrumente Mentoring und Coaching bieten darüber hinaus die Möglichkeit der Reflexion von Herausforderungen und der Entwicklung von Lösungsstrategien. Networking und Kaminabende stellen off-the-job weitere zentrale Elemente der Förderprogramme dar, welche sowohl zum Netzwerkaufbau als auch zur Sichtbarkeit im Unternehmen beitragen. In einem Abschlussgespräch werden Effekte der Teilnahme bilanziert und weitere Karriereschritte besprochen.

Nach Allio (2005) vermitteln Programme der Führungskräfteentwicklung vor allem Führungstheorien, -konzepte und -prinzipien und fördern somit Führungswissen, nicht aber die Entwicklung von Führungskompetenzen. Das Bewusstsein für die Anleitung der Geführten kann geschärft, der Selbstwert der (angehenden) Führungskraft erhöht, aber nicht das Führungsverhalten der Person nachhaltig verändert werden. Führungskompetenzen können somit nicht gelehrt, aber auf vielfältige Weise wie durch Lernen aus Erfahrung, Selbstreflexion durch Coaching und Lernen am Modell durch Mentoring erlernt werden. „Leadership is simply not a craft that schools can teach; men and women become leaders only after tempering in the harsh crucible of organizational experience. So paradoxically, while leadership cannot be taught, it can be learned“ (ebd., 1072).

6.2.2 Merkmale von Entwicklungsprozessen

Nachwuchsführungskräfte werden häufig eher unsystematisch und unzureichend auf ihre zukünftigen Aufgaben als Führungskraft vorbereitet (Felfe, Franke 2014). Im Studium werden vor allem fachliche Kompetenzen vermittelt (Lödermann, Scharrer 2011), und im Unternehmen steht mehr der Grundsatz im Vordergrund: „Wer sich fachlich bewährt hat, kann im Bedarfsfall auch die Führung übernehmen“ (Felfe, Franke 2014, 8). Nach Karaevli und Hall (2003, 68f.) liegt die Entwicklung von Nachwuchsführungskräften aus Sicht der Unternehmen in der Verantwortung des Individuums. Sie sollen in einem bestimmten zeitlichen Rahmen von zwei bis drei Jahren noch fehlende oder benötigte Kompetenzen erwerben bzw. weiterentwickeln, die den festgelegten Stellenbeschreibungen entsprechen, bevor sie eine Führungsposition übernehmen (Breisig 2014, 26). Zielsetzung der meisten Entwicklungsangebote für High Potentials ist, dass sie unterstützt werden sollen, um so früh wie möglich Führungspositionen übernehmen zu können (Dries, Pepermans 2008). Daher ist es nicht verwunderlich, dass Anstrengungen für die Entwicklung von Nachwuchsführungskräften unternommen werden, entweder durch Entwicklungsprogramme und/ oder -instrumente, die bereits etabliert sind, oder durch Angebote, die sich noch in der Planung befinden (Silzer, Church 2010). Entwicklungsangebote werden entweder aufgrund der individuellen Bedürfnisse der Person auf sie persönlich zugeschnitten oder in manchen Unternehmen als Standard von allen Nachwuchsführungskräften wie z.B. in einem Programm der Führungskräfteentwicklung, durchlaufen.

Eine der wenigen Studien, die sich mit der Begleitung der Entwicklung von High Potentials auseinandergesetzt hat, ist die Untersuchung von Silzer und Church (2010, 240f.) Diese identifizierten durch die Befragung von 20 Unternehmen Instrumente und Maßnahmen, die zur Entwicklung von Nachwuchsführungskräften in der Unternehmenspraxis angewandt werden:

1. Entwicklungserfahrungen wie Projektarbeiten, Job Rotationen, interne Programme der Führungskräfteentwicklung, Vernetzungsangebote mit älteren Führungskräften werden jeweils von mehr als einem Drittel (35%) der befragten Unternehmen am häufigsten verwendet.
2. Mentoring und Coaching kommen dagegen nur in jeweils einem Viertel der Unternehmen zum Einsatz. „Coaches and mentors are still used, but organizations are now more selective in using those resources and more closely managing the high costs in hiring external executive coaches“ (ebd., 241).
3. Externe Programme der Führungskräfteentwicklung können High Potentials dagegen nur in 15% der Unternehmen besuchen, und die Teilnahme an jährlichen Vernetzungstreffen ist in 20% der Unternehmen möglich.

Die Studie „High Potentials in Österreich“ (Berghuber 2008) zeigt auf, dass Nachwuchsführungskräfte sowohl durch High Potential-Programme als auch durch Einzelmaßnahmen der Führungskräfteentwicklung auf die Übernahme von Führungspositionen vorbereitet werden. An erster Stelle werden Seminare, an zweiter Stelle Projektarbeiten und an dritter Stelle Coaching als unabhängige Einzelmaßnahmen gewählt, um angehende Führungskräfte auf zukünftige Führungsaufgaben vorzubereiten. Seltener werden Job Rotationen von knapp einem Drittel und Auslandseinsätze sowie Mentoring von jeweils knapp einem Viertel der Unternehmen verwendet. Fördergespräche kommen als Schlusslicht in nur ca. 5% der Unternehmen zum Einsatz und auf E-Learning wird gänzlich verzichtet.

Wie die folgende Abbildung zeigt, kommen auch im Rahmen von High Potential-Programmen Seminare am häufigsten zum Einsatz. Auf Platz zwei stehen in knapp der Hälfte der Unternehmen Projektarbeiten und auf dem dritten Platz Coaching. Instrumente wie Mentoring und Fördergespräche zählen in fast einem Drittel der Unternehmen zu den festen Bestandteilen von High

Potential-Programmen. Job Rotationen und Auslandseinsätze werden dagegen am seltensten gewählt.

Abbildung 16: Entwicklungsangebote in High Potential-Programmen (Berghuber 2008, 13)

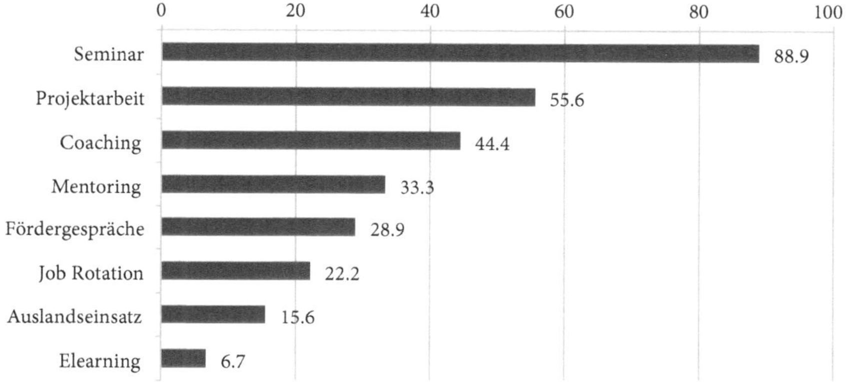

Auf nahezu identische Ergebnisse kommt auch die Boston Consulting Group (BCG 2010), die mehr als 5500 Selektionsverantwortliche weltweit zu ihrer unternehmensinternen Führungskräfteentwicklung befragt hat. Seminare und Entwicklungsgespräche/-pläne stehen weltweit an erster und an zweiter Stelle (in 48 bzw. 47% der Unternehmen), Projektarbeiten an dritter Stelle (44%) und Coaching an vierter Stelle (40%). Programme der Führungskräfteentwicklung und Mentoring werden in ca. einem Drittel der Unternehmen (33% und 30%) verwendet.

Wie der Vergleich unterschiedlicher Studien zur Vorbereitung von High Potentials deutlich macht, sind Seminare, Projektarbeiten, Programme der Führungskräfteentwicklung, Coaching und Mentoring die häufigsten Instrumente bzw. Maßnahmen. Bei der Förderung sowohl von Führungs- als auch von Nachwuchsführungskräften nehmen klassische Seminare und Projektarbeiten den größten Bestandteil in der Führungskräfteentwicklung ein (vgl. Ertenbuch et al. 2006; Gleich 2011; Boatman, Wellins 2011; Becker 2002). Unterschiede liegen darin, dass Feedbackverfahren, Mitarbeitergespräche oder Zielvereinbarungen bei Führungskräften neben Seminaren am stärksten (Gleich 2011), bei Nachwuchsführungskräften dagegen kaum zum Einsatz kommen. Auslandsaufenthalte, Coaching und Mentoring haben keinen hohen Stellenwert in der Förderung von Führungskräften, während sie bei High Potentials zu Standardinstrumenten zählen. Becker (2002) stellte durch die Befragung von 232 Personalverantwortlichen fest, dass Coaching,

Mentoring und Auslandsaufenthalte in der Hälfte der befragten Unternehmen zur Förderung von Führungskräften nicht verwendet werden.

6.3 Zusammenfassung

Die Identifizierung und Auswahl von High Potentials verläuft meist informell, mit hoher Intransparenz und mit unkonkreten Auswahlkriterien, wie durch die Auseinandersetzung mit dem Forschungsstand ersichtlich wurde. In subjektiven und hierarchischen Auswahlprozessen zählen die Beurteilung des oder der Vorgesetzten und Leistung häufig mehr als andere Auswahlverfahren. Die Nachwuchskraft selbst hat hohen Anteil daran, durch Sichtbarkeit im Unternehmen als zukünftige Führungskraft wahrgenommen zu werden. Nachwuchsführungskräfte werden durch die Wissensvermittlung in Seminaren, berufliche Erfahrungen in Projektarbeiten, Coaching und Mentoring auf Führungspositionen vorbereitet. Bei Führungskräften stehen dagegen Feedbackverfahren und Mitarbeitergespräche zur Unterstützung ihrer Entwicklung statt Mentoring und Coaching im Vordergrund.

Die vorgestellten Studien geben keinen Einblick, wie Führungskräfte, die erstmalig in ihrer Rolle tätig sind, bei der Bewältigung neuer Aufgaben unterstützt werden. An den hier aufgezeigten Forschungsbedarf möchte die vorliegende Arbeit anknüpfen und analysieren, wie die Identifizierung und Entwicklung von Nachwuchsführungskräften vor dem Hintergrund des Talent Management-Konzeptes während der Transition von der Mitarbeiter- in die Führungsposition in der Unternehmenspraxis umgesetzt wird.

7. Der theoretische Rahmen der Analyse

Die Analyse der Transition von der Mitarbeiter- in die Führungsposition benötigt einen theoretischen Rahmen, der die vielfältigen Faktoren, die in dem Themenkomplex der empirischen Untersuchung zu Tage treten, zu beschreiben vermag. Im Folgenden werden daher die für die Untersuchung relevanten theoretischen Bezugspunkte der Studie dargestellt, die für die Entwicklung und Analyse der Fragestellungen und für die Auswahl des Samplings herangezogen werden. Ein besonderer Schwerpunkt wird jeweils darauf gelegt zu erklären, weshalb die folgenden Theorien gewählt wurden und inwiefern sie in die anschließende Untersuchung einflossen. Als Abschluss des Kapitels werden die theoretischen Bezugspunkte und Ergebnisse des zuvor skizzierten Forschungsstandes zu einem theoretischen Modell der Transition zur Führungskraft erstmals zusammengeführt, das der Analyse der vorliegenden Untersuchung zugrunde gelegt werden soll.

7.1 Die Leadership Skills Theorie von Mumford et al.

Um zu beschreiben, anhand welcher Kompetenzen eines Mitarbeiters oder einer Mitarbeiterin Selektionsverantwortliche in einem Unternehmen deren Eignung für die Übernahme einer Führungsposition prognostizieren, wird die Leadership Skills Theorie von Mumford et al. (2000) herangezogen. Während in einigen Führungstheorien, wie z.B. im transformationalen und charismatischen Führungsansatz, das Verhalten oder bestimmte Eigenschaften für erfolgreiche Führung im Vordergrund stehen (vgl. Stippler et al. 2011), wird die Führungsleistung in diesem Modell durch Fähigkeiten, Wissen und Kompetenzen vorhergesagt: „In contrast, however, leadership can be framed not in terms of specific behaviors, but instead in terms of the capabilities, knowledge, and skills that make effective leadership possible" (Mumford et al. 2000, 12). Führungsleistung drückt sich in der dynamischen Wechselbeziehung zwischen Umwelt und Person aus und wird durch den Erwerb, die Entwicklung und die Anwendung von Problemlösungskompetenzen beeinflusst. Auch wenn für Mumford et. al. (ebd.) Führung wie in anderen Führungstheorien als ein sozialer Interaktionsprozess verstanden wird (vgl. z.B. Brodbeck et al. 2002), der andere beeinflussen will, soziale Ziele zu erreichen, sehen die Autor/innen die Kompetenzanforderungen an Führungskräfte darin, „that effective leaders must excercise influence judiciously, tackling the right problems in the right way within the context of other organizational activities" (Mumford et al. 2000, 26).

Grundlage des Modells ist die Annahme, dass Führung und deren Effektivität letztendlich von der Fähigkeit respektive dem Potential einer Person beeinflusst wird, Lösungsansätze für komplexe soziale Probleme formulieren und implementieren zu können. Die Problemlösungskompetenz setzt wiederum führungsrelevante Kompetenzen und Kenntnisse voraus: „Solving these problems depends, in turn, on a complex set of skills and the availability of requisite knowledge" (Mumford et al. 2000, 26). Führungskräfte werden in ihrem Führungsalltag mit Aufgaben und Problemen konfrontiert, die sich durch ihren Komplexitäts-, Konflikt-, Neuartigkeits- und Veränderungscharakter auszeichnen und damit eine Vielzahl unterschiedlicher Lösungswege zulassen. Analytische Fähigkeiten zur Lösung komplexer Probleme, Lernfähigkeit, Einsatzbereitschaft und Führungskompetenzen sind aus Unternehmenssicht Auswahlkriterien von angehenden Führungskräften (Dries, Pepermans 2012). Wie die Führungsleistung durch Kompetenzen und Verhaltensweisen der Führungskraft beeinflusst bzw. vorhersagbar wird, stellen Mumford et. al. (2000, 23) in folgendem Modell dar:

Abbildung 17: Modell zur Erklärung und Vorhersage von Führungsleistung (nach Mumford et. al. 2000, 23)

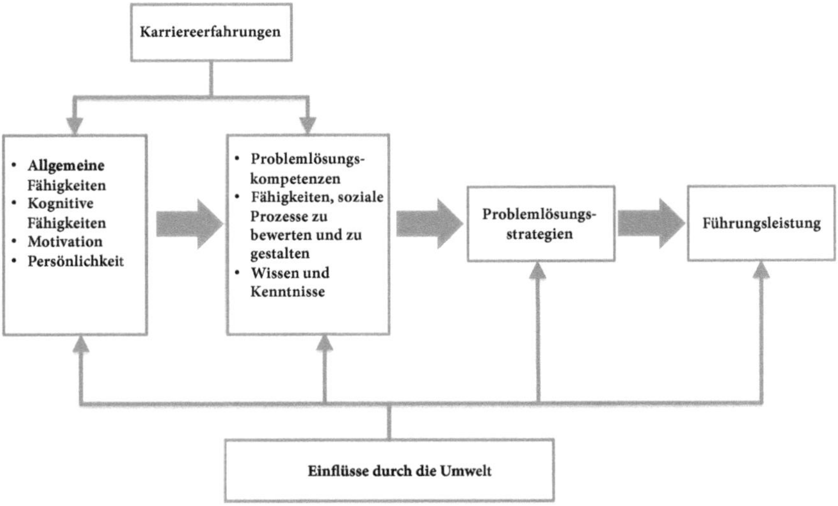

Aus der Abbildung wird ersichtlich, dass Fähigkeiten, Motivation und Persönlichkeit Einfluss auf die Problemlösungskompetenzen, sozialen Kompetenzen und das Wissen der Führungskraft haben. Diese wirken sich wiederum auf die Strategien zur Problemlösung aus und determinieren somit die Führungsleistung.

Zum anderen steht die Entwicklung und die Umsetzung von Kenntnissen und Kompetenzen als Führungskraft in einer Wechselbeziehung zu beruflichen Erfahrungen und der Umwelt und wird davon beeinflusst (Mumford et. al. 2000, 26). Folgende Kompetenzen (ebd., 20ff.) werden benötigt:

1. *Creative problem-solving skills*: kreative Problemlösungsfähigkeiten, die Fähigkeit, Probleme identifizieren, verstehen und Lösungsstrategien entwickeln zu können.
2. *Social judgement skills*: die Fähigkeiten, soziale Prozesse bewerten und gestalten zu können. Dies bedeutet, Lösungsansätze zu finden und einen Rahmen für die Implementierung von Lösungen innerhalb eines komplexen Arbeitsumfeldes schaffen sowie andere Menschen während der Implementierung einer Lösungsstrategie weiterhin motivieren und anleiten zu können. Neben der Notwendigkeit, dass Führungskräfte soziales Wahrnehmungsvermögen und Verhaltensflexibilität zur besseren Einschätzung von sozialen Prozessen und zur Anpassung daran besitzen, sind weitere soziale Kompetenzen relevant. Dazu zählen Kommunikations- und Überzeugungsfähigkeit, Gesprächsführungskompetenz, Konfliktmanagement und Beratungskompetenz.
3. *Knowledge:* die effektive Umsetzung von Problemlösungskompetenzen erfordert verschiedene Arten von Kenntnissen, wie z.B. über die berufliche Tätigkeit, die Organisation, die Branche und über die Mitarbeiter. „Without this knowledge, even the most skilled problem solver is likely to be an ineffectual leader" (ebd., 27).

Durch die Leadership Skills Theorie werden eine mögliche Eignung zur Führungskraft und die Annahme eines Führungserfolgs nicht auf einige wenige auserwählte Personen beschränkt, wie dies in eigenschaftsorientierten Führungstheorien, wie z.B. in der Great Man Theorie geschieht (vgl. Stippler et al. 2011). Stattdessen werden Führungseigenschaften als ein Potential verstanden, welches viele Menschen besitzen, und was sich durch Erfahrungen und die Fähigkeit, aus diesen zu lernen, entwickelt (Mumford et. al. 2000, 21). Durch den beschriebenen Einfluss auf Kenntnisse, Kompetenzen, Problemlösungsstrategien und damit auf den Erfolg als Führungskraft wird die Relevanz von Möglichkeiten des Erfahrungslernens für Nachwuchsführungskräfte und Führungskräfte deutlich. „Without appropriate developmental experience, even the most intelligent and motivated individual is unlikely to be an effective leader in organizational settings" (ebd., 24). Ein mangelndes Angebot an Kompetenzentwicklung durch den Arbeitgeber, der es dem High Potential ermöglicht, erfolgreiche Problemlösungen zu generieren und umzusetzen, hat letztendlich negative Auswirkungen auf den gegenwärtigen oder späteren Führungserfolg. Daher wird es von Interesse sein, durch die Analyse genauer aufzuzeigen, ob die in der Leadership Skills Theorie dargestellten Kompetenzen Auswahlkriterien für die Bestimmung von Führungspotential sind.

7.2 Die eigenschaftsorientierte Attributionstheorie der Führung von Calder

Wie aus dem Forschungsstand zu den Auswahlkriterien von Nachwuchsführungskräften hervorgeht, wird die Selektion von potentiellen Führungskräften maßgeblich von den subjektiven Entscheidungen der Vorgesetzten und/oder der Personalverantwortlichen beeinflusst (vgl. Pepermans et al. 2003; Silzer, Church 2010). Dies lässt vermuten, dass es keine Führungseigenschaften gibt, die universell gelten bzw. hervorgesagt werden können, sondern dass einer Person die Eignung für eine Führungsposition situations- und kontextspezifisch von anderen zugeschrieben wird. Daher wird eine theoretische Betrachtungsfolie benötigt, die erklärt, warum gerade bestimmte Kompetenzen oder Verhaltensweisen aus Sicht von Selektionsverantwortlichen Aufschluss über die Führungseignung einer Person geben. Dies wird durch die eigenschaftsorientierte Attributionstheorie der Führung (Calder 1977) erklärt. Die Theorie beschreibt, wie Zuschreibungsprozesse von Führungseigenschaften in der Wahrnehmung von anderen Personen zustande kommen. Die Attributionstheorie der Führung stellt eine Theorie der kognitiven Sozialpsychologie dar (Weibler 2011) und ist seit Ende der 1970er Jahre erstmals in das Blickfeld der Führungsforschung gerückt (Neuberger 2002). Im Mittelpunkt von Attributionstheorien steht die Frage „wie Personen Urteile über die Ursachen ihren eigenen Verhaltens und das Verhalten anderer Personen bilden bzw. wie Personen Handlungsresultate oder Ereignisse auf die sie bestimmenden Faktoren zurückführen" (Weibler 2011, 119). Zentral sind somit Kausalattributionen, welche subjektive Erklärungen von Ursachen im Sinne von Ursachenzuschreibungen für wahrgenommenes Verhalten und dessen Folgen sind (Staehle 1999, 205). Die Welt kann dadurch geordnet, strukturiert und verstanden werden, da durch diese Vorgehensweise das eigene Handeln und das von anderen verstehbar gemacht und Vieldeutigkeiten reduziert werden können (Mitchell 1995, 847; Weibler 2011).

In Eigenschaftstheorien der Führung sollen Führungseigenschaften objektiv erfasst werden (Stippler et al. 2011). Die eigenschaftsorientierte Attributionstheorie der Führung (Calder (1977) will die Frage beantworten, warum gerade „bestimmte Eigenschaften als Führereigenschaften wahrgenommen werden" (Staehle 1999, 371). Calder bezieht seine Ausführungen auf die naive Psychologie Heiders (1977). Nach der Theorie Heiders streben Menschen durch das

Suchen von Informationen, deren Selektion und Interpretation danach, Ereignissen, die sie wahrnehmen, subjektiv Ursachen zuzusprechen (Staehle 1999). Dadurch handeln Menschen wie Wissenschaftler, die „Kovariationen" (ebd., 204) im Sinne von Korrelationen zwischen Ereignissen und Ursachen unterstellen und Kausalzusammenhänge vermuten.

Ob jemand als (potentielle) Führungskraft wahrgenommen wird, stellt einen besonderen Fall dar, Komplexität zu reduzieren und Ursachen dafür zu suchen (Weibler 2011). Führung ist laut der Theorie Calders (1977) ein „Wahrnehmungsphänomen" (Neuberger 2002, 557), das nicht unabhängig von dem Beobachter oder der Beobachterin, welche/r Führungseigenschaften bei einer Nachwuchskraft feststellt, sondern in der Wahrnehmung der beobachtenden Personen existiert (Staehle 1999, 370). Die Zuschreibung von Führungseigenschaften geschieht somit nicht durch persönliche Merkmale oder Eigenschaften einer beobachteten Person und ist vom jeweiligen Kontext abhängig, in dem sich beobachtende und beobachtete Personen bewegen. „Als Führer gilt eine Person auch immer nur für eine bestimmte Gruppe, deren Erwartungen sie erfüllt" (Weibler 2011, 122). Calder zeigt damit auf, dass eine Eignung zur Führung nicht aus Merkmalen oder Ansprüchen einer Person abgeleitet wird, sondern von anderen Personen wahrgenommen und zugeschrieben werden muss. Diese Zuschreibungen sind wiederum von verschiedenen Dimensionen und Stereotypen der beobachtenden Person abhängig, die durch eigene Erfahrungen und Sozialisation erworben bzw. beeinflusst wurden (Weibler 2011, 124).

Die Überlegungen der Theorie können auch auf den Kontext der vorliegenden Untersuchung übertragen werden, da Selektionsverantwortliche in einem Unternehmen, wie z.B. Vorgesetzte oder die Geschäftsführung, darüber entscheiden, welche Mitarbeiter/innen sie als (potentielle) Führungskräfte betrachten, wenn es um die Identifizierung und Auswahl von Führungskräften bzw. um die Besetzung von Führungspositionen geht. Wenn Entscheidungsträger bei einer Nachwuchskraft Eigenschaften wahrnehmen, die mit ihren eigenen Stereotypen bzw. Vorstellungen einer zukünftigen Führungskraft identisch sind, schreiben sie der Person die Eignung für Führung zu (Mitchell 1995, 848). Dies kann bei einer Nachwuchskraft der Fall sein, die in einem Projekt Führungskompetenzen, eine hohe Leistung, Motivation und Lernfähigkeit zeigt. Solche Verhaltensweisen und deren Effekte, wie z.B. ein erfolgreicher Projektabschluss, können dazu führen, dass Entscheidungsträger der Person Führungspotential zusprechen und sie für eine Führungsposition auswählen.

Calders (1977) Grundthese ist, dass Führung ein hypothetisches Konstrukt bzw. ein Etikett ist, das andere Personen in einem vierstufigen Attributionsprozess wahrnehmen und der Person zuschreiben. Der Attributionsprozess von

Führung kann folgendermaßen nachgezeichnet werden (Calder 1977, 195ff.; Weibler 2011, 124f.):

1. Auf der ersten Stufe des Prozesses werden Informationen über die zu beobachtende Person gewonnen, da deren Handlungen oder bestimmte Effekte mit der Person in einen Zusammenhang gebracht werden.
2. Auf der zweiten Stufe wird in aufeinanderfolgenden Schritten angestrebt zu prüfen, ob die gesammelten Informationen über das gezeigte Verhalten und dessen Wirkungen auf Führungsrelevanz schließen lassen. Dabei wird auch vermutetes Verhalten einbezogen. So kann z.B. ein erfolgreicher Projektabschluss dazu dienen, das erhöhte Engagement oder die Leistung einer Nachwuchskraft aus diesem Ergebnis abzulesen. Daraufhin wird genauer überprüft, ob sich eine Nachwuchskraft von den anderen Mitarbeiter/innen in der Abteilung in Bezug auf bestimmte Eigenschaften oder Verhaltensweisen unterscheidet. Wenn keine Unterschiede festzustellen sind, könnte durch das Handeln der Person nicht auf bestimmte Wirkungen und damit nicht auf deren Führungseigenschaften zurückgeschlossen werden. Im Anschluss daran werden diese Wahrnehmungsdaten mit den eigenen Vorstellungen bzw. mit den Erwartungen an eine Führungskraft verglichen. Die vorliegenden Informationen werden daraufhin untersucht, ob sie mit den impliziten Führungstheorien der Beobachter/innen in Einklang stehen. Danach wird geprüft, ob
   a. das beobachtete Verhalten „einen gravierenden Unterschied zum üblichen Verhalten" (Weibler 2011, 124) ausmacht bzw. „ob das Beobachtete außergewöhnlich ist, um als Führereigenschaft bezeichnet werden zu können" (Staehle 1999, 371).
   b. das Verhalten sozialer Erwünschtheit oder Gruppendruck geschuldet ist.
   c. das gezeigte Verhalten charakteristisch für die beobachtete Person und ob dieses Verhalten hinsichtlich Zeit und Situation konsistent ist (Neuberger 2002, 559) bzw. ein einmaliges Verhalten darstellt.
3. Wenn diese Fragen geklärt sind, findet auf der dritten Stufe eine Bewertung der bisher gewonnenen Informationen statt. Ziel ist, zu prüfen, ob die handelnde Person in einer Situation noch andere Handlungsalternativen gehabt oder ob nicht jede Handlung die identische Wirkung gehabt hätte. Je mehr sich die Effekte des Handelns von den Wirkungen anderer Verhaltensweisen unterscheiden, desto leichter können einer Person Führungseigenschaften zugesprochen werden (ebd., 559). Nach Weibler (2011) lassen sich Führungseigenschaften besonders gut an Situationen ablesen, die kein bestimmtes Handeln erzwungen haben und „vermutlich deshalb andere Wirkungen aufweisen als ein alternatives Handeln" (ebd., 125).

4. Auf der vierten Stufe kommt zum Ausdruck, dass Führungsattribution keinen neutralen, sachlichen Entscheidungsprozess darstellt, sondern von den persönlichen Interessen und Voreingenommenheiten der Beobachter/innen beeinflusst wird. Die wahrgenommenen Verhaltensweisen werden in Bezug auf die persönliche Betroffenheit und die Vereinbarkeit mit den Zielen des Beobachters oder der Beobachterin geprüft. In dieser Phase „zieht der Beobachter die Einflußpotentiale von Attributionsverzerrungen ins Kalkül" (Schettgen 1990, 147). Die Wahrscheinlichkeit der Führungsattribution ist umso höher, je mehr die Ziele der beobachtenden Person mit denen der potentiellen Führungskraft übereinstimmen (Staehle 1999, 372).

Der Attributionsprozess endet mit der Attribution oder der Nicht-Attribution von Führungseigenschaften. Die Vorhersage einer Führungseignung wird durch das Modell Calders zu einem Entscheidungsprozess (Staehle 1999, 205), der durch verschiedene Schritte der Entscheidung determiniert und durch äußere Einflüsse verzerrt wird (Weibler 2011).

Welche Erwartungen Vertreter/innen aus Unternehmen der Region Schwaben/Oberbayern an ihre angehenden Führungskräfte haben, und welche impliziten Führungstheorien für die Zuschreibung von Führungspotential verantwortlich sind, soll die folgende Untersuchung aufzeigen.

7.3 Die Theorie der Karrierekonstruktion von Savickas

Wenn eine Nachwuchskraft aufgrund bestimmter Eigenschaften und Faktoren für eine Führungsposition ausgewählt wird und die Stelle antritt, befindet sie sich inmitten der Vorbereitung bzw. der Bewältigung des Übertritts von der Mitarbeiter- in die Führungsposition.

Eine Perspektive, die sowohl die Komplexität des Karriereaufstiegs zur Führungskraft als auch die Kompetenzanforderungen zur Bewältigung der Transition zu erklären vermag, ist die Theorie der Karrierekonstruktion von Savickas (2013; 2002; 2005). Vor dem Hintergrund der Globalisierung und des demographischen Wandels der Gesellschaft stellt die Theorie der Karrierekonstruktion „career construction theory" (Savickas 2013, 147) eine Weiterentwicklung und Anpassung von Supers (1969) Karrieretheorie und ein Rahmenmodell zur zeitgenössischen Erklärung von Karrieren aus konstruktivistischer Perspektive dar. In Supers Theorie durchlaufen Menschen in einem lebenslangen Prozess fünf unterschiedliche Phasen, in denen sie versuchen, ihr Selbstkonzept in einen Beruf umsetzen und weiterentwickeln zu können. Entsprechend der Theorie des Konstruktivismus konstruieren sich Individuen ihre Wirklichkeit und erschaffen sich Repräsentationen der Realität und nicht die Wirklichkeit selbst.

„Menschen bilden sich ihre eigenen Konzepte („Konstruktionen") von Laufbahn oder Karriere, bilden eine persönliche Theorie darüber, wie Laufbahnprozesse funktionieren" (Hurni 2007, 7).

Die Theorie der Karrierekonstruktion besagt, dass Karrieren sich nicht zufällig ereignen, sondern dass sie im Zusammenspiel zwischen Person und Umwelt subjektiv konstruiert werden. „Careers do not unfold; they are constructed" (Savickas 2002; 154). Die subjektive Konstruktion einer Karriere kann auch im Kontext der Auswahl und der Transition von angehenden Führungskräften beobachtet werden. Die Selektion von angehenden Führungskräften findet in einer Wechselbeziehung und in einem Rückkoppelungsprozess zwischen der Leistung, der Motivation und den Karriereinteressen einer Nachwuchskraft (vgl. Dries, Pepermans 2012) und den subjektiven Bewertungen und Entscheidungen der Selektionsverantwortlichen in einem Unternehmen statt (vgl. Pepermans et al. 2003). Ziel der Theorie ist zu erklären, „how individuals build careers through personal constructivism and social constructionism" (Savickas 2013, 147). Entwicklung wird als ein Ergebnis der Anpassung an die Umwelt und nicht als ein Resultat der Reifung durch innere Strukturen verstanden. Savickas (2005) betrachtet eine Karriere als „a subjective construction that imposes personal meaning on past memories, present experiences, and future aspirations by weaving them into a life theme that patterns the individual's work life" (ebd., 43).

In der Theorie der Karrierekonstruktion wird das Hauptaugenmerk auf die Konstruktion des Selbst „how people make themselves into who they are" (Savickas 2013, 147) gelegt. Das Selbst wird als ein gewachsenes Bewusstsein bezeichnet, welches kulturell verändert, gesellschaftlich festgelegt und narrativ geschildert wird: „In sum, self denotes an emergent awareness that is culturally shaped, socially constituted, and linguistically narrated" (ebd., 148). In dem Ansatz wird die Relevanz der Reflexion von zwischenmenschlichen Erfahrungen deutlich. Das Selbst bildet sich in einem Prozess der Ko-Konstruktion durch diese Interaktionen heraus: „So, a self is not actually self-constructed; it is coconstructed through interpersonal processes. We need each other to make sense of ourselves and the world in which we live" (ebd., 148). Für Führungsnovizen kann festgestellt werden, dass die Entwicklung ihrer Führungsidentität durch eine Ko-Konstruktion im Sinne einer gemeinsamen Gestaltung sowohl vom eigenen Selbst- und Führungskonzept als auch von den Rollenerwartungen, der gezeichneten Führungsvision in einem Unternehmen und der Potentialzuschreibung als Führungskraft durch Entscheidungsträger des Unternehmens beeinflusst wird. Berufliche Entwicklung vollzieht sich in einem Zyklus von aufeinander folgenden Karrierephasen, welche die Phasen des Wachstums, der Exploration, der Etablierung, der Erhaltung und die Phase der Loslösung beinhalten. In jeder Entwicklungsphase wird das

Individuum mit beruflichen Entwicklungsaufgaben konfrontiert, die als soziale Erwartungen an ihn oder sie gerichtet werden (Savickas 2013; Super 1969). So kann durch die Theorie der Karrierekonstruktion der von einer Person ausgeübte Beruf wie z.B. als Führungskraft, als eine Ko-Konstruktion und Manifestation des Selbst und berufliche Entwicklung wie der Aufstieg in eine Führungsposition als ein andauernder Prozess bezeichnet werden, der die Passung zwischen Person und Umwelt anstreben will (Savickas 2013).

In der Konstruktion einer Karriere sind Transitionen im Laufe des Erziehungs- und Berufslebens von zentraler Bedeutung, welche die einzelne Person immer wieder mit unterschiedlichen Herausforderungen konfrontiert. „The move from one position to another is a period of transition, during which a person must leave one place, revise goals, choose another place, and enter and establish herself or himself in that unfamiliar space" (Savickas 2013, 156). Der Prozess des Übergangs stellt eine Phase des erhöhten Lernens, der sozialen Integration und der Entwicklung für das Individuum dar, weil die Person sich an veränderte Bedingungen anpassen muss (Savickas 1997; 2013). Für Führungsneulinge bedeutet dies, dass die Transition in die neue Rolle von großer Lernintensität geprägt ist (Paese, Wellins 2007) und von ihnen die Abklärung der neuen Aufgaben und Rollenerwartungen und eine Anpassung daran verlangt (Hill 2007; Watkins 2003; Dotlich et al. 2004). Das Ziel eines erfolgreichen Übergangs besteht darin, innere Bedürfnisse mit äußeren Bedingungen in Einklang zu bringen, und kann durch die Indikatoren Erfolg, Zufriedenheit und Wohlbefinden gemessen werden (Savickas 2013, 157). Nach der Theorie der Karrierekonstruktion können drei unterschiedliche Herausforderungen Anlass für individuelle Veränderungen bzw. Transitionen sein (vgl. ebd.; 156f.):

1. *Berufliche Entwicklungsaufgaben*, die soziale Erwartungen an die Person darstellen.
2. *Berufliche Übergänge*, die eine berufliche Beförderung oder ein Abstieg, gewollt oder ungewollt, geplant oder unerwartet, sein können.
3. *Negative Erfahrungen in der Arbeitswelt,* zu denen Arbeitsplatzverluste, Industrie- und Arbeitsunfälle sowie Vertragsverstöße zählen, die unvorhersehbar und ungewollt sind.

Durch die Transition werden angehende Führungskräfte sowohl mit beruflichen Entwicklungsaufgaben, wie Hill (2007) sie beschreibt, als auch mit einer Beförderung konfrontiert. Der erfolgreiche Umgang mit den genannten Herausforderungen wird durch die berufliche Anpassungsfähigkeit – die sogenannte „career adaptability" (Savickas 2013, 157) – vorangetrieben. Die Fähigkeit zur beruflichen Anpassung, welche ein zentrales Element der Theorie der Karrierekonstruktion darstellt, hat den in der Karriereforschung verwendeten Begriff der Karrierereife (Super 1990) ersetzt, da sich dieser als weniger geeignet für das Verständnis der Karriereentwicklung im Erwachsenenalter erwies (Savickas 1997, 254). Karrierereife meint in diesem Zusammenhang die Fähigkeiten und die Bereitschaft einer Person, berufliche Entwicklungsaufgaben der jeweiligen Karrierephase erfolgreich zu bewältigen (Super 1990; Leung 2008). Hirschi (2009, 13) beschreibt „career adaptability“ als die Fähigkeit zur Anpassung der Karriere. Savickas (1997) definiert die Anpassungsfähigkeit als „the readiness to cope with the predictable tasks of preparing for and participating in the work role and with the unpredictable adjustments prompted by changes in work and working conditions“ (ebd., 254) Die berufliche Anpassungsfähigkeit besteht aus vier unterschiedlichen Elementen (Savickas 2013, 159ff.; Hirschi 2009):

1. *Career concern*: die Fähigkeit, die eigene berufliche Zukunft planen zu können
2. *Career control*: ein Gefühl für die Kontrolle der beruflichen Zukunft zu besitzen
3. *Curiosity*: Neugier für eine Exploration der Arbeitswelt und Reflexion von Fähigkeiten, Interessen und Werten
4. *Confidence*: Selbstvertrauen, die eigene berufliche Zukunft aktiv gestalten zu können

Career Concern als aktive Planung der eigenen beruflichen Zukunft stellt die erste und wichtigste Dimension beruflicher Anpassungsfähigkeit dar. Die Konstruktion der eigenen Karriere erfolgt durch die Reflexion und die Erkenntnis, dass die gegenwärtige berufliche Situation auf frühere Erfahrungen und Entscheidungen zurückzuführen ist und dass diese vergangenen Erfahrungen durch die Gegenwart in eine bevorzugte Richtung gelenkt werden können. Einstellungen wie Planungsbereitschaft und -fähigkeit sowie Optimismus dienen der aktiven Planung der eigenen Karriere, da Personen durch diese Einstellungen ein stärkeres Bewusstsein dafür entwickeln, dass sie berufliche Aufgaben und Übergänge bewältigen und berufliche Entscheidungen jetzt und in Zukunft treffen können.

Career control stellt ein Verantwortungsgefühl für die Notwendigkeit der Konstruktion der eigenen Karriere dar (Savickas 2013). So beeinflusst die Kontrolle der eigenen Laufbahn Fähigkeiten wie Selbstdisziplin, Gewissenhaftigkeit, Verantwortungsbereitschaft und Entscheidungsfähigkeit bei der Bewältigung beruflicher Aufgaben und Übergänge. Weiterhin beeinflusst ein Gefühl der Kontrolle das Bewusstsein, sich diesen zu stellen, anstatt sie zu meiden (Savickas 2013, 160).

Career curiosity als Neugier drückt sich in Wissensdurst und in dem Wunsch der Erkundung der Arbeitswelt aus. Ziel ist, mehr Wissen und Kenntnisse über die Passung zwischen Person und Arbeitswelt zu sammeln. Durch die systematische Exploration der Berufswelt und die Reflexion dieser Erfahrungen können

Personen mehr Kenntnisse darüber gewinnen, wie die Arbeitswelt abläuft. Ein Drang nach mehr Wissen und damit eine Offenheit in Bezug auf das Ausprobieren neuer Erfahrungen, möglicher Selbstkonzepte und unterschiedlicher Rollen erhöht das Wissen um die eigenen Neigungen, Interessen und Werte sowie über Anforderungen, Abläufe und Vorteile unterschiedlicher Berufe.

Career confidence bedeutet, dass Menschen Selbstvertrauen benötigen, um ihre Interessen auch in die Realität umsetzen zu können. Selbstvertrauen beschreibt Gefühle der Selbstwirksamkeit beim Treffen von Entscheidungen, die im Laufe des Berufslebens auftreten und auch Problemlösekompetenz erfordern.

In der Realität verläuft die Entwicklung der vier Dimensionen beruflicher Anpassungsfähigkeit zu unterschiedlichen Zeitpunkten und wird von verschiedenen Schwerpunkten, aber auch von Rückschritten begleitet. Das Konzept der beruflichen Anpassungsfähigkeit verlangt von Nachwuchsführungskräften und Führungskräften die Bereitschaft zu lebenslangem Lernen, Flexibilität und Belastbarkeit. Ob die unterschiedlichen Kompetenzen, die zusammenfassend berufliche Anpassungsfähigkeit konstituieren, auch bei Führungskräften, die erstmals in der Führungsfunktion tätig sind, aus Sicht der Unternehmen relevant für die Bewältigung einer Transition sind, wird die folgende Untersuchung zeigen.

7.4 Das IFP-Transitionsmodell von Griebel und Niesel

Ein Modell, durch welches sowohl die Anforderungen der Transition strukturiert und verstanden als auch die Bewältigung des Übergangs pädagogisch unterstützt werden kann, ist das Transitionsmodell des Staatsinstituts für Frühpädagogik (IFP), das von Griebel und Niesel (2004; 2013) entwickelt wurde. Der Ansatz wurde als Modell der Familienentwicklungspsychologie verwendet, um die Bewältigung von Veränderungen bei dem Eintritt in und die Transition zwischen Bildungseinrichtungen zu untersuchen, die als biographischer Übergang von Kindern und deren Eltern gemeistert werden muss (Griebel, Niesel 2013, 35). In zwei Studien konnte nachgewiesen werden, dass dieses Modell geeignet ist, die Transition und die Erfahrungen von Kindern und ihren Eltern bei Wechseln zwischen verschiedenen Bildungseinrichtungen zu erklären (Niesel, Griebel 2000; Griebel, Niesel 2002). Aufgrund dieser Aspekte erscheint das Modell für die folgende Analyse in hohem Maße geeignet.

Ein zentrales Merkmal des IFP-Transitionsmodells ist, dass es sich bei Übergängen und den darin stattfindenden Lern- und Entwicklungsprozessen um soziale Konstruktionen durch die Interaktion des Individuums mit seiner sozialen Umwelt im Sinne einer Ko-Konstruktion handelt. Die Bedeutung der Transition entsteht durch die Ko-Konstruktion aller betroffenen Personen und ihres sozialen

Systems und durch Kommunikation und Partizipation aller beteiligten Akteure durch ihr Zusammenwirken (vgl. Griebel, Niesel 2013, 37). Griebel und Niesel (2013, 36) integrieren die Ebene der einzelnen Person in das Modell, um deren Erleben thematisieren zu können und Teilhabe am Übergangsprozess zu sichern. In dem Modell steht nicht nur eine Anpassung an neue Anforderungen und Normen im Mittelpunkt, sondern auch die Veränderung der Identität, des Verhaltens und nachhaltiges Lernen. Die handelnden Akteure sind die neu berufenen Führungskräfte, deren Team und der oder die direkte Vorgesetzte. „Ein Merkmal für eine Transition im Sinne von Entwicklung ist die Erstmaligkeit und Einmaligkeit des Prozesses" (ebd., 37). Daraus kann abgeleitet werden, dass Verantwortliche der Personalentwicklung die Neuartigkeit der Anforderungen an Führungsnovizen feststellen. Zudem ergeben sich daraus besondere Bedürfnisse der Führungsnovizen und ihres Teams zur Bewältigung des Übergangs.

> „Die Bewältigung von Transitionen kann (…) nicht auf das Individuum allein bezogen werden. Die Entwicklung des Einzelnen wird nur innerhalb des sozialen Kontextes verstehbar. Kulturelle Anforderungen, Normen und Wünsche von Bezugspersonen sowie materielle Umgebungsbedingungen wirken als Entwicklungsanreize und Herausforderungen, die die individuelle Entwicklung fördern oder behindern können" (Griebel, Niesel 2013, 37).

Im Mittelpunkt des Ansatzes steht die Bewältigung von Diskontinuitäten, um die Entwicklung der daran beteiligten Personen anzustoßen bzw. zu forcieren. Die Anforderungen der Transition lassen sich nach Griebel und Niesel (2013; 2004) als Entwicklungsaufgaben im Sinne von Havighurst (1982) verstehen und können wie folgt strukturiert werden:

1. Veränderungen auf der Ebene des Individuums: Emotionen, Identität, Kompetenzen
2. Veränderungen auf der Ebene der Beziehungen: Rollen und Beziehungen
3. Veränderungen auf der Ebene der Lebensumwelten

Die Erkenntnisse des Transitionsmodells nach Griebel und Niesel (2013) sollen für die folgende Untersuchung genutzt werden. Für neu berufene Führungskräfte bedeuten Veränderungen auf der individuellen Ebene eine Veränderung der beruflichen Identität. Vorher war die Person Mitarbeiter/in, bei der Stellenübernahme wird sie zur Führungskraft. Dieser Identitätswandel hat auch Auswirkungen auf die Mitglieder des Teams, wenn sie z.B. zuvor Kolleg/innen ihres oder ihrer jetzigen Vorgesetzten waren. Die Transition erfordert zudem Veränderungen des Verhaltens, indem Führungsneulinge Kompetenzen zeigen müssen, um z.B. ein Team anzuleiten und zu motivieren. Daher ändern sich auf der interaktionalen Ebene die Erwartungen an deren Fähigkeiten und Rollenverhalten. Sie muss sowohl die Rollenanforderungen von unterschiedlichen Bezugsgruppen wie von Vorgesetzten, Mitarbeiter/innen oder Kunden, erfüllen, als z.B. auch ein Netzwerk aufbauen und pflegen (vgl. Dotlich et al. 2004; Hill 2007). Auch die Mitarbeiter/innen und die Vorgesetzten müssen neue Erwartungen in Form von Anerkennung und Unterstützung der neuen Führungskraft erfüllen. Auf der kontextuellen Ebene müssen Führungsneulinge mit dem Wechsel von der bisherigen in eine neue Lebensumwelt wie etwa mit dem Umzug in ein neues Büro, einer Veränderung der Aufgaben und der neuen Gestaltung ihrer Zeit, umzugehen lernen.

Da die Anforderungen und die jeweiligen Kontextbedingungen einer Transition die individuelle Entwicklung hemmen oder fördern können, finden diese Überlegungen Eingang in die Analyse der Untersuchung und in die Festlegung des Samplings der Stichprobe. Es sollen diejenigen Personen, welche die Maßnahmen von Entwicklungsprozessen für angehende Führungskräften anordnen, begleiten oder planen (Verantwortliche der Geschäftsführung, Personalleitung und Personalentwicklung) dazu befragt werden, mit welchen Instrumenten Führungsneulinge auf die Bewältigung der Transition vorbereitet bzw. wie sie dabei begleitet werden. Die an der Transition beruflich Beteiligten erhalten während des Prozesses Einblicke in die Anforderungen und Veränderungen, die damit einhergehen. Sie haben weiterhin die Erwartung, dass neu berufene Führungskräfte in ihrer Führungsrolle erfolgreich sind. Daher sollen die Anforderungen der Transition aus Unternehmenssicht genauer beleuchtet werden. Hierfür soll die Analyse der Veränderungen einen Teil der Untersuchung ausmachen. Zielsetzung ist, durch ein dreiteiliges Auswertungsschema, das sich an den drei Ebenen der Transition von Griebel und Niesel (2004) orientiert, herauszuarbeiten, welche Anforderungen und Veränderungen auf der Ebene des Individuums, der Beziehungen und der Ebene der Lebensumwelten sich an Führungsneulinge richten.

7.5 Das Konzept der Statuspassagen von Glaser und Strauss

Da es sich bei der Transition von der Mitarbeiter- in die Führungsrolle um einen Statuswechsel handelt, erscheint die Theorie der Statuspassage geeignet, um den Wechsel und seine Veränderungen zu beschreiben. Glaser und Strauss (1971) haben die Transitionen im Lebenslauf von Menschen in modernen Gesellschaften und deren Besonderheiten untersucht. Aufgrund soziologischer Studien bezeichnen sie Übergänge als Prozesse von Statuswechseln. Der Begriff Status beschreibt den sozialen Zustand einer Person als „die mehr oder minder hohe Stellung, die eine Person im Vergleich zu anderen Mitgliedern des jeweiligen Sozialsystems (z.B. Betrieb, Gemeinde, Gesamtgesellschaft) einnimmt" (Peukert 2006, 313). Das

Konzept der Statuspassagen stellt „nicht allein Veränderungen des gesellschaftlichen Status im Sinne einer Hierarchie, sondern allgemein Veränderungen eines Zustandes“ (Von Felden 2010, 29) dar. Nachwuchskräfte erhalten durch die Attestierung der Führungseignung demnach den Status als Nachwuchsführungskraft, den sie im Sinne eines „resting place“ (Glaser, Strauss 1971, 2) wieder verlassen, wenn sie die Position bzw. den Status als Führungskraft annehmen. Eine Statuspassage bezeichnet daher den „Übergang von einem (sozialen) Zustand in einen anderen“ (vgl. Bührmann 2008, 22). In der Weiterentwicklung des Ansatzes wird zudem die Rolle der Gatekeeper betont, Personengruppen, wie entscheidungsbefugte Personen im Unternehmen, die den Übergang stark beeinflussen (Struck 2001). Bührmann (2008) erklärt, dass in dem Modell „soziale Prozesse innerhalb von Übergängen, d.h. das Interaktionsgefüge zwischen den Übergängern und den anderen Übergangsbeteiligten, wie beispielsweise den ‚Gatekeepern', nur sehr eingeschränkt berücksichtigt“ (ebd., 25) werden.

Nach Heinz (1989) werden Statuspassagen als „sozial organisierte und für Individuen verbindliche Mobilitätsprozesse verstanden, in denen der zeitliche Ablauf und die Abfolge von Übergängen von einem Sozialstatus in einen anderen geregelt ist“ (ebd., 2). Übergänge werden in einem institutionalen Rahmen durch Aushandlungs- und Selektionsprozesse sozial organisiert (Heinz 2000, 5). Für Mitarbeiter/innen, die für eine Führungsposition identifiziert und ausgewählt werden, bedeutet dies, dass ihre Transition durch Selektions- und Entwicklungsprozesse im Kontext des Unternehmens institutionalisiert vonstatten geht.

Nach Glaser und Strauss (1971, 142ff.) können Statuspassagen stark individualisiert und daher häufig nicht formalisiert verlaufen, was angehende Führungskräfte vor die Aufgabe stellt, den Übergang in die Führungsrolle in hoher Eigenverantwortung hinsichtlich des Zeitpunktes und der Bewältigungsstrategien zu meistern. Darüber hinaus weisen diese eine hohe Pluralität und Gleichzeitigkeit auf (ebd., 142ff.). Dadurch können Individuen sowohl berufliche als auch private Statuspassagen gleichzeitig durchlaufen und sich zu bestimmten Zeitpunkten in verschiedenen Übergängen befinden, welche sich durch unterschiedliche Merkmale hinsichtlich ihrer Dauer, Reversibilität, Freiwilligkeit, Wiederholbarkeit und Klarheit (vgl. ebd., 4ff.) auszeichnen.

Diese Merkmale, welche auch auf den Übergang von der Mitarbeiter- in die Führungsposition zutreffen, beschreiben Glaser und Strauss (ebd., 4ff.) anhand verschiedener Eigenschaften. Zunächst benötigt der Wechsel die Legitimation von Entscheidungsträgern im Unternehmen (vgl. Silzer, Church 2010). Die Bewältigung der Statuspassage wird bei der Auswahl einer geeigneten Person bzw., wenn diese das Stellenangebot annimmt, sowohl vom Unternehmen als auch von der betroffenen Person als erwünscht und als freiwillig betrachtet. Die mit der Besetzung einer Führungsposition verbundene Veränderung ist daraufhin unvermeidbar. Abhängig von der Unternehmensgröße vollziehen High Potentials diesen Statuswechsel alleine oder in einer Gruppe mit anderen zukünftigen Führungskräften. Da Unternehmen ihre Nachwuchsführungskräfte über ihren Status selten klar informieren (Ready et al. 2010a), sind sich zukünftige Führungskräfte nicht immer darüber im Klaren, dass sie sich in einer Statuspassage befinden. Möglicherweise sind sich Personen über ihre Statuspassage bewusst, können aber nicht mit anderen, welche die gleiche Veränderung zu bewältigen haben, darüber kommunizieren. Abhängig davon, ob in einem Unternehmen Nachwuchskräfte auf den Statuswechsel vorbereitet werden bzw. dabei begleitet und ob Erwartungen kommuniziert werden (Wan, Tham 2011; Paese, Wellins 2007; Charan et al. 2001), zeichnet sich dieser durch unterschiedlich große Klarheit und Transparenz aus.

Worin sich die Kompetenzanforderungen im Status als Nachwuchsführungskraft von denen neu berufener Führungskräfte unterscheiden und ob der Statuswechsel durch eine hohe oder niedrige Klarheit begleitet wird, soll durch die folgende Untersuchung genauer ermittelt werden.

7.6 Entwicklung des theoretischen Modells der Transition zur Führungskraft

Da die Transition von der Mitarbeiter- in die Führungsposition bisher kaum wissenschaftlich untersucht wurde und eher in der normativ orientierten Ratgeberliteratur behandelt wird (vgl. Hill 2007), wird durch die vorliegende Untersuchung angestrebt, dieser eine wissenschaftliche Fundierung zu verleihen und sie zu analysieren. Die Quintessenzen der theoretischen Analysen finden daher Eingang in die Entwicklung des theoretischen Modells, das die Grundlage für die weitere Analyse und den wichtigsten Punkt der bisherigen Theoriearbeit darstellt. Dabei werden relevante Aspekte der Identifizierung, Auswahl und Entwicklung einer angehenden Führungskraft während des Übergangs erstmals zu einem Modell verknüpft. Die Ausführungen stellen damit einen Rahmen zur Beschreibung und Rekonstruktion der Transition dar. Das Modell integriert Aspekte der Führungs-, Karriere- und Transitionsforschung (vgl. z.B. Calder 1977; Savickas 2013; Griebel, Niesel 2004) und fokussiert sie auf den Übergang im Kontext von Großunternehmen. Grafisch kann das Modell der Transition von der Mitarbeiter- in die Führungsposition folgendermaßen dargestellt werden:

Abbildung 18: Das theoretische Modell der Transition zur Führungskraft

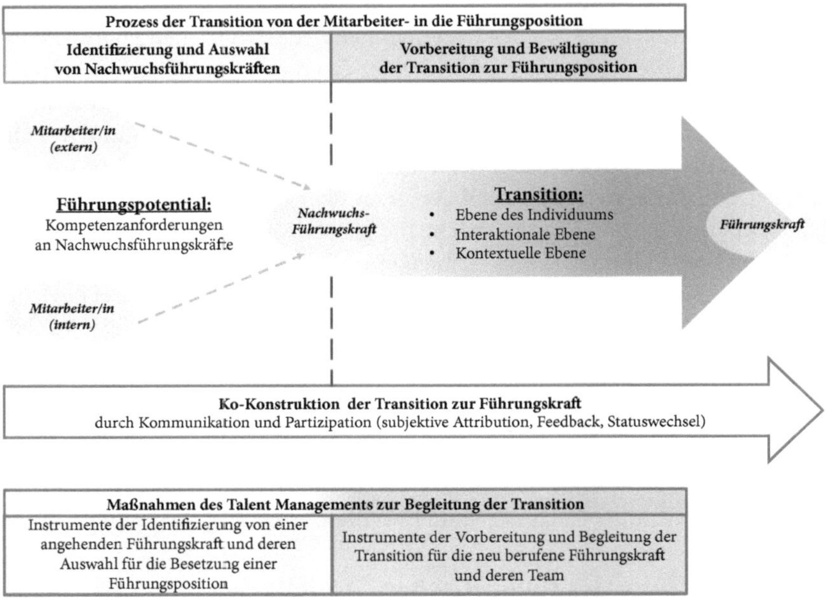

Das Modell beschreibt und integriert vier relevante Elemente und Dimensionen der Transition von der Mitarbeiter- in die Führungsposition zu einem Gesamtansatz:

1. Die Ko-Konstruktion zur Führungskraft durch Kommunikation, subjektive Attributionen, Feedbackprozesse und den Statuswechsel
2. Die Zuschreibung von Führungspotential als eine Voraussetzung für die Transition
3. Veränderungen und Kompetenzanforderungen
4. Die Begleitung der Transition durch Instrumente/ Maßnahmen des Talent Managements

Die einzelnen Elemente des Modells und deren Annahmen werden nun jeweils dargestellt:

1. *Die Ko-Konstruktion zur Führungskraft durch Kommunikation, subjektive Attributionen, Feedbackprozesse und den Statuswechsel von der Mitarbeiter- in die Führungsposition:* Die Ko-Konstruktion der Transition, wie Griebel und Niesel (2004) sie in ihrem Modell beschreiben, wird in das hier neu

entwickelte Modell auf den Kontext der Transition von Führungsnovizen übertragen. Das Modell wird durch die Vorstellung gerahmt, dass sich ein Aufstieg und eine Transition in eine Führungsposition nicht zufällig ereignen, sondern durch eine Ko-Konstruktion zwischen dem Individuum (der Nachwuchskraft) und der Umwelt (dem Unternehmen) subjektiv und gemeinsam konstruiert bzw. gestaltet wird (vgl. Griebel, Niesel 2013; Savickas 2002). Diese beginnt mit der Ernennung zum High Potential und gestaltet sich bis zur Übernahme einer Führungsposition, weswegen dieses Element den gesamten Transitionsprozess begleitet. Wenn einem oder einer internen Mitarbeiter/in Führungspotential zugesprochen wird und sie bzw. er dadurch in Zukunft für eine Stelle im Führungsbereich berücksichtigt werden soll, wechselt die Person vom Status als Mitarbeiter/in in den Status der Nachwuchsführungskraft. Gemäß dem Modell befindet sie sich daraufhin im Zwiespalt zwischen unterschiedlichen Statuspassagen, d.h. in Übergängen zwischen sozialen Zuständen im System des Unternehmens. Die Ko-Konstruktion zur Führungskraft geschieht entsprechend des Modells durch Kommunikation und Partizipation der beteiligten Akteure (Griebel, Niesel 2013). Damit beginnt die direkte oder indirekte Vorbereitung auf die spätere Aufgabe als Führungskraft.[2] High Potentials wird häufig indirekt und informell, wie durch die Teilnahme an Förderprogrammen, kommuniziert, dass sie als die zukünftigen Führungskräfte eines Unternehmens betrachtet werden und in eine Führungsrolle einmünden sollen (vgl. Ready et al. 2010b; Fernández-Aráoz et al. 2011). Deshalb fließt in das Modell auch die Überlegung mit ein, dass die Transition von subjektiven Attributionen der Selektionsverantwortlichen beeinflusst wird, die einer Person aufgrund einer Passung zu den eigenen Stereotypen und impliziten Führungstheorien eine Eignung für Führung bzw. Führungseigenschaften zuschreiben (vgl. Calder 1977). Durch einen Aushandlungsprozess über die Erwartungen des Unternehmens und des Führungsneulings und durch die Festlegung von Entwicklungsmaßnahmen kann es durch die dabei stattfindende Kommunikation und Partizipation der beteiligten Akteure zu einer Ko-Konstruktion

2 Die vorliegende Untersuchung konzentriert sich auf die genannte Form des Transition, was den Übergang vom Status als Mitarbeiter/in über den Status als Nachwuchsführungskraft in die Führungstätigkeit meint. Weitere Arten der Transition in eine Führungsposition können im Unternehmenskontext auch beobachtet werden, wie z.B. der direkte Übergang als externe/r Mitarbeiter/in in eine Tätigkeit als Führungskraft, was aber nicht Gegenstand der Analyse ist. Hier ist Bedarf für weitere Forschung festzustellen.

des Übergangsprozesses kommen. An diesem Prozess beteiligt sind die neu berufene Führungskraft selbst, ihre/ Vorgesetzte/n und Verantwortliche der Personalentwicklung. Des Weiteren wird in dem Modell angenommen, dass die Transition durch Feedbackprozesse für die an dem Prozess am stärksten beteiligten Personen (die Führungskraft, deren Vorgesetze/n und Team) gemeinsam erfolgreich gestaltet und vorangetrieben wird.

2. *Die Zuschreibung von Führungspotential als eine Voraussetzung für die Transition:* Notwendig für den Übergang in die Führungsrolle ist die Attestierung von Führungspotential. Angelehnt an die Ergebnisse von Dries und Pepermans (2012), Mumford et al. (2000) und Silzer und Church (2010) wird in dem Modell davon ausgegangen, dass Aufstiegsmotivation, analytische Fähigkeiten, Problemlösungsfähigkeiten, soziale Kompetenzen, Lernfähigkeit, zunehmende Führungskompetenzen und Leistung Auswahlkriterien der Unternehmen bei ihren zukünftigen Führungskräften darstellen und damit eine relevante Voraussetzung für den späteren Wechsel in eine Führungsposition sind.
3. *Veränderungen und Kompetenzanforderungen der Transition:* Durch Transitionen verändern Menschen die Wahrnehmung und Interpretation ihrer Umwelt und entwickeln neue Prioritäten, Kompetenzen und Verhaltensweisen in zwischenmenschlichen Interaktionen, um eine Passung zu neuen Rollen herzustellen (Wan, Tham 2011; Dotlich et al. 2004). Entsprechend dem Modell lassen sich berufliche Übergänge zwischen der Phase ihrer Vorbereitung und der Phase ihrer Bewältigung unterscheiden (vgl. Wan, Tham 2011). Die Transition zur Führungskraft wird als ein beruflicher Rollenwechsel definiert, der einen Entwicklungs- und Lernprozess mit sich bringt. Führungsneulinge werden vor eine Vielzahl unterschiedlicher Kompetenzanforderungen gestellt (vgl. z.B. Dotlich et al. 2004; Hill 2007). Die Anforderungen können u.a. darin liegen die bisherige berufliche Identität aufzugeben, die neue Führungsrolle anzunehmen bzw. auszufüllen und Lücken zwischen bisherigen Kompetenzen und aktuellen Kompetenzanforderungen zu schließen. Kompetenzen, Rollen, Beziehungen und unterschiedliche Lebenswelten stehen also in der Transition in einem engen Zusammenhang und lassen sich auf einer individuellen, interaktionalen und kontextuellen Ebene verorten (vgl. Griebel, Niesel 2013). Führungsnovizen werden dabei mit verschiedenen Entwicklungsaufgaben konfrontiert, welche durch berufliche Anpassungsfähigkeit bewältigt werden können (vgl. Savickas 2013). Daher wird davon ausgegangen, dass berufliche Anpassungsfähigkeit durch Planungsfähigkeit, Kontrolle der eigenen beruflichen Zukunft, Neugierde, Reflexionsfähigkeit und Selbstvertrauen dazu dienen können, die Anforderungen der Transition erfolgreich zu erfüllen.

4. *Die Begleitung der Transition durch Instrumente und Maßnahmen des Talent Managements:* Talent Management entsprechend dem Ansatz von Sloan et al. (2003), kann dazu dienen, geeignete Führungskräfte für das Unternehmen zu gewinnen, für Führungspositionen auszuwählen und bei der Übernahme neuer beruflicher Rollen zu unterstützen. Die Transition kann als ein parallel zum Talent Management verlaufender Prozess aufgefasst werden, der in diesem Ansatz des Personalmanagements verankert wird. Instrumente der Talentidentifikation und -auswahl bieten im Talent Management die Möglichkeit, Kompetenzanforderungen abzubilden und einen Abgleich zwischen den Erwartungen der Entscheidungsträger und den Kompetenzen und Erwartungen der Mitarbeiter/innen herzustellen. Entwicklungsmaßnahmen und -instrumente im Talent Management bieten dabei Beratung und Unterstützung bei der Bewältigung neuer Anforderungen.

Aufgrund der Annahmen des neu entwickelten Modells, die theoriebasiert entwickelt wurden, wurde im Anschluss daran die empirische Untersuchung „Die Transition von der Mitarbeiter- in die Führungsposition" im Rahmen des ESF-Projektes UniMento an der Universität Augsburg konzipiert und durchgeführt. Ziel der Studie ist,

1. die Auswahlkriterien für Nachwuchsführungskräfte und die Kompetenzanforderungen des Übergangs von der Mitarbeiter- in die Führungsposition herauszuarbeiten und
2. aufzuzeigen, wie Identifizierungs-, Auswahl- und Entwicklungsprozesse von angehenden Führungskräften entsprechend einem Talent Management in Unternehmen der Region Schwaben und Oberbayern umgesetzt werden.

Im folgenden Abschnitt wird auf das Forschungsdesign der Untersuchung genauer eingegangen, um im Anschluss daran durch die Analyse zu prüfen, welche Annahmen des Modells durch die Ergebnisse gestützt werden können.

8. Forschungsdesign und -methodik der qualitativen Studie

In dem nun folgenden Abschnitt wird das Forschungsdesign und somit die Planung, methodische Konzeption und Durchführung der vorliegenden Untersuchung genauer vorgestellt. Zunächst werden das Erkenntnisinteresse und die wissenschaftlichen Forschungsfragen dargelegt, woran sich methodologische Vorüberlegungen zur Auswahl der Forschungsmethoden anschließen. Danach werden die Datenerhebung mit den verwendeten Erhebungsinstrumenten und die Auswahl des Samples erläutert. Bevor in dem daran anschließenden Teil die Darstellung der Ergebnisse ansteht, wird als Abschluss dieses Kapitels ein Überblick über den Prozess der Datenauswertung gegeben. Da die Dissertation die Transition von der Mitarbeiter- in die Führungsposition innerhalb des Forschungsprojekts „Vom Absolventen zur Führungskraft" betrachtet und analysiert, sollen zudem Verzahnungen und Überschneidungen im forschungspraktischen Vorgehen beider Untersuchungen transparent und nachvollziehbar dargestellt werden.

8.1 Das Erkenntnisinteresse und die wissenschaftlichen Forschungsfragen

Ausgehend von der Feststellung, dass die Transition zur Führungskraft neue und unterschiedliche Herausforderungen für Führungsnovizen bereithält und die Auswahl- und Entwicklungsprozesse von angehenden Führungskräften in der Unternehmenspraxis bezüglich Gestaltung und Standardisierung variieren, entwickelte sich das Erkenntnisinteresse der vorliegenden Untersuchung. Deren Zielsetzung ist, die Identifizierung, Auswahl und Förderung von Nachwuchsführungskräften durch die deskriptiv explorativ angelegte Befragung von Selektionsverantwortlichen aus Großunternehmen in dem Wirtschaftsraum Schwaben und Oberbayern genauer zu untersuchen. Parallel dazu sollen die Annahmen des theoretischen Modells durch die Auswertung des Datenmaterials analysiert und geprüft werden.

Forschungsleitend ist daher im Rahmen der Studie zum einen die Fragestellung, wie und nach welchen Kriterien Nachwuchsführungskräfte erkannt und ausgewählt werden. Zum anderen liegt der Fokus darauf, welche Kompetenz- und Rollenanforderungen sich an den oder die Einzelne/n richten und wie die Transition von den Großunternehmen unterstützt und begleitet wird. Die wissenschaftlichen Fragestellungen der Studie lauten daher:

1. Welche Eigenschaften und Kompetenzen benötigen Nachwuchskräfte, um als potentielle Führungskräfte identifiziert zu werden?
2. Welche Kompetenzanforderungen richten sich an Nachwuchsführungskräfte während der Transition zur Führungsposition auf einer individuellen, interaktionalen und strukturellen Ebene und welche Veränderungen müssen sie bewältigen?
3. Worin unterscheiden sich Kompetenzanforderungen im Status als High Potential von den Anforderungen in der Übergangsphase als Führungskraft?
4. Wie werden die Prozesse der Identifikation, Auswahl und Entwicklung von angehenden Führungskräften entsprechend einem Talent Management von den Unternehmen in der Region Schwaben und Oberbayern gestaltet und umgesetzt?

Ziel ist, die wissenschaftlichen Fragestellungen zu Beginn der Studie möglichst eindeutig und klar zu formulieren, wobei diese im Forschungsprozess wiederholt konkretisiert und eingegrenzt werden (vgl. Flick 2007, 258). Die Frage danach, wie Auswahl- und Förderprozesse im Unternehmensalltag gestaltet sind, konzentriert sich hierbei auf die Standardisierung, die Anzahl und die Art der in der Unternehmenspraxis verankerten Instrumente und Maßnahmen. Insgesamt wurden zur Beantwortung der Fragestellungen Beschreibungen, Erfahrungen und Einschätzungen von Personalverantwortlichen regionaler Betriebe, die den gezeichneten Themenkomplex widerspiegeln, durch qualitative Expert/inneninterviews erhoben.

8.2 Methodologische Grundlagen und Qualitätskriterien der Studie

Bei Karrieren bzw. dem Prozess der Auswahl und Entwicklung von angehenden Führungskräften handelt es sich aus konstruktivistischer Perspektive um Aushandlungs- bzw. um Konstruktionsprozesse der sozialen Wirklichkeit (vgl. Savickas 2013). Daher erscheint es sinnvoll, diese verschiedenen Definitionen von Wirklichkeit in einem wechselseitigen Interaktions- und Kommunikationsprozess zwischen Forscher/in und Erforschten zu beleuchten, in welchem ein prozesshaftes wechselseitiges Aushandeln der Definition von Wirklichkeit stattfindet (Lamnek 2010). Hierfür ist ein qualitativer Forschungsansatz zu wählen, zu dessen Programmatik die Prinzipien der Kommunikation und Prozesshaftigkeit zählen (ebd.). Zielsetzung der Untersuchung ist, Beschreibungen der sozialen Wirklichkeit des Übergangs von der Mitarbeiter- in die Führungsposition zu dokumentieren, zu analysieren, zu rekonstruieren, zu interpretieren und durch ein verstehendes Nachvollziehen zu erklären (Lamnek 2005, 21). Dies kann durch qualitative Forschungsmethoden erreicht werden, da deren Wesen darin besteht, „die Prozesse zu rekonstruieren, durch die die soziale Wirklichkeit in ihrer sinnhaften Strukturierung hergestellt wird“ (Lamnek 2005, 30).

Bisher liegen kaum Studien über die Selektion und Entwicklung von Nachwuchsführungskräften während des Übergangs in eine Führungsposition in Deutschland vor. Daher erscheinen quantitative Methoden zur Hypothesenprüfung und eine Beschreibung quantitativer Ausprägungen für die vorliegende Untersuchung weniger geeignet. Stattdessen ist es für dieses kaum beleuchtete Forschungsfeld von größerem Vorteil, einen explorativen hypothesengenerierenden Ansatz zu verfolgen. In dem Forschungsprozess soll für das Gewinnen neuer Erkenntnisse ein Raum zur Verfügung gestellt werden, in dem Begleiter/innen und Initiator/innen von Transitionen im Führungskräftebereich über ihre Einschätzungen, Erfahrungen und ihre Wissensbestände in Bezug auf Übergänge von Führungsnovizen berichten können. Durch die Ausführungen der Befragten können Wirklichkeitskonstruktionen der Prozesse, implizite Theorien der Befragten sowie offene und geheime Strukturen in den Unternehmen aufgedeckt werden. Somit ist eine Forschungsmethode zu wählen, die an das Untersuchungsfeld nicht mit im Vorfeld formulierten Hypothesen herantritt, sondern Offenheit für neue Dimensionen und Informationen zeigt (vgl. Reichertz 2009 zit. in Lamnek 2010, 20). Qualitative Forschungsmethoden beinhalten dieses Vorgehen durch ihr Prinzip der Offenheit. Da hierfür eine „Möglichkeit der diskursiven Verständigung über Interpretationen“ (Hopf 2000, 350) benötigt wird, wird auf die Methode des qualitativen Interviews zurückgegriffen. Zur Gewährleistung von Standards wurden in dem gesamten Prozess der Untersuchung Qualitätskriterien qualitativer Forschung berücksichtigt, wie sie Steinke (2000, 324ff.) zusammengefasst hat:

1. *Intersubjektive Nachvollziehbarkeit* durch die Dokumentation des Forschungsprozesses (Dokumentation der Datenerhebung, der Transkriptionsregeln und Qualitätskriterien; Erläuterung der Erhebungsmethoden; Darstellung des Vorverständnisses durch die Einleitung, die Erläuterung der Forschungsfragen und die Methodenauswahl; Darlegung der Entscheidungen und Probleme im Forschungsverlauf durch die Beschreibung der forschungsmethodologischen Vorüberlegungen und die Wahl des Samplings; Dokumentation der Informationsquellen durch das Literaturverzeichnis)
2. *Indikation des Forschungsprozesses* (durch die Darstellung der forschungsmethodologischen Vorüberlegungen, die Beschreibung der Methodenwahl, der Samplingstrategie und der Qualitätskriterien und die Dokumentation der Transkriptionsregeln)

3. *Empirische Verankerung* (durch die Verwendung der Inhaltsanalyse als kodifizierte Auswertungsmethode)
4. *Kohärenz* (durch die Diskussion der Ergebnisse mit einer Offenlegung von Fragen und Widersprüchen)
5. *Relevanz der Untersuchung* (durch das Einleitungskapitel)
6. *Reflektierte Subjektivität* (durch die Selbstreflexion und -beobachtung der Forscherin)

8.3 Die Instrumente der Datenerhebung

An die Festlegung der Forschungsfragen und an die forschungsmethodologischen Vorüberlegungen schloss sich die Entscheidung für die Verwendung eines Kurzfragebogens und Expert/inneninterviews als geeignete Erhebungsinstrumente an. Forschungspraktisch angedockt ist die Untersuchung an das Forschungsprojekt „Vom Absolventen zur Führungskraft", welches die Führungsgenese und Transition im Karriereverlauf untersucht (vgl. Kapitel 1.2). Aufgrund thematischer Überschneidungen und Verzahnungen wurden für beide Untersuchungen die gleichen Erhebungsinstrumente gewählt.

1. Erhebungsinstrument: Kurzfragebogen

Personalverantwortlichen, die sich zur Teilnahme an der Studie bereit erklärt haben, wurde ein Kurzfragebogen per Email zugesandt, der von ihnen direkt am Rechner ausgefüllt und zurückgeschickt wurde. Der Fragebogen diente zur Erfassung soziodemographischer Daten des oder der Befragten (Geschlecht, Alter, Studium/ Ausbildung, berufliche Position und Aufgaben, Dauer der Berufserfahrung) und des Unternehmens (Branche, Tätigkeitsschwerpunkt, Mitarbeiteranzahl am Standort und Gesamt).

2. Erhebungsinstrument: Das Expert/inneninterview

Im Kontext der Untersuchung sollte nicht das von den Herausforderungen betroffene Individuum mit seinen Erfahrungen und Einschätzungen im Vordergrund der Untersuchung stehen, sondern „ein organisatorischer oder institutioneller Zusammenhang, der mit dem Lebenszusammenhang der darin agierenden Personen gerade nicht identisch ist und in dem sie nur einen „Faktor" darstellen" (Meuser, Nagel 2002, 72f.). Genauer gesagt, musste zur Beantwortung und Analyse der Forschungsfragen ein Zugang zu „exklusive[n] Erfahrungs- und Wissensbestände[n]" (Meuser, Nagel 1991, 444) von Repräsentant/innen der Unternehmen, welche die Auswahl und Förderung von Führungsnovizen initiieren und/oder begleiten, erfolgen.

Entsprechend dem Forschungsinteresse wurde das Expert/inneninterview in Form des qualitativen Interviews für die Studie gewählt, da diese Art „auf die Rekonstruktion von besonderen Wissensbeständen bzw. von besonders exklusivem, detailliertem oder umfassendem Wissen über besondere Wissensbestände und Praktiken, kurz: auf die Rekonstruktion von Expertenwissen“ (Pfadenhauer 2002, 113) abzielt. Um solche exklusiven Wissensbestände erschließen zu können, wurden Personalverantwortliche aus regionalen Großunternehmen als Expert/innen angesprochen. Sie erfüllen die klassischen Eigenschaften von Expert/innen, wie sie Meuser und Nagel (2002, 73) beschreiben:

1. Sie tragen Verantwortung im Rahmen der Auswahl- und Entwicklungsprozesse von Führungskräften im Unternehmenskontext.
2. Sie verfügen aufgrund ihrer beruflichen Position und ihrer Tätigkeiten über einen privilegierten Zugang zu den Informationen über High Potentials und Führungskräfte.
3. Sie verfügen über exklusive Informationen über unternehmensinterne Entscheidungs-prozesse.

Das Ziel von Expert/inneninterviews ist, zwischen den einzelnen Interviews das „Überindividuell-Gemeinsame“ zu entdecken und herauszuarbeiten und Aussagen über Deutungsmuster, Relevanzstrukturen, Interpretationen und Wissensbestände (Meuser, Nagel 2002, 80) der Befragten zu machen. Die Expert/innen wurden in den qualitativen Interviews demzufolge gebeten, ihre Erfahrungen und Einschätzungen zur beruflichen Praxis zur Verfügung zu stellen, die sich auf ihr berufliches Handlungsfeld bezogen. Dabei war es wichtig, ihr Praxis- und Handlungswissen offen zu legen, „in das verschiedene und durchaus disporate Handlungsmaximen und individuelle Entscheidungsregeln, kollektive Orientierungs- und soziale Deutungsmuster einfließen“ (Bogner, Menz 2002, 46). Zur Erhebung von Daten in Expert/inneninterviews plädieren Meuser und Nagel (2002) für die Verwendung eines Leitfadens. Daher wurden die Interviews leitfadenorientiert konzipiert und durchgeführt. Aufgrund unterschiedlicher Schwerpunkte der vorliegenden Untersuchung und des Forschungsprojektes „Vom Absolventen zur Führungskraft“ wurden nach einem Abstimmungsprozess zwei Leitfäden entwickelt, die letztendlich zu einem Gesamtleitfaden verbunden wurden.

Um geeignetes Datenmaterial zu gewinnen, wurden für den Leitfaden der Dissertation Themenkomplexe entwickelt, die den forschungsleitenden Fragen entsprachen. Basis waren hierbei der Forschungsstand, die theoretischen Bezugspunkte und das der Untersuchung zugrunde gelegte theoretische Modell der Transition zur Führungskraft. Die Fragestellungen reichen von den Kompetenzanforderungen bei der Identifizierung zur Nachwuchsführungskraft bis zur Transition als Führungskraft. Zum anderen wurde darin die Identifizierung von potentiellen Führungskräften sowie Maßnahmen der Führungskräfteentwicklung während des Übergangs in die Führungsrolle genauer betrachtet. Im Interviewverlauf wurde versucht, die Reihenfolge der Fragen des Gesamtleitfadens offen zu halten bzw. zu variieren und damit auf die Einschätzungen und Erfahrungen der Interviewpartner/innen einzugehen, um den Verlauf des Interviews an sie und ihre Aussagen dementsprechend anpassen zu können. Darüber hinaus wurden Nachfragen bzw. Fragen abseits des Leitfadens gestellt, auf gesondert angesprochene Themen und Aussagen jeweils individuell eingegangen, die als Ergänzungen zu der Beantwortung der Forschungsfragen betrachtet wurden. Dieses Vorgehen gewährte die Auskunft zu allen Fragestellungen von allen Befragten, was zu einer Vergleichbarkeit der Interviews führte.

8.4 Die Datenerhebung und die Auswahl des Samples

Um Interviewpartner/innen für das Forschungsprojekt „Vom Absolventen zur Führungskraft" und somit auch für die vorliegende Untersuchung zu gewinnen, wurden im Mai 2011 Groß- und mittelständische Unternehmen aller Wirtschaftszweige in der Region Augsburg und München mit einem Schreiben per Email zu einer Teilnahme an der Befragung eingeladen. Die Unternehmen wurden darüber informiert, dass im Rahmen der Befragung die Thematik der Führungskräfteentwicklung untersucht wird unter dem Aspekt der Kompetenzen und Rahmenbedingungen beim Übergang vom Studium in den Beruf und von der Mitarbeiter- in die Führungsposition. Die Akquise von Unternehmen bzw. von Personalverantwortlichen gestaltete sich jedoch zunächst schwierig. Bis Juni 2011 erklärten sich nur zwei Unternehmen bereit, an der Befragung teilzunehmen. Daher wurde versucht, weitere Interviewpartner/innen durch eine erneute Ansprache per Email, durch Internetrecherche, Informationen auf der Internetplattform Xing und auf der Homepage der Universität Augsburg, sowie durch die Bekanntmachung der IHK Schwaben zu gewinnen. Parallel dazu wurden Fach- und Führungskräfte und Personalverantwortliche, die sich als Mentor/innen oder Gäste an Veranstaltungen des Mentoring-Programms UniMento an der Universität Augsburg bereits engagiert haben, für die Teilnahme oder als Gatekeeper (Merkens 2007) um die Weiterleitung der Anfrage an geeignete Personen in ihren Unternehmen gebeten. Die Nutzung bestehender Kontakte erwies sich als sinnvoll, da sich zwei Drittel der Befragten aufgrund der Kontaktherstellung über das Mentoring-Programm für die Teilnahme an der Befragung bereit erklärten.

Bis August 2011 stellten sich elf Unternehmen für die Teilnahme an dem Forschungsprojekt „Vom Absolventen zur Führungskraft" zur Verfügung. Darunter waren neun Großunternehmen und zwei mittelständische Unternehmen. Im Kontext der Datenerhebung stand nun die Frage nach der Zusammenstellung des Samplings der Stichprobe im Mittelpunkt. Daher wurden in Anlehnung an das von Glaser und Strauss (1969) entwickelte theoretical sampling Fälle ausgewählt und nach dem Prinzip der theoretischen Sättigung gearbeitet, die erreicht war, als einerseits keine relevanten Ähnlichkeiten und andererseits keine Unterschiede in den Daten mehr entdeckt werden konnten (vgl. Kelle, Kluge 2010, 49). Da im Mittelpunkt des Forschungsprojektes „Vom Absolventen zur Führungskraft“ der Vergleich zwischen Groß- und Mittelstandsunternehmen stand, wurden für die Analyse neun Groß- und zwei Mittelstandsunternehmen berücksichtigt. Befragt wurden Personen, die verantwortlich für die Auswahl, Steuerung, Begleitung und/oder die Durchführung von beruflichen Aufstiegsprozessen sind. Weitere Auswahlkriterien der Expert/innen waren berufliche Erfahrungen in dem von ihnen angegebenen Arbeitsfeld von mindestens zwei Jahren und ein Haupt- oder Nebenstandort des Unternehmens in der Region Augsburg bzw. München.

Für das Sampling der vorliegenden Untersuchung wurden die gleichen Auswahlkriterien wie im Forschungsprojekt „Vom Absolventen zur Führungskraft“ festgelegt mit der Besonderheit, dass es sich bei den Befragungsteilnehmer/innen um Vertreter/innen aus Großunternehmen handelt. Dementsprechend konnten neun Interviewpartner/innen aus Großunternehmen ausgewählt werden. Die Interviews wurden in acht Fällen mit einem Befragten/ einer Befragten geführt. In einem Unternehmen nahmen an dem Gespräch drei Interviewpartner/innen (zwei Verantwortliche der Geschäftsführung und die Personalleitung) teil. Unter den Expert/innen waren dadurch insgesamt vier weibliche und sieben männliche Personalverantwortliche, deren jeweiliges berufliches Aufgabenfeld durch die folgende Tabelle visualisiert wird.

Tabelle 3: Berufliche Tätigkeitsfelder der Expert/innen aus neun Großunternehmen

	Personalentwicklung	**Personalleitung**	**Geschäftsführung**
Interviewpartner/innen	6	3	2

Die Unternehmen waren allesamt Großunternehmen mit einer Mitarbeiteranzahl von mehr als 500 Mitarbeiter/innen. Sechs Unternehmen hatten ihren Standort in der Stadt oder im Landkreis Augsburg bzw. Schwaben und drei Unternehmen in der Stadt oder im näheren Umkreis von München. An den Standorten des jeweiligen Unternehmens waren zum Befragungszeitpunkt zwischen 200 und 7000 Arbeitskräfte beschäftigt. Acht der neun Unternehmen haben jeweils eine Gesamtmitarbeiteranzahl zwischen 5000 und 73.300 Mitarbeiter/innen. Das Unternehmen U7 zählte dabei zu einem kleineren Großunternehmen mit einer Gesamtmitarbeiteranzahl von 970 Personen. Fünf Unternehmen stammten aus der Industrie, zwei aus dem Verlagswesen, eines aus dem Bereich Dienstleistung und ein Unternehmen war in der Energieversorgung tätig. Die folgende Tabelle gibt einen Überblick über die Merkmale der Studienteilnehmer/innen:

Tabelle 4: Übersicht über die Interviewpartner/innen der beteiligten Unternehmen

Kürzel	Alter	Geschlecht	Position	Branche des Unternehmens	Mitarbeiter Standort	Mitarbeiter Gesamt	Standorte
U1	34	m	Personalentwicklung	Industrie	2.500	46.930	international
U2	42	w	Leitung Führungskräfteentwicklung & Talent Management	Industrie	400	16.500	international
U3	45	m	Leitung Personalentwicklung & Chance Management	Verlag	1.800	6.500	national
U4	49	m	Personalleitung	Industrie	2.200	6.300	international
U5	47	m	Referent Personalentwicklung	Energieversorgung	7.000	7.000	national
U6	28	w	Referentin für Personal- und Organisationsentwicklung	Industrie	3.300	7.000	national
U7	51	m	Geschäftsführung	Verlag	200	970	national
	45	w	Geschäftsführung				
	41	w	Personalleitung				
U8	k.A.	m	Leitung Personalentwicklung	Industrie	k.A.	5.000	international
U9	k.A.	m	Personalleitung	Dienstleistung	250	73.300	international

Die Interviews fanden schließlich im Zeitraum Juni bis September 2011 in den Büros der Befragten vor Ort in ungestörter Kommunikationsatmosphäre statt. Sieben der neun Interviews wurden von der Autorin selbst geführt und dauerten zwischen 40 und 137 Minuten, wobei die durchschnittliche Interviewdauer bei 61 Minuten lag. Zu Beginn des Gesprächs stellte sich die Interviewerin nach einem kurzen Smalltalk-Gespräch kurz vor, klärte organisatorische Punkte wie zur Anonymität der Angaben und dem Datenschutz und stellte das Erkenntnisinteresse der Befragung kurz dar:

„In unserer Studie gehen wir der Frage nach, wie aus einem Mitarbeiter oder einer Mitarbeiterin ohne Leitungsfunktion eine Führungskraft wird. Wir möchten in dem heutigen Interview erfahren, wie sich in Ihrem Unternehmen der Übergang von der Mitarbeiterstelle zur Führungsposition gestaltet und wie Ihr Unternehmen diesen Prozess begleitet. Dabei fragen wir Sie als Experten/ Expertin bzw. Verantwortliche/n im Bereich der Führungskräfteentwicklung. Wir haben einige Fragen vorbereitet, die wir Ihnen nun stellen möchten" (Scharrer 2014).

Daraufhin wurde in jedem Interview die gleiche Einstiegs- bzw. Aufwärmfrage gestellt und die Befragten wurden gebeten, kurz über die eigenen beruflichen Aufgaben im Unternehmen zu berichten. Im Großteil der Gespräche diente die erste Frage dazu, in eine offene und vertrauensvolle Gesprächsatmosphäre zu gelangen und bot den Interviewpartner/innen von Beginn an die Möglichkeit, die eigenen Erfahrungen und exklusiven Wissensbestände als Experte oder Expertin zu zeigen (vgl. Meuser, Nagel 2002), was zu einer Legitimierung ihrer Expert/innenrolle beitrug.

8.5 Die Aufbereitung der Daten und ihre Auswertung

Nach der Durchführung der Interviews wurden alle digital aufgezeichneten Gespräche in Anlehnung an das von Dresing und Pehl (2012) entwickelte Transkriptionssystem übertragen (vgl. Transkriptionsregeln). Für eine Rekonstruktion der getroffenen Aussagen wurde sowohl auf eine möglichst exakte als auch gut leserliche und verständliche Darstellung der getroffenen Aussagen geachtet. Nach Meuser und Nagel (2002, 83) sind Pausen, Stimmlagen oder andere parasprachlichen Elemente nicht Gegenstand der Interpretation von Expert/inneninterviews. Daher wurden für die Verbesserung der Lesbarkeit der Interviews Laute wie Räuspern oder „Ähm" aus den Transkripten entfernt. Leise, lachende oder ironische Äußerungen und Wörter, die nicht verstanden wurden, wurden im Text entsprechend der Transkriptionsregeln vermerkt. Nach der Transkription aller Interviews, in denen sämtliche Themenkomplexe, die beide Untersuchungen betrafen, abgebildet wurden, erfolgte die endgültige Loslösung beider Studien voneinander, da die Analyse nun getrennt voneinander erfolgen sollte.

Da eine Auswertungsmethode sinnvoll erschien, die „sich an der Komplexität von Informationen und am Verstehen orientiert" (Gläser, Laudel 2009) wurde die qualitative Inhaltsanalyse (Mayring 2007) als Auswertungsmethode gewählt, wie Gläser und Laudel (2009) sie für die Analyse von Expert/inneninterviews propagieren. Um den ständigen Austausch zwischen dem Datenmaterial und dem theoretischen Vorverständnis im weiteren Verlauf zu ermöglichen, orientierte sich das Vorgehen der Auswertung an der Auswertungsstrategie, wie sie Schmidt (2007) für die Analyse von Leitfadeninterviews vorschlägt.

Die Datenauswertung wurde hierbei computergestützt durch die Auswertungssoftware MAXQDA durchgeführt. Für die Analyse der Expert/inneninterviews wurden verschiedene aufeinander folgende und miteinander verzahnte Auswertungsschritte bzw. -techniken gewählt. Im Folgenden soll nun der Auswertungsprozess der neun Expert/inneninterviews genauer nachgezeichnet werden.

1. *Bildung von Auswertungskategorien*: Die Identifizierung von Auswertungskategorien wurde induktiv vom theoretischen Vorverständnis, dem entwickelten theoretischen Modell und den Forschungsfragen geleitet. Voraussetzung für die Entwicklung der Auswertungskategorien war darüber hinaus die vorherige Verschriftlichung der Gespräche mit einem hohen Genauigkeitsgrad, was durch das Korrekturhören nach der Transkription erreicht werden konnte. Ziel war, die in jedem Interview vorkommenden Themen, die einen Zusammenhang zu den Forschungsfragen und dem theoretischen Modell aufzeigten, zu erfassen und passende Auswertungskategorien zu formulieren. Innerhalb dieses Schrittes fand die Operationalisierung der theoretischen Kategorien als Zuordnung der zu erfragenden Indikatoren zu den theoretischen Begriffen des Forschungsgegenstandes statt (vgl. Atteslander 2006). Folgende theoretische Kategorien wurden mit Rückbezug auf das hier entwickelte Modell zur Transition gebildet und für das weitere analytische Vorgehen operationalisiert:

Tabelle 5: Operationalisierung der theoretischen Kategorien

Theoretische Kategorien	Operationale Definition	Indikatoren
1. Führungspotential	Fachliche, methodische, soziale und personale Auswahlkriterien zur Auswahl als Führungskraft	Nennungen von spezifischen Kompetenzen und Eigenschaften wie z.B. Leistungsfähigkeit, Motivation, Führungskompetenz …
2. Transition	Beruflicher Aufstieg mit Veränderungen hinsichtlich Rollen, Kompetenzen, Beziehungen und Lebenswelten	Äußerungen in Bezug auf Veränderungen wie z.B. ein neues Büro, das neue Aufgabenfeld, mehr Verantwortung …
3. Transitionskompetenzen	Fachliche, methodische, soziale und personale Kompetenzen und Einstellungen, welche die Person zur Bewältigung der Transition benötigt	Nennungen von spezifischen Kompetenzen wie z.B. Delegationsfähigkeit, Empathie, Kommunikationsfähigkeit …

Theoretische Kategorien	Operationale Definition	Indikatoren
4. Instrumente der Auswahl	Instrumente der Identifizierung und Auswahl von angehenden Führungskräften	Aussagen über Verfahren, Instrumente der Identifizierung und Auswahl von Führungskräften wie z.B. Interviews …
5. Unterstützung der Transition	Instrumente der Personalentwicklung zur Vorbereitung und Bewältigung der Transition von neu berufenen Führungskräften	Ausführungen zu Instrumenten und Verfahren der Vorbereitung und Entwicklung wie z.B. Führungstrainings, Mentoring, Coaching, Jobrotationen …
6. Talent Management	Gesamtheit der Identifizierungs-, Selektions- und Entwicklungsaktivitäten und -maßnahmen im Rahmen der Gewinnung und Entwicklung von Nachwuchsführungskräften	Äußerungen über Verfahren und Instrumente der Identifizierung, Auswahl und Entwicklung von Nachwuchs- und Führungskräften wie z.B. Assessment Center, Potentialdiskussion, Coaching, Feedbackverfahren …

2. *Integration der Auswertungskategorien in einen Codierleitfaden:* Im zweiten Schritt wurden die entdeckten Auswertungskategorien zu einem Auswertungsleitfaden induktiv zusammengefasst. Der Codierleitfaden enthielt ausführliche Beschreibungen zu den jeweiligen Kategorien, die den Themen des zuvor entwickelten Interviewleitfadens und den Elementen des theoretischen Modells entsprachen.
3. *Codierung der Interviews:* Die Entwicklung des Auswertungsrasters war die Voraussetzung für den nächsten Schritt der Codierung – die Zuordnung von entsprechenden Textpassagen zu einer Kategorie bzw. zu der am besten zu diesem Textausschnitt passenden Ausprägung. Unter Verwendung des Auswertungsleitfadens fand eine Zuordnung der Daten zu den Kategorien mit Quellenangaben statt. Ziel war die Reduktion der Informationsfülle des Datenmaterials und deren Strukturierung. Das Auswertungssystem wurde hierbei offen gehalten, sodass neue Kategorien, die ausfindig gemacht wurden und relevant erschienen, aber noch nicht darin abgebildet waren, zu bestehenden Kategorien hinzugefügt oder neue Kategorien konstruiert werden konnten.
4. *Quantifizierende Datenmaterial-Übersicht:* Eine erste Strukturierungsmöglichkeit der Daten bot der nächste Schritt, in welchem die Ergebnisse der Extraktion in quantifizierten Zusammenstellungen in Tabellenform dargestellt wurden.

Durch diese Charakterisierung konnte ein Überblick über die Schwerpunkte des Datenmaterials gegeben werden. Gleichzeitig stellte diese Übersicht einen ersten Schritt zur Vorbereitung qualitativer Analysen dar.

5. *Qualitative Analyse:* Im Anschluss an die Paraphrasierung und Abstrahierung der Textstellen erfolgte die qualitative Analyse, deren Zielsetzung war, Strukturen, Ausprägungen, Gemeinsamkeiten und Unterschiede der Daten herauszuarbeiten. Durch die strukturierende Inhaltsanalyse (Mayring 2007) als Auswertungsmethode war es möglich, die Daten nach inhaltlichen, typisierenden und skalierenden Merkmalen auszuwerten und zu strukturieren.
6. *Typenbildung:* Die vielfältigen Ausprägungen der Merkmale konnten mit Hilfe eines Vergleichs der Fälle gebündelt, verallgemeinert und reduziert werden. Zur vergleichenden Analyse erfolgte dafür eine systematische und nachvollziehbare Typenbildung (vgl. Kelle, Kluge 2010), die über den Einzelfall hinausging und „das Allgemeine im Besonderen" (Lamnek 2010, 167) der Unternehmen herausarbeitete. In einem Gruppierungsprozess wurde die Gestaltung eines Talent Managements von angehenden Führungskräften anhand der Merkmale a) Anzahl der eingesetzten Instrumente und Maßnahmen im Bereich der Identifizierung und Auswahl von Nachwuchsführungskräften und b) Anzahl der Instrumente zur Vorbereitung und Begleitung der Transition in eine Führungsposition in verschiedene Typen eingeteilt.
   Somit konnte eine Differenzierung der Unternehmen nach diesen Merkmalen vorgenommen und es konnte erklärt werden, in welchen Punkten bzw. warum sich bestimmte Unternehmen hinsichtlich dieser Merkmale ähnlich sind oder sich von anderen unterscheiden. Der Vergleich der Unternehmen wird erkennbar machen, welche unterschiedlichen Gestaltungsformen eines Talent Managements von angehenden Führungskräften existieren bzw. wie diese jeweils zusammenhängen.
7. *Einzelfallanalyse:* Beim letzten Auswertungsschritt handelt es sich um vertiefende Fallanalysen von vier zuvor generierten Typen. Zur Darstellung der Unterschiede wurde hierfür jeweils ein Prototyp einer jeden Gruppe ausgewählt. Inhaltliche Schwerpunkte bildeten die Prozesse der Selektion, der Vorbereitung und der Begleitung der Transition in den jeweiligen Unternehmen. Des Weiteren wurden die Kompetenzanforderungen an Nachwuchsführungskräfte und neu berufene Führungskräfte in den jeweiligen Unternehmen abgebildet. Zielsetzung war, durch Darstellung der Einzelfälle die Gestaltung des Übergangs im Unternehmenskontext besser nachzuvollziehen, Strukturen aufzudecken, Zusammenhänge in der Unternehmenspraxis und Unterschiede zwischen den Unternehmen aufzuzeigen.

8. *Darstellung und Diskussion der Ergebnisse:* Die durch die Datenauswertung gewonnenen Ergebnisse werden im folgenden Kapitel unter Berücksichtigung der Forschungsfragen der Untersuchung strukturiert aufbereitet und vorgestellt. Relevante Resultate werden hierbei durch Zitate der Interviewpartner/innen untermauert. Abschließend erfolgt die Diskussion der Befunde unter Einbezug des Forschungsstandes, der theoretischen Vorannahmen und des entwickelten theoretischen Modells zur Transition in die Führungsposition.

9. Darstellung und Interpretation der Ergebnisse

Im folgenden Abschnitt steht die deskriptive Darstellung und Interpretation der Analyse im Rahmen der Studie „Von der Mitarbeiter- in die Führungsposition – Die Identifizierung, Auswahl und Entwicklung von Nachwuchsführungskräften“ im Mittelpunkt.[3] Die hier präsentierten Ergebnisse basieren auf der strukturierten inhaltsanalytischen Auswertung von neun Leitfadeninterviews. Die Analyse erstreckt sich auf drei Ebenen:

1. Die Identifizierung und Auswahl von Nachwuchsführungskräften für Führungspositionen
2. Die Transition von der Mitarbeiter- in die Führungsposition
3. Die Vorbereitung und Unterstützung des Übergangs durch das Unternehmen

Die folgende Abbildung gibt einen Überblick über die Ebenen und Kategorien der strukturierenden Inhaltsanalyse, deren Ergebnisse in diesem Kapitel vorgestellt werden.

Abbildung 19: Die Kategorien der inhaltsanalytischen Auswertung

Auswertungsebene	• Kategorie
Die Identifizierung und Auswahl von Nachwuchsführungskräften	• Besetzung von Führungspositionen • Bedingungsfaktoren für die Ernennung zur Führungskraft • Instrumente und Verfahren
Die Transition von der Mitarbeiter- in die Führungsposition	• Merkmale der Transition • Herausforderungen der Transition • Veränderungen und Kompetenzanforderungen
Vorbereitung und Begleitung der Transition in der Unternehmenspraxis	• Merkmale der Unterstützung • Instrumente und Verfahren
Gestaltung von Talent Management beim Übergang zur Führungskraft	• Identifizierung, Selektion und Entwicklung von Talenten • Herausforderungen und Optimierungen

3 Im Folgenden werden direkte Zitate aus dem Interviewmaterial mit Textmarken und alle indirekten Zitate mit Angabe der Interviewnummer angegeben. Diese Darstellungsweise wurde aufgrund der besseren Lesbarkeit der indirekten Textangaben gewählt, die sich teilweise auf mehrere Textpassagen beziehen.

9.1 Die Identifizierung und Auswahl von zukünftigen Führungskräften

Entsprechend dem Erkenntnisinteresse der Untersuchung wurden die Befragten zunächst darum gebeten, den Identifizierungs- und Auswahlprozess von Führungspositionen in ihrem Unternehmen zu skizzieren.

9.1.1 Die Besetzung von Führungspositionen

Nach Annahme des theoretischen Modells sind bestimmte Kompetenzen einer Nachwuchskraft und subjektive Attributionen der Selektionsverantwortlichen für die Identifikation einer Person als Führungskraft verantwortlich. Deshalb zielte die Frage nach der Beschreibung der Stellenbesetzung darauf ab, Erkenntnisse über die Bedingungsfaktoren zur Attestierung von Führungspotential und über die Merkmale von Selektionsprozessen im Führungsbereich zu gewinnen.

Der Großteil der Betriebe greift für die Besetzung von Führungspositionen eher auf Mitarbeiter/innen zurück, die bereits im Unternehmen tätig sind, wenn sie die Möglichkeit dazu haben. So erfolgt im Unternehmen U4 die Auswahl der meisten Führungskräfte über den unternehmensinternen Arbeitsmarkt, wie der Personalleiter U4 anmerkt: „Die allermeisten generieren wir uns intern" (U4, 879–880). In zwei Unternehmen (U6, U9) wird zunächst am Standort selbst durch Verfahren der Nachfolgeplanung oder durch einen Pool an Potentialkandidat/innen versucht zu prüfen, ob es Mitarbeiter/innen gibt, die auf die zu besetzende Position nachrücken können. Wenn sich über diese Schritte keine geeignete Person finden lässt, wird laut dem Personalleiter U9 die Stelle in umliegenden Standorten, in einer internen Jobbörse und unternehmensweit ausgeschrieben, bevor eine externe Ausschreibung der Stelle erfolgt. Die externe Stellenbesetzung wird nur von knapp der Hälfte der Befragten (z.B. U1, U3, U4, U9) genannt, die entweder bewusst gewählt wird, wenn neue oder bestimmte Erfahrungen und Kompetenzen von Führungskräften für das Unternehmen benötigt werden (U3, U4) oder der Weg der internen Stellenbesetzung erfolglos bleibt (U9). Lediglich in einem Unternehmen (U5) werden Führungspositionen gleichzeitig intern und extern ausgeschrieben, sodass sich Mitarbeiter/innen und Bewerber/innen des externen Arbeitsmarktes auf eine Stelle bewerben können.

In den Unternehmen U1 und U6 werden Führungspositionen nicht immer ausgeschrieben, sondern frei werdende Stellen werden vielmehr häufig mit Kandidat/innen aus dem „Pool an Potentialkandidat/innen" (U6, 18) besetzt. Der Personalentwickler U1 gibt als einziger Befragter offen zu, dass eine Stelle nicht immer ausgeschrieben wird: „Auf der ersten Führungsebene ist es so, dass also die Stelle nicht immer ausgeschrieben wird. Die wird mal ausgeschrieben mal nicht“ (U1, 165–167). Dies liegt häufig daran, dass es „einen internen Kronprinz dafür gibt“ (U1, 170), was eine mangelnde Systematik und einen zufälligen bzw. willkürlichen Charakter der Stellenbesetzung im Führungsbereich aufzeigt.

Die Favorisierung der internen Stellenbesetzung wirft unweigerlich die Frage auf, weshalb sie in den Unternehmen so hoch im Kurs steht. Die Expert/innen begründen dies folgendermaßen: Es kann dadurch eine Passung der Führungskräfte zur Unternehmenskultur vorausgesetzt werden, wie durch die Aussage des Personalleiters von U9 „die aber natürlich auch zu uns passen müssen. Es muss auch im Gleichklang sein“ (U9, 112–113) deutlich wird. Ein weiterer Grund, Führungspositionen mit Mitarbeiter/innen aus den eigenen Reihen zu besetzen, liegt nach den beiden Interviewpartner/innen (U1, U7) darin, Potentialträger/innen im Unternehmen zu halten und deren Kündigung zu vermeiden: „Weil die eine Perspektive wollen, sonst sind sie auf kurz oder lang weg“ (U7, 522). Bei den Aussagen von einem Teil der Selektionsverantwortlichen (U6, U7, U9) schwingt mit der Entscheidung für die interne Stellenbesetzung die Hoffnung mit, das Risiko einer falschen Bewerberauswahl zu verringern. Da die bisherigen Leistungen eines internen Mitarbeiters oder einer internen Mitarbeiterin bei Entscheidungsträgern bekannt sind, gehen diese von einem geringeren Versagen als Führungskraft als bei externen Bewerber/innen aus. Dies stellt für interne Nachwuchskräfte einen Vorteil dar, wie durch die folgende Aussage deutlich wird: „So und jetzt da haben Sie die Möglichkeit, jemanden von außen zu bekommen mit dem ganzen Risiko. Den kennen Sie ja nicht. Den kennen sie weder fachlich noch von seinen Führungsqualitäten her“ (U7, 695–697).

Zwischenfazit und Ergebnisinterpretation

Die Ergebnisse können dahingehend interpretiert werden, dass Führungspositionen eine hohe Bedeutung in den Unternehmen zugesprochen wird, weil ein Scheitern einer Führungskraft möglichst vermieden werden soll. Die Unternehmen wollen diese mit Führungskräften besetzen, bei welchen Klarheit darüber besteht, dass sie stärker als andere Mitarbeiter/innen nach den Normen und Werten des Betriebs handeln und nicht erst eine Sozialisation in das Unternehmen und in dessen -kultur erfolgen muss. Der Aufwand an Zeit und Ressourcen, um Führungskräfte in die Strukturen und in die Kultur des Unternehmens einzuarbeiten, sollen somit durch eine interne Stellenbesetzung reduziert werden. Die Ergebnisse weisen aber auch daraufhin, dass der Großteil der Betriebe versucht, Talente aus den eigenen Reihen im Sinne einer Talentförderung und -bindung zu schöpfen und nicht an Konkurrenzunternehmen zu verlieren.

9.1.2 Die Identifizierung und Auswahl von angehenden Führungskräften

Im Folgenden werden zur Beantwortung der Forschungsfrage, wie die Identifizierung und Auswahl von angehenden Führungskräften in der Unternehmenspraxis verläuft, die Instrumente und Verfahren analysiert, die zur Selektion eingesetzt werden. Welche Instrumente und Verfahren in den Großunternehmen in Schwaben und Oberbayern zum Einsatz kommen, lässt sich entsprechend der Einteilung von Steinweg (2009) nach Instrumenten der Mitarbeiterbeurteilung und der Talentidentifikation und -auswahl differenzieren. Die folgende Abbildung gibt einen ersten Überblick darüber, welche Instrumente und Verfahren in den neun befragten Großunternehmen verwendet werden:

Abbildung 20: Instrumente und Verfahren der Identifizierung und Auswahl von Führungskräften

Mitarbeiterbeurteilung

- Mitarbeitergespräche (U1, U2, U3, U4, U5, U6)
- Multiple Feedbackverfahren (U5)

Talentidentifikation und -auswahl

- Potentialkonferenzen (U1, U2, U3, U5, U9)
- Karrierepfade (U1, U3, U4, U5, U9)
- Assessment Center (U1, U2, U5, U8)
- Interviews (U1, U2, U5)
- Talentpools (U1, U6)
- Potentialanalysen (U3, U4)
- Psychologische Tests (U1, U5)
- Kompetenzmodelle (U1, U5)
- externe Berater (U1, U8)
- Potential-Performance-Matrix (U3)

Im Rahmen der Talentidentifizierung und -selektion kommen eine Vielzahl verschiedener Verfahren und Instrumente zum Einsatz. Mitarbeitergespräche, Potentialkonferenzen und Karrierepfade sind die Verfahren, die am häufigsten von den Expert/innen genannt werden. An zweiter Stelle stehen Assessment Center und Interviews. Weitere Verfahren wie z.B. Kompetenzmodelle oder Talentpools werden dagegen seltener in der Unternehmenspraxis eingesetzt. Im Folgenden werden die genannten Instrumente, Verfahren und die Prozesse der Identifizierung und Auswahl analysiert.

Instrumente der Mitarbeiterbeurteilung

In den befragten Großunternehmen ist die Basis für die Identifizierung und Auswahl von zukünftigen Führungskräften in der Mitarbeiterbeurteilung zu finden. In zwei Drittel der Unternehmen werden erste Hinweise, ob für eine Nachwuchskraft eine Führungskarriere vorstellbar ist, in den *Mitarbeitergesprächen* (u.a. U1, U3, U4, U7) gesammelt. In jährlich stattfindenden, häufig leitfadengestützten Gesprächen zwischen Mitarbeiter/in und Vorgesetztem oder Vorgesetzter findet ein Vergleich zwischen den erbrachten Leistungen der Person, ihren Kompetenzen und ihrem Potential statt, wie einige Befragte (z.B. U4) erklären. Entwicklungsmöglichkeiten und -interessen der Person werden dabei ebenfalls thematisiert (U2, U4, U7). Die Ergebnisse des Mitarbeitergesprächs führen dazu, eine Nachwuchskraft als möglichen Potentialkandidaten wahrzunehmen und für Förderprogramme und/oder für Führungspositionen vorzuschlagen (U1, U2, U3, U4).

U5 ist das einzige Unternehmen, das mit einem *multiplen Feedbackverfahren* sowohl die Leistungen und die Kompetenzen von Mitarbeiter/innen, die zwei bis drei Jahre im Unternehmen beschäftigt sind, beurteilt als auch durch dieses Instrument Talente identifiziert. Ein Fragebogen, der an die Kompetenzanforderungen der aktuellen Position der Nachwuchskraft angepasst ist, ermöglicht einen Vergleich der Fremd- und Selbsteinschätzung der abgefragten Kompetenzen durch die Person selbst, ihre Vorgesetzte/n und durch andere unternehmensinterne Stakeholder.

Instrumente und Verfahren der Talent-Identifikation und -auswahl

Im Rahmen der Stellenbesetzung von Führungskräften kommen *Potentialkonferenzen* (U1, U2, U3, U9) in den Unternehmen am häufigsten zum Einsatz. Hierbei sind zwei unterschiedliche Varianten denkbar. Einerseits wird in „Jahresgesprächen" (U3, 274) zwischen den Vorgesetzten über die Kompetenzen und die Leistungen aller Mitarbeiter/innen diskutiert. Andererseits werden neben Kompetenz- und Leistungsbeurteilung auch Potentialbewertungen aus den Mitarbeitergesprächen in Potentialkonferenzen vorgenommen, nachdem Vorgesetzte bestimmte Mitarbeiter/innen für eine jährliche „Potential-Erhebungsrunde" (U1, 200) vorgeschlagen haben. Ziel ist, ein Korrektiv der Entscheidungen der Führungskraft aus den Mitarbeitergesprächen zu bilden und darüber zu entscheiden, welche Mitarbeiter/innen in ein Förderprogramm aufgenommen oder künftig für frei werdende Führungspositionen berücksichtigt werden sollen, wie einige Befragte betonen (U1, U2, U9). U3 unterscheidet sich von den anderen Unternehmen, weil die Bewertung der Leistung und nicht des Potentials im Mittelpunkt der Jahresrunde steht. Zielsetzung ist, dass

> „alle Mitarbeiter durchgesprochen werden, und zwar hinsichtlich ihrer Fachkompetenz, Methodenkompetenz, Einsatzbereitschaft, also im Sinne von Performance, aber auch in Richtung Potential, Sozialkompetenz, Führungskompetenz, andere überbetriebliche oder überfachliche Kompetenzen" (U3, 240–244).

Die Aufnahme eines Mitarbeiters oder einer Mitarbeiterin in einen Pool an *Potentialkandidat/innen* ist Ergebnis der Potentialdiskussion im Unternehmen U1. Für die Stellenbesetzung von Führungspositionen wird im Unternehmen U6 auf Kandidat/innen des Potentialkandidat/innenpools zurückgegriffen, die zuvor von den Vorgesetzten ohne zuvor festgelegte Auswahlkriterien oder ein Auswahlverfahren für diesen Pool benannt wurden, wie die Personalentwicklerin U6 berichtet.

Ein *Development Center* wird in den Unternehmen U1 und U2 zur Talentselektion angeboten. Nach dem Personalentwickler U1 werden geeignete Kandidat/innen durch die Potentialdiskussionen für ein *„Orientierungs-Center"* (122) ausgewählt. Die Vorteile dieses Verfahrens sind für ihn, dass mittels Übungen, die einem Assessment Center entsprechen, eine Aussage über das Potential einer Nachwuchskraft getroffen werden kann. Zudem wird der betroffenen Person eine Empfehlung für die Verfolgung einer zukünftigen beruflichen Laufbahn – Führungs-, Experten- oder Projektkarriere – ausgesprochen und Entwicklungsmöglichkeiten werden in einem Karrierepfad geplant. Das Verfahren wird neben der Talentidentifikation für verschiedene Karrierepfade „zur Orientierung und zur Hilfestellung des Mitarbeiters" (U1, 214–215) im Sinne einer Karriereplanung eingesetzt. Die Expertin U2 macht allerdings keine Angaben, ob in dieses Verfahren Elemente zur Laufbahnplanung, wie im Unternehmen U1, oder zur Selektion von Kandidat/innen integriert werden. Für sie steht der Abgleich von Selbstbild und Fremdbild sowie die Klärung von Themen zur Kompetenzentwicklung in einem geschützten Rahmen im Mittelpunkt, woran sich ein Entwicklungsgespräch mit der Festlegung eines Entwicklungsplans für Mitarbeiter/innen anschließt.

Klassische *Assessment Center* (AC) kommen in den Unternehmen U5 und U8 bei der Besetzung von Führungspositionen zum Einsatz. *Psychologische Tests*, wie z.B. Intelligenz- oder Persönlichkeitstests werden hierbei in das AC integriert (U1, U5). In dem Unternehmen U5 werden in Abhängigkeit von der zu besetzenden Stelle in dem Auswahlverfahren unterschiedliche Bausteine zusammengestellt, was der Befragte U5 wie folgt beschreibt:

> „Also, wir haben (…) ein paar Verfahren, die man modular zusammensetzt. Auf alle Fälle ist immer ein Gespräch dabei. Es können Teilaufgaben aus einem Assessment-Center dabei sein. Es kann ein komplettes AC dabei sein, es kann auch mal ein Persönlichkeitsfragebogen dabei sein. Das richtet sich nach den Anforderungen einer Stelle …" (U5, 108–111).

Im Zuge der Auswahl und Entwicklung von angehenden Führungskräften sind in einigen Unternehmen *Karrierepfade* (z.B. U1, U3, U4) als Rahmen der Talentidentifikation implementiert. Es werden entweder zwei Karrierewege – die Führungs- und die Expertenkarriere – (U3, U9) oder drei – Führungs-, Fach- oder Expertenkarriere – (U1, U4, U5) angeboten. Die Führungskarriere ist hierbei in jedem Unternehmen als Karrierepfad fest verankert, was veranschaulicht, dass die klassische Kaminkarriere den höchsten Stellenwert in der Unternehmenspraxis hat.

Kompetenzmodelle stellen in zwei Unternehmen (U1, U5) einen Rahmen für die Identifizierung und Auswahl von Führungskräften dar: „Also, wir haben ja unsere Kompetenzen im [Unternehmens-]Kompetenzmodell, die haben wir im Hinterkopf. Das ist so ein Grundrauschen" (U1, 108–110).

Das Instrument der Potentialanalyse wird von den Experten U3 und U4 im Zusammenhang mit der Talentselektion genannt. Auf eine konkrete Beschreibung des Verfahrens verzichten jedoch beide Befragte.

Auswahlgespräche/ Interviews kommen in den Unternehmen U1, U2 und U6 zum Einsatz. Die Personalentwicklerin U6 zählt Interviews als das einzige Instrument der Führungskräfteauswahl auf, durch welche auf das Führungspotential einer Person geschlossen werden kann, wie die Expertin folgendermaßen betont:

> „Also, wir machen hier keine Assessment Center. Das machen wir hier nicht. Daher müssen wir wirklich aus dem Gespräch, eben aus solchen Beispielen also heraushören, wie die Erfahrung ist. Gab es irgendwo schon Situationen oder Berufserfahrungen, die eben in die Richtung gehen" (U6, 95–98).

Im Unternehmen U4 wird ebenfalls durch eine rein erfahrungsbasierte Bewertung des Verhaltens einer Person in Projekten oder bei Auslandsaufenthalten versucht, potentielle Führungskräfte zu identifizieren, wie durch die folgende Äußerung des Personalleiters U4 deutlich wird:

> „Und von daher versuchen wir einfach, ohne dass wir das jetzt 360°-Feedback nennen oder dazu irgendein Instrumentarium hätten. Es kann sein, dass wir das irgendwann einführen. Derzeit haben wir das nicht, trotzdem kommen wir aus der Erfahrung heraus auf die Informationen, auf die wir kommen müssen" (U4, 338–342).

Im Anschluss an einen Überblick über die Instrumente und Verfahren, die zur Führungskräfteidentifizierung und -auswahl in den Unternehmen angewandt werden, wurden Unterschiede und Ähnlichkeiten zwischen den Betrieben analysiert. Es zeigt sich, dass drei unterschiedliche Gestaltungs- und Umsetzungsarten der Talentidentifizierung und -auswahl in den befragten Großunternehmen vorzufinden sind:

- Vom Großteil der Expert/innen wird jeweils *ein Verfahren oder Instrument* genannt, welches zur Identifizierung und Selektion von Führungskräften eingesetzt wird. Potentielle Führungskräfte werden durch Mitarbeitergespräche (U4, U7), Assessment Center (U8) oder durch Potentialkonferenzen (U9) identifiziert und für zukünftige Führungspositionen ausgewählt. Dieses Ergebnis kann darauf zurückgeführt werden, dass das jeweilig genannte Verfahren nach Ansicht der Expert/innen die größte Relevanz für die Auswahl von Führungskräften besitzt, dieses am häufigsten in der Unternehmenspraxis zum Einsatz kommt, bzw. es vergessen wurde, weitere Verfahren zu nennen, oder dass keine weiteren Verfahren angewandt werden.
- In einem Drittel der Unternehmen (U2, U3, U6) werden Mitarbeiter/innen durch *die Bewertung der Vorgesetzten* als potentielle Führungskräfte identifiziert und für Führungspositionen selektiert. Bei der Entscheidung darüber, welche Mitarbeiter/innen in eine Führungskarriere einmünden sollen, muss das Vorgehen der Vorgesetzten als subjektiv und hierarchisch bezeichnet werden. Angehende Führungskräfte werden von ihren Vorgesetzten für einen Pool an Potentialkandidat/innen vorgeschlagen (U6), ihre Leistung und/oder ihr Potential werden mit der eigenen Führungskraft in Mitarbeitergesprächen diskutiert bzw. werden die Einschätzungen der Vorgesetzten in Potentialkonferenzen zwischen mehreren Selektionsverantwortlichen diskutiert (U2, U3, U6). Ergänzend werden in den Unternehmen U2 und U6 Auswahlgespräche/Interviews geführt. Gleichzeitig werden in den Betrieben U2 und U3 die Auswahlhoheit der Geschäftsführung (U2) bzw. eine hierarchische, patriarchische Unternehmenskultur (U3) erkennbar.
- Zwei Unternehmen (U1 und U5) unterscheiden sich von den anderen Betrieben dahingehend, dass Kompetenzmodelle als Rahmen der Talentidentifikation und -auswahl verankert sind. Eine Diskussion über Leistungen und Potential findet sowohl in Mitarbeitergesprächen als auch zwischen Entscheidungsträgern in Potentialkonferenzen statt. Der Einfluss der Vorgesetzten wird in beiden Unternehmen durch eine mehrperspektivische Bewertung der Kompetenzen mittels Auswahlverfahren wie Assessment Center und/oder ein multiples Feedbackverfahren reduziert. Weitere Perspektiven, wie von internen

Kooperationspartnern oder HR, werden daher der Einschätzung durch die Vorgesetzen hinzugefügt, um die Bewertung von Kandidat/innen vergleichbarer und messbarer zu gestalten.

Zwischenfazit und Ergebnisinterpretation

Alle befragten Unternehmen verwenden Instrumente und Verfahren zur Selektion ihrer angehenden Führungskräfte, greifen hierfür aber auf kein einheitliches Instrumentarium zurück. Es zeigt sich, dass die Identifizierung und Selektion von Talenten entweder in formell strukturierten (U1, U5) oder in einer Kombination aus systematischen und informellen Prozessen verläuft. Die Unternehmen generieren ihre Talente verstärkt aus den eigenen Reihen, kaum durch Auswahlverfahren wie Assessment Center oder durch Interviews, die einen Vergleich von Kandidat/innen zulassen würden. Die Möglichkeit einer Bewerbung von internen und externen Nachwuchskräften auf eine Stelle und damit der Teilnahme an einem Interview oder Assessment Center, wird von vier der neun Personalverantwortlichen (U5, U2, U6, U8) als Auswahlmethode für die Besetzung von Führungspositionen genannt. Im Rest der Unternehmen entscheiden Vorgesetzte in Mitarbeitergesprächen und/oder in Potentialkonferenzen als kostengünstige und flexibel handhabbare Verfahren darüber, welche Mitarbeiter/innen in eine Führungslaufbahn einmünden. Nachwuchskräfte können sich selbst nicht für Förderprogramme nominieren. Diese Option wird von den Expert/innen nicht genannt oder abgelehnt (U7, U8). Nachwuchskräften wird damit eine passive Rolle beim beruflichen Aufstieg zur Führungskraft zugesprochen und die Auswahlentscheidung und -hoheit bei den Selektionsverantwortlichen belassen. Die Unternehmen wollen Konflikte vermeiden, wenn ein Versprechen nicht eingelöst werden kann, eine Nachwuchskraft für eine Führungsposition zu berücksichtigen. Die Analyse der Instrumente und Verfahren, die in den Unternehmen zum Einsatz kommen, deutet auf eine nach wenig vergleichbaren oder übertragbaren Kriterien sowie Richtlinien verlaufende Auswahl hin. Damit ist einerseits die Gefahr gegeben, ungeeignete Nachwuchskräfte für Führungspositionen auszuwählen, und andererseits Mitarbeiter/innen, die von ihren eigenen Führungskräften nicht als potentielle Führungskräfte eingeschätzt werden, zu übersehen und zu übergehen.

9.2 Bedingungsfaktoren des beruflichen Aufstieg zur Führungskraft

Da die Zielsetzung der Forschungsfrage war, die Eigenschaften und Kompetenzen zu eruieren, die Nachwuchskräfte benötigen, um als mögliche Führungskraft benannt zu werden, wurde den Expert/innen folgende Frage gestellt: Bevor jemand Führungskraft wird, muss er oder sie als solche erkannt werden. Über welche Eigenschaften und Fähigkeiten muss die einzelne Person verfügen, um als potentielle Führungskraft eingestuft zu werden?

Die Selektionsverantwortlichen antworteten auf diese Frage mit der Auflistung und Beschreibung einer Vielzahl unterschiedlicher Aspekte, die sich auf Kompetenzen und Eigenschaften der Nachwuchskraft, ihrer Beziehung zu Entscheidungsträgern und auf den Kontext des Unternehmens beziehen. Zur Beantwortung der Forschungsfrage können daher nicht nur individuelle Auswahlkriterien herangezogen werden. Die Selektionskriterien und -faktoren lassen sich vielmehr auf drei Ebenen verorten:

1. *Individuelle Ebene*: Kompetenzen, Einstellungen, Eigenschaften der Nachwuchskraft und eine Sichtbarkeit der Person im Unternehmen
2. *Interaktionale Ebene*: Beziehungen zu Entscheidungsträgern
3. *Kontextuelle Faktoren*: Passung zu Kontextbedingungen

Analysiert man die verschiedenen, von den Selektionsverantwortlichen genannten Aspekte hinsichtlich ihrer Häufigkeit, zeigt sich, dass eine hohe Leistung, Fachkompetenz, Führungskompetenz, Eigeninitiative und Engagement, der Einfluss des oder der Vorgesetzten und eine Sichtbarkeit der Nachwuchskraft bei Entscheidungsträgern im Unternehmen die wichtigsten Auswahlkriterien und Bedingungsfaktoren für die Identifizierung und damit für eine Transition in die Führungsrolle sind.

Selektionsfaktoren auf individueller Ebene

Die Expert/innen wurden zu Beginn der Interviews gebeten, den Begriff Potential zu definieren. Von den Personalentwicklern U1 und U5 wird es als die Fähigkeit beschrieben, Kompetenzen zu einem späteren Zeitpunkt umzusetzen, Verantwortung zu übernehmen und Aufgaben unabhängig von einem bestimmten Karrierepfad zu erfüllen. Die Expertin U2 bezeichnet Potential als einen Katalysator, welcher es einer Person ermöglicht, bisher gezeigte Kompetenzen „mit höherer Wahrscheinlichkeit in einem anderen Kontext noch erfolgreicher" (U2, 117) einzusetzen. Einige Befragte definieren Potential in Abhängigkeit von der beruflichen Position und setzen es gleich mit der Eignung einer Nachwuchskraft, eine Führungsposition übernehmen zu können (U3, U4, U6).

Die Aufzählungen der Personalverantwortlichen, die sich auf Kompetenzen und Einstellungen einer Nachwuchskraft selbst konzentieren, damit ihr Führungspotential attestiert wird, können entsprechend der Differenzierung nach fachlich-methodischen, sozialen und personalen Kompetenzen (vgl. Erpenbeck, Heyse 2007; vgl. Kapitel 2.3) sowie nach Einstellungen und Eigenschaften unterschieden werden.

1. Fachkompetenz

Folgende Aussagen der Befragten beziehen sich auf fachliche Kompetenzen als Auswahlkriterien, um als zukünftige Führungskraft identifiziert und ausgewählt zu werden:

- Die wichtigste Anforderung, um einen Mitarbeiter oder eine Mitarbeiterin als geeigneten Führungsnachwuchs zu selektieren, ist für acht der neun Unternehmensvertreter/innen, eine sehr *hohe Arbeitsleistung*. Leistung wird damit charakterisiert bzw. danach differenziert, gute Arbeitsergebnisse im Rahmen der beruflichen Aufgaben (U2, U4, U8, U9) zu erzielen, die „Aufgaben mehr als über die Erwartungen hinaus“ (U6, 165–166) zu erfüllen und bessere Leistungen als andere Mitarbeiter/innen zu zeigen (U1, U5). Vor diesem Hintergrund ist es für drei Befragte (U2, U4, U7) auch wichtig, dass die Person eine hohe *Leistungsbereitschaft* „nach dem Motto, ihr könnt mir einiges zutrauen und ich kann hier auch einiges packen“ (U2, 314–315) deutlich macht.
- Eng verknüpft mit dem Leistungsaspekt ist der Faktor der *Fachkompetenz*, der als zweitwichtigstes Auswahlkriterium von Nachwuchsführungskräften aufgeführt wird. Hohe fachliche Kompetenzen durch fachliche Eignung bzw. ein hohes und breites Fachwissen in einem Arbeitsgebiet (z.B. U2, U7, U8, U9) und fachliche Passung (U1, U9) gelten für den Großteil der Expert/innen als eine Grundvoraussetzung für die Attestierung von Führungspotential:

  > „Wen wir denn zur Führungskraft machen. Üblicherweise, das ist ja nichts neues, auch bei Y [das befragte Unternehmen] nicht, sind das natürlich Leute, die davor fachlich extrem gut waren, fachlich extrem gut sind, fachlich extrem gut versiert sind. Gerade in einer ingenieurbetriebenen Bude, sage ich mal, fachlich fit sind und die aufgrund ihrer Fachkompetenz sich dann natürlich auch, weil sie alles schon gemacht haben, für eine Führungsaufgabenstellung anbieten“ (U4, 474–479).

  Eine Nachwuchskraft kann fachliche Expertise und Lernfähigkeit unter Beweis stellen und damit Entscheidungsträger auf sich aufmerksam machen, wie der Personalleiter U4 betont. Die Personalentwickler U1 und U5 begründen, dass Fachkompetenz auf der ersten Führungsebene als Team- oder Gruppenleiter wichtig ist, da Führungsaufgaben auf dieser Ebene noch einen stark operativen Charakter haben. Die zwei Befragten U5 und U8 relativieren

die Relevanz der Fachkompetenz jedoch wieder, indem sie darauf hinweisen, dass Fachkompetenz ein wichtiges Auswahlkriterium für eine Führungskarriere darstellt, ihre Relevanz mit der Zunahme der Hierarchieebene jedoch in den Hintergrund rückt und durch die Fähigkeit, strategisch denken und handeln zu können, ersetzt wird.
- Ein weiterer Aspekt, der im Zuge der fachlichen Kompetenzen genannt wird, ist die *Effektivität*, Produkte, kosten- und zeiteffizient liefern zu können (U4).

2. Personale Kompetenzen

Neben Anforderungen, die sich auf die Leistungen und die Fachkompetenz fokussieren, führen die Befragten eine Vielzahl personaler Kompetenzanforderungen auf. Dazu zählen:

- Für zwei Drittel der Selektionsverantwortlichen stellen überdurchschnittliche *Eigeninitiative/ Engagement* wichtige Auswahlkriterien von potentiellen Führungskräften dar (u.a. U1, U4, U6, U7). Zusätzlich übernehmen sie weitere Aufgaben wie z.B. die Organisation von Messen oder Kundentagen (U4).
- Die Personalleitung von U4 stellt zudem fest, dass potentielle Führungskräfte sich durch neue Ideen hervorheben und die Förderung ihrer Karriereinteressen bei ihren Vorgesetzten stärker als andere Mitarbeiter/innen einfordern. Daraus lassen sich *das Interesse und die Fähigkeit zur Weiterentwicklung bzw. Aufstiegsmotivation* ablesen, was für mehr als die Hälfte der Selektionsverantwortlichen einen wichtigen Bedingungsfaktor für die Einmündung in die Führungskarriere ausmacht. Der Wunsch, sich im Unternehmen weiterzuentwickeln (U2), zu zeigen, dass man beruflich etwas erreichen möchte (U7), die Arbeit an der persönlichen Entwicklung (U1) und die Motivation für die Führungskarriere „dass der oder diejenige das wirklich möchte, dafür brennt" (U4, 926) können darunter subsumiert werden.
- *Unternehmerisches Denken* ist für mehr als die Hälfte der Unternehmen (z.B. U5, U8, U9) ein Grund, eine Person zur Führungskraft zu nominieren. Der Personalleiter U8 bezeichnet es als das Bewusstsein einer Nachwuchskraft, durch die Preisgestaltung Gewinn oder Verlust für das Unternehmen zu beeinflussen. „Wenn jemand diesen Schritt bereit ist zu tun, vom Arbeitnehmer hin zur Arbeitgeberdenke (…) dann hat er auch die Möglichkeit Führungskraft zu werden" (U9, 76–78).
- Für die beiden Befragten U1 und U3 benötigen angehende Führungskräfte die Fähigkeit zur *Karriereplanung*, um den persönlichen Bedarf nach Kompetenzentwicklung zu planen und Strategien zur Förderung durch das Unternehmen,

für Selbstmarketing und für eine Erhöhung der Sichtbarkeit im Unternehmenskontext zu entwickeln. Der Leiter der Personalentwicklung und des Change Managements U3 benennt diese Anforderung wie folgt:

> „Wie komme ich da rein, und zu überlegen, kann ich mit meiner Führungskraft ins Gespräch gehen? Was muss ich tun? Was muss ich für Kompetenzen aufbauen, um da reinzukommen? Wie werde ich da vom Unternehmen gefördert oder was kann ich auch selber tun, um meinen Marktwert quasi zu steigern, um da reinzukommen? Wie muss ich meine Erfolge verkaufen im Unternehmen, damit es sichtbar wird? Das sind die Dinge, bei denen muss ich heute schon als Mitarbeiter schon, glaube ich, sehr aktiv sein, um da identifiziert zu werden" (U3, 466–472).

- Die Personalverantwortlichen benennen darüber hinaus weitere Auswahlkriterien auf personaler Ebene. Potentielle Führungskräfte sollten über *intrinsische Motivation* und *die Fähigkeit, andere zu begeistern* (U2, U7, U8, U9), *strategisches Denken*, um Dinge abstrahieren und Projekte erfolgreich abzuschließen (U2, U4, U9) und Ehrgeiz (U2) verfügen. *Zielorientierung*, indem die Person in der Lage ist, sich selbst Ziele zu setzen (U7) und *Lernfähigkeit* im Sinne einer Veränderungsbereitschaft, um sich an Veränderungen anzupassen bzw. diese zu initiieren (U2, U5, U7) gehören ebenfalls dazu. Die Bereitschaft zur Veränderung beschreibt der Personalentwickler U5 folgendermaßen:

> „Veränderungsbereitschaft hat etwas damit zu tun, über den eigenen Tellerrand hinaus zu schauen, da wo ich im Moment gerade stehe als Person und als Organisationseinheit. Was entwickelt sich um mich herum? Wo könnte es oder wo zeichnen sich Anpassungsnotwendigkeiten für mich ab aufgrund Marktgegebenheiten, struktureller Veränderungen im Unternehmen?" (U5, 181–185).

3. Führungskompetenz

Zusätzlich zu fachlichen Kompetenzen, zu Engagement und Aufstiegsmotivation zählen Führungskompetenzen für den Großteil der Expert/innen zu zentralen Auswalkriterien:

- *Führungskompetenz* als die Fähigkeit, andere zu beeinflussen, zu führen bzw. Klarheit über den eigenen Führungsstil zu besitzen, ist für zwei Drittel der Interviewpartner/innen (z.B. U1, U3, U5, U7) eine unabdingbare Fähigkeit, um als potentielle Führungskraft wahrgenommen zu werden. Ausschlaggebend ist für den Personalentwickler U5 die Frage „Glauben wir, kann er/sie führen" (U5, 241). Führungskompetenz spiegelt sich für den Geschäftsführer U7 in der Akzeptanz der Person bei Kolleg/innen wider und für den Personalleiter U9 in der Fähigkeit, Mitarbeiter/innen ohne eine Institutionalisierung der

Führungsrolle anleiten zu können. Ein weiterer Indikator für die Führungseignung ist die Fähigkeit zur Selbstführung, da sich dadurch eine Prognose erstellen lässt, „wie sie letztendlich in der Führung auch mit den Mitarbeitern umgehen werden" (U3, 131–132).

- Eine ähnlich hohe Relevanz hat für einige Expert/innen die *Fähigkeit und Bereitschaft, Verantwortung zu übernehmen* (z.B. U1, U7, U9). Diese drückt sich in der Wahrnehmung der Befragten U1 und U4 durch die Übernahme von Verantwortung im privaten oder beruflichen Bereich für bestimmte zusätzliche Aufgaben aus:

  > „Es gibt Leute, die sich um neue Mitarbeiter kümmern. Es gibt Leute, die sich um Azubis intensiv kümmern (...). Es gibt Leute, die sich um Praktikanten kümmern oder eben eine Diplomarbeit, Bachelorarbeit, Doktorarbeit betreuen. Also auch das sind Themen, wo ich sage, das ist eine zusätzliche Verantwortung. Sie übernehmen zusätzliche Themen, sie gehen in irgendwelche zusätzlichen Teams hinein, die einen Familientag vorbereiten oder (...) irgendeinen Spezialtag für Kunden, die wir regelmäßig hier durchführen, Hausmessen oder so etwas Ähnliches" (U4, 950–359).

- Vor dem Hintergrund einer höheren Verantwortungsübernahme werden *Führungserfahrungen* durch Vertretungs-, Stellvertreterfunktionen oder durch Projekte für einige Unternehmensvertreter/innen (U4, U5, U6, U8) zu einem Auswahlkriterium, da diese Hinweise auf die Führungseignung einer Person geben können.
- Weiterhin wird von angehenden Führungskräften die Fähigkeit, *Strukturen schaffen* zu können (U1, U2), erwartet.

4. Soziale Kompetenzen

Soziale Kompetenzen dienen für knapp die Hälfte der Personalverantwortlichen als Unterscheidungsmerkmal von angehenden Führungskräften.

- *Sozialen Kompetenzen* wird von einigen Befragten (U2, U3, U6, U7, U9) eine hohe Beachtung geschenkt, speziell die Fähigkeit, sich „gut auf verschiedene Personengruppen und Menschentypen im Unternehmen" (U2, 317–318) einzustellen. Ebenso zeichnen sich potentielle Führungskräfte für vier Befragte (U1, U2, U4, U5) durch eine hohe *Kommunikationsfähigkeit* aus. Es handelt sich bei Kommunikationsstärke, wie der Personalentwickler U5 erklärt, um eine Kernkompetenz von Führung. Es ist nach dem Personalleiter U4 wichtig, dass Führungskräfte über diese Kompetenz im Umgang mit unterschiedlichen Personengruppen, wie z.B. mit Kunden oder Mitarbeiter/innen verfügen:

„Er muss in der Lage sein, irgendwo eine gewisse Kommunikationsstärke auch zu haben, weil er in irgendeinem Werk ist, sagen wir mal, bleiben wir mal nur in Deutschland. International wird es ja noch komplexer mit Kulturen und so weiter. Aber wenn er jetzt in Deutschland (...) in Halle neun irgendeine Anlage in Betrieb nimmt, dann hat er permanent mit Kunden, Mitarbeitern (...) zu tun, die natürlich ganz andere Anforderungen haben. Also muss er auch in der Lage sein, kommunikativ ein bisschen was zu bewegen" (U4, 190–196).

- *Kooperations- und Teamfähigkeit,* die sich in einer Akzeptanz der Nachwuchskraft bei Kolleg/innen auf der gleichen Ebene als ein „informeller Führer" (U7, 160) widerspiegelt, stellt für vier Unternehmen (U2, U5, U7, U8) ein wichtiges Auswahlkriterium dar, weil dadurch die spätere Akzeptanz in der Führungsrolle vorhergesagt werden kann.
- Ferner sind *Empathie* für die Befragten U1 und U2 und *Konfliktfähigkeit* als die Fähigkeit einer Person, „unliebsame Themen oder schwierige Situationen oder kritische Situationen auch auszuhalten" (U4, 698–699), für die Interviewpartner/innen U2 und U4 Unterscheidungsmerkmale.

5. Einstellungen und Eigenschaften

Aus den Aussagen der befragten Selektionsverantwortlichen lassen sich unterschiedliche Einstellungen und Forderungen bezüglich Eigenschaften ableiten, welche beeinflussen, dass eine Nachwuchskraft in Zukunft für eine Führungsposition vorgesehen wird.

- Für alle vier Unternehmen, die europa- bzw. weltweit Standorte haben (U1, U2, U4, U8), ist die *internationale Mobilität*, d.h. die Bereitschaft zu zeitlich begrenzten Auslandsaufenthalten oder zum Wohnortwechsel für eine berufliche Position, ein wichtiges Selektionskriterium. In den Betrieben U1 und U4 kann die Ablehnung des Angebots einer Stelle im Ausland zum Verlust des Platzes im Pool als Potentialkandidat/in (U1) oder als mögliche Führungskraft führen (U4). *Interkulturelle Kompetenz* und *Fremdsprachenkenntnisse* werden in diesem Zusammenhang ebenfalls vorausgesetzt (U1, U8). Für den Personalleiter U4 dient die Abfrage der internationalen Mobilität dazu, das Engagement, die Karriereinteressen einer Nachwuchskraft und v.a. deren Leistungsbereitschaft und Verpflichtung gegenüber dem Unternehmen zu beurteilen:

„Dann gehört er zu den 18 anderen, die jedes Jahr im Mitarbeitergespräch sagen, ich interessiere mich für eine Führungsaufgabenstellung. Wenn sie ihm aber dann sagen, ich habe jetzt ein neues Projekt und wir bräuchten Sie jetzt in China und er sagt, nee geht gerade nicht, weil und so. Na gut, dann frage ich ihn vielleicht noch einmal, aber öfter eben nicht, weil es gibt auch noch andere" (U4, 935–939).

- Die *Karriereinteressen* stehen für einige Befragte auch in einem Zusammenhang mit Führungspotential (z.B. U1, U4, U9). Für eine Führungskarriere ist die Voraussetzung, dass eine Nachwuchskraft Interesse an Führung, einer Zunahme an Verantwortung, an einem Förderprogramm oder an neuen, weiterführenden Tätigkeiten hat (U4, U7).
- Weitere Aussagen beziehen sich auf das *Alter* (U1, U4), *Kreativität bzw. Gestaltungswillen* (U5, U8), eine *positive Ausstrahlung* gegenüber Mitarbeiter/innen und Kunden (U8) und auf *Charisma und Persönlichkeit* (U3). Für die Personalleitung U9 sind auch die Fähigkeit, sich der eigenen *Vorbildfunktion* bewusst zu sein, und die *Authentizität*, bei der die Person das, was sie von anderen fordert, auch bei sich selbst einfordert (U9), eine Kompetenzanforderung für die Ernennung zur Nachwuchsführungskraft.

6. Sichtbarkeit im Unternehmen

Zusätzlich zu Fach- und Führungskompetenzen, sozialen und personalen Kompetenzen stellt für das berufliche Vorankommen und die eigene Weiterentwicklung die Sichtbarkeit einer Person für fast alle Selektionsverantwortlichen (z.B. U1, U3, U7, U8,) einen relevanten Aspekt dar. Potentielle Führungskräfte müssten auf sich aufmerksam machen bzw. im „positiven Sinne“ auffallen (U3, U4, U7, U8). Um „positiv“ aufzufallen, wirken Aktivität durch ein Vorantreiben der eigenen Karriere, Anwesenheit im Unternehmen, Präsenz in Projekten, die Teilnahme an Förderprogrammen und Selbstmarketing begünstigend (U2, U3, U6, U8). Die Sichtbarkeit einer Nachwuchskraft steht in einem Kausalzusammenhang mit der Attestierung von Führungspotential bzw. wird ohne diese kein Potential für die Übernahme einer Führungsposition zugesprochen, wie das folgende Zitat des Personalleiters U9 veranschaulicht: „Wenn in der übernächsten Hierarchieebene der Mitarbeiter nicht bekannt ist, nicht bemerkt wird und es wird behauptet, der hätte ein super Potential, dann würde ich das erstmal in Frage stellen“ (U9, 477–479). Abschließend werden die genannten Kriterien in der folgenden Tabelle nun zusammengefasst.

Tabelle 6: Kompetenzanforderungen an Nachwuchsführungskräfte

Fachkompetenz	**Personale Kompetenzen**	**Führungskompetenz**	**Soziale Kompetenzen**	**Einstellungen/ Eigenschaften**	**Sichtbarkeit**
Fachwissen	Aufstiegsmotivation	Führungskompetenz	soziale Kompetenzen	Intelligenz	Aktivität und Präsenz
fachliche Passung	Engagement / Eigeninitiative	Fähigkeit zur Motivation	Kooperations- und Teamfähigkeit	Kreativität	Selbstmarketing
sehr gute Arbeitsleistung	Leistungsbereitschaft	Struktur geben und steuern	Empathie	Alter	
Effektivität	unternehmerisches Denken	Übernahme von Verantwortung	Kommunikationsfähigkeit	Authentizität	
	strategisches Denken	Führungserfahrung	Konfliktfähigkeit	Selbstsicherheit	
	Lernfähigkeit			Charisma	
	Karriereplanung			Karriereinteressen	
	intrinsische Motivation und Begeisterung			internationale Mobilität	

Selektionsfaktoren auf interaktionaler Ebene

Bedingungsfaktoren für den Eintritt und damit für die Transition in die Führungsposition sind nicht nur an den Fähigkeiten oder Einstellungen der Kandidat/innen festzumachen. Weitere Faktoren, die sich durch die Beziehungen zwischen Mitarbeiter/innen oder Bewerber/innen und Entscheidungsträgern wie Vorgesetzten oder Vertreter/innen der Personalabteilung ergeben, beeinflussen, welcher Nachwuchskraft Führungspotential attestiert wird und welcher dagegen nicht.

Die Rolle der Vorgesetzten

Alle Unternehmensvertreter/innen außer der Befragte U5 führen an, dass der *Einfluss des oder der Vorgesetzten* darüber entscheidet, ob eine Nachwuchskraft für eine Führungsposition ausgewählt wird. Den Vorgesetzten wird die Rolle der Talententdecker zugeschrieben, da es ihre Aufgabe ist, geeignete Führungskräfte zu identifizieren, für Förderprogramme, Talentpools oder für Führungspositionen zu benennen oder dafür vorzuschlagen (z.B. U1, U3, U6, U8). Ausschlaggebend ist also, von den Vorgesetzten wahrgenommen, gefördert und unterstützt zu werden. Hierbei haben diese den Auftrag, Entwicklungsinteressen einer Nachwuchskraft abzufragen und mit ihr abzuklären (U4). Es ist zudem für den beruflichen Aufstieg von Vorteil, wenn mehrere Vorgesetzte eine Nachwuchskraft als potentielle Führungskraft wahrnehmen, wie die Personalentwicklerin U6 einräumt. Gleichzeitig wird die Macht der Vorgesetzten (U1, U6) und der geringe Einfluss von Vertreter/innen der Personalabteilung bei der Stellenbesetzung ersichtlich: „Und trotzdem wäre es jetzt zulässig, dass sein Vorgesetzter (…) ihn zum Teamleiter macht. Wenn der das trotzdem machen will, gibt es niemanden, der ihn daran hindern kann“ (U1, 291–293). In den Betrieben U2 und U7 erfolgt die Nominierung für High Potential-Förderprogramme durch den Vorstand bzw. die Geschäftsführung, welche/r die endgültige Entscheidung trifft, welche Personen in das Förderprogramm aufgenommen werden. Die Auswahlhoheit der Geschäftsführung zeigt sich auch besonders deutlich bei der Stellenbesetzung (U2, U3, U8), was durch die Aussage der Personalentwicklerin des Unternehmens U2 deutlich wird: „Das reicht auch, wenn der Vorstand von jemandem überzeugt ist und dann wird er es. Ganz ehrlich“ (U2, 868–869).

Mentor/innen und Fürsprecher

Die Nachwuchskraft muss über „Promotoren oder Mentoren“ (U2, 413) und „Fürsprecher“ (U8, 495) verfügen, die ihre Karriere fördern und zu einer Sichtbarkeit im Unternehmen beitragen (U2, U3, U8). Der Leiter der Personalentwicklung U8 ist sich sicher, ein Aspirant wird „nur dann Karriere machen, wenn er einen Mentor hat“ (U8, 489–490).

Das Bauchgefühl bei der Stellenbesetzung

Ein weiterer Faktor, ob eine Nachwuchskraft als Führungskraft identifiziert und ausgewählt wird, hängt nach drei Befragten (U1, U7, U8) von dem sogenannten Bauchgefühl der Personalverantwortlichen ab. So schildern die Expert/innen, dass Selektionsverantwortliche häufig durch ihr Bauchgefühl entscheiden, welchen Mitarbeiter oder welche Mitarbeiterin sie für eine Führungsposition fördern oder auswählen. Dieses beschreiben die Expert/innen als ein intuitives Gefühl, das sie aufgrund langjähriger beruflicher Erfahrungen in der Personalauswahl entwickelt haben.

Selektionsfaktoren auf kontextueller Ebene

Für einige Expert/innen (u.a. U1, U3, U6, U9) ist eine *Passung zu den Kontextbedingungen* des Unternehmens eine häufig ausschlaggebende Voraussetzung für den beruflichen Aufstieg zur Führungskraft. Diese bezeichnen die Befragten als eine Übereinstimmung mit den Normen und Werten des Unternehmens. „Bei Y [das befragte Unternehmen] ist es auch noch ein Kriterium, wann man Karriere macht. Man darf nicht zu anders sein als die anderen, aber auch nicht zu Mainstream" (U2, 743–745).

Darüber hinaus sind auch eine Übereinstimmung mit den Anforderungen der ausgeschriebenen Stelle (U2, U5) und „zur richtigen Zeit am richtigen Platz" (U1, 235–236) zu sein, wichtig. Der Personalentwickler U1 zeigt auf, dass eine Nachwuchskraft ansonsten nicht für eine Führungsposition ausgewählt oder auf deren Übernahme vorbereitet wird, wie er durch die folgende Metapher des Wachstums einer Pflanze erklärt:

> „Auf der anderen Seite braucht diese Pflanze auch eine Umwelt und einen Boden, auf dem sie gedeihen kann. Und wenn jetzt die Pflanze (…) die falsche Umwelt hat, sei es die Abteilung oder das Unternehmen, (…) dann kann sie ja grundsätzlich schon mal nicht gedeihen" (U1, 625–629).

Weitere Gründe für die Auswahl bestimmter Personen für Führungspositionen können sein, dass Mitarbeiter/innen berücksichtigt werden, die schon länger als andere auf ein *Entwicklungs- oder Förderangebot warten* (U1), eine *begrenzte Anzahl an Stellen im Führungsbereich*, *geheime Spielregeln* (U2) und *Glück* (U1).

Zwischenfazit und Ergebnisinterpretation

Die Äußerungen der Expert/innen zeigen die unterschiedlichen Vorstellungen über die geforderten Kompetenzen und Einstellungen einer Nachwuchskraft, um als potentielle Führungskraft identifiziert und ausgewählt zu werden.

Für den Großteil der Expert/innen dienen vor allem eine hohe Arbeitsleistung, Fachkompetenz, sich entwickelnde Führungskompetenzen und Engagement einer Nachwuchskraft dazu, um potentielle Führungskräfte von anderen Mitarbeiter/innen zu unterscheiden (vgl. Martin, Schmidt 2010; Silzer, Church 2010). Diese Aspekte gelten in der Wahrnehmung der Befragten als Indikatoren für die Motivation einer Person, als spätere Führungskraft Leistung und Engagement zur Leistungssteigerung des Teams (vgl. Souba 2000) für den Erfolg des Unternehmens einzusetzen. Die Unternehmen halten gleichzeitig nach potentiellen Führungskräften Ausschau, die bereit sind, Verantwortung zu übernehmen. Dabei wird vor allem fachlichen und personalen Kompetenzen eine hohe Bedeutung beigemessen. Fähigkeiten zur Bewältigung von Aufgaben einer späteren Führungskraft wie Team- oder Kommunikationsfähigkeit, messen sie eine geringere Relevanz zu. Dennoch stellen Kommunikations- und Teamfähigkeit für fast die Hälfte der Befragten Auswahlkriterien ihrer zukünftigen Führungskräfte dar. Soziale Kompetenzen und Führungskompetenzen dienen somit für einige Selektionsverantwortliche als Indikatoren für die spätere Bewältigung der Führungsaufgaben und sind demnach wichtige Auswahlkriterien. Die Forderung der Expert/innen aus international tätigen Unternehmen nach internationaler Mobilität deutet darauf hin, auf diese Weise die Verpflichtung einer zukünftigen Führungskraft gegenüber dem Arbeitgeber und damit die Bereitschaft einer Person zu mehr Leistung und Arbeitszeit, prüfen zu wollen. Für ein Drittel der Befragten wird das Führungspotential zusätzlich durch den Faktor der intrinsischen Motivation einer Person bestimmt. Für den Großteil spielen die Karriereinteressen einer Nachwuchskraft keine Rolle bei der Auswahl ihrer angehenden Führungskräfte, was vermuten lässt, dass diesem Aspekt keine große Beachtung in der Unternehmenspraxis geschenkt wird, wie Dries und Pepermans (2008) ebenfalls betonen.

All die genannten Selektionskriterien sind auf individueller Ebene aber nicht ausreichend, um als Nachwuchsführungskraft identifiziert zu werden. Vielmehr muss eine Person ihre Leistungen und Kompetenzen bei Entscheidungsträgern sichtbar machen. Ohne die Unterstützung des oder der eigenen Vorgesetzten und eine Passung zu der Kultur des Unternehmens kann der Aufstieg in die Führungslaufbahn nicht gelingen. Die Analyse der Auswahlkriterien von Nachwuchsführungskräften verweist somit auf Strukturen und Charakteristika der Talentidentifizierung und -auswahl, die durch einen hierarchischen und subjektiven Charakter gekennzeichnet sind. Mitarbeiter/innen, v.a. talentierte Frauen, die über die genannten Kompetenzen verfügen, diese im Unternehmen aber nicht sichtbar machen können und von ihren Vorgesetzten nicht unterstützt werden, geraten damit in ein Hintertreffen für einen beruflichen Aufstieg zur Führungskraft.

9.3 Die Transition von der Mitarbeiter- in die Führungsposition

Da der Forschungsschwerpunkt der vorliegenden Arbeit darin liegt, Erkenntnisse bezüglich des Übergangs von der Nachwuchs- zur Führungskraft zu ermitteln, sollen im nun folgenden Abschnitt Ergebnisse der Analyse der Merkmale, des Prozesses, der Herausforderungen und der Veränderungen der Transition herausgearbeitet werden.

9.3.1 Merkmale der Transition zur Führungskraft

Die befragten Expert/innen wurden im Laufe der Interviews darum gebeten, den Übergang mit seinen Merkmalen, Herausforderungen und Anforderungen zu beschreiben. Hierzu wurde ihnen die folgende Frage gestellt: Mich interessiert besonders der Übergang vom Mitarbeiter oder von der Mitarbeiterin zur Führungskraft. Wie würden Sie diesen Übergang beschreiben? Was passiert da aus Ihrer Sicht? Die Transition wird von einigen Befragten durch unterschiedliche Merkmale charakterisiert:

- Der Leiter der Personalentwicklung und des Changemanagements U3 beschreibt diese als eine *Veränderung der beruflichen Identität, der Handlungs- und Denkweisen*. Für ihn steht in dieser Zeit die Beantwortung der Frage im Mittelpunkt wie der Unterschied in der Bewältigung der bisherigen und jetzigen Anforderungen erfolgreich gemeistert werden kann.
- Für die Leiterin der Führungskräfteentwicklung und des Talent Managements U2 zeichnet sie sich durch eine Lücke zwischen den bisherigen und den neu geforderten Kompetenzen aus, welche Führungsnovizen nun wahrnehmen: „Und dann fangen die an mit ihrem normalen Repertoire und merken irgendwann, oh, jetzt habe ich aber, das funktioniert vielleicht nicht so“ (U2, 935–937).
- Der Personalleiter U4 sieht den Wechsel in die Führungsrolle als einen *fließenden Prozess* an. Diesen nimmt er bei Mitarbeiter/innen, die innerhalb des Unternehmens eine Führungsrolle übernehmen, aufgrund des Rollenwechsels vom Mitarbeiter- zur Führungskraft als schwieriger als bei extern eingestellten Führungsneulingen wahr, welche diesen nicht im gleichen Unternehmen bewältigen müssen.
- Im Zuge der Veränderungen zeichnet sich die Transition für den Befragten U9 durch das Merkmal des Umdenkens vom *Gesteuerten zum Steuernden* entsprechend der Vorstellung „vorher hat jemand mich gesteuert und jetzt steuere ich andere“ (U9, 305–306) aus.
- Der Personalentwickler U5 beschreibt den Übergang zur Führungskraft als einen Zeitraum, welcher aufgrund von individuellen, interaktionalen und kontextuellen Veränderungen durch die *Merkmale Stolz und Unsicherheit* geprägt ist. Die betroffene Person entwickelt Stolz durch die Erhöhung von Status und Sichtbarkeit im Unternehmen und aufgrund der ihr entgegengebrachten Wertschätzung und der (materiellen) höheren Belohnung (U2, U5). Die Personalentwicklerin U6 arbeitet zusätzlich den Aufstieg in der Unternehmenshierarchie und die damit verbundenen neuen Kontakte zu höher stehenden Führungskräften als Faktoren heraus, welche einen Führungsneuling stolz machen können. Für die Leiterin der Führungskräfteentwicklung U2 trägt die exklusive Behandlung der Talente durch das Unternehmen „das Unternehmen schaut dann irgendwie anders auf mich, weil es gibt ja nicht so viele von uns“ (U2, 955–956) ebenso dazu bei, dass der Faktor Stolz ein zentrales Merkmal des Übergangs darstellt. Im Gegensatz zu Stolz entsteht Unsicherheit durch viele unterschiedliche Fragen bezüglich der Veränderungen der eigenen Person, der verschiedenen Rollenerwartungen, der Erfüllung der Aufgaben als

Führungskraft und der Veränderung der Work Life Balance, wie der Interviewpartner U5 berichtet.

- Weitere Merkmale, welche die Befragten anführen, sind eine Zunahme an *Macht* (U2), *Druck* von Seiten der Vorgesetzten und des Unternehmens (U3, U5) und an *Verantwortung* (U6).

Die Selektionsverantwortlichen beschreiben die Transition von der Mitarbeiter- in die Führungsposition als einen Lern-, Entwicklungs- und Veränderungsprozess, der von den Merkmalen Stolz, Unsicherheit und zunehmendem Druck begleitet wird. Welche weiteren Kompetenzanforderungen, Veränderungen und Merkmale der Übergang bereithält, soll in den folgenden Kapiteln genauer analysiert werden.

9.3.2 Herausforderungen der Transition in die Führungsposition

Die Selektionsverantwortlichen benennen im Verlauf der Gespräche verschiedene Herausforderungen, mit welchen Führungsnovizen bei der erstmaligen Übernahme einer Führungsposition konfrontiert werden:

- Am häufigsten wird von den Befragten (z.B. U1, U6, U9) die Schwierigkeit der *Dominanz der Fachkompetenz* benannt, indem Führungsneulinge „den Fachanteil möglichst hoch (…) halten und den Führungsanteil möglichst gering" (U2, 943–944) und die Einstellung haben, „immer noch selbst alles machen" (U6, 623) zu wollen. Die „Flucht in die Fachkompetenz" (U9, 291) nimmt die Interviewpartnerin U2 bei neu berufenen Führungskräften aufgrund von Unsicherheit, Überforderung und mangelnden Kenntnissen zur Ausübung der Führungsrolle wahr, welche sich in der Dominanz der Ausübung von fachlichen Aufgaben und in der Vernachlässigung von Führungsaufgaben widerspiegelt.

  > „Und manche machen einfach ihren normalen Stiefel, nur heißen sie halt jetzt „Leiter von", aber versuchen den Fachanteil möglichst hoch zu halten und den Führungsanteil möglichst gering, weil sie sagen, das entspricht mir nicht und wie gehe ich denn damit um und Mitarbeiter sind so anstrengend, irgendwie" (U2, 942–945).

  Die Befragten U1, U4 und U7 bezeichnen es als eine Herausforderung, unterschiedliche Rollenerwartungen in Bezug auf die Fach- und Führungskompetenz in Einklang zu bringen, was zu einem Rollenkonflikt führen kann. Der Personalentwickler U1 räumt in diesem Zusammenhang ein, dass Mitarbeiter/innen von ihrer Führungskraft auf einer unteren Führungsebene fachliche Kompetenzen zur Durchführung operativer Aufgaben erwarten, während Vertreter/innen der Personalabteilung von ihr Führungs- und Managementkompetenzen einfordern.

- Der *Rollenwechsel vom Kollegen oder der Kollegin zur Führungskraft* wird für einige Befragte durch die Veränderung der Rollenerwartungen und der beruflichen Beziehungen zwischen Vorgesetzten, Kolleg/innen und Mitarbeiter/innen als eine Herausforderung im Rahmen der Transition erlebt (U4, U7, U8, U9).

  > „Weil natürlich ihn alle auch als Kollegen oder als Kollegin kennen. Wenn er im gleichen Bereich ist, ist es dann nochmal zusätzlich schwieriger und eines Morgens, sozusagen, sitzt er im anderen Büro und in Anführungszeichen jetzt schafft der mir die Arbeit an, sage ich mal. Das ist sicherlich nicht ganz so einfach" (U4, 692–695).

- Für die Selektionsverantwortlichen U5, U6 und U7 stellt die *Bewältigung von Rollenanforderungen* aufgrund ihrer Neuartigkeit, Unterschiedlichkeit und Widersprüchlichkeit eine Herausforderung dar, welche durch die Transition in die Führungsrolle entsteht. Für die Personalleiterin U7 muss die erstmals berufene Führungskraft auf einer unteren Führungsebene durch die „Sandwich-Position" (U7, 350) zwischen Vorgesetzten und Mitarbeiter/innen verschiedene Rollenanforderungen in Einklang bringen. Dazu zählen die Erwartungen an sich selbst, Mitarbeiter/innen zu führen und „bei seinen eigenen Entscheidungen zu bleiben" (U7, 353–354), aber auch den Erwartungen der Vorgesetzten zu entsprechen und diese an die eigenen Mitarbeiter/innen zu transportieren.
- Die Befragten U6 und U9 merken an, dass Führungsneulinge die Schwierigkeit haben, Aufgaben zu delegieren (U6) und den Arbeitsstil der Mitarbeiter/innen zu akzeptieren (U9), um dadurch *Kontrolle abzugeben*. Es kann dadurch für einen Führungsneuling zu einer Herausforderung werden, den Übergang vom ego- zum gruppenzentrierten Denken und Handeln und die Veränderung der eigenen Einstellung zu vollziehen. Es steht nicht mehr die eigene Leistung, sondern die des gesamten Teams im Mittelpunkt: „Es besteht da immer noch das Gefühl, ich will alleine immer den Überblick haben"' (U6, 626–627).
- Neben einer Überbetonung der Fachkompetenz nehmen die Interviewpartner/innen U4, U6, U7 und U9 das *Einfinden in die Führungsaufgaben und in den Führungsalltag* als Herausforderung wahr. Dies bedeutet, zu führen, zu bewerten und Entscheidungen zu treffen: „Plötzlich bin ich derjenige, der sagt: Das ist in Ordnung und das ist nicht in Ordnung. Ich muss es in irgendeiner Weise bewerten, muss ein entsprechendes Feedback geben" (U7, 365–366).
- Die Leiterin der Führungskräfteentwicklung und des Talent Managements U2 stellt bei einigen Führungsneulingen auch die Schwierigkeit fest, *die aktive Verantwortung in der Führungsrolle* zu übernehmen, da von ihnen in ihrer bisherigen beruflichen Entwicklung eine passive Zurückhaltung erwartet wurde.

„Da ist sehr viel Verantwortung bei der einzelnen Führungskraft. Das erlebe ich so ein bisschen als Paradoxon, weil man vorher ja eher dieses 'ich werde entdeckt' hat, aber sobald ich in der Position bin, 'so jetzt bist du aber auch verantwortlich.' (...) Die haben dann eher so eine gelernte Hilflosigkeit. Ist vielleicht ein bisschen zu drastisch ausgedrückt, aber die haben diese Verantwortung, in dem Sinne wirklich da ins Lead zu gehen und zu sagen, 'ich mache das jetzt und wen frage ich denn jetzt hier' und so, eher wenig gelernt" (U2, 1014–1020).

- Nach der Erfahrung der Personalentwicklerin U6 wird die *Kommunikation als Weitergabe von Informationen* an die Mitarbeiter/innen für Führungsneulinge häufig nicht bzw. in geringem Ausmaß bewältigt. Mögliche Gründe liegen für sie in mangelndem Zutrauen in die eigene Führungs- und Kommunikationsfähigkeit, Mängeln im Selbstbewusstsein, fehlender Zuverlässigkeit bzw. in einem autoritären Führungsverständnis „weil sonst muss ich nur mit denen diskutieren. (...) Das gibt zu viel Unruhe" (U6, 296–297).
- Im diesem Zusammenhang nimmt die Interviewpartnerin U6 bei manchen erstmals berufenen Führungskräften das Verharren in einem *autoritären Führungsstil* wahr „was ich sage, das ist Gesetz und ich muss das nicht näher erklären" (U6, 358–359). Als weitere Herausforderung in der Ausübung der neuen Führungsrolle benennt sie deren Schwierigkeit, Konflikte in Form eines *Konfliktmanagements* offen zu thematisieren, auszutragen und zu lösen:

„Aber ganz viele, und das ist, glaube ich, die Mehrheit, will Konflikten eher aus dem Weg gehen und das dann eher so über die Schiene lösen, dass es entweder weiter eskaliert oder es dann wieder irgendwann ein Zuckerle oder so gibt und man glaubt, jetzt ist es wieder gut. Oder man lässt einfach den Konflikt so offen und hat ewig eine Feindschaft. So wirklich damit umgehen, das ist schwierig. Bei vielen ist es schwierig und davor scheuen sich viele, also sich so wirklich richtig zu streiten" (U6, 337–343).

- Neben beruflichen Rollenanforderungen, die für einige Befragte widersprüchlich und nicht leicht vereinbar scheinen, führen der Personalentwickler U5 und der Personalleiter U4 die Erwartung an die erstmals berufene Führungskraft an, *mehr Arbeitszeit zu erbringen*. Eine Zunahme der Arbeitszeit (U5, U4) und eine Forderung nach internationaler Mobilität (U4) kann für die Befragten zu der Schwierigkeit der Vereinbarkeit des Berufs- und Privatlebens und zu Spannungen im privaten Kontext führen, wie der Personalleiter U4 folgendermaßen beschreibt:

„Weil die Regierung zu Hause vielleicht sagt, hier jetzt also bitteschön Y [das befragte Unternehmen] oder ich. Die Kinder machen Klimmzüge am Brotschrank und du bist nie da, weil du immer in Indien oder in China irgendwo rumhängst" (U4, 897–900).

Zwischenfazit und Ergebnisinterpretation

Aus den Befunden geht hervor, dass Veränderungen und Unterschiede der Rollen- und Kompetenzanforderungen, der Wechsel von einem ego- zu einem gruppenzentrierten Handeln und die Ausübung der Führungsverantwortung Herausforderungen der Transition zur Führungskraft darstellen. Intern berufene Führungsneulinge müssen große Unterschiede zwischen alten und neuen beruflichen Rollen und Unstimmigkeiten im Verhältnis zu Kolleg/innen und Mitarbeiter/innen bewältigen. Daher wird von Führungsneulingen erwartet, neue Prioritäten, Kompetenzen und Verhaltensweisen in zwischenmenschlichen Interaktionen zu entwickeln und sich an neue berufliche Rollen anzupassen, wie Wan und Tham (2011) und Dotlich et al. (2004) hervorheben. Für Führungsneulinge kommen durch den Übergang mehrere, häufig unklare und zum Teil widersprüchliche Rollenerwartungen der Vorgesetzten, des Unternehmens und der eigenen Mitarbeiter/innen hinzu, was bei ihnen Gefühle der Unsicherheit und der Angst, die Anforderungen nicht zu bewältigen, auslösen kann. Diese genannten Schwierigkeiten bedürfen einer transparenten Kommunikation und der Unterstützung ihrer Bewältigung durch das Unternehmen. Ob bzw. wie dies in der Unternehmenspraxis geleistet wird, wird die weitere Analyse zeigen.

9.3.3 Veränderungen und Kompetenzanforderungen des Übergangs

In Bezug auf Veränderungen der Transition von der Mitarbeiter- in die Führungsposition wurde angenommen, dass auf Führungsnovizen Veränderungen hinsichtlich der Kompetenzanforderungen, der beruflichen Rollen, Beziehungen und der Lebenswelt zukommen. Die Interviewpartner/innen wurden daher zur Beantwortung der Forschungsfrage aufgefordert, den Übergang und seine Anforderungen zu beschreiben. In Anlehnung an das bereits dargelegte Transitionsmodell von Griebel und Niesel (2003; Kapitel 7.4), welche die Veränderungen der Transition auf einer individuellen, interaktionalen und kontextuellen Ebene ansiedeln, lassen sich die Aussagen der Befragten nach diesen drei Ebenen untergliedern.

Veränderungen auf der individuellen Ebene

Die Analyse der Veränderungen in Bezug auf ihre genannten Häufigkeiten zeigt, dass von den Selektionsverantwortlichen Führungskompetenz, methodische Kompetenzen, die Fähigkeit, Informationen zu geben und einzuholen im Sinne eines Informationsmanagements, Kommunikations- und Konfliktfähigkeit am häufigsten als die konstitutiven Kompetenzanforderungen der Transition zur

Führungskraft genannt werden. Die folgende Grafik gibt einen Überblick darüber, welche Kompetenzanforderungen von den Expert/innen aufgezählt wurden.

Tabelle 7: Kompetenzanforderungen der Transition zur Führungskraft

Fachliche und methodische Kompetenzen	Soziale Kompetenzen	Führungskompetenz	Personale Kompetenzen	Einstellungen und Eigenschaften
methodische Kompetenzen Fachwissen Steigerung der Arbeitseffektivität Reaktionsfähigkeit und Flexibilität	Kommunikationsfähigkeit Informationsmanagement Netzwerken Konfliktfähigkeit Durchsetzungsfähigkeit Empathie	Führungskompetenz Fähigkeit zur Motivation Struktur geben und steuern Fähigkeit zur Delegation Verantwortungsbereitschaft und -fähigkeit	Lernfähigkeit Innovationsfähigkeit Unternehmerisches Denken Selbstreflexion Durchsetzungsfähigkeit Zielorientierung Flexibilität	Mehraufwand an Arbeitszeit Selbstsicherheit Charisma internationale Mobilität positives Menschenbild Selbstmarketing

Im Folgenden werden die in der Grafik dargestellten Kompetenzanforderungen, die u.a. nach fachlich-methodischen, sozialen und personalen Kompetenzen (vgl. Erpenbeck, Heyse 2007, vgl. Kapitel 2.3) unterschieden werden können, vorgestellt und erklärt.

1. Führungskompetenz

Die elementare Kompetenzanforderung an eine erstmals berufene Führungskraft ist *Führungskompetenz.* Acht der neun Interviewpartner/innen nennen neben der Anleitung und Führung der Mitarbeiter/innen führungsrelevante Aspekte, die bei der erstmaligen Übernahme einer Führungsposition wichtig sind:

- Führungsnovizen benötigen nach einigen Befragten (U2, U4, U6, U9) die *Fähigkeit, zu strukturieren und zu steuern.* Dies erfordert zum einen ein Umdenken entsprechend der Vorstellung „Vorher hat jemand mich gesteuert und jetzt steuere ich andere“ (U9, 305–306). Zum anderen ist es notwendig, Abläufe, Anforderungen und Strukturen zu verstehen, diese selbst zu strukturieren (U2) und Mitarbeiter/innen durch Anweisungen zu steuern (U6, U4).
- Des Weiteren wird die *Fähigkeit zur Motivation* angeführt, welche impliziert, Mitarbeiter/innen zu guten Leistungen zu motivieren (U9, U1) und hierbei wechselnde Anforderungen zu berücksichtigen (U6). Der Personalentwickler

U5 benennt vor diesem Hintergrund die Fähigkeit, Motive von Mitarbeiter/innen zu erkennen und Strategien zu entwickeln, sowohl motivierte als auch unmotivierte Mitarbeiter/innen in den Arbeitsprozess zu integrieren.

- Drei Befragte (U6, U7, U9) betonen die *Fähigkeit der Delegation* von Fachaufgaben. Zur Übernahme von Führungsaufgaben ist es wichtig, Fachaufgaben zu reduzieren und zu delegieren (U7, U9), jedoch Verantwortung im Umgang mit den Mitarbeiter/innen zu übernehmen und *Verantwortungsbereitschaft und -fähigkeit* zu zeigen (U2, U4, U6).
- Zu weiteren führungsrelevanten Aspekten zählen die *Klärung des eigenen Führungsverständnisses* (U1, U8), *die Fähigkeit der Eigenverantwortung und der Selbststeuerung* (U3), die Entwicklung eines *partnerschaftliches Führungsverständnisses* (U4) und die Fähigkeit, *klare Ansagen zu machen* sowie *die Mitarbeiter/innen zu informieren* (U6).

2. Fach- und Methodenkompetenz

In Bezug auf fachlich-methodische Kompetenzen, die Führungsnovizen abverlangt werden, benennen die Expert/innen vor allem methodische Kompetenzen.

- Nach zwei Drittel der Unternehmensvertreter/innen benötigen neu berufene Führungskräfte *methodische Kompetenzen* (z.B. U1, U3, U8, U9). Fachlich-methodische Kenntnisse im Bereich der Personalverantwortung, wie z.B. zur Durchführung von Leistungsbeurteilungen, Mitarbeitergesprächen und in Bezug auf die Fürsorgepflichten als Führungskraft (U1, U2, U3, U8), werden hierbei vom Personalleiter U9 aufgezählt: „Eine Führungskraft muss auch in der Rhetorik, sei es jetzt bei Zielvereinbarungsgesprächen, sei es jetzt bei Beurteilungsgesprächen, sei es bei Kritikgesprächen, bei Beförderungsgesprächen und, und, und auch ausgebildet sein" (U9, 186–189).
- Drei Interviewpartner/innen (U1, U2, U4) bezeichnen *Fachwissen* als eine Kompetenzanforderung an Führungsnovizen, welches als Kenntnisse über unternehmensinterne Produkte und Strukturen (U1, U4) beschrieben wird. Fachwissen gilt im Unternehmen U2 als eine Basiskompetenz von Führungsneulingen und von Führungskräften auf allen Hierarchiestufen, wie durch das folgende Zitat der Befragten U2 deutlich wird: „Letztendlich wird bei unseren Führungskräften bis hin zu den obersten Führungskräften immer noch diese Fachlichkeit vorausgesetzt" (U2, 230–232).
- Zusätzlich zum Fachwissen spielen *Reaktionsfähigkeit und Flexibilität* (U1) und die Notwendigkeit der *Steigerung der Arbeitseffektivität* (U7) eine wichtige Rolle in Bezug auf die eigene Fachkompetenz.

3. Soziale Kompetenzen

Zur Bewältigung der neu übertragenen Führungsaufgaben, die sich auch in der Betonung methodischer Kompetenzen im Bereich der Mitarbeiterverantwortung widerspiegeln, nennen einige Selektionsverantwortliche soziale Kompetenzen. Dazu zählen:

- *Kommunikationsfähigkeit* als eine Kernkompetenz der Transition, welche im Zusammenhang mit unterschiedlichen Anforderungen hervorgehoben wird (z.B. U2, U5, U7, U8). Kommunikationsstärke wird benötigt, um den Führungsaufgaben gerecht zu werden (U5), um Rückmeldung von anderen am Übergangsprozess beteiligten Akteuren zum Verhalten als Führungskraft zu erhalten (U6) und um Informationen einzuholen (U1, U2) bzw. zu geben (U6, U7). In diesem Zusammenhang muss sich ein Führungsnovize auch daran anpassen, Aufgaben zu delegieren und zu kommunizieren, wie die Personalentwicklerin U6 beschreibt: „Die erste Aufgabe, welche sie an sich haben, ist wirklich, Mitarbeiter führen, und das heißt, mehr sprechen als wirklich tun" (U6, 607–608).
- Dementsprechend heben vier Personalverantwortliche (U1, U2, U6, U7) *Informationsmanagement* als wichtigen Faktor zur Erfüllung der Führungsaufgaben hervor. Die Aufgabe, Entscheidungen und Erwartungen der eigenen Vorgesetzten und des Unternehmens an die Mitarbeiter/innen weiterzugeben, verlangt von einem Führungsneuling die Fähigkeit, Mitarbeiter/innen Informationen mitteilen zu können (U6, U7). Die proaktive und regelmäßige Abfrage von Informationen bei den am Übergangsprozess beteiligten Akteuren ist für die Befragten U1 und U2 eine zentrale Anforderung, woran sich für die Expertin U2 der Erfolg der weiteren Führungskarriere bemisst, wie sie in folgendem Zitat hervorhebt:

  > „Du musst jetzt eine Planstellenbeschreibung machen, nur mal so diese rein organisatorischen Dinge. (…) Da überlegt man sich, traue ich mich das jetzt, jemanden zu fragen und wenn, dann habe ich nur einmal die Gelegenheit, nämlich da bin ich zum allerersten Mal in dieser Situation, dann ist das ja noch legitim. Bei meinem dritten Team, da kann ich nicht mehr kommen und sagen wie geht denn das jetzt, ich habe vorher nie gefragt oder ich habe das nicht verstanden" (U2, 1007–1014).

- Die Befragten U4 und U8 setzen die Fähigkeit, ein *internes Netzwerk aufzubauen* als wichtige Fähigkeit voraus, um Informationen, die für die Führungstätigkeit notwendig sind, einholen und geben zu können.
- Eng verknüpft mit Kommunikationsfähigkeit ist für einige Selektionsverantwortliche (z.B. U4, U6, U8) *Konfliktfähigkeit* als eine weitere grundlegende Anforderung an Führungsnovizen. Durch die Aufgabe als Führungskraft,

Entscheidungen zu treffen (U6, U7, U9), „die dem einen gefallen und dem anderen nicht" (U6, 330) können Konflikte mit Vorgesetzten und Mitarbeiter/innen entstehen. Dementsprechend ist es wichtig, Konflikte erkennen und lösen (U2, U6), thematisieren (U2, U6) sowie aushalten zu können (U4, U6). Der Personalleiter U9 hebt hierbei die Fähigkeit hervor, Konflikte „sachlich und richtig rüberzubringen, ohne den Mitarbeiter zu verletzen" (U9, 191). Für die Expert/innen U7 und U9 ist es wichtig, dass Führungsnovizen über Konfliktfähigkeit verfügen, um sowohl eigene Entscheidungen zu vertreten als auch Entscheidungen der Vorgesetzten oder des Unternehmens, denen sie nicht zustimmen, an Mitarbeiter/innen kommunizieren zu können.

4. Personale Fähigkeiten

Folgende personale Kompetenzen werden von Führungsnovizen erwartet, die folgendermaßen differenziert werden können:

- *Zielorientierung* als die Fähigkeit, Ziele zu antizipieren und durch das Team der Mitarbeiter/innen zu erreichen, fassen die Befragten U2, U6, U7, U8 als wichtige Kompetenz in der neuen Führungsrolle auf.
- Im Zusammenhang mit Konfliktfähigkeit streichen die Expert/innen U6, U7 und U9 *Durchsetzungsfähigkeit* heraus, d.h., die eigenen Entscheidungen durchzusetzen und Grenzen aufzuzeigen „klipp und klar sagen, warum bis zu dem Punkt und nicht weiter" (U9, 265–266).
- Die Fähigkeit zum *unternehmerischen Denken* ist relevant (U2, U4, U5), um „möglichst viel Schaden von Y [dem befragten Unternehmen] und von unserem Image abzuhalten", wie der Personalleiter U4 (200–201) anmerkt.
- Die Bereitschaft und Fähigkeit zur *Selbstreflexion* wird von den zwei Interviewpartner/innen U2 und U3 als eine grundlegende Kompetenzanforderung zum Ausfüllen einer Führungsposition und für den weiteren Karriereverlauf als Führungskraft ausdrücklich aufgeführt. Für die Leiterin der Führungskräfteentwicklung und des Talent Managements U2 ist die Selbstreflexion der eigenen Stärken und Schwächen, des Menschenbildes und des Führungshandelns notwendig, da es Auswirkungen auf den weiteren Führungserfolg hat. Der Leiter der Personalentwicklung und des Change Managements U3 hebt den Aspekt der Selbstreflexion als notwendige Bedingung für die Ausübung der Führungsrolle folgendermaßen hervor:

> „Das Thema, wie kann ich sicherstellen, weil der Druck höher wird, dass die Fähigkeit, die ich bis dahin schon immer unterstelle, auf diesen Positionen gut zu reflektieren, besteht. Es ist wichtig, als Führungskraft reflektieren zu können, auch meine

Wahrnehmung dafür zu schärfen, was um mich herum passiert, mit den Mitarbeitern, im System, wie auch immer“ (U3, 382–386).

- Zur Initiierung von Veränderungsprozessen sieht der Personalentwickler U5 die Fähigkeit zum *Selbstmarketing* durch Auftreten und Überzeugungsfähigkeit (U5, 28) als wichtige Kompetenzanforderung zur Ausübung der erstmaligen Führungsrolle an.
- *Lernfähigkeit* als Veränderungs- und Anpassungsbereitschaft und Offenheit für neue Lernerfahrungen benötigen Führungsneulinge nach Ansicht der Befragten U5 und U6:

„Veränderungsbereitschaft heißt eben wirklich: Hey, ich bin bereit, mich da auch entsprechend anzupassen, neue Dinge zu lernen, mich organisatorisch zu verändern“ (U5, 188–190).

- Weitere Faktoren stellen *Empathie* (U5), *Innovationsfähigkeit* (U3, U7) und *Flexibilität/ Organisationsfähigkeit* (U4) im Umgang mit der Nachfolgeplanung von Mitarbeiter/innen dar.

5. Eigenschaften und Einstellungen

Als Eigenschaften und Einstellungen, die Führungsnovizen zur Bewältigung der Transition benötigen, nennen die Interviewpartner/innen die Bereitschaft, *mehr Arbeitszeit* zu erbringen (U4, U5, U7) und zu *internationaler Mobilität* (U4). Hinzu kommen *Selbstsicherheit*, um sich die Führungsrolle zuzutrauen (U3, U9), *Charisma und Persönlichkeit* (U3) und ein *positives bzw. wertschätzendes Menschenbild* zu besitzen, weil dieses das gesamte Führungshandeln beeinflusst (U2, U3).

Veränderungen auf der interaktionalen Ebene

Veränderungen und Anforderungen, die sich auf die Beziehungen und Rollen der neu berufenen Führungskraft beziehen, können wie folgt unterschieden werden:

Veränderung der Rolle als Kollege/ Kollegin zur Rolle als Führungskraft

Erstaunlicherweise wird nicht der Wechsel von der Mitarbeiter- in die Führungsrolle durch ein neues Aufgabengebiet oder durch die Zunahme an Verantwortung, sondern der Wechsel von der bisherigen *Kollegen- in die Führungsrolle* als häufigste Veränderung thematisiert (z.B. U3, U4, U7, U9). Auffällig ist hierbei, dass sich die Expert/innen bei der Darstellung des Rollenwechsels auf interne Nachwuchskräfte konzentrieren. Lediglich der Personalleiter U4 nimmt Bezug auf den Übergang von externen Führungsneulingen und benennt Unterschiede zu intern berufenen Führungskräften. Seiner Einschätzung nach verfügen extern berufene Führungskräfte über mangelnde Kenntnisse über das Unternehmen und dessen Strukturen und haben normalerweise kein Netzwerk im Betrieb.

Die Befragten nennen unterschiedliche Aspekte des Rollenwechsels und beleuchten damit verschiedene Perspektiven der Veränderung. Die Übernahme der Führungsrolle hat für den Führungsneuling selbst und seine oder ihre Mitarbeiter/innen, die zuvor Kolleg/innen waren, unterschiedliche Konsequenzen. So kommt es zu einer Neuausrichtung des langjährigen und guten Arbeitsverhältnisses der bisherigen Kolleg/innen, wie der Befragte U3 berichtet. Die Veränderungen der beruflichen Rollen und der beruflichen Beziehungen haben die Wirkung, dass erstmals berufene Führungskräfte nun sowohl die Mitarbeiter- als auch die Kolleg/innenrolle vereinen müssen: „Also die anderen sind nicht mehr – sind schon noch Kollegen – aber sind jetzt irgendwo auch Mitarbeiter“ (U6, 397–398). Diese übernehmen statt ihrer bisherigen Rolle als Mitarbeiter/in oder als Kollege bzw. Kollegin nun die Führungsrolle, welche von einer Weisungsbefugnis „denen ich etwas zu sagen habe“ (U6, 398) geprägt ist. Der Befragte U9 macht in Bezug auf die Rollenübernahme deutlich, dass eine intern berufene Führungskraft damit eine neue und andere Rolle im Vergleich zu der bisherigen Rolle annehmen muss, was seiner Einschätzung nach nicht immer gelingt. Für den Leiter der Personalentwicklung U3 erfordert der Wechsel in die Führungsrolle die Positionierung, Ausrichtung und Schärfung des eigenen Rollenprofils und die Klärung der Frage, in welchem Maße diese die neue Rolle von der bisherigen Kolleg/innenrolle abgrenzen soll oder will (U3, 37).

Der Übergang vom ego- zum gruppenzentrierten Denken und Handeln

Bei der Übernahme der Führungsposition steht die Führungskraft nun nicht mehr als Individuum im Vordergrund, wie zuvor in der Mitarbeiterposition, sondern das Team der Mitarbeiter/innen (U2, U5), um „den Bereich weiter zu bringen“ (U7, 363). Demgemäß stellt sich an diese die Aufgabe, nicht mehr ego- sondern gruppenzentriert zu antizipieren, zu planen und zu handeln:

> „Also nicht einfach nur das Ziel und die Aufgabe genannt zu bekommen und selber nur für sich zu sorgen, wie mache ich das, sondern letztendlich für einen Bereich, für den man zuständig ist, zu überlegen, wie machen wir das jetzt insgesamt“ (U2, 252–254).

Ein gruppenzentriertes Denken verlangt von einem Führungsneuling:

- Gruppenprozesse, die Mitarbeiterzufriedenheit (U4, U6, U8) und die Nachfolgeplanung im Team der Mitarbeiter/innen zu steuern (U4, U8),

- gemeinsam mit dem Team Veränderungsprozesse umzusetzen und darüber hinaus zu antizipieren, welche Konsequenzen das eigene Handeln auf die Gruppe der Mitarbeiter/innen hat (U5).
- auf die Bedürfnisse der Mitarbeiter/innen einzugehen, alle Mitglieder des Teams gleichberechtigt zu behandeln und niemanden zu bevorzugen (U9).

Die Befragten nennen in Bezug auf Veränderungen, die Auswirkungen auf die Beziehungen und Rollen der neu berufenen Führungskraft haben, weitere Aspekte:

- Die *Anpassung des Führungsstils*, um die Mitarbeiter/innen individuell zu behandeln:

  > „Sie müssen wissen, ok, wie sind die Leute unterschiedlich drauf. Wen brauchen sie im Prinzip täglich, bei wem reicht es jede Woche oder bei wem können sie am Ende des Projekts sagen, machen Sie mal einen Termin, dann kommen Sie auf mich zu. Und das ist ja nicht so, dass das einmal angekippt wird und dann läuft es, sondern im Prinzip ändern sich täglich oder wöchentlich für bestimmte Leute bestimmte Prioritäten“ (U4, 998–1003).

- Ein Bewusstsein der eigenen *Vorbildfunktion* gegenüber Mitarbeiter/innen und Kolleg/innen (U9) wird vorausgesetzt. Mitarbeiter/innen erwarten laut dem Befragten U1 von ihrem oder ihrer Vorgesetzte/n auf der unteren Führungsebene häufig, dass diese/r für sie eine Vorbildfunktion in Bezug auf die Fachkompetenz einnimmt.
- Ein weiterer Aspekt, der bei der Beziehung zu den Mitarbeiter/innen zum Tragen kommt, ist, den Mittelweg zwischen *Nähe und Distanz* und eine Abgrenzung der *Rollen als Vertrauens- und Respektsperson* zu finden (U6, U9). Für den Personalleiter U9 kommt es dabei darauf an, dass die Führungskraft

  > „zu seinen Mitarbeitern den richtigen Abstand hat. Nicht zu weit weg, nicht zu nah dran, das ist ja oft der goldene Mittelweg. Sie dürfen sich nicht verbrüdern aber sie dürfen auch nicht zu sehr vom hohen Ross herab sein“ (U9, 174–177).

- Einzig der Personalentwickler U5 spricht Veränderungen der Beziehungen auch bei dem Team der Mitarbeiter/innen an. Seiner Einschätzung nach führt der Wechsel bzw. der Eintritt einer neuen Führungskraft zu Veränderungen des Gruppenprozesses, was Irritationen im Teamentwicklungsprozess zur Folge hat.

Veränderungen auf der kontextuellen Ebene

Veränderungen, die auf eine erstmals berufene Führungskraft durch die Transition zukommen, weisen allesamt auf eine Statuserhöhung der betroffenen Person hin. Folgende Aspekte werden von den Befragten aufgezählt:

- Vom externen Arbeitsmarkt rekrutierte Führungsneulinge werden damit konfrontiert, dass sie in ein Umfeld eintreten, in dem sie auf *neue und unbekannte Strukturen und Erwartungen* treffen (U1, U4).
- Die Interviewpartner/innen U5 und U9 bemerken, dass Führungsneulinge die Unterschiede zwischen ihrem alten und dem ihnen neu zugewiesenen *Aufgaben- und Arbeitsbereich* bewältigen müssen.
- Die Führungskraft bewegt sich durch den Wechsel in ein neues Büro und in eine neue Abteilung in einem *neuen räumlichen Arbeitsumfeld*. Eine Erhöhung der Arbeitszeit führt weiterhin zu einer Veränderung der *Work Life Balance* der betroffenen Person (U4, U5, U7).
- Ein maßgeblicher Unterschied zu der bisherigen Lebenswelt eines Führungsnovizen liegt in der neuen Führungstätigkeit, was eine *Statusveränderung bzw. -erhöhung* im beruflichen und privaten Umfeld der Person mit sich bringt: „Ich kann nach Hause gehen im Freundeskreis und sagen ich bin jetzt Chef. Über zehn Leute oder fünf Leute oder fünfzehn Leute“ (U5, 409–410).
- Eine weitere kontextuelle Veränderung stellt die *Erhöhung des Gehalts* als Führungskraft dar (U5, U6), was ebenfalls zu einer Statuserhöhung beiträgt (U6).
- Die Personalentwicklerin U6 bemerkt, dass sich die Lebenswelt des Führungsneulings in Bezug auf dessen oder deren *Kontakte* verändert. Während vor der Transition Kontakte und Netzwerk in erster Linie aus Personen der gleichen Hierarchieebene bestanden, wird der Kontakt zu den früheren Kolleg/innen geringer und zu anderen Führungskräften gleicher und höherer Hierarchieebenen intensiver.

Zwischenfazit und Ergebnisinterpretation

Die Veränderungen und Kompetenzanforderungen, die auf Führungsnovizen durch den Übergang in die Führungsposition zukommen, beziehen sich, zusammengefasst auf individueller Ebene, allesamt auf die erfolgreiche Ausübung der Führungsaufgaben. Diese verlangen von Führungsneulingen Verantwortung für die Mitarbeiter/innen und das eigene Führungshandeln (vgl. Paese, Wellins 2007). Daher werden Führungsneulingen nach Wahrnehmung der Befragten v.a. Führungskompetenzen, methodische Kompetenzen zur Bewältigung der Personalverantwortung, Kommunikations- und Konfliktfähigkeit abverlangt. Hinsichtlich interaktionaler Veränderungen ist die Transition durch den Wechsel und die Neupositionierung beruflicher Rollen und gruppenzentrierter Denk- und Handlungsweisen geprägt. Durch den Statuswechsel ändern sich die Rollenerwartungen von Mitarbeiter/innen und Vorgesetzten. Diese unterschiedlichen Erwartungen können zu einem Spannungsverhältnis führen. Dem Team der Führungskraft wird im Rahmen der Veränderungen durch den Eintritt eines oder einer neuen Vorgesetzten in eine Abteilung vom Großteil der Expert/innen keine Beachtung geschenkt. Führungsneulinge werden hierbei in erster Linie als die verantwortlichen Akteure wahrgenommen. Von den Befragten wird nicht erkannt, dass der Übergang auch für die Mitarbeiter/innen zu Veränderungen der Gruppendynamik und zu Unsicherheiten führt (Goodyear, Golden 2008). Damit wird die Transition als einseitiger Prozess betrachtet. Dies stellt einen Widerspruch dar, da Führung ein wechselseitiger Prozess ist, der durch die Kommunikation und Interaktion zwischen Menschen gekennzeichnet ist (vgl. Lohaus, Habermann 2012). In Bezug auf kontextuelle Veränderungen wird darüber hinaus deutlich, dass der Eintritt in ein neues Arbeitsgebiet und räumliches Arbeitsumfeld zu einer Statusveränderung und -erhöhung führt.

Einige Expert/innen (z.B. U4, U6) beziehen sich weiterhin häufig nicht spezifisch auf die Kompetenzanforderungen der Transition zur Führungskraft, sondern sprechen an einigen Stellen von Führungskräften im allgemeinen. In der Wahrnehmung der Befragten wird ein Führungsneuling sobald er oder sie in der Position tätig ist, mit den gleichen Anforderungen wie erfahrenere Führungskräfte konfrontiert. Es handelt es sich daher nicht um einen langsamen Veränderungsprozess, sondern um einen Ad-Hoc-Wechsel der Rollenerwartungen und Kompetenzanforderungen. Führungsneulinge sollen sich rasch in die neuen Führungsaufgaben einarbeiten und diese bei Stellenantritt erfüllen. Die Kompetenzanforderungen an Führungsneulinge verdeutlichen damit, dass die Anpassung an die Führungsrolle sofort bei Einmündung in die Führungsposition zu erfolgen hat und dass dem Übergang mit seinen spezifischen Merkmalen im Unternehmenskontext kaum Beachtung geschenkt wird.

9.4 Vergleich der Kompetenzanforderungen von High Potentials und Führungsnovizen

Nachdem die Kompetenzanforderungen zur Ernennung als Führungskraft und zur Bewältigung der Transition in die Führungslaufbahn dargestellt wurden, sollen nun Unterschiede zwischen beiden Statuspositionen herausgearbeitet und voneinander abgegrenzt werden.

Um auf der Mitarbeiterebene als Führungskraft entdeckt zu werden, muss die einzelne Person ein sogenanntes „Allround Talent" sein und mit überdurchschnittlicher Leistung, großer Fachkompetenz, hohen sozialen sowie personalen Kompetenzen und starker Eigeninitiative aktiv hervorstechen. Gerade Sichtbarkeit wird zu einem wichtigen Faktor, der den Aufstieg massiv begünstigen oder auch erschweren kann. Dieses Merkmal, Teamfähigkeit, Bereitschaft für internationale Mobilität und Leistungsbereitschaft wirken lediglich bei Nachwuchskräften als Aufstiegsfaktoren, werden im Rahmen der Transition in die Führungsrolle von den Befragten nicht mehr (bzw. lediglich internationale Mobilität vom Personalleiter U4) aufgeführt. Fachkompetenzen, Eigeninitiative und der Wunsch nach Weiterentwicklung sind wichtige Faktoren für den beruflichen Aufstieg. Für die Bewältigung sind aber andere Kompetenzen aus Sicht der Befragten relevanter. Der Leiter der Personalentwicklung U8 geht auf die abnehmende Relevanz der Fachkompetenz folgendermaßen ein:

> „fachliche Voraussetzung ist dann am Ende des Tages nicht mehr so wichtig. Sie müssen im Vorfeld gezeigt haben, dass Sie was können, ja. Aber um dann Chef zu werden, sind andere Dinge spielentscheidend. Fachwissen nimmt mit zunehmender Hierarchiestufe gnadenlos ab." (U8, 508–511).

Mit dem Übergang in die Führungsverantwortung steht nicht mehr die einzelne Person mit ihren Kompetenzen, die sie erfolgreich und im Unternehmen bekannt gemacht haben, sondern das Team der Mitarbeiter/innen und deren Anleitung und Verantwortung im Vordergrund. Von einem Führungsneuling werden deshalb methodische Kompetenzen und Führungskompetenzen gefordert. Daher werden bei der erstmaligen Übernahme einer Führungsposition der Führungskraft reale Führungskompetenzen, Konflikt- und Kommunikationsfähigkeit, Zielorientierung, die Fähigkeiten zu strukturieren und zu steuern sowie Informationen zu geben und einzuholen, abverlangt. Dieser Wandel führt zu zunehmender Arbeitszeit und einer Veränderung der Work Life Balance. U7 gibt zu, dass der Aufstieg zur Führungskraft einen erhöhten Einsatz von Arbeitszeit und Energie mit sich bringt.

Durch einen Vergleich der Kompetenzanforderungen zur Ernennung als High Potential und zur Bewältigung des Übergangs lässt sich somit die Erkenntnis gewinnen, dass die Kompetenzanforderungen zur erstmaligen Ausübung der Führungsrolle einen Wechsel und einen Widerspruch für einen Führungsneuling darstellen. Diese Erkenntnis hatte die Befragte U2 in ihrer beruflichen Tätigkeit als Leiterin der Führungskräfteentwicklung und des Talent Managements ebenfalls, was sie wie folgt schildert:

> „Die kommen, weil die fachlich gut sind, die kommen, weil die so von ihrer Art her, wie sie Sachen angehen, was sie bis jetzt an Erfolgen erreicht haben, akzeptiert sind im Unternehmen, weil sie viel schaffen, weil sie sehr motiviert sind, weil sie ehrgeizig sind, aber jetzt nicht unbedingt, weil sie die großen Menschen-Jongleure sind oder über ihre Gefühle reden können oder was auch immer. Das versuchen wir denen eher dann im Nachhinein momentan noch mal deutlicher zu machen, dass das auch mit dazugehört, um eine gute Führungskraft zu sein" (U2, 911–917).

Aus der Aussage der Expertin U2 folgt, dass es einer Begleitung von Nachwuchsführungskräften in die Führungsrolle bedarf. Der Unterschied und der Widerspruch der Kompetenzanforderungen zwischen der Mitarbeiter- und der Führungsposition muss minimiert, in Einklang gebracht und damit eine Anpassung an die Kompetenzanforderungen als Führungskraft ermöglicht werden.

9.5 Die Unterstützung der Transition in der Unternehmenspraxis

Da das Erkenntnisinteresse der Untersuchung darin liegt, die Vorbereitung und Begleitung der Transition von angehenden Führungskräften zu analysieren, wurden die Expert/innen aufgefordert, den Prozess der Transition und dessen Begleitung durch das Unternehmen zu beschreiben. Dementsprechend wurden ihnen die folgenden Fragen gestellt:

1. Begleitet Ihr Unternehmen den Übergang zur Führungskraft?
2. Wie begleitet Ihr Unternehmen diesen Prozess?

Daher sollen nun die Ergebnisse zu den Merkmalen der Unterstützung des Übergangs durch die befragten Unternehmen und die jeweils eingesetzten Instrumente und Verfahren der Führungskräfteentwicklung dargestellt werden.

9.5.1 Merkmale der Begleitung des Übergangs von der Mitarbeiter- in die Führungsposition

Die Analyse der Äußerungen der Selektionsverantwortlichen zeigt, dass die Transition zur Führungskraft in allen neun Großunternehmen in den Regionen Schwaben und Oberbayern durch verschiedene Verfahren und Instrumente der Personalentwicklung begleitet wird. Allerdings muss der Übergangsprozess von einem Führungsneuling in hoher Eigenverantwortung und -iniative gemeistert werden. Sein Verlauf wird durch die Unterstützung der Vorgesetzten beeinflusst. Die Begleitung des Übergangs erfolgt in einigen Unternehmen situativ, mit einer geringen Standardisierung des Prozesses und häufig nach unklaren Vorgaben (U1, U2, U4). Laut dem Personalentwickler U1 wird eine Vorbereitung auf eine Führungsposition im Unternehmen unterschiedlich gestaltet wird bzw. erfolgt gegebenenfalls keine Vorbereitung auf die neue Rolle:

> „Es läuft aber auch nicht immer so, dass jemand da wirklich 100% darauf vorbereitet wird. Also es kann sein, dass jemand in diesen Nachwuchspool reinkommt, in seiner aktuellen Abteilung aber gar keine Chance hat, irgendwelche Führungsaufgaben

wahrzunehmen und irgendwann bekommt er eine Stelle angeboten, wird auch genommen. Also das gibt es genauso. Ja, also ich würde jetzt nicht sagen, dass das da immer so gleich abläuft“ (U1, 517–522).

Im Unternehmen U2 gibt es keine definierten Begriffe für die Begleitung der Transition zur Führungskraft. „Sie merken, wir haben da gar keine Begriffe für irgendwie“ (U2, 932–933). Ebenso herrscht nach der Leiterin der Führungskräfteentwicklung und des Talent Managements keine Transparenz der Erwartungen und Aufgaben als Führungskraft, über welche ein Führungsneuling informiert wird. „Also es gibt keine klaren Willensäußerungen des Unternehmens, das dann sagt, ab jetzt machst du das bitte so und so oder ganz klar, deine Aufgaben sind ab jetzt, das heißt für dich“ (U2, 972–974). Die Begleitung der Transition verläuft somit ihrer Einschätzung nach ohne einen festen Rahmen und „fließender, intuitiver und findet sich halt irgendwie“ (U2, 998), um sich nicht an bestimmten Vorgaben messen lassen bzw. diese umsetzen zu müssen, worauf die Befragte hinweist. Sie erklärt: „Es ist wenig klar geregelt, wo ich sage, das sind ganz klare Prozesse, wie ich zur Führungskraft werde, was mit mir passiert, wenn ich Führungskraft bin, wie ich da drin begleitet werde“ (U2, 995–997). Trotz einer systematischen und standardisierten Führungskräfteentwicklung im Unternehmen U5 lehnt dessen Personalentwickler eine reine Standardisierung der Begleitung des Übergangsprozesses ab. Er hält gerade eine persönliche Begleitung für wichtig:

„Man kann nicht immer alles standardisieren nach dem Motto ‚Was gibt es da?‘. Dafür gibt es kein Training oder dergleichen. Sondern das hat viel mit, und ich denke ich wiederhole mich jetzt da auch immer wieder mal, sagen wir mal persönlicher Begleitung zu tun.“ (U5, 503–506).

Ein Führungsneuling muss eine große Eigeninitiative und Eigenverantwortung zeigen und Unterstützung und Informationen zur Ausübung der Führungsaufgaben selbst einfordern (U1, U2, U5, U6). Nach dem Personalentwickler U5 muss die erstmals berufene Führungskraft „auch selber aktiv werden und was dafür tun, dass es ihr gut geht“ (U5, 470–471). Die Befragte U2 betont: „Vieles muss einfach durch die Person selbst dann geschafft werden. Also es gibt keine klare Begleitung in diesen Phasen, sondern es ist mehr so, herzlichen Glückwunsch, jetzt hast du den Job und mach es“ (U2, 933–935). Diese Erwartungshaltung wird von der Interviewpartnerin U2 als Widerspruch erlebt „weil man vorher ja eher dieses ‘ich werde entdeckt’ hat, aber sobald ich in der Position bin, ‘so jetzt bist du aber auch verantwortlich’“ (U2, 1015–1017).

Andererseits wird den Vorgesetzten von Führungsnovizen bei der Begleitung des Übergangs von mehr als der Hälfte der Expert/innen (u.a. U1, U4, U5, U6) eine wichtige Rolle zugesprochen. Der oder die Vorgesetzte begleitet und steuert den Entwicklungsprozess zur Führungskraft mit, indem er oder sie mit der Nachwuchsführungskraft oder der bereits berufenen Führungskraft einen Entwicklungsplan zur Vorbereitung oder Bewältigung der Transition festlegt (U2, U6). Die Begleitung ist für die Befragte U2 in hohem Maße von dem Wohlwollen und der Unterstützung der oder des Vorgesetzten abhängig. Der Personalentwickler U5 sieht es als deren Verantwortung an, den Prozess des Übergangs zu begleiten und zu steuern:

> „Und dann dürfen wir natürlich nie vergessen, dass diese Führungskraft ja nicht alleine, unabhängig von der Gesamtorganisation mit dem Team agiert. Sondern sie hat ja ihrerseits auch wieder eine Führungskraft. Und die ist natürlich verantwortlich dafür, dass der gesamte Bereich gut läuft. (…) Und das bedeutet natürlich auch hier regelmäßige Gesprächigkeit, Gespräche, Reflexionen, Coachingangebote. Ich als dein Chef frage dich, Führungskraft, wie geht es dir eigentlich? Was glaubst du, wie es deinem Team mit dir geht? Du hast ja diesen Sprung geschafft, was braucht es noch? Braucht es Entwicklungsmaßnahmen, braucht es, sagen wir mal, irgendeine Form von Unterstützung? Ist das wirklich der richtige Job? Also das sind, denke ich, ganz wichtige, sagen wir mal, Steuerungsinstrumente" (U5, 454–466).

9.5.2 Instrumente und Verfahren zur Vorbereitung auf Führungsaufgaben

Der Großteil der Befragten (wie z.B. U1, U3, U4, U7) geht in den Gesprächen darauf ein, genauer zu beschreiben, wie der Prozess der Transition zur Führungskraft bzw. wie die Vorbereitung auf die Führungsrolle in den Unternehmen gestaltet wird. Durch diese Ausführungen kann der Prozess analysiert und verglichen werden. Die Ergebnisse veranschaulichen, dass nach der Identifikation in den Unternehmen entweder

1. eine mittel- bis langfristige Vorbereitung,
2. eine kurzfristige Planung und Vorbereitung des Übergangs zur Führungskraft oder
3. eine Begleitung erst bei der Stellenübernahme erfolgt.

1. Mittel- bis langfristige Vorbereitung der Transition zur Führungskraft

Der Identifizierung als zukünftige Führungskraft schließen sich die Planung und Durchführung von Personalentwicklungsmaßnahmen (U1, U6, U7, U9) oder die Teilnahme an einem High Potential-Förderprogramm (U2, U6, U7) an, bevor die Übernahme einer Führungsposition ansteht. Eine mittel- bis langfristige Planung bedeutet, dass die Nachwuchsführungskraft in den kommenden ein bis fünf Jahren eine frei werdende Stelle übernehmen soll (U1, U2, U4).

Die Personalentwicklerin U6 differenziert zwischen einer mittelfristen Planungszeit von zwei bis drei Jahren und einer langfristigen Planungszeit von fünf bis sieben Jahren. Im Industrieunternehmen U4 kann die Identifizierung und Vorbereitung der Transition drei bis fünf Jahre dauern. Eine langjährige Vorbereitungszeit dient nach dem Befragten dazu, die Eignung einer potentiellen Führungskraft durch verschiedene „on-the-job“-Maßnahmen, wie Projektarbeiten oder Auslandsaufenthalte, zu prüfen, bevor die Person eine Führungsposition übernimmt.

2. Kurzfristige Vorbereitung der Transition zur Führungskraft

Die Selektionsverantwortlichen U6, U7, U8 und U9 berichten dagegen davon, dass Nachwuchsführungskräfte häufig die Führungsposition kurzfristig „von heute auf morgen“ (U6, 459) antreten. Dementsprechend gibt es in diesem Fall keine Vorbereitung, sondern nur die Hoffnung, die betroffene Person werde die Transition selbst- und eigenständig erfolgreich bewältigen (U6). Der Personalleiter U8 weist auf den Zeitfaktor bei der Vorbereitung hin: „Man bereitet den tatsächlich auch auf diese Aufgabe vor, sofern man die Zeit dazu hat“ (U8, 498–499).

3. Begleitung der Führungsnovizen erst bei Stellenübernahme

In den Unternehmen U3 und U5 werden angehende Führungskräfte nicht auf die Führungsposition vorbereitet. Stattdessen erhalten erstmals berufene Führungskräfte bei Stellenantritt Unterstützung der Bewältigung des Übergangs durch begleitende und miteinander verknüpfte Maßnahmen der Personalentwicklung.

In der Unternehmenspraxis existieren folglich drei verschiedene Gestaltungsarten der Einmündung in die Führungsposition, welche von der zur Verfügung stehenden Zeit der Nachfolgeplanung und Stellenbesetzung und dem Schwerpunkt der Führungskräfteentwicklung abhängen.

9.5.3 Instrumente und Verfahren zur Begleitung der Transition zur Führungskraft

In den befragten Unternehmen werden unterschiedliche Instrumente und Verfahren der Personalentwicklung angewandt, welche die angehenden Führungskräfte bei einem erfolgreichen Übergang in die neue Position unterstützen sollen. Hinsichtlich der Angebote muss man nach unterschiedlichen Zielgruppen und Zeitpunkten differenzieren. So wird zwischen Nachwuchskräften, die als potentielle Führungskräfte identifiziert wurden und die noch keine Führungsverantwortung besitzen, und Führungsneulingen, die erstmals diese Funktion ausüben, unterschieden. Bei Nachwuchsführungskräften dienen die Angebote der Personalentwicklung als Vorbereitung auf eine spätere Tätigkeit als Führungskraft, während sie Führungskräfte, die erstmals in der Führungsrolle tätig sind, bei der erfolgreichen Bewältigung der an sie gerichteten Erwartungen und Aufgaben begleiten sollen.

Instrumente und Verfahren zur Vorbereitung auf eine Führungsposition

Die Auswertung der Interviews macht deutlich, dass angehende Führungskräfte durch on-the-job-Maßnahmen, Trainings sowie Trainee- und Förderprogramme auf eine zukünftige Führungsposition vorbereitet werden. Die von den Expert/innen aufgezählten Instrumente und Verfahren werden hinsichtlich ihrer genannten Häufigkeit in folgender Grafik dargestellt:

Abbildung 21: Instrumente und Verfahren zur Vorbereitung auf Führungspositionen

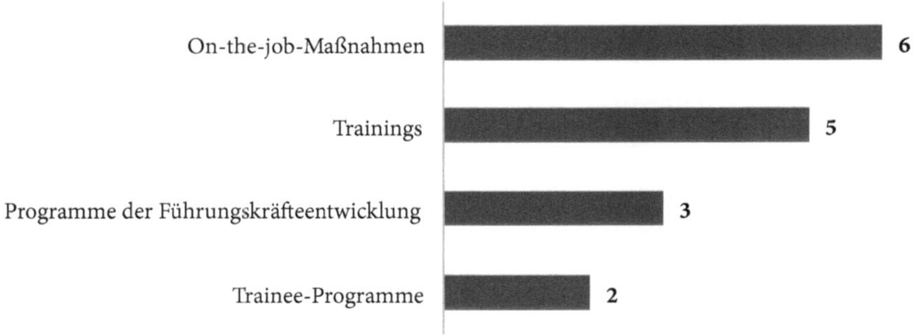

Durch die Abbildung wird erkennbar, dass on-the-job-Maßnahmen in sechs Betrieben (wie z.B. U1, U6, U9) und Trainings in fünf der neun befragten Unternehmen (wie z.B. in U2, U4, U7) zur Vorbereitung von angehenden Führungskräften zum Einsatz kommen. Neben begleitenden Maßnahmen werden in jeweils zwei bzw. drei der neun Unternehmen Traineeprogramme (U2, U3) und Programme zur Entwicklung von Nachwuchsführungskräften (U2, U6, U7) angeboten.

Trainee- und Förderprogramme für den Führungsnachwuchs

Trainee- und Führungskräfteentwicklungsprogramme erweisen sich hinsichtlich ihrer Zielgruppen und der inhaltlichen Bausteine als recht heterogen. Die Trainee-Programme dienen der Talentgewinnung von zukünftigen Führungskräften, die „eher (…) Durchstarter und überall einsetzbar“ (U2, 333–334) sind. Es wird durch die Einstellung von externen Nachwuchskräften das Ziel verfolgt, „auch selber stärker für den Nachwuchs [zu] sorgen“ (U3, 181–182) und die Trainees „in Richtung Management anzutreiben“ (U3,186). Daher wird das Trainee-Programm von dem Leiter der Personalentwicklung und des Change Managements U3 als ein Programm für externe Nachwuchsführungskräfte bezeichnet.

Die Förderprogramme für Nachwuchsführungskräfte richten sich in den Unternehmen U2 und U7 an bereits identifizierte zukünftige Führungskräfte, Mitarbeiter/innen mit einer Stellvertreterfunktion und Personen mit erster Führungsverantwortung. Zur Förderung und Weiterentwicklung der Führungskompetenz erhält der an dem Programm teilnehmende Führungsnachwuchs im Unternehmen U7 Unterstützung zur Vorbereitung auf die Führungsrolle durch Literatur zum Thema Führung, Projektarbeiten über mehrere Monate, die Hospitation bei Bewerbungsgesprächen, Beratung und Erfahrungsaustausch durch einen Mentor oder eine Mentorin aus der obersten Führungsebene, Führungstrainings und kollegialen Austausch mit anderen Programmteilnehmer/innen in einem jährlich stattfindenden Vernetzungstreffen. Im Unternehmen U2 werden die Elemente Feedback und Selbstreflexion betont, da in diesen Punkten mögliche Defizite für die spätere Ausübung der Führungsrolle festzustellen sind. Parallel bietet dieses Vorgehen den Vorteil, die Führungspersönlichkeit und -philosophie einer Nachwuchsführungskraft zu einem geeigneten Zeitpunkt zu beeinflussen, wo eine hohe Bereitschaft für Weiterentwicklung zu beobachten ist. In Planspielen steht für die Befragte U2 daher die Reflexion der Führungsrolle und von Gruppenprozessen im Vordergrund.

On-the-job-Maßnahmen

Zwei Drittel der Expert/innen (z.B. U1, U6, U7, U9) zählen verschiedene on-the-job-Maßnahmen als „kleine Führungsthemen“ (U1, 428) zur Entwicklung von angehenden Führungskräften auf. Durch eine „Vertretungsregelung, über Betreuung von Praktikanten, Diplomanden“ (U1, 429–430), eine „Stellvertreterposition“ (U7, 185), „ein interessanteres Projekt“ (U4, 518–519), „ein anderes Aufgabenspektrum, bei dem man noch ein bisschen mehr machen muss“ (U6, 451–452) oder ein „größeres Paket, ein größerer Umfang, anderer Kunde, andere Location, Ausland“ (U4, 308–309) wird Nachwuchsführungskräften mehr Verantwortung übertragen. Die Möglichkeit, weitere Führungserfahrungen im Ausland zu sammeln, wird lediglich von zwei Befragten (U2, U4) angeführt. Für die Expertin U2 dienen Seminare zum punktuellen und theoretischen Lernen und sind ihrer Meinung nach als Ergänzung zur Vorbereitung auf Führungsaufgaben geeignet. On-the-job-Maßnahmen hält sie für die geeigneten Verfahren zur Entwicklung für die zukünftige Führungsrolle. Durch die Übernahme von ersten Führungsaufgaben profitieren die Nachwuchsführungskräfte vom Erfahrungswissen anderer, sammeln eigene Lernerfahrungen und übernehmen Verantwortung in realen Situationen. Für die Expertin U2 steht daher fest: „Wenn es darum geht, dass ich daran wachse, dass ich selber Dinge erlebe, dass ich selber mich einer Verantwortung stelle, dann passiert das eigentlich nur on-the-job durch eine Jobrotation, Auslandsentsendung, Stellvertretung, Projekte, die ich übernehme" (U2, 637–640).

Personalverantwortliche können durch on-the-job-Maßnahmen die Entwicklung der angehenden Führungskraft beobachten (U2) und prüfen, ob die Einschätzung ihrer Eignung für eine Führungsposition bestätigt wird (U2, U4, U7, U9). Dieses Verfahren gibt den Vorgesetzten die Möglichkeit, einen Eindruck von dem Führungsverhalten der Nachwuchsführungskraft zu gewinnen: „An die ich dann wirklich mal, wenn ich nicht da bin, die Verantwortung übertrage und dann auch sehe, wie der in bestimmten Situationen reagiert" (U7, 716–717).

Die Bestätigung des Führungspotentials einer Person durch ihre Bewährung in der Übernahme von Verantwortung unterstreicht der Personalleiter U9:

> „Dann kriegen sie klassisch eine Projektaufgabe, bevor sie eine Führungsaufgabe übernehmen, damit die gut läuft, wo sie dann auch informell führen als Projektleiter. Sie haben ja keine rechte Kompetenz gegenüber anderen Mitarbeitern, müssen die aber trotzdem anleiten. Und wenn sie das schaffen, obwohl sie nicht institutionalisiert der Vorgesetzte sind, dann haben sie sicher auch das Rüstzeug, um weiterzukommen" (U9, 484–488).

Trainings

Neben on-the-job-Maßnahmen werden Trainings von einigen Interviewpartner/innen (z.B. U1, U2, U6, U8) am häufigsten als Instrument genannt, um angehende Führungskräfte auf die Führungsrolle vorzubereiten. In den Trainings stehen die Themen Führung, Konfliktmanagement, die Reflexion der Führungsrolle und von Gruppenprozessen im Vordergrund. Der Leiter der Personalentwicklung U8 erklärt: „Also angefangen mit, was ist Führung, was ist mein Selbstverständnis als Vorgesetzter, wie kann ich im Team arbeiten, wie soll ich nicht im Team arbeiten, wie sage ich es lieber, wie sage ich es eher nicht" (U8, 133–136). Nach der Personalentwicklerin U6 werden angehenden Führungskräften in einzelnen Seminaren und in Personalentwicklungsprogrammen Projektmanagementkompetenzen und „Soft Skills" (U6, 232) vermittelt. Im Unternehmen U9 werden in Mitarbeitergesprächen zwischen der angehenden Führungskraft und deren Vorgesetzten und in individuellen Entwicklungsplänen mit der Personalabteilung festgelegt, welche Verfahren und Instrumente zur Vorbereitung eingesetzt werden. Hier sind Seminare die erste Wahl zur Vorbereitung auf zukünftige Führungspositionen:

> „Da wird auch in Jahresgesprächen generell über so etwas auch gesprochen, wo es ja dann heißt, okay bevor ich Führungskraft werde, muss ich meine Kompetenz in sachlichem Umgang mit Mitarbeitern ohne Verletzungen stärken. Dann wird jemand auf ein Seminar geschickt, es können externe Seminare sein, es können aber auch interne Seminare sein" (U9, 237–241).

Instrumente und Verfahren zur Unterstützung der Transition von Führungsnovizen

Die Expert/innen wurden dazu befragt, ob bzw. wie der Übergang zur Führungskraft begleitet und unterstützt wird. Führungskräfte, die erstmals eine Führungsposition übernehmen, benötigen Unterstützung entsprechend den Fragestellungen „Braucht es Entwicklungsmaßnahmen? Braucht es, sagen wir mal, irgendeine Form von Unterstützung? Ist das wirklich der richtige Job?" (U5, 464–465).

Das folgende Diagramm zeigt die Ergebnisse der Analyse in der Zusammenschau aller Interviews, welche Instrumente der Führungskräfteentwicklung zur Unterstützung der Transition zur Führungskraft in den befragten Unternehmen angewandt werden:

Abbildung 22: Instrumente und Verfahren zur Unterstützung der Transition zur Führungskraft

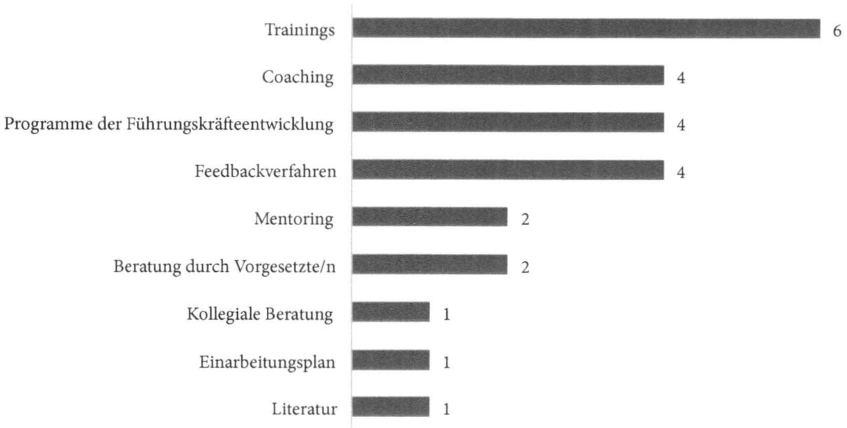

Aus der Abbildung geht hervor, dass an erster Stelle Trainings, an zweiter Stelle Coaching, Feedbackverfahren und Förderprogramme sowie an dritter Stelle

Mentoring und Beratung durch die Vorgesetzten die Instrumente und Maßnahmen sind, die eine erstmals ernannte Führungskraft bei der Bewältigung der an sie gerichteten Anforderungen unterstützen sollen. Von einzelnen Befragten werden Literatur, das Instrument der Kollegialen Beratung sowie Einarbeitungspläne als weitere unterstützende Maßnahmen genannt. Im Folgenden sollen die einzelnen Verfahren und Instrumente hinsichtlich ihres Einsatzes, ihrer Konzeption und Zielsetzung in der Unternehmenspraxis genauer vorgestellt und analysiert werden.

Trainings für Führungsnovizen und deren Team

Das Instrument, welches zur Begleitung des Übergangs in die Führungsrolle am häufigsten verwendet wird, sind Trainings für die Führungskraft (z.B. U1, U6, U9) oder für das Team (U2, U5). Diese dienen hauptsächlich der Förderung von Führungs-, Konfliktmanagement- und methodischen Kompetenzen wie der Leiter der Personalentwicklung und des Change Managements U3 anmerkt. Für den Personalleiter U9 dienen Trainings zur grundlegenden Begleitung von Führungskräften, die teilweise international standardisiert im gesamten Unternehmen angeboten werden:

> „Also proaktiv haben Sie die Führungskräfteschulungen Dynamic-Leadership, Verhandlungstechniken, wie es in jedem großen Unternehmen ist. Das sind zum Teil Schulungen, die konzernweit standardisiert sind. Die Schulung haben wir halt in unterschiedlichen Sprachen, aber an sich ist sie in China und in Deutschland die gleiche" (U9, 251–254).

Maßnahmen zur Teamentwicklung werden von den beiden Expert/innen U2 und U5 aufgezählt. Im Unternehmen U5 wird die Transition durch einen „Teamworkshop" (U5, 375) begleitet, welchen ein Führungsneuling und sein oder ihr Team situativ in Anspruch nehmen können: entweder direkt nach der Stellenübernahme oder nach den ersten 100 Tagen der Führungstätigkeit. Der Befragte U5 betont, dass es sich hierbei um kein standardmäßiges Angebot handelt, sondern dass die Themen des Workshops situativ an die Bedürfnisse des Teams und des Führungsneulings angepasst werden. Dieses Instrument wird, abhängig vom gewählten Zeitpunkt seiner Durchführung, für ein Kennenlernen zwischen Führungskraft und den Teammitgliedern, als eine wechselseitige Erwartungsabfrage, zur weiteren Planung der Zusammenarbeit oder für ein strukturiertes gegenseitiges Feedback verwendet, das nach dem Experten den folgenden Vorteil hat:

> „Jedes Mal, wenn ein neuer Mitarbeiter kommt und umso mehr, wenn ein neuer Chef kommt. Und das auch frühzeitig mal miteinander zu reflektieren und Vereinbarungen zu treffen, die sagen wir mal diese zu Beginn üblichen und nicht ganz vermeidbaren

> Irritationen mindern helfen, damit das Team schneller in die Performing-Phase kommen kann“ (U5, 379–383).

Im Gegensatz zum Unternehmen U5 werden im Betrieb U2 Maßnahmen der Teamentwicklung nur bei Konflikten zwischen dem Team und der Führungskraft eingesetzt: „Also da muss es schon wirklich kriseln, damit [man] das dann (…) letztendlich macht“ (U2, 1071–1072).

Beratung durch Coaching, Mentoring, die Vorgesetzten und Kollegiale Beratung

Die Instrumente, die von den Expert/innen am häufigsten genannt werden, fokussieren sich auf die individuelle Beratung der erstmals berufenen Führungskraft. Coaching wird von einigen Befragten (u.a. U3, U4, U9) als Instrument zur Begleitung der Transition „wenn sie etwas weiterkommen in ihrer Führungsaufgabenstellung, der Umfang größer wird“ (U4, 682–683) aufgezählt. Der Befragte U3 berichtet, dass Führungsnovizen ein „Führungswechselcoaching“ (U3, 286–287) mit externen Coaches in Anspruch nehmen können, um „gut in diese Funktion zu kommen“ (U3, 288). Der Personalentwickler U5 bevorzugt Coaching, weil dies für ihn mit „persönlicher Begleitung zu tun [hat]. Das geht in der Regel am besten durch Coaching“ (U5, 505–506). Neben Coaching führen die Befragten U8 und U9 Mentoring als begleitendes Instrument zur Bewältigung der Transition für Führungsneulinge auf. Mentoring erfüllt für den Leiter der Personalentwicklung U8 dabei die folgende Funktion:

> „Zunächst mal müssen wir versuchen, bei diesen beförderten Mitarbeitern nach wie vor die Bodenhaftung zu erhalten. Ich denke, das ist ganz wichtig, dass der nicht plötzlich abhebt. Er bekommt während dieser Zeit, während des ersten halben Jahres in der Regel auch so einen internen Mentor an die Seite gestellt, der ihm die Möglichkeit eröffnet, wenn er Themen hat, bei denen er unsicher ist, zum Telefon zu greifen und [zu] fragen, was würden Sie machen“ (U8,370–375).

Die Möglichkeit, dass sich Führungsnovizen an die eigenen Vorgesetzten bei Fragen richten, wird von den beiden Expert/innen U2 und U5 angesprochen. Der Personalentwickler U5 sieht den oder die Vorgesetzte/n in der Verantwortung, Gespräche über die Entwicklung und das Wohlbefinden in der Führungsrolle zu führen und weitere Entwicklungsmaßnahmen zu planen. Das Instrument der Kollegialen Beratung zwischen neu berufenen Führungskräften zur gegenseitigen Beratung als ein „kollegiales Teamcoaching“ (U3, 295) kommt im Unternehmen U3 zum Einsatz. Dieses Verfahren bietet den Vorteil, dass im Rahmen der Sitzungen unternehmensspezifische Themen theoretisch vermittelt werden können.

Feedbackverfahren

In den Aussagen einiger Interviewpartner/innen (U1, U2, U5, U7) ist die Relevanz von Feedbackverfahren zur Begleitung der Transition zu erkennen. Führungsneulinge erhalten Rückmeldung zu ihrem bisherigen Führungsverhalten durch Mitarbeiterfeedbacks (U2, U5), Kolleg/innenfeedbacks (U2) oder durch Vorgesetztenfeedbacks (U5, U7). „Fragebogenbasierend bekommt die Führungskraft Rückmeldung: So und so wirst du gesehen. Und wird abgeglichen mit dem Selbstbild“ (U5, 450–454). Durch informelle Rückmeldungen von den Mitarbeiter/innen und der Führungskraft selbst „eher so off-records“ (U4, 714) sammeln Vorgesetzte und Personalabteilung, wie die Interviewpartner U1, U4 und U8 äußern, Eindrücke über den Verlauf der Transition, die Ausübung der Führungsrolle und die Akzeptanz der Führungskraft bei den Mitarbeiter/innen im Sinne „wie kommt der als Führungskraft bei seinen Menschen an“ (U8, 519).

Einarbeitungsplan und Literatur

Im Unternehmen U8 wird laut dem Leiter der Personalentwicklung der Übergang in die Führungsrolle dadurch begleitet, dass die erstmals berufene Führungskraft einen Einarbeitungsplan erhält, um Kontakte bzw. ein unternehmensinternes Netzwerk aufzubauen und für seine oder ihre Arbeit notwendige Schnittstellen kennenzulernen, „die er bisher nur vom Hörensagen kennt, dass er die lernen kann. Was haben die für Aufgaben, wo bringen sie ihm Nutzen, wo bringen sie ihm vielleicht nur Ärger“ (U8, 380–382).

Programme der Führungskräfteentwicklung

Neben Instrumenten der Personalentwicklung gibt knapp die Hälfte der Befragten (U2, U6, U7, U9) an, dass in ihren Unternehmen Förderprogramme für erstmals ernannte Führungskräfte angeboten werden. Ihre Dauer reicht jeweils von einem zweiwöchigen Schulungsaufenthalt (U9), über mehrere Monate (U6) bis hin zu einem Jahr (U7). Weitere detaillierte Angaben zu den einzelnen Förderprogrammen für Führungskräfte werden jedoch nur von den Befragten des Unternehmens U7 gemacht. Die anderen Expert/innen geben zu den Programmen wenige und oberflächliche Angaben, die kaum Aussagen über die einzelnen Programme erlauben. Die Personalentwicklerin U6 beschreibt das unternehmensinterne Förderprogramm für Führungskräfte mit den folgenden Worten: „Sind unterschiedliche Module, in denen man halt irgendwo so die Leute weiterentwickelt“ (U6, 241–242). Zudem übertrifft ihrer Aussage nach die Nachfrage interessierter Teilnehmer/innen das Angebot. Die Selektionsverantwortlichen nennen größtenteils Trainings als Elemente der Programme (U6, U7, U9). Im Unternehmen U7 besteht das Programm aus den Bausteinen Mentoring, Coaching, Selbststudium durch Literatur, Projektarbeiten und ein jährliches kollegiales Austauschtreffen. Anhand der Ausführungen der Expert/innen lässt sich darstellen, dass Trainings für die Führungskraft (U1, U6, U7, U9) das Instrument sind, welches in den Programmen den höchsten Stellenwert hat. Die Befragten zählen verschiedene Themen der Trainings auf, wie zur Schulung unternehmerischer Kenntnisse (U1, U9), der Führungskompetenz, Soft Skills oder dem Projektmanagement (U1, U6, U9), verzichten jedoch auf konkrete Erklärungen und Beschreibungen.

Die Umsetzung des Talent Managements bei der Transition von der Mitarbeiter- in die Führungsposition

Die Phasen der Identifikation und Auswahl von zukünftigen Führungskräften und deren Vorbereitung und Unterstützung zur Ausübung der Führungsrolle verlaufen in den befragten Unternehmen recht unterschiedlich. Zielsetzung der Analyse war, herauszuarbeiten, ob bzw. hinsichtlich welcher Aspekte der Talentidentifikation, -selektion und -entwicklung in den Unternehmen Ähnlichkeiten oder Unterschiede bestehen. Daher wurden die beiden Phasen der Identifizierung und der Förderung bzw. Vorbereitung als Führungskraft zunächst isoliert voneinander betrachtet.

1. Dabei zeigt sich: Zwei Drittel der Unternehmen nennen nur ein bis zwei Instrumente und Verfahren zur Selektion von angehenden Führungskräften (z.B. U3, U6, U7, U9). Das weitere Drittel der Unternehmen (U1, U2, U5) kann jeweils auf drei bis fünf Instrumente zur Führungskräfteauswahl zurückgreifen.
2. Nachwuchsführungskräfte und Führungsneulinge werden in einem Drittel der Unternehmen mit bis zu vier Instrumenten und Verfahren (U1, U3, U4) und in zwei Drittel der Unternehmen mit mehr als vier Instrumenten bei der Bewältigung der Transition zur Führungskraft unterstützt.

Durch die Bildung einer Typologie über den Zusammenhang zwischen der Anzahl der Identifizierungs- und Auswahlinstrumente und der Anzahl der Instrumente zur Unterstützung der Transition von der Mitarbeiter- in die Führungsposition können vier unterschiedliche Schwerpunkte in Bezug auf die Ausgestaltung des Talent Managements von Nachwuchsführungskräften und Führungskräften während des Übergangs konstruiert werden, wie die folgende Tabelle veranschaulicht.

Tabelle 8: Die Umsetzung der Selektion und Entwicklung von High Potentials und Führungskräften durch Talent Management

		Unterstützung der Transition von der Mitarbeiter- in die Führungsposition	
		1–4 Instrumente oder Verfahren	**> 4 Instrumente oder Verfahren**
Identifizierung und Auswahl von Talenten	**1–2 Instrumente oder Verfahren**	**Typ 1** Geringe Systematisierung der Selektion und Entwicklung von Talenten *U4 und U6*	**Typ 2** Schwerpunkt der Entwicklung von Talenten *U3, U7, U8, U9*
	3–5 Instrumente oder Verfahren	**Typ 3** Schwerpunkt der Identifizierung und Selektion von Talenten *U1*	**Typ 4** Hohe Systematisierung der Selektion und Entwicklung von Talenten *U2 und U5*

Lediglich zwei von neun Unternehmen verfügen sowohl über eine hohe Standardisierung und Systematisierung der Führungskräfteauswahl, als auch über eine hohe Anzahl an Instrumenten zur Vorbereitung und Begleitung der Transition zur Führungskraft. Für den Rest der Unternehmen gilt, dass Unternehmen, die in ihrem Prozess der Führungskräfteauswahl standardisiert und systematisch auf mehrere und unterschiedliche Verfahren zurückgreifen, nicht unweigerlich über eine ebenso hohe Anzahl an Instrumenten verfügen und umgekehrt. Im Folgenden werden die vier Typen hinsichtlich ihrer Besonderheiten und Unterschiede jeweils vorgestellt.

1. *Geringe Systematisierung der Selektion und Entwicklung von Talenten*: In den Unternehmen U4 und U6 des Typs 1 werden Talente wenig standardisiert und kaum systematisch identifiziert, selektiert und gefördert. So erklärt die Personalentwicklerin U6: „Also es ist einiges eingefahren und das ist halt bisher immer so irgendwie gelaufen“ (U6, 591). In beiden Unternehmen gibt es eine Führungskräfteauswahl, in welcher informelle Faktoren wie z.B. der Einfluss des oder der Vorgesetzten und die Eigeninitiative und Sichtbarkeit einer Nachwuchskraft eine große Rolle spielen. Zur Selektion von angehenden Führungskräften werden Vorgesetzte in Mitarbeitergesprächen (U4) oder zur Nominierung von Kandidat/innen in einem Pool an Potentialkandidat/innen (U6) in den Selektionsprozess von Führungskräften involviert. Im Rahmen der Talentidentifizierung und -auswahl nennen die Expert/innen keine konkreten Vergleichskriterien. Stattdessen sieht die Talentidentifizierung so aus, dass durch berufliche Erfahrungen einer externen Nachwuchskraft (U6) oder

durch die Beobachtung und Bewertung von Mitarbeiter/innen in on-the-job-Maßnahmen (U4) Rückschlüsse auf das Führungspotential gezogen werden. Die Begleitung in die Führungsrolle erfolgt durch Trainings (U4, U6), ein Programm der Führungskräfteentwicklung (U6) oder durch Coaching (U4). Beide Befragten sind sich aber über einen notwendigen Verbesserungsbedarf der Talententwicklung im Klaren. Im Unternehmen U4 wird nach den Angaben des Personalleiters ein unternehmensweit vereinheitlichtes Programm der Führungskräfteentwicklung in Zukunft zum Einsatz kommen. Für die Befragte U6 ist eine Einstellungsänderung im Unternehmen vonnöten und sie benennt unterschiedliche Verbesserungsmöglichkeiten in Bezug auf die Systematisierung der Talentidentifizierung, -auswahl und -entwicklung.

2. *Schwerpunkt der Entwicklung von Talenten:* Den Unternehmen U3, U7, U8 und U9 ist gemeinsam, dass mehr Instrumente und Verfahren zur Entwicklung der angehenden Führungskräfte und zur Begleitung der Transition als zur Identifizierung und Selektion ihrer Führungskräfte implementiert sind. Zur Talentidentifikation und -auswahl nennen die Expert/innen lediglich Mitarbeitergespräche (U3, U7), Potential- oder Leistungskonferenzen (U3, U9) oder ein Assessment Center (U8). Zur Unterstützung von angehenden Führungskräften werden ein Führungswechselcoaching (U3), ein Programm der Führungskräfteentwicklung (U7) mit verschiedenen verknüpften Maßnahmen oder vielfältige begleitende Maßnahmen der Personalentwicklung, wie z.B. on-the-job-Maßnahmen (U8, U9), Mentoring (U8, U9) und Feedbackverfahren (U7, U8), aufgezählt. Der Identifizierung und Auswahl von angehenden Führungskräften wird in den vier Unternehmen damit eine niedrigere Relevanz als der Unterstützung der Transition und der Entwicklung von Führungskräften beigemessen. Es wird dadurch deutlich, dass in diesen Betrieben ein Talentverständnis verankert ist, welches sich auf systematisch entwickelbare Eigenschaften bezieht. Demnach gibt es die „geborene" Führungskraft an sich nicht, sondern es handelt sich hierbei um Kompetenzen, die entwickelt werden können. Dies begründet die Priorität der Talententwicklung. Solch ein Vorgehen trägt jedoch die Gefahr einer unsystematischen, subjektiven Talentauswahl in sich, welche von Faktoren wie dem Einfluss der Vorgesetzten und der Sichtbarkeit einer Nachwuchskraft beherrscht ist. Die Prüfung der Führungseignung kann dadurch auf der Strecke bleiben, wie durch die Äußerung der Geschäftsführerin U7 ersichtlich wird: „Ich denke, das ist ein wichtiger Punkt, dass ich wirklich darauf achte, ob diese Person auch zur Führungskraft geboren oder als Führungskraft geeignet ist. Kann er sich dahin entwickeln? Das lassen wir momentan ein bisschen außer Acht" (U7, 643–645).

3. *Schwerpunkt der Identifizierung und Selektion von Talenten*: Das Unternehmen U1 geht im Vergleich zum Typ 2 den umgekehrten Weg. Der Personalentwickler U1 nennt im Vergleich zu allen anderen Expert/innen die meisten und unterschiedlichsten Identifizierungs- und Auswahlinstrumente von Führungskräften, wie z.B. Potentialdiskussionen, Assessment Center oder Kompetenzmodelle. Dagegen werden von dem Befragten als Instrumente zur Begleitung der Transition lediglich Trainings, Feedbackverfahren und on-the-job Maßnahmen aufgeführt. Der Schwerpunkt des unternehmensinternen Talent Managements liegt folglich in der Identifizierung und Auswahl von angehenden Führungskräften. Diese bezieht sich demnach neben erbrachten Leistungen auf angeborene Eigenschaften einer potentiellen Führungskraft (vgl. Gallardo-Gallardo et al. 2013), die nur schwer entwickelt werden können, wie das folgende Zitat deutlich macht: „Wenn jetzt die Pflanze [die Führungskraft] nicht okay ist, die Umwelt [das Unternehmen] aber (…) und trotzdem wird da weiterentwickelt, dann haben wir einen Fehler gemacht" (U1, 632–634).
4. *Hohe Systematisierung der Selektion und Entwicklung von Talenten*: Die letzte Gruppe mit den Unternehmen U2 und U5 hat für die Gestaltung beider Phasen eines standardisierten Talent Managements eine hohe Anzahl an Instrumenten und Verfahren der Selektion und Begleitung der Transition von angehenden Führungskräften implementiert. Auffällig ist, dass, auch wenn dem ersten Anschein nach in beiden Unternehmen auf eine hohe Systematisierung und Standardisierung der Unternehmensprozesse geschlossen werden kann, die genauere Analyse massive Unterschiede in der jeweiligen Umsetzung aufzeigt. Im Unternehmen U2 wird trotz einer hohen Standardisierung der Talentauswahl laut der Leiterin der Führungskräfteentwicklung und des Talent Managements von einer mangelnden Systematik und Subjektivität begleitet. Die Befragte U2 weist in diesem Zusammenhang auf Aspekte und Faktoren einer willkürlichen und intransparenten Talentselektion, wie auf den Einfluss der Vorgesetzten hin. Darüber hinaus existiert im Unternehmen U2 laut der Befragten keine gemeinsame unternehmensweite Basis an Auswahl- und Potentialkriterien.

   Im Unterschied dazu benennt der Personalentwickler U5 keinen einzigen Aspekt, der zu einer Ungerechtigkeit oder Subjektivität bei der Auswahl von Nachwuchs- oder Führungskräften beitragen würde. In dem Unternehmen wird eine Standardisierung und Vergleichbarkeit der Selektion durch z.B. die Implementierung von Kompetenzmodellen und mehrperspektivische Feedbackverfahren angestrebt. Die Rolle der Mitarbeiter/innen, die in Führungspositionen aufsteigen, wird in beiden Unternehmen unterschiedlich wahrgenommen bzw. gestaltet. So beschreibt die Befragte U2, dass Talenten im Unternehmen eine wesentlich niedrigere Eigenverantwortung zugesprochen wird, entsprechend der Vorstellung „wir entdecken euch“ (U2, 661). Dagegen fordert der Befragte U5 von der betroffenen Person eine wesentlich höhere Eigenverantwortung für den beruflichen Aufstieg. Hinsichtlich der Begleitung der Transition ist im Unternehmen U2 eine größere Bandbreite an verschiedenen Instrumenten und Verfahren als im Unternehmen U5 vorzufinden. Im Unternehmen U2 handelt es sich weniger um miteinander abgestimmte Verfahren, sondern mehr um Einzelmaßnahmen, die wahllos miteinander verknüpft werden. Im Unternehmen U5 wird ein Gesamtkonzept erkennbar, welches ein sogenanntes „Starterkit“ (U5, 357) mit verschiedenen miteinander verzahnten Maßnahmen beinhaltet.

In der Gesamtheit aller Interviews wird durch die Typologie zur Umsetzung der Selektion und zur Entwicklung von Nachwuchs- und Führungskräften durch Talent Management deutlich, dass dessen Gestaltung von verschiedenen Faktoren beeinflusst wird:

- der Standardisierung und Systematisierung der Talentauswahl und -entwicklung
- der vorherrschende Talentdefinition im Unternehmen
- der Schwerpunktsetzung (Identifizierung und Selektion oder Entwicklung von Talenten)
- der Koordination und Verzahnung der einzelnen Maßnahmen

Zwischenfazit und Ergebnisinterpretation

Die Ergebnisse der Analyse, wie die Transition zur Führungskraft durch die Unternehmen unterstützt wird, zeigen, dass in allen Betrieben eine Begleitung durch die Personalentwicklung erfolgt. Hierbei sind allerdings Unterschiede der Systematisierung, Standardisierung und Schwerpunktsetzung der Talententwicklung festzustellen. Das Übergangsmanagement von der Mitarbeiter- in die Führungsposition ist durch ein breites Spektrum von einer situativen, individuellen, informellen bis hin zu einer standardisierten, systematischen Begleitung gekennzeichnet. Nur in wenigen Betrieben wird dies vernachlässigt bzw. liegt in diesen Unternehmen der Schwerpunkt auf Trainings. Einige Expert/innen erwarten von der betroffenen Nachwuchs- oder Führungskraft, selbständig und eigenverantwortlich Unterstützung einzufordern. Zudem sind die Vorgesetzten dafür verantwortlich, den Entwicklungsprozess von Führungsneulingen mit zu begleiten. Das Team der Mitarbeiter/innen, die ebenfalls einen Veränderungsprozess der Gruppendynamik und, bei intern berufenen Führungskräften, in Bezug auf die eigene Rolle zu bewältigen haben, wird im Großteil der Unternehmen nicht in die Begleitung des Übergangs integriert. Der Einfluss der Gruppendynamik auf die Akzeptanz der Führungskraft bei ihren Mitarbeiter/innen und auf die Leistung des Teams wird demnach von den Unternehmen nicht als relevanter Faktor eingeschätzt.

Die Vorbereitung auf die Führungsaufgaben findet in Abhängigkeit von der verfügbaren Zeit statt. Die Spannweite kann von fehlender bzw. erst mit Stellenantritt beginnender bis zu einer langfristigen Vorbereitung reichen. Sie erfolgt in den befragten Großunternehmen durch die Vermittlung von führungsrelevanten Kenntnissen in Trainings und durch on-the-job-Maßnahmen. Erstmals berufene Führungskräfte erwartet in Abhängigkeit von dem jeweiligen Unternehmen eine hohe Bandbreite und Unterschiedlichkeit an unterstützenden Maßnahmen und Instrumenten zur Anpassung an Führungsaufgaben und zur Steigerung der Selbstwahrnehmung als Führungskraft. Trotz verschiedener Schwerpunkte besteht in den einzelnen Unternehmen die Begleitung der Transition von Führungsneulingen aus drei Elementen:

1. Entwicklung der Führungskompetenz und methodischer Kompetenzen durch Wissensvermittlung in Trainings,
2. Beratung durch Coaching, die Vorgesetzten oder durch Mentoring,
3. Bewertung und Evaluation der Transition sowie Rückmeldung zum Führungshandeln durch Feedbackverfahren

9.6 Herausforderungen und Optimierungen der Nachwuchsförderung

Im Zusammenhang mit der Beschreibung der Stellenbesetzung und der Begleitung der Transition von Nachwuchsführungskräften führen die Expert/innen eine Vielzahl an Herausforderungen und Optimierungsmöglichkeiten bei der Selektion, Auswahl und Entwicklung von Talenten auf. Folgende Probleme werden von den Befragten aufgezählt:

- *Subjektivität und mangelnde Systematik der Talentidentifizierung und -auswahl:* die Selektionsverantwortlichen U2, U3 und U6 weisen auf eine hohe Subjektivität, einen zufallsgesteuerten Charakter und eine mangelnde Standardisierung der Selektionsprozesse in ihren Unternehmen hin. Die Leiterin der Führungskräfteentwicklung und des Talent Managements U2 bemängelt, dass in dem internationalen Großunternehmen kein unternehmensweites Kompetenzmodell und keine definierten Potentialkriterien existieren. Stattdessen ist der Auswahlprozess durch ein intuitives, situatives Vorgehen, fehlende Transparenz und unverbindliche Absprachen charakterisiert:

> „Dass man dann irgendwann mal an den Punkt kommt, wo man sagt, wenn wir aber jetzt weg davon kommen wollen, dass die Dinge hier eher so intuitiv passieren, dass man dann schon extreme Anstrengungen eigentlich unternehmen muss, um wirklich dahin zu kommen, dass das System erst einmal die Notwendigkeit einsieht, weg von diesem Intuitiven, weil das ist ja so anstrengend. Da ist auf einmal so viel Verbindlichkeit und so viel Absprache, die dahin muss. Neben dem Gewinn an Transparenz und an Motivation für den Mitarbeiter und so, aber das eigene Leiden ist erst einmal höher als der Gewinn des anderen" (U2, 1226–1233).

Die Subjektivität der Führungskräfteauswahl wird ebenfalls von der Personalentwicklerin U6 kritisch betrachtet, die erklärt, dass die Selektion einem schwer messbaren, wenig vergleichbaren und situativen Ansatz folgt: „Es läuft hier nicht nach wirklich festgelegten Kriterien" (U6, 122–123). Dies macht es für Vorgesetzte und Personalabteilung schwierig, Kandidat/innen im Vergleich miteinander zu bewerten. Ihrer Auffassung nach besteht ein unausgesprochener Konsens über nicht definierte Auswahlkriterien:

> „Es ist schon irgendwo ein System dahinter. Es ist, ich glaube, wir sprechen auch von den gleichen Kriterien, zumindest habe ich immer das Gefühl. Aber sie sind nicht wirklich benannt" (U6, 157–159).

Nach dem Leiter der Personalentwicklung und des Change Managements U3 verläuft die Selektion von Führungskräften zufällig. Seiner Einschätzung und Erfahrung nach werden diejenigen Nachwuchskräfte im Unternehmen sichtbar und gefördert, „die zufällig in diesem Projekt, Programm oder sonst wo drin sind" (U3, 481–482).

- *Rolle des Personalbereichs/ HR:* Aus den Interviews geht eine eingeschränkte Rolle des Personalbereichs/ HR (U2, U6) hervor, welche sich durch ein geringes Mitspracherecht und durch eine Vermittlungs- und Moderationsrolle bei der Selektion und Entwicklung von angehenden Führungskräften auszeichnet. Die Entscheidung, welche zukünftigen Führungskräfte ausgewählt und gefördert werden, obliegt den Vorgesetzten.
- *Mängel in der Nachwuchsförderung* werden von den zwei Befragten U2 und U3 angesprochen, da diese zu wenig ausgebaut im Sinne von „das Unternehmen tut zu wenig, um Potentiale zu schöpfen" (U3, 479–480) und zu stark bereichsspezifisch ausgerichtet ist.
- *Intransparente Kommunikation über den Talentstatus:* Durch die Äußerungen von ein paar Befragten (U2, U4, U7, U8) wird klar, dass bei der Kommunikation über Potentiale oder Entwicklungsmöglichkeiten von Nachwuchskräften in einem Großteil der Unternehmen eine große Zurückhaltung herrscht, um nicht an möglichen Karriereversprechen gemessen zu werden, wie aus der folgenden Aussage des Experten U8 ersichtlich wird:

> „Da haben wir in der Vergangenheit schon schlechte Erfahrungen gemacht, dass einfach dann die Mitarbeiter glauben, wenn sie in einer solchen Maßnahme waren, sind sie morgen Geschäftsführer oder Personalleiter. Das wollen wir vermeiden. Da haben wir mal vor ewigen Jahren etwas geblutet an der Stelle, weil einfach durch unglückliche Kommunikation bei den Teilnehmern der Eindruck erweckt worden ist“ (U8, 242–261).

- *Soziale Ähnlichkeit zu den Vorgesetzten*: Einigen Befragten (U1, U2, U8) fällt auf, dass die Nachwuchskräfte eher nominiert werden, die eine starke Ähnlichkeit zu ihren Vorgesetzten bzw. zu deren eigenem Verhalten oder deren Stärken besitzen. Der Faktor Sympathie zwischen Nachwuchskraft und Vorgesetztem oder Vorgesetzter, den die Leiterin der Führungskräfteentwicklung von U2 als „Nasenfaktor“ (U2, 184) bezeichnet, wird für sie immer eine Rolle bei der Stellenvergabe spielen. Ihrer Einschätzung nach ist die Unternehmenskultur dadurch geprägt, dass Vorgesetzte Mitarbeiter/innen fördern, welche die Auswahlkriterien zeigen, die sie selbst im Unternehmen erfolgreich gemacht haben: „Also schauen sie auch eher, was hat mich erfolgreich gemacht und brauche ich auch jemanden, der genauso ist“ (U2, 343–344).
- *Fachkompetenz als entscheidendes Selektionskriterium*: In drei Unternehmen (U1, U3, U7) wird häufig die beste Fachkraft Führungskraft. Diese Mitarbeiter/innen verfügen laut dem Befragten U3 über eine hohe Fachkompetenz, aber nicht immer über hohe Führungskompetenzen. Ihre Ernennung verläuft häufig nach einem Automatismus oder Selbstläuferprinzip ab, da das Führungspotential aus dem Grund der langjährigen Unternehmenszugehörigkeit nicht mehr geprüft wird, wie die Geschäftsführerin U7 anmerkt.
- *Altersheterogenität zwischen Führungskraft und Mitarbeiter/innen:* Vor dem Hintergrund des demographischen Wandels beschreiben die Befragten U5 und U9 Altersunterschiede zwischen Führungskräften und ihren Mitarbeiter/innen als eine Herausforderung der Führungskräfteentwicklung. Es stellt sich hierbei für beide Experten die Frage „Wie kann ich als 60-Jähriger einen 20-Jährigen noch führen?“ (U5, 648–649) und umgekehrt (U9), da im Führer-Geführtenverhältnis unterschiedliche Lebenswelten und Generationenunterschiede aufeinander treffen:

> „Jemand, der gewohnt ist mit Facebook, mit Twitter und Blog, als Jugendlicher oder als Student, Absolvent, den ganzen Tag lang zu arbeiten, wie will der mit jemandem kooperieren der, sagen wir mal, vom Denken her noch so drauf ist, dass er sagt: Ich als Führungskraft arbeite von 8–18 Uhr, gebe da richtig viel rein und mache meinetwegen Überstunden oder arbeite bis 19 Uhr. Und der sich plötzlich wundert, wenn jemand während der Arbeitszeit plötzlich SMS verschickt oder schnell twittert. Das sind doch Kulturunterschiede“ (U5, 673–679)

- *Karrieremobilität*: Die Geschäftsführerin U7 stellt Mängel im Bereich der Karriereplanung fest, da im Unternehmen U7 nur die Führungskarriere als Karriereweg implementiert ist und keine alternativen Karrierepfade angeboten werden.
- *Kompetenzentwicklung von Führungskräften*: Einige Interviewpartner/innen führen Herausforderungen in der Entwicklung von Führungskräften in deren mangelnder Partizipation an Personalentwicklungsmaßnahmen (U2, U6), veränderten zukünftigen Kompetenzanforderungen an Führungskräfte (U2, U3, U9) und in der einseitigen Förderung der Fachkompetenz (U6) auf. Durch den demographischen Wandel und den anstehenden Generationenwechsel im Führungsbereich werden an Führungskräfte veränderte Kompetenzanforderungen gerichtet, z.B. über eine höhere Selbständigkeit und Eigenverantwortung zu verfügen (U3), und Mitarbeiter/innen, die älter werden, dauerhaft erfolgreich anzuleiten und zu motivieren (U9).

Neben den genannten Problemlagen in den Unternehmen macht sich der Großteil der Expert/innen (z.B. U2, U3, U6, U7) im Verlauf der Interviews Gedanken über Verbesserungsmöglichkeiten der Selektion und Entwicklung ihrer Nachwuchs- und Führungskräfte oder berichtet über konkret geplante Optimierungsbestrebungen. Die Expert/innen nennen folgende Ideen und/oder Planungen:

- *Systematisierung der Identifizierungs- und Auswahlprozesse:* Einige Befragte fordern eine höhere Standardisierung und Vergleichbarkeit der Selektionsprozesse (U2, U3) und nennen hierzu Vorschläge oder geplante Maßnahmen. Dazu zählen eine systematische und bereichsübergreifende Vereinheitlichung der Talentselektion durch die unternehmensweite Anwendung von Kompetenzmodellen und Potentialkriterien (U2), die geplante Überarbeitung der Selektionsinstrumente und -verfahren und das Schaffen von Plattformen zur Talentgewinnung (U3) oder Potentialanalysen zur Führungskräfteauswahl (U7).
- *Verbesserung der Unterstützung der Transition zur Führungskraft:* Die Expert/innen (U2, U6, U7) machen verschiedene Vorschläge zur Optimierung der Begleitung des Übergangs zur Führungskraft. Die Einführung einer Stellvertreterfunktion soll angehende Führungskräfte auf die neue Führungsrolle besser vorbereiten und zu deren Sichtbarkeit beitragen, wie der Geschäftsführer U7 vorschlägt. Er fordert darüber hinaus, die Transition nach 12 Monaten Führungstätigkeit unternehmensintern durch weitere Feedbackverfahren und Trainings zur Weiterentwicklung der Führungskompetenzen zu unterstützen. Weitere Verbesserungsideen beziehen sich auf die Ausweitung von on-the-job-Maßnahmen (U2) und die verstärkte Einführung von Coaching und Mentoring (U6). Die Leiterin der Führungskräfteentwicklung und des

Talent Managements U2 fordert eine höhere Standardisierung der Begleitung des Übergangs, dass diese „standardmäßig ein Entwicklungsgespräch mit einem Entwicklungsplan hat und standardmäßig überlegt wird, ob er [der/ die Kandidat/in] dann in das entsprechende Programm geht, was wir auf dieser Ebene für neuere obere Führungskräfte haben" (U2, 1098–1100).

- *Karrieremobilität:* Die Förderung verschiedener Karrierepfade wird von ein paar Befragten als Optimierungsvorschlag (U2, U3, U7) oder als eine geplante Maßnahme (U4) aufgezählt. Vor dem Hintergrund des demographischen Wandels erhält das Angebot verschiedener Laufbahntypen eine immer größer werdende Relevanz, d.h. sich nicht nur auf die Führungskarriere als „Kaminkarriere" zu konzentrieren (U2). Unternehmen können es sich ihrer Ansicht nach nicht länger erlauben, „dass man immer nur für bestimmte Bereiche den Nachwuchs fördert und der dann aber auch nur zu einem Teil nachher passt" (U2, 133–135). Die Förderung der Karrieremobilität bezieht der Personalentwickler U5 auf die Notwendigkeit, zwischen verschiedenen Laufbahntypen wechseln zu können. Für ihn ist wichtig, eine Gleichwertigkeit der Karrierepfade durch eine ökonomische Gleichstellung kontinuierlich von Seiten des Unternehmens zu kommunizieren und auch den umgekehrten Karriereweg von der Führungskraft zum Kollegen oder zur Kollegin durch das Unternehmen zu begleiten, was er wie folgt erklärt:

  > „Wir denken sehr oft nach in Unternehmen über Seminare, Unterstützungsinstrumente vom Kollegen zur Führungskraft. Ich bin dabei, darüber nachzudenken, wie man auch den umgekehrten Schritt professionell mit unterstützen kann, von der Führungskraft zum Kollegen, weil da gibt es noch zu wenig Instrumente" (U5, 494–497).

- *Förderung einer allgemeinen Beschäftigungsfähigkeit:* Aufgrund der Veränderungen der Rahmenbedingungen von Führung, zeitlich befristeter Projektarbeiten und durch die Abnahme an Hierarchien sieht es der Personalentwickler U5 als notwendig an, dass Unternehmen sich bei der Förderung von Kompetenzen ihrer Mitarbeiter/innen mehr auf die Entwicklung einer Beschäftigungsfähigkeit konzentrieren und sich nicht nur auf die Entwicklung von Führungskompetenzen festlegen.
- *Geplante Entwicklungsprogramme für Führungskräfte:* Die Selektionsverantwortlichen U3, U4, U8 berichten über konkrete Planungen für Programme der Führungskräfteentwicklung für Nachwuchsführungskräfte oder für Führungsneulinge, die zukünftig im jeweiligen Unternehmen angeboten werden sollen. Im Unternehmen U3 soll sich das Programm an externe und interne Nachwuchskräfte richten, denen das Potential für Geschäftsführerpositionen

zugesprochen wird. Der Leiter der Personalentwicklung U8 erklärt, dass Trainings zur Förderung der Kommunikationsfähigkeit und methodischer Kompetenzen, Coaching und ein Sprachkurs im Ausland Bausteine des Programms sein werden.

- *Verbesserung der Talentgewinnung:* Der Leiter der Personalentwicklung U8 nennt die Verbesserung des Unternehmensimages als notwendige Aufgabe, um die Attraktivität gegenüber möglichen Talenten zu erhöhen.
- *Erhöhung der Attraktivität als Arbeitgeber für Frauen:* Die beiden weiblichen Expertinnen U2 und U6 fordern, Frauen für Führungspositionen verstärkt zu fördern und die Attraktivität als Arbeitgeber bei Akademikerinnen zu erhöhen.

Zwischenfazit und Ergebnisinterpretation

Die Angaben der Expert/innen ermöglichen auf der einen Seite einen Einblick in Charakteristika und Schwachpunkte der Talentselektion und -entwicklung. Auf der anderen Seite zeigt sich, dass ein Bewusstsein für Defizite und eine Reflexion über Verbesserungsmöglichkeiten der Identifizierung, Selektion und Entwicklung von angehenden Führungskräften bei Personalverantwortlichen in der Unternehmenspraxis existieren. Das Eingestehen der Problemlagen der Talentauswahl verdeutlicht die situative, subjektive und informelle Gestaltung der Selektionsprozesse von Nachwuchs- und Führungskräften und deren deutliche Beeinflussung durch den Faktor der Homosozialität (vgl. Ohlendieck 2003). Die gewünschte soziale Ähnlichkeit bei der Stellenbesetzung von Führungspositionen führt in erster Linie zu einer Stellenbesetzung mit Männern. Dieses hat wiederum zur Folge, dass Frauen bezüglich des beruflichen Aufstiegs ausgebremst und damit stark benachteiligt werden.

9.7 Empfehlungen für Absolvent/innen zur Karriereplanung

Um weitere Informationen über die Transition zur Führungskraft zu erhalten, wurden die Expert/innen als Abschluss des Interviews dazu befragt, welche Empfehlungen sie für Absolvent/innen, die eine Führungskarriere anstreben, für die eigene Karriereplanung haben. Aus den Empfehlungen lassen sich grundlegende Tipps für einen erfolgreichen Karriereverlauf zur Führungskraft ableiten, die in folgender Abbildung in einem Prozessverlauf dargestellt werden.

Abbildung 23: Empfehlungen zur Karriereplanung für Absolvent/innen

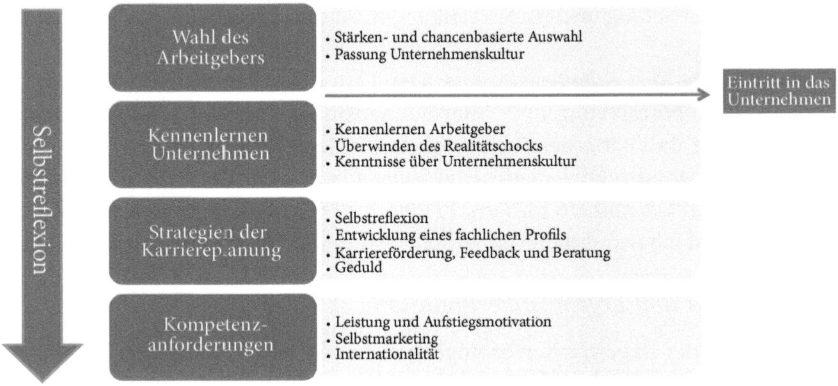

Nach Auffassung der Befragten ist für eine erfolgreiche Karriereplanung zur Führungskraft die Wahl des passenden Arbeitgebers und der entsprechenden Position die Voraussetzung. Hinzu kommen ein Kennenlernen des Unternehmens, die eigenständige Planung von weiteren Karriereschritten sowie Leistung, Aufstiegsmotivation, Selbstmarketing und Internationalität. Im gesamten Prozess der eigenen Laufbahnplanung ist die Fähigkeit zur Selbstreflexion unabdingbar.

Eine erfolgreiche Karriere beginnt für zwei Unternehmensvertreter (U1, U4) mit *der passenden Unternehmens- und Stellenwahl.* Beide Interviewpartner geben den Tipp, eine berufliche Tätigkeit anzunehmen, die eine Passung zwischen dem Unternehmen/ der beruflichen Position und der eigenen Person und deren Stärken ermöglicht und sich „genau zu überlegen, (…) welches Unternehmen und welcher Unternehmenstyp (…) denn zu mir passt" (U4, 1058–1060). Dazu kommt die Empfehlung, eine berufliche Stelle nicht nach dem Image eines Unternehmens „mit einem großen tollen Namen, haben die ein tolles Produkt oder sonst was" (U1, 647–648), sondern nach der Möglichkeit auszuwählen, die eigenen „Stärken besonders gut einzubringen" (U1, 649) und eine Unterscheidung zu der Konkurrenz anderer Kolleg/innen ermöglichen zu können: „Also Idealfall wäre, er kommt in ein Team rein, wo er seine Stärken umsetzen kann und wo man auch sagt, genauso jemanden wie dich brauchen wir, dass er unterscheidbar ist von anderen" (U1, 666–668).

Hat man als Absolvent/in den Einstieg in das passende Unternehmen gefunden, empfehlen die beiden Selektionsverantwortlichen U4 und U6, sich in der Anfangsphase umfassend zu orientieren „in den unterschiedlichen Abteilungen wachen Auges einfach mal schauen, wie das da so gehändelt wird" (U4, 1137–1138). Im Zuge des *Kennenlernens des Unternehmens* ist es als Berufseinsteiger/in wichtig, den Kulturschock der realen Arbeitswelt (U2, U8) zu verarbeiten. Für den Befragten U4 dient die Orientierung im Unternehmen der Reflexion der eigenen Karriereinteressen entsprechend der Frage „Passt das zu mir? Ist das eine Aufgabenstellung (…), will ich mich in diese Richtung entwickeln?" (U4, 1145–1146). Zudem sollte die Möglichkeit des Kennenlernens des Unternehmens (U6, U9) genutzt werden, um sich mit den Bedingungen und Strukturen im Unternehmen und dessen Unternehmenskultur vertraut zu machen wie die Personalentwicklerin U6 empfiehlt:

> „sich schon erst mal in das Unternehmen einleben, also jetzt nicht gleich wirklich in das Unternehmen starten, ‚so ich lege hier jetzt die riesen Karriere hin', sondern (…) vielleicht erst mal das Unternehmen kennen lernen. Wie ist es da insgesamt?" (U6, 543–547).

In enger Verbindung zur passenden Wahl des Unternehmens stehen für ein paar Expert/innen *Strategien der Karriereplanung*. Wichtig scheint über den gesamten Karriereverlauf vor allem die Fähigkeit zur Selbstreflexion (u.a. U1, U3, U4) oder, wie die Befragte U2 erklärt, sich mit der Frage auseinanderzusetzen „also, was kann ich wirklich gut und was mache ich auch noch gerne" (U2, 1162–1163). Der Personalentwickler U5 empfiehlt die Reflexion der eigenen Motive, Stärken, Schwächen und Karriereinteressen:

> „Also von daher hier wirklich eine gute Selbstreflexion und das denke ich ist noch etwas ganz anderes, was wir vorhin so nicht explizit erwähnt hatten für eine Führungsaufgabe: Selbstreflexionsfähigkeit. Was sind meine Antreiber? Was will ich? Was brauche ich? Was mache ich? Was kann ich? Was kann ich nicht? Um sich nicht in ein Korsett reinzupacken und somit zu einer Niete mit Nadelstreifen zu werden" (U5, 626–630).

Des Weiteren wird die Empfehlung gegeben, sich Mentor/innen als Förder/innen zu „suchen, die wissen, was man kann und die das auch gut finden und die auch bereit sind, einen da drin zu unterstützen" (U2, 1196–1198; U1), um von Beratung, Feedback und Karriereförderung zu profitieren. Der Personalleiter U4 unterstreicht die Wichtigkeit über unabhängige Ratgeber/innen zu verfügen, die Rückmeldung darüber geben, ob die Führungsposition zu der betroffenen Person passt: „Von einem vernünftigen Ratgeber oder einem Partner oder einer Partnerin oder was auch immer, die ihn auch irgendwie anders kennt und sagt, ok, passt das oder passt das eben nicht" (U4, 1151–1153).

Die Weiterentwicklung des fachlichen Profils stellt eine weitere Strategie im Rahmen der Karriereplanung für die Befragte U2 als Tipp an Hochschulabsolvent/innen dar. Am Anfang der beruflichen Laufbahn ist es ihrer Ansicht nach notwendig, sich ein möglichst breites Wissen anzusammeln und eine Expertise auf verschiedenen Gebieten aufzubauen und nicht zu früh in die fachliche Spezialisierung zu gehen. Darüber hinaus gibt sie den Rat, Fort- und Weiterbildungen entsprechend den eigenen beruflichen Zielen und entsprechend dem Kompetenz- und Erfahrungsprofil zu wählen. Stagnieren die Weiterbildungsmöglichkeiten im Unternehmen, kann es laut der Befragten U2 die Karriere vorantreiben, einen strategischen Wechsel anzustreben, „um verschiedene Herangehensweisen kennenzulernen, verschiedene Kulturen kennenzulernen, Lösungsansätze kennenzulernen“ (U2, 1182–1183). Dabei ist sowohl ein Wechsel innerhalb als auch außerhalb des Unternehmens denkbar.

Der Personalentwickler U5 erwähnt in dem Zusammenhang der Strategien zur Karriereplanung, dass Absolvent/innen mit Bachelorabschluss wegen des früheren Endes des Studiums *Geduld* benötigen, um „als Persönlichkeit zu reifen“ (U5, 615) bzw. bis sie für eine Führungsposition ausgewählt werden.

Die Expert/innen geben darüber hinaus vereinzelt konkrete Empfehlungen in Bezug auf *Kompetenzen*, um zur Führungskraft ernannt zu werden. Zu aufstiegsrelevanten Kompetenzen zählen Zielstrebigkeit und Weiterentwicklungsbereitschaft (U1, U5), Engagement (U6), Aufstiegsmotivation (U1, U5, U9), Leistungsfähigkeit und -bereitschaft (U1, U6, U9) und Selbstmarketing (U2, U6) im Sinne von „tue Gutes und rede darüber“ (U2, 1204). Weitere Empfehlungen beziehen sich auf die Internationalität einer Person im Sinne, mehrere Sprachen zu beherrschen, international mobil zu sein (U9) und internationale Berufserfahrung zu besitzen (U2).

Zwischenfazit und Ergebnisinterpretation

Die Empfehlungen der Expert/innen veranschaulichen, dass der strategischen Karriereplanung durch das Individuum eine große Bedeutung zukommt. Für ein paar Befragte beginnt der berufliche Aufstieg zur Führungskraft mit der Wahl des passenden Arbeitgebers und mit dem Einstieg in ein Unternehmen. Die Entscheidung für ein Unternehmen, mit dessen Kultur sich Nachwuchskräfte identifizieren und in welchem sie ihre Stärken einsetzen können, wird zu einer wichtigen Determinante für die Identifizierung als zukünftige Führungskraft. Die Passung der Kompetenzen, Einstellungen und der Persönlichkeit des Mitarbeiters/ der Mitarbeiterin zur Unternehmenskultur ist wichtig für erfolgreiches Selbstmarketing im Unternehmen und dafür, dass Selektionsverantwortliche das Führungspotential der Nachwuchskraft wahrnehmen und fördern wollen. Eine solche Passung zwischen Mitarbeiter/in und Unternehmen stellt damit eine Erleichterung für beide Seiten dar, weil Mechanismen informeller Aufstiegsprozesse leichter wirken können. Eng damit verknüpft ist die Fähigkeit zur Selbstreflexion der eigenen Stärken, Schwächen, Interessen und beruflichen Zielsetzungen, welche für einige Befragte den wesentlichen Erfolgsfaktor in der Karriereplanung darstellt. An die Kenntnis über die eigenen Stärken und beruflichen Zielsetzungen schließen sich weitere konkrete Schritte wie die Weiterentwicklung des eigenen Kompetenzprofils an, da durch dieses Vorgehen berufliche Entscheidungen, basierend auf den Ergebnissen der Reflexion, getroffen werden können.

9.8 Einzelfallanalyse

Im Anschlusss an die Darstellung der inhaltsanalytischen Auswertung der Ergebnisse folgt nun die Skizzierung von vier Einzelfällen. Entprechend der zuvor entwickelten Typologie zur Umsetzung der Talentidentifizierung, -auswahl und -entwicklung sollen vier Prototypen dargestellt werden. Ausgewählt wurden vier Unternehmen, die sich hinsichtlich der Umsetzung und Gestaltung der Selektion und Entwicklung von angehenden Führungskräften stark voneinander unterscheiden. Durch die vier Einzelfallanalysen können

1. Charakteristika der vier zuvor entwickelten Typen verdeutlicht werden,
2. Unterschiede und Vielfalt der Identifizierung und Selektion von angehenden Führungskräften und der Unterstützung des Übergangs und
3. verschiedene Anforderungen zur Ernennung zur Führungskraft und zur Bewältigung der Transition im Unternehmenskontext dargestellt und somit voneinander abgegrenzt werden.

Daher werden in den anschließenden Unterkapiteln Auswahlkriterien, Kompetenzanforderungen zur Bewältigung der Transition und Merkmale der Talentidentifizierung, -auswahl und -entwicklung in vier Unternehmen skizziert, die entsprechend der im Kapitel 9.5.3 erfolgten Typenbildung eine hohe (U5), eine niedrige (U4) Standardisierung ihrer Personalprozesse, eine Schwerpunktsetzung der Talentselektion (U1) oder der Talententwicklung (U3) aufweisen.

9.8.1 Einzelfallanalyse 1 – Unternehmen U1

„Es ist das Gleiche, wenn ein Personaler zu Ihnen sagt, er sei immer objektiv in der Auswahl. Geht gar nicht, kein Mensch ist objektiv“ (U1, 238–239).

Hintergrund des Unternehmens und des Experten

Das Großunternehmen U1 ist in der Industrie mit knapp 47.000 Mitarbeiter/innen weltweit tätig und unterhält in der Region einen Standort mit 2500 Mitarbeiter/innen. Der Experte U1 ist 34 Jahre alt, Diplom Kaufmann, seit fünf Jahren im Unternehmen tätig und verfügt über 11 Jahre Berufserfahrung im Personalbereich. Zu seinem Arbeitsgebiet zählt die Personalentwicklung am Standort Schwaben.

Kompetenzanforderungen für die Ernennung zur Führungskraft

Potentielle Führungskräfte müssen für den Personalentwickler U1 eine Vielzahl von Kompetenzen besitzen und Anforderungen erfüllen. Vor allem auf das Individuum bezogene Faktoren bestimmen für ihn die Eignung einer Nachwuchskraft für die Übernahme einer Führungsposition. Besonders wichtig ist für ihn, dass ein Mitarbeiter oder eine Mitarbeiterin eine hohe Leistungsbereitschaft und -fähigkeit, Engagement und Arbeit an sich selbst im Sinne einer Aufstiegsmotivation zeigt. Von der Nachwuchskraft wird also erwartet, an Seminaren, einem Aufbaustudium oder an weiteren Arten von Weiterbildung teilzunehmen, wenn sie in den Führungsbereich aufsteigen will. Auch „in der täglichen Arbeit" (U1, 255) müssen die Leistungen überdurchschnittlich und zusätzlich höher als die der anderen Mitarbeiter/innen sein.

Weiterhin muss eine zukünftige Führungskraft seiner Ansicht nach eine hohe Fachkompetenz und ein höheres Engagement als andere Kolleg/innen zeigen: „Es sind Mitarbeiter, die mit Sicherheit auch eigeninitiativer sind wie der Durchschnitt. Es sind (...) auch Mitarbeiter, die überdurchschnittliche Leistungen bringen" (U1, 243–245). Indikatoren für Führungspotential sind demnach die kontinuierliche Leistung für das Unternehmen und „selbstkritisch, selbstreflektiv" (U1, 264) an der Weiterentwicklung der eigenen Kompetenzen zu arbeiten. Neben diesen Aspekten sind für den Befragten im Hinblick auf die späteren Aufgaben einer Führungskraft soziale Kompetenzen unabdingbar. Um für ein gutes Teamklima zu sorgen und die Leistung der Mitarbeiter/innen zu erhalten bzw. zu erhöhen, braucht eine potentielle Führungskraft nach seiner Ansicht Kommunikationsfähigkeit und die Fähigkeit, Kolleg/innen von den eigenen Ideen begeistern und überzeugen zu können. Hinzu kommt die Bereitschaft, Verantwortung zu übernehmen. Damit dies für Selektionsverantwortliche erkennbar wird, muss eine Nachwuchskraft seiner Einschätzung nach eine hohe Eigeninitiative zeigen und bereits kleinere Teile an Verantwortung übernehmen. Neben konkreten Kompetenzanforderungen stellt der Aspekt der internationalen Mobilität das zentrale Eintrittskriterium für den Experten U1 dar. Die Verweigerung eines beruflichen Wechsels ins Ausland kann das Ende einer angestrebten Führungskarriere bedeuten:

> „Wenn der jetzt zum Beispiel nicht schon konkrete Weiterentwicklungssteps geplant hat, weil vielleicht innerhalb seiner eigenen Abteilung eine Teamleiterfunktion frei wird

> oder irgendwie oder der hat schon ein großes Projekt oder was auch immer und der sagt dann: ‚Nein möchte ich nicht machen, weil ich möchte nicht nach Polen gehen'. Dann ist das ein Grund, dass er aus dem Pool rausfliegt" (U1, 468–473).

Bereits konkret geplante Schritte für die Übernahme einer Führungsposition schränken diese Bedingung ein. In solch einem Fall kann ein Angebot für einen Auslandsaufenthalt abgelehnt werden ohne die Gefahr aus dem Potentialkandidat/innenpool entfernt zu werden. Auch wird auf die aktuelle Familiensituation Rücksicht genommen. Dennoch betont der Personalentwickler U1 mehrfach, es ist „die Mobilität (…) gefordert" (U1, 483). In einem Zusammenhang damit stehen auch weitere Anforderungen, wie Fremdsprachenkenntnisse und interkulturelle Kompetenz.

Zusammenfassend fällt auf, dass jene Mitarbeiter/innen in der Wahrnehmung des Experten U1 als potentielle Führungskräfte betrachtet werden, die über Aspekte von Führungskompetenz – Kommunikationsfähigkeit, Führungserfahrungen und Verantwortungsbereitschaft – verfügen. Fragen, wie Mitarbeiter/innen motiviert und angeleitet werden, stehen daher bei der Selektion von Nachwuchsführungskräften im Mittelpunkt bzw. es muss geklärt werden, ob der Nachwuchskraft dies zugetraut wird. Ein Talent muss über angeborene Fähigkeiten und Leistungsbereitschaft (vgl. Gallardo-Gallardo et al. 2013) verfügen, die Entwicklung von Führungskompetenz wird ihnen weniger zugestanden. Es ist anzunehmen, dass es sich das Unternehmen aufgrund des Konkurrenzdrucks nicht leisten will oder kann, Führungskräften viel Zeit für eine Einarbeitung zuzugestehen, und dass der Betrieb aufgrund seiner Größe auf eine Vielzahl von internen Talenten zurückgreifen kann, weshalb sich interessierte Kandidat/innen von der Konkurrenz anderer Nachwuchskräfte abheben müssen.

Der Prozess der Identifizierung und Auswahl von angehenden Führungskräften

Bei der Stellenbesetzung auf Führungsebene gibt es laut dem Personalentwickler U1 zwei Varianten. Entweder wird die Führungsposition ausgeschrieben und es erfolgt ein Auswahlverfahren, oder die Stelle wird nicht ausgeschrieben, weil es für die zu besetzende Stelle bereits eine/n geeignete/n Kandidat/in gibt:

> „Wenn sie ausgeschrieben wird, dann bewerben sich da eben ganz viele darauf und dann gibt es ein ganz normales Auswahlverfahren. Wenn sie nicht ausgeschrieben wird, dann liegt es wahrscheinlich daran, dass es schon (…) einen internen Kronprinz dafür gibt, dass es da schon irgendwo jemanden gibt" (U1, 167–171).

Der Weg, eine Führungsposition mit einer Person aus den eigenen Reihen zu besetzen, veranschaulicht einerseits, dass das Industrieunternehmen U1 das

Potential der Mitarbeiter/innen ausschöpfen will. Andrerseits soll mit einer internen Stellenbesetzung auch die Passung von Führungskräften zur Unternehmenskultur und zum -leitbild sichergestellt werden. Vermieden werden damit längere Einarbeitungszeiten und ein Verhalten, das nicht den Werten und Normen des Unternehmens entspricht. Die Identifizierung und Selektion von angehenden Führungskräften geschieht in dem Unternehmen U1 in einem Selektionsprozess, der aus verschiedenen miteinander verzahnten, aufeinander folgenden Schritten besteht. Kompetenzmodelle stecken den Rahmen der Personalauswahl und Talentidentifizierung ab. Leistung und zukünftige Entwicklungsmöglichkeiten von Potentialkandidat/innen werden in jährlich stattfindenden Mitarbeitergesprächen besprochen. Ausgehend von den dabei gewonnenen Ergebnissen werden Leistung und Potential in Potentialkonferenzen zwischen „alle[n] Abteilungs- und Bereichsleiter[n]“ (U1, 200) diskutiert, um weitere Einschätzungen zu der Bewertung der alleinigen Führungskraft hinzuzufügen und subjektive Wahrnehmungfehler bzw. Verzerrungseffekte zu reduzieren. Wird eine Nachwuchskraft daraufhin als Potentialkandidat/in eingestuft, werden ihr Potential und ihre Eignung für eine berufliche Laufbahn wie z.B. eine Projekt- oder Führungskarriere in einem Development Center analysiert. Die Karriereplanung versteift sich somit nicht auf das Angebot eines einzigen Laufbahntyps, sondern ermöglicht Mitarbeiter/innen die Entwicklung in einem von mehreren Karrierepfaden. Die Selektion von Führungskräften ist nicht mit der Beurteilung der Vorgesetzten abgeschlossen, sondern sie wird in einem weiteren Verfahren geprüft. Diese Vorgehensweise zielt darauf ab, fehlerhafte Stellenbesetzungen zu vermeiden, den Personaleinsatz zu optimieren, aber auch Talente im Unternehmen zu fördern und für das Wohl der Mitarbeiter/innen zu sorgen. Nicht oder an falscher Stelle eingesetzte Talente stellen eine ineffiziente Nutzung der Ressourcen dar, was im Wettbewerb mit anderen Unternehmen zum Nachteil gereichen kann.

Das Unternehmen versucht, potentielle Führungskräfte mit einem systematischen und standardisierten Vorgehen zu identifizieren und zu selektieren. Der Befragte U1 ist sich durchaus über die Einschränkungen einer objektiven Auswahl im Klaren. Auch wenn im Unternehmen versucht wird, Talente systematisch und „objektiv“ zu identifizieren, spielen für ihn subjektive Faktoren bei derartigen Auswahlprozessen eine Rolle, wie das folgende Zitat beweist: „Also wenn jemand behauptet, er würde systematisch alle Mitarbeiter, das würde ich nie glauben, so etwas. Es ist das Gleiche, wenn ein Personaler zu Ihnen sagt, er sei immer objektiv in der Auswahl. Geht gar nicht, kein Mensch ist objektiv“ (U1, 236–239).

Weitere Selektionsfaktoren

Die Aussagen des Interviewpartners U1 deuten darauf hin, dass sich das Unternehmen U1 weiterer Einfluss- und Verzerrungsfaktoren bewusst ist und den Mittelweg zwischen der subjektiven Bewertung einzelner Führungskräfte und einer höheren Vergleichbarkeit der Kandidat/innen sucht. Subjektive Attributionen und Interessen der Vorgesetzten beeinflussen seiner Einschätzung nach den Prozess der Identifizierung und Auswahl potentieller Führungskräfte. Nach Ansicht des Befragten U1 erhöht sich die Wahrscheinlichkeit für eine Nominierung für eine Führungsposition, wenn eine Nachwuchskraft eine große Ähnlichkeit zu der Person des oder der Vorgesetzten hat. Er nennt in diesem Zusammenhang den Einfluss der Vorgesetzten, welche ihre Mitarbeiter/innen für das Development Center vorschlagen oder dies verhindern können. Aufgrund subjektiver Einschätzungen der einzelnen Vorgesetzten oder aufgrund zwischenmenschlicher Differenzen kommt es vor, dass nicht alle geeigneten Talente für diese Maßnahme nominiert werden. Zusätzliche Aspekte, die die Identifizierung beeinflussen, sind für ihn das Bauchgefühl bei der Personalauswahl als ein erfahrungsbasiertes Gefühl für die Erfolgsprognose einer Stellenbesetzung und der kontextuelle Faktor „zur richtigen Zeit am richtigen Platz“ (U1, 235–236) zu sein.

Die Transition zur Führungskraft, ihre Kompetenzanforderungen und Veränderungen

Bezüglich der Kompetenzanforderungen, die das Unternehmen an Führungsneulinge richtet, nennt der Experte ähnliche Aspekte, die bereits zur Ernennung als Nachwuchsführungskraft relevant sind. Seiner Einschätzung nach wird einem Führungsneuling auf einer unteren Führungsebene noch eine hohe fachliche Kompetenz abverlangt. Dabei muss dieser unterschiedliche Rollenerwartungen in Einklang bringen. Für ihn ist beim Übergang zur Führungskraft die Anforderung der Führungskompetenz der Dreh- und Angelpunkt, was auch die Fähigkeit zur Motivation der Mitarbeiter/innen und die Klärung des eigenen Führungsverständnisses impliziert. Zusätzlich muss der Führungsneuling methodische Kompetenzen für einen sinnvollen Einsatz der Führungsinstrumente besitzen. Das führt zu einer Veränderung der Kompetenzanforderungen: „Wie mache ich eine Leistungsbeurteilung? Was sind unsere Personalentwicklunginstrumente? (…) Was sind unsere disziplinarischen Möglichkeiten, die wir haben?“ (U1, 440–442).

Die Unterstützung der Transition zur Führungskraft durch das Unternehmen

Das Unternehmen U1 hat Interesse an der Förderung der eigenen Mitarbeiter/innen, um interne Talente an das Unternehmen zu binden. Das wird gefördert durch das Angebot, eine Nachwuchskraft eine „erste kleine Führungsfunktion" (U1, 447), wie die Leitung eines Teams übernehmen zu lassen und einen „Pool für Führungskräfte im internationalen Umfeld" (U1, 450–451) zu implementieren. Es ist allerdings eine niedrige Standardisierung und ein geringes Angebot der Unterstützung bei der Bewältigung von Führungsaufgaben zu erkennen, da Instrumente und Verfahren nicht systematisch angeboten werden. Es wirkt eher so, als ob diese situativ und individuell eingesetzt werden. Im Widerspruch dazu steht die Aussage des Experten, dass der Prozess des Übergangs „gezielt durch den Vorgesetzten, durch die Personalabteilung begleitet" (U1, 413) wird. Zur Vorbereitung bzw. Begleitung des Übergangs werden situativ on-the-job-Maßnahmen und Trainings in Form eines „standardisierten, mehrmoduligen Führungstraining[s]" (U1, 432) eingesetzt, in welchem allgemeines und unternehmensspezifisches Führungswissen vermittelt wird. Außerdem gibt es verschiedene Feedbackinstrumente wie ein „Feedback für Führungskräfte" (U1, 527), welches nach 6 bis 12 Monaten in der Führungsrolle Aufschluss und Rückmeldung über die Leistung und das Verhalten als Führungsneuling gibt. Von der betroffenen Führungskraft wird eine hohe Eigenverantwortung für die Bewältigung der Transition erwartet. So empfiehlt er erstmals berufenen Führungskräften, vor der Stellenübernahme eigenständig an Weiterbildungen teilzunehmen. Zudem sollten sie Informationen hinsichtlich der zu erfüllenden Aufgaben und Anforderungen eigenverantwortlich und proaktiv bei der Personalabteilung einfordern.

In dem Unternehmen werden relativ wenig Zeit und Ressourcen in die Entwicklung von Führungsneulingen investiert und konkrete Erwartungen und Anforderungen von Seite des Unternehmens nicht direkt an Führungsnovizen kommuniziert. Vielmehr müssen sich diese selbständig über die Anforderungen ihrer Führungstätigkeit informieren. Da im Prozess der Selektion von Bewerber/innen nicht erwartet wird, dass sie sich aktiv in den Auswahlprozess einbringen, stellt dies eine Veränderung der Erwartungen und einen deutlichen Widerspruch dar. Dieses Vorgehen kann die einzelne Person überfordern und auch zu deren Scheitern führen, da nicht sichergestellt werden kann, ob ein Führungsneuling Eigenverantwortung in dem Transitionsprozess entwickelt und Informationen über die Anforderungen auch wirklich proaktiv und eigenständig einfordert.

9.8.2 Einzelfallanalyse 2 – Unternehmen U3

„Das eine ist das Identifizieren, das andere ist die Begleitung der Position und der Übergang dahin" (U3, 298–299).

Hintergrund des Unternehmens und des Experten

Der Experte U3 ist 45 Jahre alt, als Industriefachwirt mit 13 Jahren Berufserfahrung im Personalbereich und seit einem Jahr im Großunternehmen U3 als Leiter der Personalentwicklung und des Change Managements beschäftigt. Performance Management, Talent Management und Change Management zählen zu seinen Aufgaben. Das Großunternehmen U3 ist in der Verlagsbranche mit 6.500 Mitarbeiter/innen in Deutschland und mit 1800 Mitarbeiter/innen am Standort Augsburg tätig.

Kompetenzanforderungen für die Ernennung zur Führungskraft

Auf welche Kompetenzen und Eigenschaften achtet der Experte U3, wenn unter den Mitarbeiter/innen nach einer möglichen Führungskraft Ausschau gehalten wird? Ein besonderes Augenmerk legt der Experte auf die Fähigkeit einer Person zur Selbstführung. So sind für ihn Personen geeignete Führungskräfte, „von denen ich den Eindruck habe, dass sie sich auch selbst führen können" (U3, 123–124). Weitere positive Eigenschaften wie Selbstdisziplin, Verantwortungsbewusstsein und die Fähigkeit einer Nachwuchskraft, sich selbst zu steuern und zu strukturieren, gehören ebenfalls dazu. Einen weiteren Rückschluss auf die Führungseignung zieht das Unternehmen laut dem Befagten U3 dadurch, indem „auf eine starke Ausgewogenheit der Work-Life-Balance" (U3, 135) achtet. Die Informationen stellen für ihn einen Indikator dar „wie sie letztendlich in der Führung auch mit den Mitarbeitern umgehen werden" (U3, 131–132).

Weiterhin ist eine Passung einer Person zum Unternehmen wichtig „damit es zu uns passt" (U3, 133) und dass eine Führungskraft die Unternehmenskultur und das -leitbild verkörpert. Der Befragte U3 bezeichnet die Karriereplanung für einen Aufstieg in den Führungsbereich als unabdingbar. Darunter versteht er als die strategische Planung und das Vorantreiben der eigenen Karriere durch Netzwerkaufbau, Kompetenzentwicklung, Selbstmarketing und Sichtbarkeit. Weitere Auswahlkriterien von Nachwuchsführungskräften sind für ihn großes Fachwissen, Charisma und Persönlichkeit, Engagement und eine hohe Eigenitiative, welche eine Nachwuchskraft zeigen muss, um als potentielle Führungskraft nominiert zu werden.

Weitere Selektionsfaktoren

Die Identifizierung und Auswahl von Talenten wird im Unternehmen U3 maßgeblich durch die Vorgesetzten und die Sichtbarkeit einer Nachwuchskraft beeinflusst. Der Leiter der Personalentwicklung und des Change Managements U3 kritisisiert die Strukturen der Talentgewinnung und -förderung wie folgt: „Das Unternehmen tut zu wenig, um Potentiale zu schöpfen" (U3, 479–480). Talente werden zufällig durch ihre Sichtbarkeit in Projekten oder Programmen entdeckt. Vorgesetzte und Förderer spielen nach Ansicht des Befragten eine tragende Rolle bei der Talentidentifizierung und -auswahl, da sie darüber entscheiden, welche Personen eine Führungskarriere verfolgen werden. Ihm fällt zudem auf, dass im Unternehmen die Mitarbeiter/innen, die bei einem bestimmten Vorgesetzten „groß geworden sind", auch diejenigen waren, die später vermehrt „in den Führungspositionen saßen" (U3, 165–166). Die Auswahlhoheit speziell bei höheren Führungspositionen obliegt der Geschäftsführung, die letztlich darüber entscheidet, welche Kompetenzen benötigt werden. Dadurch wird eine Unternehmenskultur mit patriarchalen Zügen erkennbar: „Wenn er [der Geschäftsführer] sagt, morgen gehen wir links herum, dann gehen alle links herum. Man kann auch sagen, dass das etwas von einem Patriarch hat" (U3, 530–531). Um allerdings als potentielle Führungskraft benannt zu werden, ist die Aktivität und Sichtbarkeit der Nachwuchskraft für den Experten ausschlaggebend bzw. „die Voraussetzung" (U3, 454). Um von Selektionsverantwortlichen entdeckt zu werden, muss man „immer im Fokus" sein, um entsprechend „aufzufallen" (U3, 451–452). Zum Selbstmarketing stehen Mitarbeiter/innen entsprechende Möglichkeiten zur Verfügung, ohne dass diese genauer erläutert werden.

Der Prozess der Identifizierung und Auswahl von angehenden Führungskräften

Der Experte U3 macht wenige Angaben zur Stellenbesetzung von Führungskräften und erklärt lediglich, dass im jüngsten Zeitraum sehr stark auf die externe Stellenbesetzung zurückgegriffen wurde: „Wir haben in letzter Zeit viele Führungskräfte von außen angeworben" (U3, 135–136). Da es, wie er betont, in der jüngsten Vergangenheit darum ging, einen Generationenwechsel von Führungskräften unternehmensintern zu gestalten, erscheint es paradox, mehrere Führungspositionen hauptsächlich extern zu besetzen, aber nicht auf Kompetenzen und Ressourcen von internen Talenten zurückzugreifen. Daher stellt sich die Frage, ob das Unternehmen wirklich nicht über geeigneten Kandidat/innen verfügt oder was Gründe für eine verstärkte externe Talentgewinnung sind. Möglicherweise sind im Unternehmen keine geeigneten Instrumente zur Identifizierung,

Selektion und Förderung von Mitarbeiter/innen implementiert oder zeigen nicht die erhoffte Wirkung. Eine weitere Erklärung kann sein, dass die internen Mitarbeiter/innen nicht über die benötigten Kompetenzen verfügen, da neue oder andere Kenntnisse und Wissensbestände benötigt werden.

Als Verfahren und Instrumente zur Talentidentifizierung und -selektion zählt der Experte U3 Mitarbeitergespräche und Jahresrunden zwischen Vorgesetzten auf. In diesen Verfahren werden die subjektive Einschätzung der einzelnen Vorgesetzten durch weitere Perspektiven erweitert und die bisherigen Leistungen und Kompetenzen samt Entwicklungsmöglichkeiten von allen Mitarbeiter/innen duch eine Performance-Matrix diskutiert. Identifizierte Top Performer werden bei von den Vorgesetzten bewerteter hoher Leistung weiteren Potentialanalysen unterzogen, die der Befragte jedoch nicht konkretisiert. Der Vorteil dieses Vorgehens besteht darin, dass durch die Diskussion aller Mitarbeiter/innen keine Nachwuchskraft übersehen werden kann. Nachteile ergeben sich allerdings daraus, dass es sich um subjektive Einschätzungen von Vorgesetzten handelt und lediglich die bisherige Leistung und das Verhalten über die Eignung für eine spätere Führungsrolle entscheidet. Auf diese Weise kann das bisher nicht gezeigte Potential von Mitarbeiter/innen leicht übersehen werden. Dieses Ergebnis kann eine mögliche Erklärung für die externe Stellenbesetzung im Führungsbereich bieten, weshalb im Verlag U3 nicht auf versteckte Potentiale der Mitarbeiter/innen zurückgegriffen wurde. Insgesamt kritisiert der Befragte die unsystematische Vorgehensweise und mangelnde Bereitschaft des Unternehmens zur Talentförderung und gesteht somit ein, dass das Unternehmen Verbesserungen im Rahmen der Gewinnung, Identifizierung und Selektion von Talenten vornehmen sollte.

Die Transition zur Führungskraft, ihre Kompetenzanforderungen und Veränderungen

Die Transition von der Mitarbeiter- in die Führungsposition ist für den Experten U3 durch eine Zunahme an Druck und Verantwortung sowie durch eine Veränderung des Verhaltens und der Kompetenzen gekennzeichnet, wie aus dem folgenden Zitat hervorgeht: „Also jetzt muss ich ja irgendwie etwas anders machen und wie bekomme ich da den Sprung hin" (U3, 376–377). Hinsichtlich der Kompetenzanforderungen, die sich an Führungsneulinge richten, sollte eine erstmals berufene Führungskraft aufmerksam und selbstreflektiert sein, um Veränderungen der eigenen Person wahrzunehmen und sich daran anpassen zu können. Demnach ist für ihn wichtig, die „Wahrnehmung dafür zu schärfen, was passiert um mich herum, mit den Mitarbeitern, im System" (U3, 385–386). Die Bewältigung der Führungsaufgaben verlangt für ihn Selbstsicherheit „trau ich mir das überhaupt zu“ (U3, 382), Charisma, Persönlichkeit, Innovationsfähigkeit, ein wertschätzendes Menschenbild, methodische Kompetenzen zur Anleitung von Mitarbeiter/innen und Konfliktfähigkeit. Die Fähigkeit, Verantwortung für sich und andere zu übernehmen, hebt er als weitere wichtige Kompetenz von Führungskräften mehrmals hervor. Auf der interaktionalen Ebene benennt er bei intern berufenen Führungskräften die Beeinträchtigung durch den Rollenwechsel vom Kolleg/innen- zum Führungskraftstatus: Nachwuchskräfte werden Vorgesetzte von „Kollegen, mit denen man gerne zusammengearbeitet“ (U3, 369) hat. Demnach kann es in dem Unternehmen, das laut Aussage des Experten eine geringe Fluktuation aufweist, der Fall sein, dass jüngere Mitarbeiter/innen Führungskräfte von älteren Kolleg/innen werden. Durch die Statusveränderung muss die neu berufene Führungskraft nun ehemalige Kolleg/innen führen und anleiten, was das berufliche Verhältnis zwischen Führungsneuling und ehemaligen Kolleg/innen massiv verändert. Mögliche Konflikte und das veränderte Beziehungsgeflecht machen seiner Einschätzung nach eine Klärung und Schärfung der Rolle als Führungskraft notwendig.

Die Unterstützung der Transition zur Führungskraft durch das Unternehmen

Im Gegensatz zur Identifizierung und Auswahl von Führungskräften ist bei der Begleitung der Transition eine höhere Standardisierung und Systematisierung des Prozesses zu erkennen. Der Leiter der Personalentwicklung und des Change Managements U3 ist der einzige Befragte, der ausdrücklich betont, dass keine Vorbereitung auf die Führungsrolle, sondern eine Begleitung erst bei der Stellenübernahme erfolgt. Dadurch sollen Kosten einer möglichen Vorbereitung von Nachwuchsführungskräften reduziert werden. Es herrscht zudem unternehmensintern keine offene und transparente Kommunikation darüber, welche Nachwuchskraft als zukünftige Führungskraft gesehen wird. Dieses Vorgehen ermöglicht aber auch eine höhere Flexibilität bei der Stellenbesetzung im Führungsbereich, da im Vorfeld nicht in den Aufbau von Wissen investiert wurde, von welchem unklar ist, wann es eingesetzt werden kann.

Der Unternehmenskultur entsprechend werden Führungsneulinge bei Stellenantritt durch „begleitende Maßnahmen“ (U3, 284) unterstützt, welche als „Führungswechselberatung“ verschiedene Bausteine beinhalten. Dieser Ansatz ermöglicht die Vermittlung von Wissen, Beratung, Austausch, Informationsweitergabe und Rückmeldung zum bisherigen Führungsverhalten. Trainings vermitteln Wissen, Kenntnisse und methodisches Werkzeug für die Tätigkeit als Führungskraft. Ein Management Circle mit der Anwendung der Methode der Kollegialen Beratung unterstützt den Austausch und die Beratung zwischen Führungsneulingen mit ähnlichen oder gleichen Fragestellungen, welche zudem von den Erfahrungen dienstälterer Führungskräfte profitieren können. Coaching dient der individuellen Begleitung und Beratung während des Einfindens in die Führungsrolle. Das Unternehmen bietet somit verschiedene aufeinander abgestimmte Instrumente an, um die Transition für neue Führungskräfte zu erleichtern, sie gezielt bei der Rollenübernahme zu unterstützen und ihnen ein Handwerkszeug für die Bewältigung von Führungsaufgaben mit an die Hand zu geben.

9.8.3 Einzelfallanalyse 3 – Unternehmen U4

„Deswegen versuchen wir ja das ganze Thema eben über eine gewisse Anzahl an Jahre auch sich entwickeln zu lassen" (U4, 696–967).

Hintergrund des Unternehmens und des Experten

Das Unternehmen U4 ist ein international agierendes Maschinenbauunternehmen mit einer Gesamtmitarbeiteranzahl von 6500 Mitarbeiter/innen weltweit und mit 2200 Arbeitskräften am Standort Augsburg. Der 49 jährige Diplom Pädagoge U4 ist seit 8 Jahren im Unternehmen tätig und hat als Head of Human Resources die Personalleitung für alle Mitarbeiter/innen im internationalen Kontext inne.

Kompetenzanforderungen für die Ernennung zur Führungskraft

Der Personalleiter U4 nennt eine große Anzahl verschiedener Kompetenzen und Eigenschaften, welche eine Nachwuchskraft mitbringen muss, um als der Führungsnachwuchs der nächsten Generation identifiziert zu werden. Eine hohe fachliche Kompetenz streicht er als Grundvoraussetzung heraus. Damit fordert er Kenntnisse, Wissen und Erfahrungen in verschiedenen fachlichen Bereichen: „Das Thema ist da so, trotz aller Themen, es ist meistens so, dass man natürlich erst mal fachlich einen guten Job machen muss" (U4, 979–980). Wenn eine Person diese Voraussetzung erfüllt, kann sie durch hohe Leistung, Engagement und die Übernahme von Verantwortung und von zusätzlichen Aufgaben im Unternehmen auf sich aufmerksam machen, um sich von anderen Mitarbeiter/innen abzuheben. Folgende Textpassage hebt dessen Bedeutung für die Nominierung zur Führungskraft hervor:

> „So also dann kommt dazu natürlich im zweiten Rennen, dass es jemand ist, der dann auch durch bestimmte Führungsbeiträge, Aktivitäten, nächste Schritte, größere Pakete, die er übernommen hat, entsprechend erfolgreich auf sich aufmerksam gemacht hat" (U4, 495–498).

Das Unternehmen U4 erwartet also, Verantwortung und erste informelle Führungsaufgaben zu übernehmen, um entdeckt zu werden. Die Übernahme von weiteren Aufgaben durch die Organisation von Messen, Kundentagen oder die Betreuung von Auszubildenden kann als eine Bereitschaft zum Opfern der eigenen Zeit und als Zeichen der Verpflichtung und Identifikation mit dem Arbeitgeber gewertet werden. Für den Befragten U4 bieten längere Arbeitszeiten einen Vorgeschmack auf die zeitliche Mehrbelastung als Führungskraft: „Aber es ist dann natürlich so, dass der zeitliche Aufwand schon zunimmt" (U4, 994–995). Eine zusätzliche Verantwortungsübernahme lässt auf das spätere Engagement in der Führungsrolle schließen und lässt vermuten, dass ein Führungsneuling nicht nach kurzer Zeit die Position wieder aufgeben möchte.

Für das Unternehmen U4 ist internationale Mobilität ein weiteres zentrales Auswahlkriterium von Nachwuchsführungskräften: „in unserem internationalen Betrieb, Unternehmen geht es halt kaum anders" (U4, 941–942), durch welches wiederum die Verpflichtung einer späteren Führungskraft gegenüber dem Arbeitgeber ablesbar wird. Da das Unternehmen weltweit Standorte unterhält, muss eine Nachwuchskraft mit verschiedenen Auslandseinsätzen rechnen. Dies kann zu Spannungen im Privatleben führen. Wenn eine Person in die Führungslaufbahn einmünden möchte, muss sie allerdings der Möglichkeit, eine Aufgabe und Verantwortung im Ausland zu übernehmen, Vorrang geben. Ein mehrmaliges Ausschlagen von Auslandseinsätzen kommt für den Experten U4 einem Verpassen der Chance für die spätere Übernahme einer Führungsposition gleich. Daraufhin wird anderen Mitarbeiter/innen die Option für einen Auslandseinsatz unterbreitet: „Und die anderen fünf Nasen, sage ich mal, auf Deutsch, die wir gefragt haben, die nicht mit wollten, ja die haben diese Chancen natürlich verpasst" (U4, 932–934).

Der Befragte U4 nennt weiterhin Kommunikationsfähigkeit als notwendige Kompetenzanforderung an zukünftige Führungskräfte. So muss ein Talent „in der Lage sein, irgendwo eine gewisse Kommunikationsstärke" (U4, 190–191) zu nutzen, um in der eigenen Abteilung und im gesamten Unternehmen agieren und mit Mitarbeiter/innen und Kunden kommunizieren zu können. Konfliktfähigkeit als die Fähigkeit „schwierige Situationen oder kritische Situationen auch auszuhalten" (U4, 698–699), ist für den Personalleiter U4 ein zusätzliches Selektionskriterium von Nachwuchsführungskräften, weil es sich für ihn um eine Kernkompetenz von Führung handelt.

Zudem muss für ihn ein Streben nach Weiterentwicklung und Karriereinteressen in Richtung einer Führungskarriere vorhanden sein, „ein gewisser Führungsanspruch und gewisse Neigung, in die Richtung zu wollen, muss schon da sein" (U4, 180–182). Privates oder ehrenamtliches Engagement können für den Experten auf das Interesse einer Person hinweisen, Verantwortung und Führungsaufgaben zu übernehmen. In Bezug auf entsprechende Karriereinteressen erwartet der Personalleiter U4, dass eine Nachwuchsführungskraft über die eigene Karriereplanung reflektiert: „Passt das zu mir? Ist das eine Aufgabenstellung, will ich mich in diese Richtung entwickeln?" (U4, 1145–1146). Weiterhin nennt er die Fähigkeit zum strategischen und unternehmerischen Denken sowie die Effektivität einer Person „in time, also rechtzeitig und ohne zusätzliche Kosten das versprochene Produkt den Kunden auch wirklich liefern zu können" (U4, 201–202).

Weitere Selektionsfaktoren

Das aktive Einfordern von Informationen zur weiteren Karriere im Unternehmen, der Teilnahme an Fördermaßnahmen und/ oder der Berücksichtigung für Führungsaufgaben durch die Nachwuchskraft selbst wird vom Befragten U4 im Laufe des Gesprächs immer wieder hervorgehoben, um als potentielle Führungskraft identifiziert zu werden. Welche Ideen hat er oder sie für die eigene berufliche Entwicklung? Strebt die Person in Richtung Führungsposition? Dies macht deutlich, dass die Talentidentifizierung im Unternehmen U4 zunächst in hohem Maße von der Initiative und der Eigenverantwortung des Mitarbeiters oder der Mitarbeiterin abhängt. Ob eine Nachwuchskraft ihre Karriereinteressen in einem Mitarbeitergespräch allerdings auch zur Sprache bringen kann, hängt für ihn trotz einer Standardisierung des Instruments „davon ab, wie die Führungskraft am Tisch das Gespräch führt" (U4, 426–427). Das Resultat und die Identifizierung von möglichen Führungskräften hängen seiner Ansicht nach von zwischenmenschlichen Beziehungen, Sympathie und der Gesprächsführung der Vorgesetzten ab. Die Identifizierung wird somit von dem Einfluss der Vorgesetzten subjektiv, wenig überprüfbar und von Verzerrungseffekten beeinflusst.

Der Prozess der Identifizierung und Auswahl von angehenden Führungskräften

Potentielle Führungskräfte werden im Unternehmen U4 weitestgehend aus dem bestehenden Mitarbeiter/innenstamm rekrutiert. Aus der Äußerung des Experten U4 „Es gibt viele, die von außen kommen, aber die allermeisten generieren wir uns intern" (U4, 879–880) kann der Rückschluss gezogen werden, dass in dem Unternehmen Stellen im Führungsbereich stärker intern als extern besetzt werden. Verschiedene Karrierepfade – Fach-, Führungs- und Expertenkarriere – sind hierbei implementiert. Zur Identifizierung und Selektion von zukünftigen Führungskräften zählt der Personalleiter U4 jedoch lediglich Mitarbeitergespräche auf. Im

Gesamten weisen die Aussagen des Experten auf einen weitestgehend unsystematischen und informellen Identifizierungs- und Auswahlprozess von zukünftigen Führungskräften hin. Auf Grundlage der Mitarbeitergespräche verdichten sich seiner Schilderung nach im Laufe der Zeit durch das Verhalten der Nachwuchskraft in Projekten oder bei Auslandeinsätzen „die Eindrücke, dass das jemand sein könnte, der hier mehr Verantwortung übernehmen kann“ (U4, 297–298). Zur Bewertung führungsrelevanter Kompetenzen und Eigenschaften verfügt das Unternehmen über kein speziell entwickeltes Instrumentarium. Stattdessen erklärt der Interviewpartner U4, dass man „trotzdem aus der Erfahrung heraus auf die Informationen [komme]“ (U4, 341), die zur Auswahl geeigneter Kandidat/innen benötigt werden.

Die Transition zur Führungskraft, ihre Kompetenzanforderungen und Veränderungen

Führungsneulinge müssen, auch nachdem sie eine Stelle im Führungsbereich angetreten haben, internationale Mobilität zeigen. Das Unternehmen erwartet von ihnen, dass sie „vier, fünf, sechs Monate am Stück da durchziehen“ (U4, 1076). Im Zusammenhang mit der erstmaligen Übernahme einer Führungsposition ist für den Personalleiter U4 Fachkompetenz – „er muss das Produkt kennen, er muss die Abläufe kennen“ (U4, 196–197) – eine wichtige Voraussetzung für den Führungsprozess, um diesen überblicken und steuern zu können. Eine weitere zentrale Veränderung in der Transition zur Führungskraft liegt für den Befragten in der Zunahme der Arbeitszeit und in Auslandsaufenthalten, was negative Auswirkungen auf die Work-Life-Balance und die Vereinbarkeit des Berufs mit dem Privatleben hat. Ihm ist es wichtig, zu betonen, dass angehende Führungskräfte sich über diese Anforderung bewusst sein müssen, wie aus dem folgenden Zitat hervorgeht: „Letztendlich muss der einzelne tatsächlich dann auch wissen, die Belastung, wenn er es richtig machen will, wird höher. Das glaube ich, kann man nicht von der Hand weisen“ (U4, 1032–1034).

Im Laufe des Gesprächs bezeichnet der Befragte U4 Führungskompetenz als unabdingbar. So müssen Führungskräfte seiner Auffassung nach in der Lage sein, allen Mitarbeiter/innen, abhängig von deren Hintergrund und Reifegrad, strukturierte Orientierung durch Monitoring und Feedback des Arbeitsprozesses zu geben. Hierbei ist es wichtig, die Mitarbeiter/innen verantwortungsvoll und individuell zu behandeln sowie den Führungsstil situativ an die einzelne Person anzupassen: „Ich kann jetzt nicht vom Führungsstil in Anführungszeichen hergehen und sagen, ok, also bei jedem lege ich irgendwo den gleichen Maßstab an“ (U4, 455–456). Die Führungstätigkeit verlangt ein gruppenzentriertes Denken und Handeln, was bedeutet, Gruppenprozesse zu koordinieren, für die Nachfolgeplanung im Team, die Talentförderung und die Mitarbeiterzufriedenheit Sorge zu tragen, Flexibilität und ein partnerschaftliches Führungsverständnis zu entwickeln. Darüber hinaus verlangt die Führungsaufgabe die Fähigkeit zum koordinierenden Handeln: „Sie müssen sich regelmäßig abstimmen, sie müssen die Meetings auch idealerweise alle vorbereiten oder viele davon" (U4, 1008–1010). Die Zufriedenheit und die Leistung des Teams entscheiden somit über dessen Erfolg und damit auch über den Erfolg der Führungskraft, da sie für die Leistung der Mitarbeiter/innen verantwortlich gemacht wird. Neben Führungskompetenzen zählt der Befragte U4 Konfliktfähigkeit, unternehmerisches Denken und die Fähigkeit, ein Netzwerk im Unternehmen aufzubauen, als Kompetenzen auf, die neu berufene Führungskräfte mitbringen sollten.

Da nach Ansicht des Experten U4 der Übergang von der Mitarbeiter- in die Führungsposition einem fließendem Prozess gleichkommt, hat dies seiner Wahrnehmung nach auf der interaktionalen Ebene weitreichende Veränderungen für eine erstmals berufene Führungskraft. Er erklärt, dass die Transition von unternehmensinternen Mitarbeiter/innen Auswirkungen auf berufliche Beziehungen und gruppendynamische Prozesse hat. Verändert sich der berufliche Status eines Mitarbeiters oder einer Mitarbeiterin zur Führungskraft, die ehemaligen Kolleg/innen nun Anweisungen erteilt, entstehen Unsicherheiten und Unklarheiten bei Führungsneulingen und deren ehemaligen Kolleg/innen bezüglich der eigenen beruflichen Rolle. Mögliche Schwierigkeiten und ein Scheitern des Rollenwechsels nimmt der Pesonalleiter U4 zum weiteren Anlass, um eine langjährige Entwicklung und Prüfung der Mitarbeiter/innen hinsichtlich ihrer Führungseignung zu begründen.

Die Unterstützung der Transition zur Führungskraft durch das Unternehmen

Der Personalleiter U4 beschreibt den Prozess der Einarbeitung von neuen Mitarbeiter/innen wesentlich präziser und konkreter als den Prozess der Begleitung der Transition. Beim Eintritt in das Unternehmen erhält ein neuer Mitarbeiter oder eine neue Mitarbeiterin einen ausgearbeiteten „strukturierten Einarbeitungsplan" (U4, 248), und ein Projekt zur eigenständigen Bearbeitung, welches von einem Paten, einer Person der gleichen Abteilung, die „fachlich mehr Knowhow hat" (U4, 267), begleitet wird. Der Einarbeitung neuer Mitarbeiter/innen und deren Sozialisation in das Unternehmen wird somit eine hohe Bedeutung beigemessen, um Fehlbesetzungen rechtzeitig zu erkennen oder zu vermeiden, wie durch die folgende Aussage zu erkennen ist: „um natürlich auch parallel sicherzustellen,

Probezeit sechs Monate, sind wir uns im vierten Anfang fünften Mitte fünften Monats sicher, dass das etwas wird" (U4, 259–261).

Während die Begleitung des Eintritts von externen Mitarbeiter/innen in das Unternehmen standardisiert und systematisiert ist, ist dies bei dem internen Wechsel von der Mitarbeiter- in die Führungsposition nicht der Fall. Die Entwicklung von Nachwuchsführungskräften und Führungskräften befindet sich im Aufbau und wird erst seit zwei Jahren vom Unternehmen unterstützt: „Also es gab bis vor zwei Jahren, die letzten zwei Jahre gab es zu dem Thema gar nichts, weil auch Krise war" (U4, 559–560). Auf die Frage, wie die konkrete Förderung des Übergangs zur Führungskraft aussieht, nennt der Personalleiter U4 zunächst keine implementierten Verfahren oder Instrumente, sondern berichtet von einem geplanten Programm der Führungskräfteentwicklung, das in den kommenden Monaten starten und die Vereinheitlichung von verschiedenen unternehmensweiten Förderprogrammen darstellen soll. Von der Geschäftsführung nominierte Nachwuchsführungskräfte werden in dem Programm für die Dauer von sechs Monaten „drei Blöcke á drei Tage zu verschiedensten Themenbereichen" (U4, 604–605) und weitere Maßnahmen, die in einem individuellen Entwicklungsplan mit einem externen Trainer festgelegt werden, durchlaufen. In Seminaren sollen Führungskräfte die Möglichkeit durch einen Abgleich von Selbst- und Fremdbild zur Planung der weiteren Kompetenzentwicklung haben:

> „um hier also bestimmte blinde Flecken, die man vielleicht auch hat, durch bestimmtes Feedback mal so aufzudecken und vielleicht an dem Thema auch noch ein bisschen zu arbeiten. Was brauche ich noch in der individuellen Qualifizierung vom Know How, möglicherweise über das Thema Führung hinaus, aber auch beim Führungsthema, wo muss ich vielleicht noch ein bisschen was machen?" (U4, 654–658).

Auf die Nachfrage wie der Übergang aktuell vom Unternehmen begleitet wird, zählt er Trainings und Coaching auf: „Wir arbeiten sehr viel auch mit Coaching in Coachingsequenzen, wenn sie etwas weiterkommen in ihrer Führungsaufgabenstellung" (U4, 681–683). Hinsichtlich der Vorbereitung auf eine Führungsposition nennt der Befragte U4 on-the-job-Maßnahmen in Form von Auslandsaufenthalten, Job Enlargement oder Projektarbeiten „ein größeres Paket, ein größerer Umfang, anderer Kunde, andere Location, Ausland" (U4, 308–309), um der Nachwuchskraft, „etwas mehr Verantwortung" (U4, 307–308) zu übertragen. Im Unternehmen U4 wird von Mitarbeiter/innen in hohem Maße erwartet, an Maßnahmen der Weiterbildung und Weiterqualifizierung abseits der regulären Arbeitszeiten teilzunehmen, entsprechend der Vorstellung „die Freizeit bringt er ein, den Rest zahlt natürlich die Firma" (U4, 985–986).

Durch die Analyse des Interviews entsteht der Eindruck, dass die Vorbereitung auf eine Tätigkeit als Führungskraft einem langjährigen Entwicklungs- und Reifungsprozess der betroffenen Person und eine gleichzeitigen Prüfung der Führungseignung unterliegt, um Fehlbesetzungen im Führungsbereich zu verhindern:

> „Deswegen versuchen wir ja das ganze Thema eben über eine gewisse Anzahl an Jahre auch sich entwickeln zu lassen und immer wieder zu schauen, ob die Leute in der Lage sind, auch vielleicht unliebsame Themen oder schwierige Situationen oder kritische Situationen auch auszuhalten, schon mal als Vorbereitung, in der Hoffnung, oftmals gelingt es auch, dass diese Themen dann nachher auch wirklich im scharfen Durchgang sozusagen auch funktionieren" (U4, 696–701).

Zudem werden Führungskräfte, die erstmals in eine Führungsposition berufen werden, situativ und wenig systematisiert durch die Vermittlung von neuen Kenntnissen, durch informelles Feedback „Also man hat ja immer so ein bisschen den Finger am Puls" (U4, 711) und durch individuelle Beratung bei der Bewältigung ihrer Führungsrolle begleitet. Das Unternehmen hat die Notwendigkeit einer systematischen und standardisierten Begleitung der Transition zur Führungskraft jedoch für sich erkannt und optimiert diese nun durch die Entwicklung und Vereinheitlichung eines Förderprogramms.

9.8.4 Einzelfallanalyse 4 – Unternehmen U5

Hintergrund des Unternehmens und des Experten

U5 ist ein Großunternehmen im Bereich der Energieversorgung mit einer Mitarbeiterzahl von 7000 Mitarbeiter/innen. Der Referent der Personalentwicklung U5 ist 47 Jahre alt und als Diplom Pädagoge im Bereich der Führungskräfteentwicklung tätig.

Kompetenzanforderungen für die Ernennung zur Führungskraft

Um jemanden als Nachwuchsführungskraft in Betracht zu ziehen, wird im Unternehmen U5 grundsätzlich nach Personen Ausschau gehalten, von welchen angenommen wird, dass sie im Sinne einer Führungskompetenz in der Lage sind, ein Team zu führen und anzuleiten. Zur Bewältigung späterer Führungsaufgaben muss ein Talent Fähigkeiten von „Kommunikation, Integration, Veränderungsfähigkeit und Gestaltungswillen" (U5, 317–318) besitzen. Die genannten Kompetenzen beziehen sich auf unterschiedliche Aspekte. Ein Gestaltungswille beinhaltet die Absicht, das Bestehende zu verbessern und neue Dinge zu schaffen. Damit hängt wiederum die Bereitschaft zusammen, Lernfähigkeit zu zeigen,

Veränderungen wahrzunehmen und sich daran anzupassen. Unternehmen benötigen somit innovations- und anpassungsfähige Führungskräfte, um Veränderungen bewältigen zu können. Eine weitere Kompetenz, welche für den Experten U5 einen hohen Stellenwert hat, ist Kommunikationsfähigkeit. Zur Führung der Mitarbeiter/innen bezeichnet er diese als „Kernkompetenz", „die für Führung ganz ganz wichtig ist" (U5, 177–176).

Der Prozess der Identifizierung und Auswahl von angehenden Führungskräften

Führungspositionen werden im Unternehmen U5 nicht erst intern (wie z.B. im Unternehmen U9), sondern sowohl extern als auch intern ausgeschrieben. Bei externen Bewerber/innen wird ein Auswahlverfahren durchgeführt, welches in Abhängigkeit von den Stellenanforderungen ein Assessment Center (AC) oder Teile eines ACs und Interviews beinhaltet. Der Personalentwickler U5 erklärt in diesem Zusammenhang, dass in allen Auswahlprozessen unternehmensinterne Kompetenzmodelle verankert werden.

Im Unterschied zu allen anderen Unternehmen nennt der Experte U5 keinerlei informelle Mechanismen oder Faktoren, wie eine Sichtbarkeit von Mitarbeiter/innen oder den Einfluss von Vorgesetzten, welche die Stellenbesetzung von Führungspositionen beeinflussen würden. Zur Talentidentifikation und -auswahl von internen Mitarbeiter/innen skizziert er ein mehrstufiges multiples Feedbackverfahren, welches im Unternehmen zur Bewertung der Leistung und der Eignung als Führungskraft zum Einsatz kommt:

> „Das bedeutet, wir haben da einen Fragebogen entwickelt, der dann auch immer wieder auf die Stelle angepasst wird. Es werden die Kompetenzen abgefragt und zwar aus drei Perspektiven, nämlich, ich als Mitarbeiter der sich bewirbt, wie schätze ich mich selber ein. Meine Führungskraft, wie schätzt sie sich ein, ein erstes Fremdbild und dann andere Stakeholder Kooperationspartner aus dem Unternehmen, die diesen Mitarbeiter in irgendeiner Form einschätzen können, füllen auch einen entsprechenden Bogen aus. Und diese drei Perspektiven werden dann in Abwesenheit des Bewerbers konsolidiert durch die Fremd-Feedback-Geber" (U5, 211–218).

Dieses Vorgehen ermöglicht einen Abgleich zwischen dem Selbst- und dem Fremdbild der Person und geben einen „Eindruck von der Kompetenz eines Mitarbeiters", was zu der Entscheidung führen kann „ob eine Führungsposition Sinn macht oder nicht" (U5, 221–222). Aufgrund der Kombination verschiedener Perspektiven kann seiner Schilderung nach bei internen Mitarbeiter/innen bei der Führungskräfteauswahl auf Elemente des Assessment Centers verzichtet werden. Das Verhalten und die Leistungen, die eine Person in der Vergangenheit gezeigt hat, gelten in dem Unternehmen U5 somit als Indikatoren für die Führungseignung.

Die Transition zur Führungskraft, ihre Kompetenzanforderungen und Veränderungen

Der Experte U5 schildert die Ambivalenz des Veränderungsprozesses der Transition, da eine erstmals berufene Führungskraft mit Unsicherheit und Stolz zwei diametral entgegengesetzte Gefühlsarten erlebt. Ein Führungsneuling wird seiner Beschreibung nach mit neuen Aufgaben, einer Zunahme an Verantwortung, neuen bzw. veränderten Rollenerwartungen, einem neuen Arbeitsumfeld und einer Veränderung der Work-Life-Balance konfrontiert. Da die Veränderungen und Anforderungen häufig unbekannt und unklar sind, geht für den Befragten U5 mit diesen Herausforderungen ein Gefühl der Unsicherheit einher. Er fasst die Fragen, die eine Unsicherheit hervorrufen, folgendermaßen zusammen:

> „Was passiert jetzt hier bei mir? Wie komme ich da wohl an? Wie werde ich gesehen? Welche Neuerungen sind für mich damit verknüpft? Was erwartet mein Chef jetzt von mir? Werde ich den Aufgaben gerecht?" (U5, 395–397)

und resümiert schließlich: „Das sind alles Formen von Unsicherheit" (U5, 398). Neben den genannten Bedenken wird die Transition aber gleichermaßen durch das Gefühl von Stolz begleitet. Dieser entsteht durch die vom Unternehmen entgegengebrachte Wertschätzung für die erbrachte Leistung, Sichtbarkeit „Boa, ich werde gesehen" (U5, 407) und eine Statuserhöhung „Ich bekomme jetzt ein eigenes Büro. Das ist doch toll. Macht stolz" (U5, 409). Zudem zeigt sich nach Einschätzung des Experten U5 Stolz auch durch die Statusveränderung im privaten Umfeld.

Welche Kompetenzen sind nach Ansicht des Befragten U5 zur Bewältigung des Übergangs in die Führungsrolle wichtig? Er nennt Veränderungsfähigkeit, fokussiert sie an dieser Stelle jedoch nicht mehr auf die Führungskraft selbst, sondern beschreibt, dass diese in der Lage sein sollte, Veränderungsanforderungen für die eigenen Mitarbeiter/innen zu antizipieren, diese bei dem Prozess der Anpassung zu begleiten und zu motivieren.

Kommunikationsfähigkeit stellt für den Personalentwickler U5 in diesem Zusammenhang die Kernkompetenz von Führung dar. Zur Initiierung von Veränderungsprozessen streicht er neben Kommunikationsstärke Empathie und Selbstmarketing durch „Auftreten, Überzeugen und Verkaufen" (U5, 201) als wichtige Anforderungen heraus. Fachkompetenz betrachtet er als wichtige Kompetenz auf unteren Führungsebenen, „weil die auch sehr stark in fachlichen Themengebieten mit unterwegs sind" (U5, 172). Gleichzeitig nimmt für ihn die geforderte fachliche Qualität mit dem Aufstieg innerhalb der Hierarchieebenen zugunsten strategischer und unternehmerischer Kompetenzen ab, wie er in folgendem Zitat betont:

> „Je höher die Hierarchieebene, desto weniger stark ausgeprägt müssen diese Fachkompetenzen, diese ganz speziellen, sicherlich sein. Da kommen dann eher strategische Kompetenzen mit zum Tragen" (U5, 173–175).

Der Personalentwickler U5 ist der einzige Befragte, der beschreibt, dass die Neubesetzung einer Führungsposition und damit die Transition zur Führungskraft nicht nur für einen Führungsneuling, sondern auch für das Team der Führungskraft eine Umstellung bedeutet. Er erklärt: „eine neue Führungskraft als Person bringt ja auch Veränderungen für das Team mit" (U5, 377–378). So kommt es seiner Erfahrung nach zu einem Wandel der Gruppendynamik und der zwischenmenschlichen und beruflichen Beziehungen im Team und zwischen einzelnen Mitarbeiter/innen, was seiner Einschätzung nach zu „üblichen und nicht ganz vermeidbaren Irritationen" (U5, 382–383) führt.

Die Unterstützung der Transition zur Führungskraft durch das Unternehmen

Zur Begleitung des Übergangs von der Mitarbeiter- in die Führungsposition betont der Personalentwickler U5 die Selbstverantwortung der neu berufenen Führungskraft für die Bewältigung des Übergangs, „wenn sie merkt, es hakt irgendwo" (U5, 469). Er erwartet von ihr damit eine hohe Eigeninitiative, Unterstützung bei den Vorgesetzten oder der Personalabteilung einzufordern, wenn Probleme bei der Bewältigung der Führungsaufgaben auftreten. Diese Anforderung relativiert er jedoch an späterer Stelle. Er beschreibt, dass es seiner Meinung nach Aufgabe der Personalentwicklung ist, in einer unterstützenden und steuernden Funktion tätig zu sein und dafür Sorge zu tragen, „dass Führung grundsätzlich gut läuft" (U5, 447). Verschiedene Instrumente und Verfahren werden im Unternehmen U5 standardisiert und systematisch angeboten, welche den Übergang unterstützen und den Erfolg des Führungshandelns überprüfen sollen. Auch wenn der Personalentwickler U5 eine reine Standardisierung der Führungskräfteentwicklung ablehnt – „man kann nicht immer alles standardisieren nach dem Motto: Was gibt es da?" (U5, 504) – zeigt sich, dass im Unternehmen U5 versucht wird, den Mittelweg zwischen einer Standardisierung der Begleitung der Transition und „persönlicher Begleitung" (U5, 506) der am Übergangssprozess beteiligten Akteure zu gehen.

Hinsichtlich einer Vorbereitung auf die Führungsrolle nennt der Personalentwickler U5 allerdings keine Instrumente oder Verfahren. Eine Förderung und Unterstützung setzt für alle Führungsnovizen, unabhängig, ob sie bisher im Unternehmen tätig waren oder Neulinge im Unternehmen sind, bei Stellenantritt ein. Eine erstmals berufene Führungskraft erhält im Unternehmen U5 ein sogenanntes „Starterkit" (U5, 360), welches aus verschiedenen Elementen besteht. Zum einen wird der Prozess durch geeignete Literatur zum Selbststudium begleitet. Zum anderen sollen Beratungsgespräche, Coachingsitzungen mit internen Coaches und ein Teamworkshop den Führungsneuling unterstützen, möglichst rasch in die Führungsrolle zu finden, aber auch die Leistung des Teams voranzutreiben. Dient der Teamworkshop zu Beginn der Führungstätigkeit dem Kennenlernen zwischen Führungskraft und Mitarbeiter/innen, wird dieses Angebot im weiteren Verlauf häufig als Instrument zum gegenseitigen Feedback und zur Planung der weiteren Zusammenarbeit genutzt, um die Leistung des Teams entsprechend der Gruppendynamik „schneller in die Performing Phase" (U5, 383–384) zu bringen. Des Weiteren erhält eine erstmals berufene Führungskraft durch ein Feedbackverfahren von ihren Mitarbeiter/innen Rückmeldung zu ihrem Führungsverhalten. Der Experte U5 beschreibt das Instrument, welches im Unternehmen zur Bewertung der Führungskräfte zum Einsatz kommt, folgendermaßen:

> „Wir haben ein Instrument, das nennt sich Feedback für Führungskräfte, welches immer wieder angeboten wird, wodurch also genau wieder ein Teamdialog zwischen Mitarbeitern und Führungskraft erfolgt. Fragebogenbasierend bekommt die Führungskraft Rückmeldung: So und so wirst du gesehen. Und wird abgeglichen mit dem Selbstbild. Und das wird dann auch hinterher in einem Workshopverfahren noch mal diskutiert, in einem moderierten Verfahren zwischen Führungskraft und Mitarbeitern. Das ist ein Aspekt, bei dem man das mit reflektieren, auch ein Stück weit messen kann" (U5, 448–455).

Neben dem Team der Führungskraft, welches dieser Rückmeldung zu ihrem Handeln gibt, sieht der Befragte den oder die Vorgesetzte/n des Führungsneulings stark in der Verantwortung, Führungskräfte durch „regelmäßige Gespräche, Reflexionen" (U5, 462) auf dem Weg in die Führungsrolle zu begleiten.

Der Einsatz der genannten Verfahren zeigt den hohen Stellenwert, den die Aspekte Kommunikation und Feedback im Unternehmen U5 einnehmen. Im Unternehmen U5 werden im Gegensatz zu allen anderen befragten Betrieben nicht nur die Führungskraft, sondern die zusätzlich an der Transition beteiligten Akteure, wie ihr Team und die Vorgesetzten, in die Begleitung des Übergangsprozesses integriert. Damit steht nicht nur die Führungskraft alleine im Mittelpunkt der Verantwortung eines gelingenden Übergangs, sondern das Team, von deren Leistung der Erfolg einer Führungskraft abhängt, wird in die Evaluation und Unterstützung des Prozesses miteinbezogen. Das Unternehmen U5 ist demnach das einzige Unternehmen, das einen mehrperspektivischen und damit systemischen Ansatz der Begleitung des Übergangs von der Mitarbeiter- in die Führungsposition verfolgt.

Zwischenfazit und Ergebnisinterpretation

Trotz unterschiedlicher Kompetenzanforderungen zeigt der Vergleich der vier Einzelfälle, dass der Faktor Führungskompetenz (U1, U3, U4) die wichtigste Determinante von Führungspotential ist. Darüber hinaus variieren die Kompetenzanforderungen an Nachwuchsführungskräfte aber in ihrer Schwerpunktsetzung. Dies hängt davon ab, ob für die Befragten kontextuelle Faktoren wie eine Passung zum Unternehmen (U3), Leistung, Engagement und Fachkompetenz (U1, U4), Veränderungs- und Lernfähigkeit (U5) oder internationale Mobilität (U1, U4) im Vordergrund stehen. Entsprechend den Ergebnissen der Einzelfallanalysen kann die Transition zur Führungskraft als Veränderungs- und Anpassungsprozess an neue berufliche Rollen und als ein Ablösungsprozess von alten Rollenbildern beschrieben werden. Führungsneulinge müssen Führungskompetenzen (U1), methodische Kompetenzen (U1, U3) und ein gruppenzentriertes Denken und Handeln verfolgen (U4, U5), um von Beginn der Führungstätigkeit, die Leistung der Mitarbeiter/innen zu verbessern (vgl. Souba 2000).

- Die Prozesse der Talentidentifizierung, -selektion und -entwicklung in den Unternehmen variieren in Abhängigkeit von folgenden Faktoren:
- der Systematisierung und Standardisierung des jeweiligen Prozesses
- der Eigeninitiative, -verantwortung und Sichtbarkeit einer Nachwuchskraft
- dem Einfluss und der Unterstützung der Vorgesetzten
- der Schwerpunktsetzung einer Selektion oder Entwicklung von Talenten
- der Koordination und Verzahnung der Instrumente und Maßnahmen
- dem jeweiligen Fokus der Führungskräfteentwicklung
- der in die Begleitung des Transitionsprozesses involvierten Akteure

Talent Management bietet mit seinen Funktionen einen geeigneten Rahmen, um die Identifizierung, Selektion und Entwicklung von Talenten während der Transition zur Führungskraft zu begleiten und zu unterstützen. Wie dies von Unternehmen gestaltet werden kann, soll im letzten Abschnitt, basierend auf der Diskussion der Ergebnisse und der Prüfung des Modells der Transition zur Führungskraft, konkretisiert werden.

10. Ergebnisdiskussion

Im vorletzten Kapitel dieser Arbeit sollen die im Kapitel 9 dargestellten Ergebnisse und ihre Interpretation in Bezug auf die theoretischen Vorannahmen des neu entwickelten Modells der Transition zur Führungskraft diskutiert und geprüft werden. Die Diskussion der Daten stellt damit einerseits die empirisch-wissenschaftliche Grundlage für Empfehlungen an Absolvent/innen und Nachwuchskräfte zur Karriereplanung und andererseits wissenschaftlich fundierte Handreichungen für Unternehmen dar. Damit können Prozesse der Talentidentifizierung, -selektion und -entwicklung in der Unternehmenspraxis verbessert und die Begleitung der Transition zu einem festen Bestandteil des unternehmerischen Talent Managements werden. Die Analyse hatte dafür drei zentrale Fragestellungen als Ausgangspunkt:

1. Was sind Auswahlkriterien von Nachwuchsführungskräften aus Unternehmenssicht.
2. Welchen Kompetenzanforderungen und Veränderungen ist die Transition zur Führungskraft unterworfen.
3. Wie werden Prozesse der Identifizierung, Selektion und Entwicklung von Talenten entsprechend einem Talent Management in der Unternehmenspraxis umgesetzt.

Diese drei Fragestellungen und die in den vorangegangenen Kapiteln erarbeiteten theoretischen Vorannahmen flossen schließlich in das Modell ein, das für die Analyse der Ergebnisse entwickelt wurde. Folgende vier Elemente werden zur Beschreibung des Übergangsprozesses von der Mitarbeiter- in die Führungsposition zu dem folgenden Gesamtansatz vereint:

1. die Ko-Konstruktion zur Führungskraft
2. die Zuschreibung von Führungspotential als eine Voraussetzung für die Transition
3. Veränderungen und Kompetenzanforderungen der Transition zur Führungskraft
4. die Begleitung des Übergangs durch Talent Management

In der Diskussion der Ergebnisse soll anhand der vier Ebenen des Modells geprüft werden, welche Annahmen durch die Analyse gestützt werden können. Danach soll eine zusammenfassende Ergebnisinterpretation erfolgen.

Abbildung 24: Das Modell der Transition zur Führungskraft

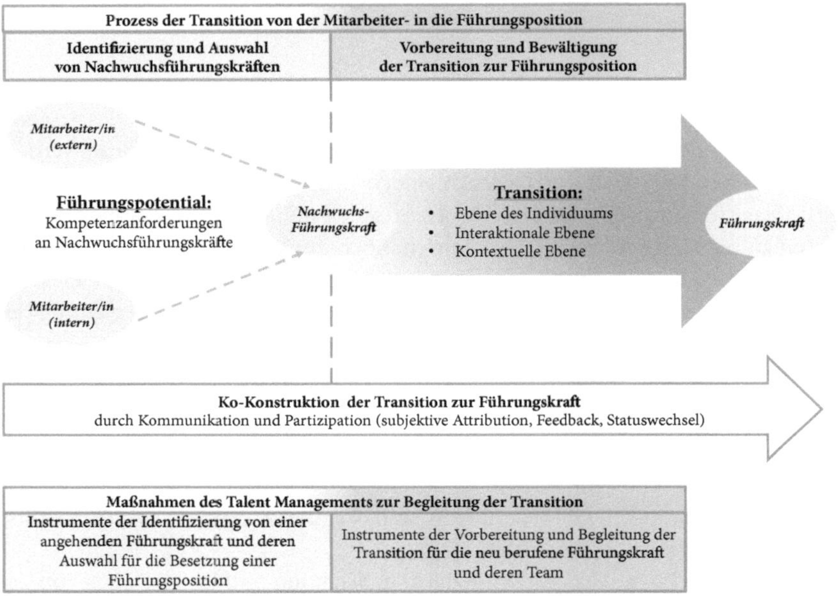

Der Prozess der Ko-Konstruktion zur Führungskraft

Der berufliche Aufstieg findet, so die Annahme des Modells, in einem gemeinsamen und subjektiven Gestaltungsprozess zwischen der Nachwuchskraft und dem Unternehmen im Sinne einer Ko-Konstruktion statt (vgl. Griebel, Niesel 2013; Savickas 2002). Dieser Aspekt kann durch die Analyse bestätigt werden. In dem Modell wird davon ausgegangen, dass der Anfangspunkt der Ko-Konstruktion in der Ernennung eines Mitarbeiters oder einer Mitarbeiterin zur Nachwuchsführungskraft bzw. in ihrer Auswahl für eine Stelle im Führungsbereich liegt. Daher schien es im Rahmen der Studie zunächst interessant, die Frage der Stellenbesetzung von Führungspositionen genauer zu beleuchten.

Wie schon die Ergebnisse von Bethke-Langenegger (2011) ergaben, belegte auch diese Untersuchung den Rückgriff der Unternehmen auf interne Mitarbeiter/innen bei der Auswahl ihres Führungsnachwuchses. Die Präferenz der internen Besetzung von Führungspositionen kann durch das Streben der Großunternehmen erklärt werden, ein Scheitern zukünftiger Führungskräfte zu vermeiden, Talente nicht an Konkurrenzunternehmen zu verlieren, mit der Auswahl intern berufener Führungskräfte eine Passung zur Unternehmenskultur zu garantieren und Ressourcen nicht in die Einarbeitung externer Führungskräfte investieren zu müssen.

Aus den Ergebnissen geht hervor, dass vor allem die Vorgesetzten und in einigen Unternehmen die Geschäftsführung einen sehr hohen Einfluss auf die Stellenbesetzung von Führungspositionen ausüben. Deren Stereotype und implizite Führungstheorien wirken demnach bei der Stellenbesetzung, was auch durch den Aspekt der Homosozialität gestützt wird, dem einige Befragte eine hohe Bedeutung bei der Stellenbesetzung zusprechen. Diese Tatsache lässt die Identifizierung und Auswahl von zukünftigen Führungskräften intransparent, subjektiv und hierarchisch erscheinen. Hierdurch manifestiert sich der Eindruck, dass in den meisten Unternehmen ein auf vergleichbaren Kriterien basierender Identifizierungs- und Auswahlprozess kaum vorhanden ist. Vielmehr berufen sich die Unternehmen bei der Talentidentifizierung und -auswahl auf Aspekte wie die Karriereförderung durch Mentor/innen, die Nominierung durch die Vorgesetzten und das sogenannte Bauchgefühl von Selektionsverantwortlichen. Bei Unternehmen, die eine Entwicklung vom Mittelstands- zum Großunternehmen aufweisen, ist die Entscheidungsmacht der Geschäftsführung auffallend. Das Stützen auf informelle oder erfahrungsbasierte Kriterien der Identifizierung und Auswahl begünstigt das Auftreten von Beobachtungsfehlern und Verzerrungseffekten bei der Führungskräfteauswahl und lässt die Objektivität, Vergleichbarkeit und Validität von Stellenbesetzungsentscheidungen in der Mehrzahl der befragten Großunternehmen fragwürdig erscheinen. Mit den Ergebnissen bestätigt die Untersuchung Befunde anderer Studien (z.B. Ready et al. 2010b; Pepermans et al. 2003), die auch zu dem Ergebnis kamen, dass Auswahlprozesse von der Voreingenommenheit der Vorgesetzten und monoperspektivischen Auswahlverfahren charakterisiert sind (Buckingham, Vosburgh 2001).

Entsprechend der Annahme des Modells wird der Übergang von der Mitarbeiter- in die Führungsposition durch gemeinsame Kommunikation, Partizipation und den Einsatz von Feedbackverfahren zwischen der erstmals berufenen Führungskraft, deren Vorgesetzten und Vertreter/innen der Personalabteilung gestaltet. Durch die Analyse konnte folgendes festgestellt werden:

- In keinem Unternehmen existieren Strukturen einer formellen Information zur Teilnahme an Förderprogrammen. Die Möglichkeit, dass sich Nachwuchskräfte selbst zu Programmen der Führungskräfteentwicklung anmelden oder sich dafür bewerben können, wird nicht gegeben. Aufgrund von früheren Konflikten und der Angst davor, Versprechen der Aufstiegsförderung umsetzen zu müssen, wird sie von einigen Befragten strikt abgelehnt. In den befragten Großunternehmen existiert zudem eine indirekte und intransparente

Kommunikation über den Talentstatus eines Mitarbeiters oder einer Mitarbeiterin (vgl. Kirchner 2013; Enneking et al. 2005). Dadurch wird versucht, eine Scheinbindung von Talenten und die Demotivation und Kündigung von nicht ausgewählten Mitarbeiter/innen zu vermeiden (vgl. Ready et al. 2010a).

- Die Ko-Konstruktion zur Führungskraft beginnt schließlich ab dem Zeitpunkt der Nominierung einer Nachwuchskraft für Führungspositionen oder für Förderprogramme. Durch die Kommunikation und Partizipation der an dem Übergang beteiligten Akteure – der Nachwuchsführungskraft, deren Vorgesetzten und Vertreter/innen der Personalabteilung – kommt es zu einer gemeinsamen Gestaltung der Transition. In allen neun Großunternehmen sind Verfahren und Instrumente implementiert, welche angehende Führungskräfte auf die Führungsrolle vorbereiten und/oder bei ihrer Ausübung der Führungsverantwortung unterstützen sollen. Zwischen den neun befragten Unternehmen bestehen deutliche Unterschiede hinsichtlich der Systematisierung, Standardisierung und dem Einsatz von Instrumenten und Verfahren zur Vorbereitung und Begleitung der Transition. Diese können von einer hohen Standardisierung und Systematisierung des Prozesses bis hin zu einer rein situativen und individuellen Begleitung reichen.
- Anstelle eines wechselseitigen Aushandlungsprozesses über die Erwartungen des Unternehmens an einen Führungsneuling, wie es in dem Modell formuliert ist, ist die Begleitung des Übergangs und die Kommunikation der Anforderungen der Führungstätigkeit in einigen Unternehmen situativ, informell und unkonkret. Eine Befragte betont hierbei, die Begleitung verlaufe fließend, intuitiv und ohne klare, transparente Vorgaben. Dadurch wird erkennbar, dass der Großteil der befragten Unternehmen von Führungsneulingen eine hohe Ambiguitätstoleranz, Eigeninitiative und Eigenverantwortung zur Bewältigung des Übergangs erwartet, wie bereits Hill (2007) aufzeigen konnte. Demnach wird der Statuswechsel von der Mitarbeiter- in die Führungsposition von einer geringen Klarheit begleitet (vgl. Glaser, Strauss 1971; Kapitel 7.5). Nach Auffassung einiger Expert/innen kommt den Vorgesetzten hierbei eine wichtige Rolle zu. Deren Aufgabe sei es, mit angehenden Führungskräften Entwicklungsmaßnahmen zu planen, Rückmeldungen zu ihrem Führungshandeln zu geben und den Prozess der Anpassung an neue berufliche Rollen zu begleiten. Den Vorgesetzten kommt demnach die Aufgabe als Talentförderer zu, welchen die Verantwortung der individuellen Begleitung der Transition von der Personalabteilung übertragen werden soll. Der Einfluss der Vorgesetzten auf den Übergangsprozess weist auf ein beachtenswertes Ergebnis hin. Die Ko-Konstruktion zur Führungskraft wird durch den Matthäus-Effekt begleitet und begünstigt. Die Nominierung für Förderprogramme oder für Führungspositionen und die

Unterstützung während des Übergangs durch die Vorgesetzten lässt die Wirkung des Matthäus-Effektes (vgl. Bothner 2012; Kapitel 5.2.2) bei angehenden Führungskräften zu. Dies kann dadurch erklärt werden, dass High Potentials zum einen durch die Beförderung und/oder die Teilnahme an Förderprogrammen eine höhere Sichtbarkeit im Unternehmen erlangen und weil sie sich zum anderen an den Status des oder der Vorgesetzten annähern können.

- Eine Festlegung und Planung von Entwicklungsmaßnahmen zwischen der Personalabteilung und der angehenden Führungskraft im Sinne einer gemeinsamen Gestaltung der Transition steht mit zwei Aspekten in einem Zusammenhang: der zur Verfügung stehenden Zeit bis zur Stellenbesetzung und der Schwerpunktsetzung des Übergangsmanagements. Eine Vorbereitung hängt somit davon ab, ob eine kurz-, mittel- oder langfristige Nachfolgeplanung und Stellenbesetzung im jeweiligen Unternehmen erfolgt oder ob diese vom Unternehmen zugunsten einer Begleitung durch Maßnahmen der Personalentwicklung erst bei Stellenantritt vorgenommen wird.
- Die Ergebnisse untermauern die weitere Annahme des Modells, dass sich intern berufene Führungskräfte in einem Zwiespalt zwischen verschiedenen Statuspassagen befinden. Nach Auffassung der meisten Expert/innen verlangt der Übergangsprozess von Führungsneulingen das Meistern großer Unterschiede der Kompetenz- und Rollenanforderungen und der Veränderungen von beruflichen Beziehungen. Die Bündelung und situationsspezifische Anpassung an die jeweilige Rollenerwartung wird als die größte Herausforderung bezeichnet (vgl. Struß 2007).
- Entsprechend dem Modell wird die gemeinsame Gestaltung der Transition zur Führungskraft maßgeblich von Feedbackprozessen zwischen den an dem Übergang beteiligten Führungsneulingen, Mitarbeiter/innen und Vorgesetzten begleitet und vorangetrieben. In vier Großunternehmen werden Feedbackverfahren verwendet, und deren Einsatz hängt von der Systematisierung und Standardisierung der Prozesse der Talentidentifizierung, -auswahl und -entwicklung ab. In einigen Unternehmen wird demnach die Relevanz der Rückmeldung zum Führungshandeln für Führungsneulinge erkannt, um diese in ihrem Ankommen in der Führungsrolle und in ihrer Selbstwahrnehmung zu unterstützen. In zwei Unternehmen werden jeweils Feedbackverfahren von Mitarbeiter/innen und Vorgesetzten verwendet. Ein Führungsneuling erhält entweder aus der Perspektive der Mitarbeiter/innen oder der Vorgesetzten Rückmeldung zu ihrem oder seinem Führungsverhalten, die damit jeweils unterschiedliche Aspekte des Führungshandelns aus einer Führenden- oder aus einer Geführtenperspektive bewerten. Nur in einem Unternehmen erhalten erstmals berufene Führungskräfte Rückmeldung aus zwei Blickwinkeln, zum

einen von ihren Mitarbeiter/innen und zum anderen von ihren Vorgesetzten. Dies unterstützt den Abgleich von Selbst- und Fremdbild durch eine mehrperspektivische Rückmeldung. Informelle Rückmeldungen von dem Führungsneuling selbst und durch ihre Mitarbeiter/innen nehmen interessanterweise in drei Unternehmen einen festen Bestandteil der Begleitung der Transition ein. Dies weist in diesen Unternehmen auf eine situative und individuelle Begleitung des Übergangsprozesses hin.

Die Zuschreibung von Führungspotential als eine Voraussetzung für die Transition

Die Attestierung von Führungspotential stellt in dem Modell den zentralen Bedingungsfaktor für die Identifizierung und Auswahl von Nachwuchsführungskräften und von zukünftigen Führungskräften dar. Aufstiegsmotivation, analytische Fähigkeiten, Problemlösungsfähigkeiten, soziale Kompetenzen, Lernfähigkeit, zunehmende Führungskompetenzen und Leistung werden als Kompetenzanforderungen für die Ernennung zur Nachwuchsführungskraft betrachtet (z.B. Mumford et al. 2000; Silzer, Church 2010; Dries, Pepermans 2012). Hinsichtlich der Annahmen der Kompetenzanforderungen zur Attestierung von Führungspotential erbrachte die Untersuchung folgende Ergebnisse:

- Die Expert/innen haben breite, allgemeine, unterschiedliche und zum Teil divergierende Vorstellungen über die Auswahlkriterien ihrer High Potentials, was durch die Komplexität und Unterschiedlichkeit von Führungsaufgaben erklärt werden kann (vgl. Martin, Schmidt 2010).
- Für den Großteil der Personalverantwortlichen stellen eine höhere Arbeitsleistung und ein größeres Engagement als andere Mitarbeiter/innen, Fachkompetenz, sich entwickelnde Führungskompetenzen und sichtbare Aufstiegsmotivation die wichtigsten Selektionskriterien von Talenten dar (vgl. Martin, Schmidt 2010; Silzer, Church 2010). Soziale Kompetenzen werden seltener als fachliche oder personale Kompetenzen genannt, sind aber dennoch für fast die Hälfte der Selektionsverantwortlichen wichtig, um Nachwuchsführungskräfte von anderen Mitarbeiter/innen zu unterscheiden. In den Ergebnissen spiegelt sich wider, dass angehende Führungskräfte nach Ansicht der Expert/innen auf der einen Seite über Kompetenzen verfügen sollten, die ihnen einen Überblick über verschiedene Fachgebiete und die Fähigkeit und Bereitschaft zu lernen, ermöglichen. Auf der anderen Seite werden ihnen aber auch soziale Kompetenzen wie Kommunikations- und Teamfähigkeit abverlangt. Angehenden Führungskräften wird sowohl

durch die Anforderung der Lernfähigkeit die Möglichkeit der Entwicklung in der Führungsrolle zugestanden, jedoch werden durch die Relevanz der Führungskompetenz auch Kompetenzen gefordert, die aktuelle Führungskräfte besitzen sollten.

- Die theoretischen Annahmen der Leadership Skills Theorie (Mumford et al. 2000; vgl. Kapitel 7.1), welche in die Modellkonzeption integriert wurden, können nur zum Teil durch die Ergebnisse der Untersuchung gestützt werden. Die von Mumford et al. (ebd.) aufgeführten Kompetenzen der Problemlösungskompetenz und Fähigkeiten zur Bewertung und Gestaltung sozialer Prozesse werden von den Expert/innen nicht genannt. Dies kann damit erklärt werden, dass die Befragten entweder keinen Einblick in die Problemlösungskompetenz der Mitarbeiter/innen haben, diese stattdessen an anderen Aspekten wie z.B. der Arbeitsleistung festmachen oder andere Kompetenzanforderungen als geeigneter zur Bewertung von Führungspotential einschätzen. Die weiteren Aspekte Wissen, Kenntnisse sowie Kommunikations- und Konfliktfähigkeit in der Theorie von Mumford et al. (2000) nehmen dagegen für einige der Befragten einen hohen Stellenwert bei der Ernennung ihrer zukünftigen Führungskräfte ein.
- Hinsichtlich der Faktoren der Lernfähigkeit und der analytischen Fähigkeiten, die in dem Modell der Transition zur Führungskraft wesentliche Kriterien zur Attestierung von Führungspotential ausmachen, kann festgestellt werden, dass der Aspekt der Lernfähigkeit im Sinne einer Veränderungs- und Anpassungsfähigkeit nur für drei Expert/innen ein wichtiger Bestandteil von Führungspotential ist. Für mehr als die Hälfte der Befragten sind jedoch der Wunsch nach Weiterentwicklung und eine Aufstiegsmotivation als Auswahlkriterien von Nachwuchsführungskräften notwendig, worin sich ebenfalls eine Forderung nach Lernfähigkeit und -bereitschaft widerspiegelt.
- Die Aspekte der Mobilität, der Karriereplanung und Karriereinteressen, die entsprechend dem Modell als Auswahlkriterien von High Potentials nicht berücksichtigt wurden, haben für einige Selektionsverantwortliche eine hohe Relevanz im Zusammenhang mit der Attestierung von Führungspotential. Interessanterweise hat internationale Mobilität (Silzer, Church 2010) für alle vier international aufgestellten Unternehmen einen hohen Einfluss auf die Bewertung des Führungspotentials. Durch die Einforderung der Mobilität kann anhand der Bereitschaft für Auslandsaufenthalte geprüft werden, ob eine Nachwuchskraft mehr Leistung als andere Mitarbeiter/innen erbringen will und sich stärker gegenüber dem Arbeitgeber verpflichtet fühlt. Ein beachtenswertes Ergebnis der vorliegenden Untersuchung liegt in der Feststellung, dass neben den Interessen des Unternehmens auch die Karriereinteressen und die Karriereplanung einer

Nachwuchskraft in die Identifizierung und Auswahl von angehenden Führungskräften integriert werden, was in der Unternehmensrealität ansonsten selten erfolgt (vgl. Dries, Pepermans 2008). Intrinsisches Engagement, Motivation und der Wille nach Weiterentwicklung sind demnach für einige Befragten wichtige Voraussetzungen für die Nominierung zur Führungskraft und für den Erfolg in der Führungsrolle (vgl. Dries, Pepermans 2012).

- Die Zuschreibung von Führungspotential kann nicht nur auf individuelle Kompetenzen oder Eigenschaften zurückgeführt werden (vgl. z.B. Silzer, Church 2010; Martin, Schmidt 2010), sondern wird für den Großteil der Expert/innen zusätzlich von interaktionalen und kontextuellen Faktoren beeinflusst. Für die meisten Unternehmensvertreter/innen sind die Sichtbarkeit eines Mitarbeiters oder einer Mitarbeiterin im Unternehmen, die Unterstützung durch die Vorgesetzten oder durch Mentor/innen grundlegende Voraussetzungen für den beruflichen Aufstieg zur Führungskraft. Für einige Befragte ist zudem eine Passung zu kontextuellen Faktoren, wie zu der Unternehmenskultur, relevant, um in die Führungslaufbahn einzumünden. Aufgrund der Charakteristika der Identifizierungs- und Auswahlprozesse steigen in einigen Unternehmen die Notwendigkeit und der Druck an, durch Leistung, Eigeninitiative und Selbstmarketing in informellen Prozessstrukturen sichtbar zu werden und somit für eine Führungsposition Berücksichtigung zu finden.
- Nach einer weiteren wichtigen Annahme des Modells steuern bestimmte implizite Führungstheorien der Selektionsverantwortlichen (vgl. Mitchell 1995) die Identifizierung und Auswahl bestimmter Nachwuchskräfte als Führungskraft. Entsprechend der Analyse haben einige Selektionsverantwortliche die Stereotype verinnerlicht, dass sich eine geeignete Führungskraft durch höhere Leistung und Engagement stärker als andere Mitarbeiter/innen gegenüber dem Unternehmen verpflichtet fühlt, mehr Verantwortung übernimmt und sich für den Arbeitgeber stärker aufopfert. Eine zukünftige Führungskraft sollte einen guten Überblick über verschiedene fachliche Themenfelder haben. Durch eine hohe Team- und Kommunikationsfähigkeit ist sie darüber hinaus aber auch in der Lage, die Leistung der Mitarbeiter/innen zu erhöhen, mit verschiedenen Personengruppen zu kommunizieren und durch ihr unternehmerisches Denken den Unternehmenserfolg aktiv zu beeinflussen.

Zusammenfassend kann die Modelldimension der Zuschreibung von Führungspotential anhand der skizzierten Ergebnisse somit durch die Aspekte der Karriereinteressen, bei international tätigen Unternehmen durch den Faktor der Mobilität und die Aspekte der Sichtbarkeit im Unternehmen, des Einflusses der Vorgesetzten und der Passung zu kontextuellen Faktoren ergänzt werden.

Veränderungen und Kompetenzanforderungen der Transition zur Führungskraft

In dem Modell wird die Transition von der Mitarbeiter- in die Führungsposition als ein beruflicher Rollenwechsel bezeichnet, der von einem Entwicklungs- und Lernprozess begleitet wird. Aufgrund vielfältiger und unterschiedlicher Kompetenz- und Rollenanforderungen können daher Veränderungen und Kompetenzanforderungen auf einer individuellen, interaktionalen und kontextuellen Ebene (vgl. Griebel, Niesel 2013) angesiedelt werden. Berufliche Anpassungsfähigkeit (vgl. Savickas 2013) mit den Faktoren der Planungsfähigkeit, Kontrolle der eigenen beruflichen Zukunft, Neugierde, Reflexionsfähigkeit und Selbstvertrauen stehen hierbei in einem engen Zusammenhang mit der Bewältigung des Übergangs in die Führungsrolle. Die Analyse der Merkmale, Herausforderungen, Veränderungen und Kompetenzanforderungen der Transition machte folgende Aspekte deutlich:

- Durch die Aussagen der Expert/innen lässt sich der Wechsel in die Führungsrolle als ein Veränderungs-, Lern- und Entwicklungsprozess bezeichnen, in welchem sich eine erstmals berufene Führungskraft an neue berufliche Kompetenz- und Rollenanforderungen anpassen muss (vgl. Souba 2000; Dotlich et al. 2004). Von den Selektionsverantwortlichen werden am häufigsten eine Dominanz der Fachkompetenz (vgl. Hanauer 2009), die Bewältigung verschiedener Rollenanforderungen, der Wechsel von der Kolleg/innen- in die Vorgesetztenrolle und die Loslösung von einem ego- zu einen gruppenzentrierten Denken als Herausforderungen des Übergangs aufgezählt (vgl. Hill 2007). Die Vielfalt und auftretende Widersprüchlichkeit der Anforderungen machen erklärbar, dass der Übergang in die Führungsposition von Gefühlen der Unsicherheit und der Angst zu versagen, begleitet werden (Paese, Wellins 2007).
- In Bezug auf Veränderungen und Kompetenzanforderungen auf individueller Ebene nennt der Großteil der Selektionsverantwortlichen Führungskompetenzen wie u.a. die Fähigkeit, zu strukturieren und zu steuern oder zu motivieren. Ebenso stellen für zwei Drittel der Befragten methodische Kompetenzen zur Durchführung von Aufgaben im Rahmen der Personalverantwortung Kompetenzen dar, über welche Führungsneulinge verfügen sollten. Beachtenswert ist, dass die sozialen Kompetenzen Kommunikationsfähigkeit und Konfliktfähigkeit für einige Personalverantwortliche in einem starken Zusammenhang mit den Anforderungen der Transition zur Führungskraft stehen. Aspekte der Lernfähigkeit und der Selbstreflexion werden im Gegensatz

zu Führungs- und methodischen Kompetenzen von nur zwei Expert/innen als Kompetenzanforderung des Übergangs genannt und haben daher in der Wahrnehmung der wenigsten Expert/innen eine Bedeutung. Die befragten Unternehmen haben die gleichen Anforderungen an Führungsneulinge wie an Führungskräfte mit Führungserfahrung und erwarten von ihnen ab dem Zeitpunkt des Stellenantritts, Verantwortung für die Leistung der Mitarbeiter/innen und für das eigene Führungshandeln zu übernehmen. Zudem zeigte sich durch den Vergleich der Kompetenzanforderungen, um als potentielle Führungskraft identifiziert und ausgewählt zu werden und um den Übergang zu bewältigen, dass bei dem Wechsel in die Führungsposition ein Ad-Hoc-Wechsel der Kompetenzanforderungen zu beobachten ist. Dies führt bei Führungsneulingen zu Unklarheiten und Unsicherheiten und verlangt von ihnen eine hohe Ambiguitätstoleranz.

- Veränderungen der Beziehungen und Rollen auf interaktionaler Ebene vollziehen sich durch einen Wechsel von der Kolleg/innen- in die Vorgesetztenrolle und vom ego- zum gruppenzentrierten Denken und Handeln. Nur ein Experte benennt die Auwirkungen der Transition für die Mitarbeiter/innen eines Führungsneulings, welche zu Veränderungen der Gruppenprozesse führen und somit die Leistungsphase des Teams hinauszögern können (vgl. Goodyear, Golden 2008). Die „untergeordnete" Rolle der Mitarbeiter/innen kann damit erklärt werden, weil nach Auffassung der meisten Selektionsverantwortlichen die Führungskraft im Mittelpunkt der Transition steht und sie die größte Verantwortung für den Führungserfolg trägt. Auffälligerweise beziehen die meisten Expert/innen ihre Aussagen auf intern berufene Führungsneulinge. Wie bereits an früherer Stelle analysiert wurde, wird die interne Stellenbesetzung bevorzugt und der Übergang von extern berufenen Führungskräften als schwieriger eingeschätzt (vgl. Charan et al. 2001). Eventuell haben Selektionsverantwortliche keine oder wenige Erfahrungen mit der Einstellung externer Nachwuchskräfte oder eine Berufung von externen Bewerber/innen ohne Führungserfahrung zu Führungskräften entspricht nicht der Praxis in den Unternehmen.
- Erstmals berufene Führungskräfte haben zudem nach Ansicht einiger Expert/innen auf kontextueller Ebene Veränderungen in Bezug auf verschiedene Lebenswelten als Mitarbeiter/in und als Führungskraft zu meistern. Durch die Führung von Mitarbeiter/innen, eine Gehaltserhöhung sowie neue räumliche Rahmenbedingungen und berufliche Kontakte kommt es auf der einen Seite zu einer Statuserhöhung, die nach Auffassung von zwei Expert/innen zu dem Gefühl von Stolz bei erstmals berufenen Führungskräften führen. Auf der anderen Seite verändert sich laut drei Befragten durch Zunahme der Arbeitszeit

die Work-Life-Balance, was zu Spannungen und Schwierigkeiten hinsichtlich der Vereinbarkeit von Berufs- und Privatleben führen kann.

- Es lassen sich nur zwei von vier Aspekten beruflicher Anpassungsfähigkeit, wie sie Savickas (2013; Kapitel 7.3) in der Theorie der Karrierekonstruktion formuliert, nämlich die Planung der eigenen Karriere und die Neugierde zur Erkundung der Arbeitswelt, in den Aussagen von zwei Expert/innen wiederfinden. Die Reflexion der eigenen Stärken und Interessen ist für beide Befragte eine grundlegende Kompetenzanforderung zum Meistern der Transition und für die gesamte Führungskarriere. Ebenso kann eine proaktive und regelmäßige Abfrage von Informationen im Sinne einer Neugier zur Erkundung der Arbeitswelt nach Ansicht von zwei Personalverantwortlichen dazu beitragen, eine größere Klarheit über Anforderungen und relevante Kenntnisse zur Anpassung an neue berufliche Rollen und Aufgaben zu gewinnen. Berufliche Anpassungsfähigkeit zählt somit für den Großteil der Expert/innen zu einer wichtigen Kompetenzanforderung. Das ist dadurch erklärbar, dass in der Theorie von Savickas (2013) das Individuum und nicht die Perspektive des Unternehmens im Mittelpunkt steht. Für die Unternehmensvertreter/innen steht somit nicht die Anpassung an berufliche Entwicklungsaufgaben oder -übergänge, sondern die Bewältigung von Führungsaufgaben im Vordergrund (vgl. Paese, Wellins 2007), um durch die Leistung des Teams einen positiven Beitrag an Umsätzen, Verkaufszahlen oder an Projektabschlüssen und damit am Unternehmenserfolg zu leisten. Führungskompetenzen können daher anstelle von beruflicher Anpassungsfähigkeit als die Kompetenzen bezeichnet werden, durch welche die Anforderungen des Übergangs bewältigt werden können.
- Im Unterschied zu den Veränderungen des Wechsels in die Führungsrolle sind den Personalverantwortlichen hinsichtlich der Empfehlungen, welche sie Hochschulabsolvent/innen zur Karriereplanung geben, verschiedene Aspekte beruflicher Anpassungsfähigkeit für die Karriereplanung und somit für die Anpassung an berufliche Transitionen wichtig. Dieses Ergebnis kann dadurch erklärt werden, dass im Mittelpunkt der Frage nach Empfehlungen zur Karriereplanung das Individuum und nicht die Perspektive oder der Vorteil des Unternehmens im Vordergrund stand. Für viele Expert/innen ist die Fähigkeit zur Selbstreflexion der eigenen Stärken und beruflichen Interessen die wichtigste Voraussetzung für eine Führungslaufbahn, um diese in eine bevorzugte Karriererichtung zu lenken. Weitere Empfehlungen zur Karriereplanung für Nachwuchskräfte sind, sich Mentor/innen zur Karriereförderung zu suchen und das fachliche Profil weiterzuentwickeln. Darüber hinaus leistet der Aspekt der Neugierde zur Exploration des Arbeitslebens nach Ansicht einiger Expert/innen einen weiteren Beitrag zum Aufstieg zur Führungskraft, da ein

Kennenlernen des Unternehmens ermöglicht, Informationen über berufliche Aufgaben und Anforderungen sowie die Charakteristika der Talentidentifizierung und -auswahl zu sammeln. Dieses Vorgehen hat den Vorteil, dass sich Nachwuchskräfte informelle Besetzungsmechanismen für den eigenen Aufstieg zu Nutzen machen und unklare Anforderungen und Erwartungen leichter verstehen und damit erfüllen können. Selbstvertrauen durch ein Gefühl der Selbstwirksamkeit, wie es Savickas (2013) als essentiell zur Bewältigung von beruflichen Entwicklungsaufgaben und Übergängen beschreibt, spiegelt sich indirekt in der Empfehlung zum Selbstmarketing von zwei Expert/innen wider, da Nachwuchskräfte Selbstvertrauen in sich selbst und ihre Fähigkeiten benötigen, um auf sich und die eigene Leistung aufmerksam zu machen.

Aus den Ergebnissen lässt sich somit ableiten, dass Aspekte beruflicher Anpassungsfähigkeit aus Sicht der wenigsten Unternehmen einen Stellenwert im Rahmen der Bewältigung der Transition von der Mitarbeiter- in die Führungsposition einnehmen. Aus der Perspektive der Unternehmen sind stattdessen Führungskompetenzen zur Steigerung der Leistung der Mitarbeiter/innen und die Anpassung an neue und widersprüchliche Rollenanforderungen notwendig. Die Ergebnisse, wie der Wechsel zur Führungskraft in den befragten Großunternehmen begleitet wird, soll im folgenden Unterpunkt genauer diskutiert werden.

Die Begleitung der Transition durch Talent Management

Die Unterstützung des Übergangsprozesses von der Mitarbeiter- in die Führungsposition kann entsprechend dem Modell der Transition zur Führungskraft durch die Funktionen der Talentidentifizierung, -selektion und -entwicklung des Talent Management-Ansatzes (vgl. Steinweg 2009) einen Beitrag zur Identifizierung und Selektion geeigneter Führungskräfte und deren Anpassung an die Rollen- und Kompetenzveränderungen leisten.

Die Beschreibungen der Expert/innen zur Gestaltung des Transitionsprozesses in der Unternehmenspraxis veranschaulichen, dass der Wechsel in die Führungsrolle einerseits im Individuum selbst (vgl. Wan, Tham 2011) mit einer Phase der Vorbereitung, Einmündung und Anpassung an die neue Rolle erfolgt. Andererseits vollzieht sich der Transitionsprozess auch innerhalb des Unternehmens im Rahmen der Stellenbesetzung im Führungsbereich, wie ihn Gilmore (2003) beschreibt. Daher ist es durch die gewonnenen Erkenntnisse möglich, die Transition als einen parallel zum Talent Management ablaufenden Prozess zu verstehen, der in das Konzept integriert werden kann.

Hinsichtlich der Umsetzung der Talentidentifizierung und -selektion zeigt die vorliegende Untersuchung in den neun befragten Großunternehmen in

Schwaben und Oberbayern bei der Stellenbesetzung von Führungspositionen große Unterschiede und eine hohe Vielfalt an Verfahren und Instrumenten, die zur Identifizierung und Auswahl von zukünftigen Führungskräften eingesetzt werden. Damit knüpft die Studie an die Ergebnisse von Silzer und Church (2010) an, die ebenfalls zu dem Ergebnis kommen, dass nicht der eine Königsweg zur Talentidentifizierung und -auswahl gegeben ist, sondern eine große Bandbreite an Verfahren in der Unternehmenspraxis vorzufinden sind. Angehende Führungskräfte werden in erster Linie durch eine Kombination aus systematischen und informellen Prozessen identifiziert und ausgewählt. Lediglich in zwei Unternehmen ist jeweils ein formell standardisierter und systematischer Prozess der Talentidentifizierung und -auswahl verankert. In einigen Unternehmen sind Karrierepfade als Rahmen der Talentidentifizierung vorzufinden. Diese Unternehmen haben offenbar die Notwendigkeit verschiedener Karrierepfade zur Gewinnung und Selektion von Mitarbeiter/innen, zur Nachwuchsförderung und zur Nachfolgeplanung erkannt. Am weitesten verbreitet ist die Identifizierung von internen Mitarbeiter/innen durch Mitarbeitergespräche und Potentialkonferenzen, in welchen der Leistungsaspekt einer Nachwuchskraft und die Beurteilungen der Vorgesetzten im Mittelpunkt stehen. Instrumente und Verfahren, wie Kompetenzmodelle oder Development Center, die eine Kompetenzbewertung aus verschiedenen Perspektiven oder deren Vergleichbarkeit zulassen, werden nur in zwei Unternehmen zur Auswahl ihrer Führungskräfte eingesetzt. Lediglich ein Großunternehmen hebt sich durch einen mehrperspektivischen Ansatz zur Talentidentifizierung und -auswahl von den anderen Betrieben ab. Die Ergebnisse lassen die Interpretation zu, dass Kompetenzanforderungen an Nachwuchsführungskräfte in den befragten Unternehmen mehrheitlich informell formuliert werden. Ihre Bewertung verläuft in größtenteils subjektiven und unterschiedlich standardisierten sowie systematisierten Prozessen, wie in verschiedenen Studien (vgl. Pepermans et al. 2003; Karaevli, Hall 2003; Silzer, Church 2010) belegt werden konnte.

Im Anschluss an die Diskussion der Ergebnisse zur Talentidentifizierung und -auswahl soll nun die Analyse der Ergebnisse zur Talententwicklung während des Übergangs von der Mitarbeiter- in die Führungsposition erfolgen. Welche Entwicklungsmaßnahmen und -instrumente bieten die neun Unternehmen zur Beratung und Unterstützung bei der Vorbereitung? Welche Maßnahmen zur Bewältigung des Übergangs und welche Charakteristika, welche Unterschiede lassen sich feststellen? Zunächst offenbart die Analyse in allen neun Unternehmen Entwicklungsangebote für Nachwuchsführungskräfte und Führungskräfte. Der Einsatz der Verfahren variiert jedoch in der Systematisierung und Standardisierung. Unterschiede der Talententwicklung lassen sich in einem Kontinuum zwischen situativ-informellen bis hin zu standardisiert-systematisierten Ansätzen lokalisieren. In den meisten Unternehmen wird die Verantwortung für die Unterstützung der Transition größtenteils der neuen Führungskraft selbst übertragen. Angebote eines Übergangsmanagements werden mit den Attributen „informell", „on-the-job" und auch „eigeninitiativ" beschrieben, was einen untergeordneten Stellenwert der Begleitung unterstreicht, wodurch die Ergebnisse an die Studie von Karaevli und Hall (2003) anschließen. Diese erklären, dass die Entwicklung von High Potentials aus Unternehmenssicht in der Eigenverantwortung und -initiative der betroffenen Person liegt.

Weiterhin sind Unterschiede der Verzahnung der Maßnahmen festzustellen. In der einen Hälfte der Betriebe werden lose miteinander verbundene oder einzelne Instrumente und Verfahren angeboten, während sie in der anderen Hälfte der Unternehmen z.B., in einem Förderprogramm für High Potentials, zu einer Führungskräftewechselberatung oder zu einem sogenannten Starterkit für frisch berufene Führungskräfte koordiniert werden. In Abhängigkeit davon, ob on-the-job-, off-the-job- oder near-the-job-Maßnahmen der Führungskräfteentwicklung im Vordergrund stehen, werden verschiedene Instrumente und Verfahren in den befragten Unternehmen eingesetzt. Diese dienen der Vorbereitung auf oder der Anpassung an Führungsaufgaben und richten sich an Nachwuchs- und erstmals berufene Führungskräfte. Angehende Führungskräfte werden entsprechend den Aufzählungen in Großunternehmen durch Trainings und/oder on-the-job-Maßnahmen auf Führungsaufgaben vorbereitet. Darin spiegelt sich die Einstellung eines Großteils der Selektionsverantwortlichen wider, dass Wissen und Kenntnisse und das Sammeln von Führungserfahrungen dazu dienen sollen, kostengünstig auf die spätere Aufgabe vorzubereiten und die Führungseignung prüfen zu können. Ein Scheitern erstmals berufener Führungskräfte soll möglichst vermieden werden.

Die Ergebnisse der Analyse zeigen Gemeinsamkeiten und Unterschiede zu den Studien von Silzer und Church (2010) sowie Berghuber (2008) auf, die ebenfalls die Vorbereitung von High Potentials durch Angebote der Führungskräfteentwicklung untersucht haben. Während in den anderen beiden Untersuchungen Coaching, Mentoring und weitere Verfahren zur Vorbereitung auf Führungsaufgaben genannt werden, beschränken sich die Selektionsverantwortlichen aus schwäbischen und oberbayerischen Unternehmen auf Trainings und on-the-job-Maßnahmen. In den meisten Unternehmen werden die Aspekte der Beratung, Informations- und Erfahrungsweitergabe durch Coaching bzw. Mentoring zur Vorbereitung auf die Führungsaufgabe als nicht relevant eingeschätzt. Neben den begleitenden Maßnahmen werden Trainee- und Förderprogramme der Führungskräfteentwicklung in jeweils zwei Unternehmen angeboten. Nur ein Unternehmen sticht mit einem Förderprogramm für Nachwuchsführungskräfte hervor, welches durch vielfältige, in sich verzahnte Maßnahmen sicher stellen soll, dass sich erstmals berufene Führungskräfte bei Stellenantritt rasch in die neue Rolle einfinden. Eine längerfristige Personalplanung, die frühzeitige Entwicklung von angehenden Führungskräften und die Bindung von High Potentials durch Förderprogramme (vgl. Wollsching-Strobel, Sternecker 2012) zählen dagegen nur in einem Bruchteil der befragten Unternehmen zur Realität ihrer Führungskräfteentwicklung.

Während sich die Vorbereitung von Nachwuchsführungskräften auf Trainings und on-the-job-Maßnahmen beschränkt, kann bei der Unterstützung zur Bewältigung der Transition von Führungsneulingen in den Unternehmen eine große Vielfalt an Maßnahmen festgestellt werden. Die Angebote reichen von Mentoring, Kollegialer Beratung, Coaching bis hin zu Feedbackverfahren und Trainings. Die Vermittlung von Wissen und Kenntnissen für Führung, Beratung sowie die Bewertung des Führungshandelns können als die Elemente zur Unterstützung der Transition betrachtet werden, welche Führungsneulingen die Einmündung in die erfolgreiche Bewältigung der Führungsaufgaben erleichtern sollen. Die Entwicklungsangebote für Führungsnovizen haben mit dem Fokus auf Trainings den gleichen Schwerpunkt wie andere Angebote der Führungskräfteentwicklung, wie z.B. Becker (2002) oder Gleich (2011) feststellen konnten. Unterschiede zu anderen Studien werden durch die vorliegenden Ergebnisse dahingehend deutlich, dass Coaching und Mentoring bei der Unterstützung des Übergangs in die Führungsrolle jeweils eingesetzt werden, während diese Instrumente ansonsten in der Führungskräfteentwicklung einen niedrigen Stellenwert einnehmen (vgl. Becker 2002; Gleich 2011).

Um weitere Erkenntnisse über die Umsetzung der Funktionen der Talentidentifizierung, -selektion und -entwicklung zu gewinnen, wurden Zusammenhänge zwischen den in den befragten Unternehmen eingesetzten Instrumenten und Verfahren analysiert. In Abhängigkeit von Systematisierung, Standardisierung und der Talentdefinition ließen sich vier Schwerpunkte der Gestaltung des Talent Managements im Rahmen der Transition zur Führungskraft feststellen:

1. eine geringe Systematisierung der Selektion und Entwicklung von Talenten
2. der Schwerpunkt der Identifizierung und Selektion von Talenten
3. der Schwerpunkt der Entwicklung von Talenten
4. eine hohe Systematisierung der Selektion und Entwicklung von Talenten

Betrachtet man die Funktionen und Prozesse der Identifizierung, Selektion und Entwicklung von angehenden Führungskräften entsprechend einem Talent Management aller neun befragten Unternehmen, lässt sich übergeordnet zusammenfassen, dass im Großteil der Betriebe kein aufeinander aufbauender und in sich verzahnter Prozess der Talentidentifizierung, -auswahl und -entwicklung existiert. Der Relevanz der Thematik sind sich jedoch die meisten Unternehmen durchaus bewusst, und es gibt Instrumente und Maßnahmen, derer sich bei Identifikation, Auswahl und Entwicklung von angehenden Führungskräften bedient wird. Bei den meisten Großunternehmen liegt der Fokus entweder auf dem Aspekt der Identifizierung oder dem Aspekt des Übergangsmanagements. Lediglich ein Unternehmen des Typs 4, das sowohl eine hohe Systematisierung der Selektion und Entwicklung als auch eine individuelle Begleitung von Talenten im Transitionsprozess vorweist, strebt an, beiden Aspekten gerecht zu werden.

Die Ergebnisse schließen damit an unterschiedliche Ausprägungsvarianten von Talent Management an, welche das britische Chartered Institute of Personell and Development (CIPD 2008 zit. nach Schaper 2011) ermittelt hat. In der vorliegenden Untersuchung befinden sich somit in Anlehnung an die Ergebnisse des CIPD (ebd.) Unternehmen, deren

- Talente auf einer informellen Ebene identifiziert, selektiert und entwickelt werden,
- Maßnahmen des Talent Managements isoliert und nicht miteinander koordiniert stattfinden und über keine unternehmensweite Talent Management-Strategie verfügen,
- Maßnahmen zur Talentidentifizierung, -selektion und -entwicklung eine unternehmensweite und koordinierte Strategie darstellt.

Die angestellten Annahmen des Modells der Transition zur Führungskraft können durch die gewonnenen Ergebnisse und durch deren Diskussion größtenteils bestätigt werden. Daher müssen folgende Änderungen und Ergänzungen in dem Modell vorgenommen werden:

- Die befragten Unternehmen konzentrieren sich bei ihrer Stellenbesetzung von Führungspositionen v.a. auf interne Mitarbeiter/innen. Daher kann der Übergang nicht, wie als Annahme formuliert wurde, auf interne und externe, sondern in erster Linie auf interne Mitarbeiter/innen bezogen werden. Die Transition ist damit ein Prozess, den interne Nachwuchskräfte zu meistern haben.
- Die Ebene der Ko-Konstruktion kann um den Aspekt erweitert werden, dass vor der Ernennung zur Nachwuchsführungskraft eine indirekte und intransparente Kommunikation über den Talentstatus in der Unternehmenspraxis vorhanden ist. Hinsichtlich einer Aushandlung der Erwartungen und Anforderungen zwischen dem Unternehmen und der erstmals berufenen Führungskraft kann der Modellebene hinzugefügt werden, dass Erwartungen und Anforderungen vom

Unternehmen an Führungsneulinge unkonkret und intransparent kommuniziert werden. Zusätzlich kann durch die Prüfung des Modells den Vorgesetzten im Zusammenhang mit der Ko-Konstruktion die Rolle der Begleiter/innen zugesprochen werden.

- Die Annahme, dass Problemlösungskompetenzen aus Sicht der Unternehmen einen wesentlichen Faktor in Bezug auf die Bestimmung von Führungspotential beschreiben, kann durch die Ergebnisse nicht aufrechterhalten werden. Dagegen können die Aspekte der Mobilität, der Karriereplanung und -interessen als Determinanten von Führungspotential der Modellebene hinzugefügt werden. Zusätzlich zu individuellen Determinanten von Führungspotential ist es notwendig, die Modellebene um die interaktionalen und kontextuellen Faktoren Sichtbarkeit, Einfluss der Vorgesetzten und Passung zu kontextuellen Faktoren zu ergänzen.
- In dem Modell wurde angenommen, dass Veränderungen und Kompetenzanforderungen der Transition durch berufliche Anpassungsfähigkeit, wie sie Savickas (2013) formuliert, bewältigt werden können. Dies kann durch die Ergebnisse, welche die Perspektiven und Anforderungen von Großunternehmen widerspiegeln, nicht bestätigt werden. Daher muss diese Annahme verworfen werden, und stattdessen müssen Kompetenzen zur erfolgreichen Bewältigung von Führungsaufgaben als Transitionskompetenzen zur Bewältigung des Übergangs in das Modell aufgenommen werden.

Nachdem die Diskussion der Ergebnisse und die Prüfung der in dem Modell der Transition zur Führungskraft entwickelten Annahmen stattfanden, schließt sich daran das letzte Kapitel an. Darin sollen durch die Erkenntnisse, die durch die Studie gewonnen wurden, ein Fazit gezogen werden. Aus den daraus generierten Schlussfolgerungen werden abschließend Empfehlungen für Unternehmen, Führungsnovizen und Nachwuchskräfte abgeleitet, was damit sowohl Endpunkt als auch Ausblick der vorliegenden Arbeit darstellt.

11. Fazit und Empfehlungen

Unternehmen werden gegenwärtig und in Zukunft, in Zeiten des demographischen Wandels und des Führungs- und Fachkräftemangels, immer mehr mit der Herausforderung konfrontiert, den geeigneten Führungsnachwuchs der nächsten Generation zu gewinnen, zu identifizieren und an das Unternehmen zu binden (Ritz, Sinelli 2011; Ewerlin, Süß 2012). Nach Bethke-Langenegger (2011) wird der War for Talent v.a. um interne Talente geführt. Unternehmen greifen bei der Besetzung von Führungspositionen verstärkt auf interne anstatt auf externe Nachwuchskräfte zurück. Sie halten hierbei nach Nachwuchsführungskräften und damit nach potentiellen Führungskräften Ausschau, die sich durch hohe Leistungen, Engagement, Motivation, Führungskompetenz und Aufstiegsstreben von anderen Mitarbeiter/innen abheben und damit hervorstechen (vgl. Martin, Schmidt 2010).

Wenn eine Nachwuchskraft die Voraussetzungen zur Attestierung von Führungspotential nach Ansicht der Selektionsverantwortlichen erfüllt und er oder sie für eine Führungsposition ausgewählt wird, vollzieht die Person die Transition von der Mitarbeiter- in die Führungsrolle. Diejenigen Kompetenzen und Verhaltensweisen, welche zu dem beruflichen Aufstieg verholfen haben, stehen nun in einem starken Widerspruch zu den Anforderungen und Herausforderungen des Wechsels in die Führungsrolle (Souba 2000; Dotlich et al. 2004). Der Übergang stellt damit einen Entwicklungs-, Lern- und Veränderungsprozess dar, der eine Anpassung an neue berufliche Rollen und Kompetenzanforderungen erfordert (Wan, Tham 2011; Dotlich et al. 2004; Hill 2007). Vielfältige Veränderungen, wie die Aufgabe der bisherigen beruflichen Identität, der Wechsel vom ego- zum gruppenzentrierten Denken und Handeln, sowie die Vergrößerung der Verantwortung und des Tätigkeitsbereichs werden von Gefühlen der Unsicherheit und der Angst zu versagen begleitet. Diese Aspekte erhöhen die Gefahr des Scheiterns von erstmals berufenen Führungskräften (Paese, Wellins 2007; Hill 2007; Dotlich et al. 2004).

Hill (2007) zeigt, dass Führungsnovizen trotz der Risiken, die ein Übergang in die Führungsrolle birgt, häufig in Bezug auf die Bewältigung des Übergangs in der Unternehmenspraxis alleine gelassen und mit unklaren und unkonkreten Erwartungen konfrontiert werden. Parallel dazu wird von Unternehmen meist vernachlässigt, Nachwuchsführungskräfte auf die Anforderungen der Führungsrolle vorzubereiten und Führungsnovizen bei der Bewältigung der Transition durch Angebote der Führungskräfteentwicklung zu unterstützen (Watkins 2003;

Manderscheid, Ardichvili 2008). Führungsaufgaben werden schlecht erfüllt und die Leistungen des Teams des Führungsneulings leiden unter einer mangelnden Vorbereitung oder Unterstützung bei der Bewältigung der Anforderungen als Führungskraft. Das wiederum hat in letzter Konsequenz negative Auswirkungen auf den Unternehmenserfolg und damit auf die Innovations- und Wettbewerbsfähigkeit des Unternehmens (Fleps, Büser 2007). Vor dem Hintergrund dieser Herausforderungen stellt Talent Management einen Ansatz des Personalmanagements dar, der aufgrund seines Prozesscharakters und seiner Funktionen der Talentidentifizierung, -selektion und -entwicklung geeignet ist (vgl. Steinweg 2009), angehende Führungskräfte während des Wechsels von der Mitarbeiter- in die Führungsposition zu begleiten (Sloan et al. 2003).

Die drei genannten Schritte, die Attestierung von Führungspotential, der Verlauf der Transition und deren Begleitung durch Talent Management, haben jeweils einen hohen Einfluss auf den Karriereverlauf von Nachwuchskräften, den Erfolg von Führungsnovizen und auf die Wettbewerbsfähigkeit eines Unternehmens. Trotz der Relevanz dieser Aspekte konnten im ersten Kapitel der vorliegenden Arbeit Forschungslücken in der Führungs-, High Potential-, Transitions- und Talent Management-Forschung herausgearbeitet werden, welche die Untersuchung aufgegriffen hat. Den Forschungsbedarf aus vier Forschungsrichtungen verknüpfend, strebte die vorliegende Untersuchung daher an, Erkenntnisse über die Identifizierung, Selektion und Förderung von Nachwuchsführungskräften und Führungsnovizen im Rahmen des Übergangs von der Mitarbeiter- in die Führungsposition durch Talent Management zu gewinnen.

Zur Entwicklung der Fragestellungen wurden daher im zweiten Kapitel Ergebnisse des Übergangs in Form der Aufgaben, Rollen und Anforderungen von Führungskräften herausgearbeitet. In den folgenden Kapiteln wurde daraufhin der Forschungsstand über die Auswahlkriterien von Nachwuchsführungskräften als eine wesentliche Voraussetzung für den Übergang in die Führungskarriere behandelt. Im vierten Kapitel erfolgte die Diskussion relevanter Ergebnisse des Forschungsschwerpunktes der Transition mitsamt ihren Merkmalen, Anforderungen und Möglichkeiten der Unterstützung im Unternehmenskontext. Im Anschluss daran wurde im fünften Kapitel der Talent Management-Ansatz und dessen Gestaltung in der Unternehmenspraxis dargestellt. Einen wichtigen Schwerpunkt nahmen hierbei im sechsten Kapitel Erkenntnisse über die Merkmale von Identifizierungs-, Auswahl- und Entwicklungsprozessen von angehenden Führungskräften ein.

Basierend auf den theoretischen Erörterungen und den im siebten Kapitel dargelegten theoretischen Konzepten aus der Führungs-, Transitions- und Karriereforschung wurde in der vorliegenden Arbeit der erstmalige Versuch unternommen, Voraussetzungen und Merkmale des Übergangs von der Mitarbeiter- in die Führungsposition sowie deren Begleitung durch den Ansatz des Talent Managements in dem Modell der Transition zur Führungskraft zu vereinen und zu beschreiben. Das neu entwickelte Modell integriert hierfür verschiedene theoretisch hergeleitete Annahmen auf vier Ebenen der Ko-Konstruktion, der Attestierung von Führungspotential, der Veränderungen der Transition und Talent Management als einen geeigneten Ansatz für die Unterstützung des Übergangs. Das Modell strebt damit an, Übergangsprozesse von Nachwuchsführungskräften in Führungspositionen besser verstehen, skizzieren und damit im Unternehmenskontext systematischer initiieren und unterstützen zu können.

Zur Überprüfung der in dem Modell entwickelten Annahmen wurde eine qualitative Befragung von neun Großunternehmen in der Region Schwaben und Oberbayern durch leitfadengestützte Expert/inneninterviews durchgeführt. Insgesamt elf Selektionsverantwortliche aus neun Unternehmen, die aus den Bereichen der Personalentwicklung, Geschäftsführung und Personalleitung stammten, wurden in den Interviews darum gebeten, Auswahlkriterien von Nachwuchsführungskräften, die Transition selbst und die Identifizierung, Selektion und Entwicklung von angehenden Führungskräften im eigenen Unternehmen zu beschreiben.

Anhand der im Kapitel neun erfolgten Darstellung und Interpretation der gewonnen Daten zeigt sich, dass die in dem Modell entwickelten Annahmen auf die Unternehmensrealität anwendbar sind und diese in weiten Teilen bestätigt werden. Das Modell bietet damit Nutzen und Grundlage für weitere Forschung über die Transition zur Führungskraft und zugleich die Möglichkeit, dem Übergangsprozess eine stärkere Klarheit und Transparenz zu geben.

Neben der Entwicklung eines Rahmens zur Beschreibung der Transition konnten durch die vorliegende Untersuchung relevante Erkenntnisse zu den Voraussetzungen, den Merkmalen und der Begleitung des Übergangs aus Unternehmenssicht ermittelt werden. Vor dem Hintergrund des entwickelten Modells wurde in Bezug auf die Zuschreibung von Führungspotential aufgezeigt, welche Kriterien die befragten Unternehmen in den Region Schwaben und Oberbayern zur Auswahl ihrer Nachwuchsführungskräfte ansetzen und welche weiteren Bedingungsfaktoren Einfluss auf den beruflichen Aufstieg in die Führungslaufbahn haben.

Die befragten Unternehmen bevorzugen bei der Stellenbesetzung von Führungspositionen interne Mitarbeiter/innen, weil durch deren Unternehmenszugehörigkeit eine erfolgsversprechendere Prognose für die Führungseignung und Passung zu der Unternehmenskultur als bei externen Bewerber/innen vorausgesetzt wird. Auch wenn hierbei das Streben nach einer Nachwuchsförderung zu erkennen ist, birgt die Fokussierung der internen Stellenbesetzung die Gefahr, dass dem Unternehmen damit neue Sichtweisen und Kompetenzen von externen Talenten verloren gehen. Eine hohe Arbeitsleistung, Engagement, Fachkompetenz und sich entwickelnde Führungskompetenzen bestimmen, welche Nachwuchskraft als potentieller Führungsnachwuchs wahrgenommen wird (Silzer, Church 2010; Martin, Schmidt 2010). Internationale Mobilität dient für internationale Großunternehmen dazu, die Bereitschaft einer zukünftigen Führungskraft, mehr Verantwortung und Verpflichtung als andere Mitarbeiter/innen zu zeigen, durch dieses Selektionskriterium zu überprüfen (Silzer, Church 2010). Neben Kriterien, die nur die Perspektive des Unternehmens abbilden, werden in einigen Unternehmen auch die Karriereinteressen und die Karriereplanung einer Person mit in die Waagschale für die Bestimmung von Führungspotential geworfen, was nach Pepermans und Dries (2008) eine Seltenheit in der Unternehmenspraxis darstellt. Als Schlussfolgerung erscheint es daher notwendig, Mitarbeiter/innen eine stärkere Wertschätzung ihrer beruflichen Zielsetzungen zukommen zu lassen und Karriereinteressen stärker bei Talentidentifizierung und -auswahl zu berücksichtigen.

Aus den Ergebnissen der Studie kann als Abschluss dieser Arbeit das folgende Fazit gezogen werden: Faktoren zur Bestimmung von Führungspotential können nicht, wie es in anderen Untersuchungen den Anschein hat (vgl. Dries, Pepermans 2012), nur auf individuelle Kompetenzen und Eigenschaften bezogen werden. Die Ergebnisse belegen, dass v.a. der Einfluss der Vorgesetzten, eine Sichtbarkeit von Mitarbeiter/inne im Unternehmen und eine Passung zu kontextuellen Faktoren darüber entscheiden, welche Nachwuchskraft für eine Führungsposition ausgewählt wird.

Die Befunde der vorliegenden Studie veranschaulichten einen intransparenten, subjektiven und hierarchischen Charakter der Identifizierungs- und Auswahlprozesse von Führungspositionen (Pepermans et al. 2003). Daher kann davon ausgegangen werden, dass der Faktor der Homosozialität, Verzerrungseffekte und Beobachtungsfehler bei der Stellenbesetzung massiv zum Tragen kommen. Ein großer Einfluss der Vorgesetzten und eine notwendige Sichtbarkeit von Nachwuchskräften im Unternehmen bringen bestimmte Nachteile mit sich. Mitarbeiter/innen mit Führungspotential, allen voran talentierte Frauen, die Selbstmarketing nicht betreiben können bzw. wollen und/ oder von ihren eigenen Vorgesetzten nicht protegiert werden, werden nicht als potentielle Führungskräfte wahrgenommen oder sogar bewusst von einem Aufstieg in die Führungskarriere ausgegrenzt. Dadurch gehen Unternehmen wertvolle Talente und Potentiale verloren, weil diese nicht erkannt werden oder aufgrund von Demotivierung das Unternehmen verlassen. Gerade talentierte Frauen werden bei der Besetzung von Führungspositionen somit auf ein Abstellgleis geschoben, was den Mangel an weiblichen Führungskräften weiter verstärken wird, wenn nicht von Seiten der Unternehmen dagegen gesteuert wird. Ein Nichtausschöpfen dieser Ressourcen können sich Unternehmen jedoch wegen des Mangels an Fach- und Führungskräften jetzt und in Zukunft aber keinesfalls leisten. Es ist daher dringend notwendig, Kompetenzmodelle, vergleichbare Auswahlkriterien, systematische, multiperspektivische sowie standardisierte Auswahlverfahren, Potentialanalysen und Mentoring-Programme für weibliche Nachwuchskräfte verstärkt in die Talentidentifizierung und -auswahl zu integrieren.

Durch die Untersuchung wurden weiterhin Charakteristika, Herausforderungen und Kompetenzanforderungen der Transition herausgearbeitet. Als Resultat der vorliegenden Studie kann sie als ein Lern-, Entwicklungs- und Veränderungsprozess bezeichnet werden, welcher durch den Rollenwechsel ausgelöst wird (Dotlich et al. 2004). In dem im Kontext dieser Arbeit neu entwickelten Modell wurde davon ausgegangen, dass der Übergang als ein Prozess der gemeinsamen Gestaltung im Sinne einer Ko-Konstruktion zwischen den an dem Übergang beteiligten Akteuren beschrieben werden kann (Griebel, Niesel 2013). Wie aus den Ergebnissen hervorging, erfolgt die Ko-Konstruktion zur Führungskraft meist in indirekter Kommunikation ab dem Zeitpunkt der Nominierung für Förderprogramme der Führungskräfteentwicklung (Enneking et al. 2005; Kirchner 2013). Die Analyse belegt unklare und intransparente Erwartungen von Seiten der Unternehmen gegenüber Führungsneulingen (Hill 2007). Von diesen wird eine hohe Eigenverantwortung, Eigeninitiative und Ambiguitätstoleranz erwartet. Es fällt auf, dass das Team einer erstmals berufenen Führungskraft kaum eine Bedeutung in Bezug auf die Gestaltung und die Veränderungen der Transition hat. Stattdessen werden die Vorgesetzten in die Pflicht genommen, den Übergang zu begleiten und einem Führungsneuling Rückmeldung zum Führungshandeln zu geben. Daher ist es notwendig, Führungsnovizen von Seiten des Unternehmens Anforderungen und Erwartungen mit einer stärkeren Klarheit und Transparenz zu kommunzieren und auch das Team stärker in den Übergangsprozess einzubinden. Einarbeitungspläne, Stellenbeschreibungen, Mentoring, Maßnahmen der Teamentwicklung, Feedbackverfahren und regelmäßige Besprechungen können hierfür geeignete Instrumente sein (Wan, Tham 2011; Paese, Wellins 2007; Goodyear, Golden 2008).

Die Studie hat durch ihre Ergebnisse Veränderungen des Wechsels von der Mitarbeiter- in die Führungsposition auf individueller, interaktionaler und kontextueller Ebene veranschaulichen können. Aus der Perspektive der Selektionsverantwortlichen aus den neun Großunternehmen aus Bayerisch-Schwaben und Oberbayern können Führungsneulinge Anforderungen des Übergangs, nicht, wie ursprünglich in dem im Kontext dieser Arbeit entwickelten Modell angenommen wurde, durch berufliche Anpassungsfähigkeit (Savickas 2013) meistern. Führungskompetenzen, methodische Kompetenzen und Kommunikations- sowie Konfliktfähigkeit werden vom Großteil der Expert/innen als notwendig betrachtet, um die Transition in die Führungsrolle zu bewältigen (Paese, Wellins 2007). Besondere Beachtung erhält hierbei für einige Befragte die Fähigkeit, Informationen einzuholen und zu geben, was dazu beitragen kann, dass eine erstmals berufene Führungskraft durch das Sammeln von Kenntnissen über Anforderungen, Strukturen und Prozesse im Unternehmen eine stärkere Klarheit hinsichtlich dieser Aspekte erhält. Veränderungen auf der interaktionalen Ebene entstehen durch den Wechsel von der Kolleg/innen- in die Vorgesetztenrolle und vom ego- zum gruppenzentrierten Denken und Handeln. Hierin liegen die größten Herausforderungen der Transition (Dotlich et al. 2004; Hill 2007). Darüber hinaus wird der Übergang von kontextuellen Veränderungen durch eine Statuserhöhung, ein neues Arbeitsumfeld und eine Veränderung der Work-Life-Balance begleitet. Der Übergang wird von Gefühlen der Ambiguität, Unsicherheit, der Angst, zu versagen, aber auch von Stolz und damit von einer deutlichen Unklarheit begleitet (Paese, Wellins 2007). Diese Punkte konnten alle durch die hier vorliegende Studie belegt werden.

Eine weitere wichtige Fragestellung der Untersuchung war, genauer zu beleuchten, wie Nachwuchsführungskräfte und Führungsnovizen hinsichtlich der Bewältigung der neuen Anforderungen durch das Unternehmen unterstützt werden. Hierbei wird eine Bandbreite von einer situativ-informellen bis hin zu einer systematisch-standardisierten Talententwicklung vorgefunden. Es existiert eine Vielfalt an verschiedenen Angeboten der Personalentwicklung. Von den Unternehmen wird jedoch nicht der eine Königsweg zur Begleitung des Übergangs in die Führungsrolle gewählt. So werden High Potentials durch Trainings, on-the-job-Maßnahmen und Förderprogramme auf die Führungslaufbahn vorbereitet. Vor allem Trainings, Coaching, Mentoring und Feedbackverfahren kommen als die Instrumente zur Begleitung der Transition von der Mitarbeiter- in die Führungsposition zum Einsatz. Damit konnten Unterschiede zu weiteren Angeboten der Führungskräfteentwicklung herausgearbeitet werden, in welchen Coaching und Mentoring meist einen niedrigeren Stellenwert haben (vgl. Gleich 2011). Aus den Ergebnissen kann damit die Schlussfolgerung gezogen werden, dass durch die Vermittlung von Wissen in Trainings führungsrelevante Kenntnisse weiterentwickelt werden können (Felfe, Franke 2014) und Coaching und Mentoring dabei helfen, den Rollenwechsel zu vollziehen und sich an die neue Führungsrolle anzupassen. Beratung durch einen Coach und Mentor/innen können hierbei als den Transitionsprozess begleitende Instrumente eingesetzt werden, um Herausforderungen des Rollenwechsels zu reflektieren und Strategien zur Abgrenzung zu früheren beruflichen Rollen zu erarbeiten. Eine Rückmeldung zum Führungsverhalten bieten Feedbackverfahren, welche einen Abgleich zwischen dem Fremd- und dem Selbstbild der Führungskraft ermöglichen (Armutat 2007). Damit wird ebenfalls das Ankommen in der Führungsrolle und die Loslösung von alten Rollen unterstützt und vorangetrieben. Die Untersuchung gewährte somit durch ihre Erkenntnisse einen Ein- und Überblick hinsichtlich der Vielfalt und Verschiedenheit der Verfahren und Prozesse der Talentidentifizierung, -selektion und -entwicklung.

Um Gemeinsamkeiten und Unterschiede der Unternehmenspraxis besser aufzeigen zu können, wurde eine Typologie zur Umsetzung der Identifizierung, Selektion und Entwicklung von Nachwuchsführungskräften und Führungskräften durch Talent Management entwickelt. Es ließen sich vier Typen generieren, die eine geringe oder eine hohe Systematisierung ihrer Selektions- und Entwicklungsprozesse von Talenten aufwiesen. Weitere Unterschiede ließen sich in der Schwerpunktsetzung des Talent Management, d.h., ob die Entwicklung von Talenten oder deren Identifizierung und Selektion im Vordergrund standen, feststellen. Alle vier Gestaltungswege bergen jeweils verschiedene Risiken. Diese können darin bestehen, dass informelle Besetzungsmechanismen bei der Talentidentifizierung und -selektion überhandnehmen, keine Vorbereitung und Begleitung des Übergangs von der Mitarbeiter- in die Führungsposition stattfindet oder dass eine individuelle und situationsabhängige Unterstützung von Führungsneulingen verloren geht, die an deren jeweiligen Bedürfnissen orientiert ist. Aus den Ergebnissen lässt sich somit konstatieren, dass die befragten Unternehmen Verbesserungsbedarf hinsichtlich der Identifizierung, Auswahl und Entwicklung ihrer angehenden Führungskräfte haben.

Talent Management kann hierbei aufgrund seines systematischen und standardisierten Charakters ein geeigneter Ansatz sein, um zu einer Optimierung der Talentidentifizierung, -selektion und -entwicklung beizutragen. Damit kann dieses Konzept Unternehmen dabei unterstützen, talentierte Nachwuchsführungskräfte und Führungskräfte in Wirtschaftsregionen wie z.B. Schwaben nicht an andere Ballungszentren wie z.B. München, die mit höheren Gehältern und Namen großer Unternehmen locken, zu verlieren und in der Region zu halten. Unternehmen können es sich dauerhaft nicht leisten, durch intransparente und subjektive Auswahlprozesse, ungeeignete Mitarbeiter/innen zu Führungskräften zu befördern, gleichzeitig wertvolle Kompetenzen anderer talentierter Nachwuchskräfte, allen voran talentierter Frauen, zu verlieren und angehende Führungskräfte nicht adäquat bei der Bewältigung der Transition von der Mitarbeiter- in die Führungsposition zu unterstützen, wie Martin und Schmidt (2010) deutlich machen:

> „A FIRM'S most talented staffers can have meaningful effects across the business. But when burgeoning talent is misidentified, unchallenged, or unrewarded, these individuals become a drag on overall performance. Even worse, their disengagement and eventual derailment can lead to depleted leadership ranks and damage employee commitment and retention across the firm. (…) Their talent-management initiatives must challenge and cultivate rising stars, not just celebrate today's high achievements. As the head of HR at one technology firm told us, 'These are the people who will launch new businesses, find new ways to strip out costs, build better customer relationships, and drive innovation. Really, the future of our organization is in their hands'." (Martin, Schmidt 2010, 61).

Als Abschluss der vorliegenden Arbeit werden aus den gewonnenen Erkenntnissen und den daraus entwickelten Schlussfolgerungen Empfehlungen für Unternehmen, Führungsnovizen und Nachwuchskräfte generiert. Als Fazit der Studie erhalten Unternehmen damit stichpunktartige praktische Hinweise für eine Verbesserung der Talentidentifizierung, -auswahl und -entwicklung und für eine Begleitung des Übergangs. Akademiker/innen, die eine Führungskarriere anstreben, werden kurze Informationen an die Hand gegeben, die ihnen mehr Klarheit und Transparenz für die Planung einer Führungskarriere geben sollen. Nachwuchsführungskräfte und Führungsnovizen sollen durch die abschließenden Empfehlungen dabei unterstützt werden, dem Rollenwechsel und den Anforderungen der Transition von der Mitarbeiter- in die Führungsposition mit einer höheren Sicherheit gegenüberzustehen und erfolgreich zu meistern.

Empfehlungen für Unternehmen

- Die Identifizierung von Talenten sollte standardisiert, strategisch und systematisch erfolgen. Es ist wichtig, Identifizierungs- und Auswahlprozesse transparenter zu gestalten, was durch die Anwendung von Kompetenzmodellen auf verschiedenen Karriereebenen erleichtert werden kann. Verfahren wie Assessment Center oder Talent Development-Seminare, das Instrument der Potential-Performance-Matrix und multiple Feedbackverfahren können dazu beitragen, die subjektiven Beurteilungen und Entscheidungen von einzelnen Führungskräften zu reduzieren und geeignete Talente für das Unternehmen zu entdecken. In Bezug auf den großen Einfluss, den Vorgesetzte auf die Talentidentifizierung haben, ist es notwendig, diese darin zu schulen, Potentiale und Talente bei allen Mitarbeiter/innen zu entdecken und zu fördern. Eine Weiterentwicklung der Gender- und Diversity-Kompetenz kann hierauf positive Auswirkungen haben.
- Vor dem Hintergrund der Implementierung von Talent Management bedarf es einer Klärung, welche Kompetenzen und welche Kompetenzträger für das Unternehmen jetzt und in Zukunft benötigt werden. Zur Sicherung des

effektiven Einsatzes wichtiger Talente und Potentiale im Unternehmen ist es wichtig, dass Mitarbeiter/innen durch Instrumente der Potentialanalyse und Laufbahnberatung über Stärken, Schwächen und berufliche Zielsetzungen reflektieren und einen geeigneten Laufbahntyp wählen können. Daher müssen neben die klassische vertikale Führungskarriere weitere horizontale Karrieretypen treten und mit geeigneten Maßnahmen der Personalentwicklung unterstützt und begleitet werden.

- Unternehmen sollten anstreben, Identifizierungs- und Entwicklungsmaßnahmen in einen aufeinander aufbauenden und in sich verzahnten Prozess zu integrieren und zu organisieren, dem in allen Teilschritten ein einheitliches Kompetenz- und Anforderungsmodell zugrunde liegt. Talent Management kann eine Systematisierung und Standardisierung der Prozesse unterstützen, um zum einen die Herausforderungen der Gewinnung und Bindung geeigneter Talente zu bewerkstelligen. Zum anderen können dessen Instrumente und Verfahren eingesetzt werden, um die Transition zu unterstützen. Um jedoch Benachteiligungen zu vermeiden, ist es hierbei wichtig, Gender- und Diversity-Dimensionen und gleichstellungspolitische Strategien in das Talent Management-Konzept zu integrieren.
- Zur Unterstützung von High Potentials und Führungsnovizen beim Übergang in die Führungsposition sollten diese mit standardisierten und bedarfsorientierten Entwicklungsmaßnahmen bzw. -programmen gefördert werden. Nachwuchsführungskräfte benötigen zur Weiterentwicklung ihrer Kompetenzen und der Vorbereitung auf Führungsaufgaben Ermutigung, Austausch, Selbstreflexion, Informations- und Erfahrungsweitergabe, die Vermittlung von führungsrelevanten Kenntnissen, Beratung und Lernen durch Erfahrung. Erstmals berufene Führungskräfte sollten durch Führungstrainings, Coaching, Mentoring, Mehrquellen-Feedbackverfahren und Vernetzungsangebote bei der Bewältigung der Anforderungen des Übergangs begleitet werden. Verfahren wie die Kollegiale Beratung oder der Einsatz von Peer-Mentoring können dazu dienen, Erfahrungsaustausch und Beratung anzuregen, um damit Rollenkonflikte zu reduzieren und eine Professionalisierung der Führungsrolle voranzutreiben.
- Aufgrund der hohen Relevanz, welche Führungskompetenzen, methodische Kompetenzen und Kommunikations- sowie Konfliktfähigkeit zur Bewältigung der Transition haben, sollten Führungstrainings von Nachwuchsführungskräften und Führungsneulingen verstärkt Inhalte und Übungen zur Förderung der kommunikativen Kompetenzen in kritischen Situationen aufgreifen.
- Während des Übergangsprozesses darf das Team der Führungskraft nicht vernachlässigt werden, sondern sollte als Partner in diesen Veränderungsprozess

aktiv durch z.B. Teamtrainings oder Feedbackinstrumente miteinbezogen werden.

Empfehlungen für Mitarbeiter/innen mit Führungsaspiration

- Der erste Schritt für eine erfolgreiche Führungskarriere ist für Mitarbeiter/innen die kontinuierliche Selbstreflexion. Um erfolgreich in die Führungskarriere aufzusteigen, empfiehlt es sich in erster Line, zu hinterfragen, ob eine Führungskarriere zum eigenen Kompetenzmodell passt und den persönlichen und individuellen beruflichen sowie privaten Zielen entspricht. Weiterhin sollten Nachwuchskräfte reflektieren, ob das Kompetenzmodell für Führungskräfte des Unternehmens kongruent zu den eigenen Kompetenzen und Erwartungen an eine Führungskarriere ist.
- Um erfolgreich als potentielle Nachwuchsführungskraft wahrgenommen zu werden, ist es in erster Linie notwendig, mit hoher Fachlichkeit, hervorragenden Arbeitsleistungen und überdurchschnittlicher Leistungsbereitschaft zu überzeugen. In diesem Zusammenhang sollten sich Mitarbeiter/innen immer wieder aktiv um Sonderaufgaben bemühen und durch eigene Vorschläge ihre unternehmerischen Fähigkeiten und ihre Bereitschaft unter Beweis stellen, Verantwortung zu übernehmen.
- Darüber hinaus ist es für den Aufstieg zur Führungskraft unabdingbar, die eigene Sichtbarkeit im Unternehmen über den eigenen Fachbereich hinaus durch gezieltes Selbstmarketing zu erhöhen, um als potentieller Führungsnachwuchs wahrgenommen zu werden. In diesem Zusammenhang sollte sich der Mitarbeiter/ die Mitarbeiterin auch Mentor/innen suchen, welche ihn oder sie bei karriererelevanten Fragestellungen berät und im Unternehmen protegiert. Der Mentor oder die Mentorin sollte in der Statushierarchie über der oder dem Mentee stehen und ein breites Netzwerk im Unternehmen haben, um so neue Plattformen zu generieren, auf denen die Sichtbarkeit der Nachwuchskraft weiter erhöht werden kann.
- Im Zusammenhang mit dem gezielten Selbstmarketing ist es zudem förderlich, die eigenen Karriere- und Entwicklungsziele klar zu formulieren und zu artikulieren. In den regelmäßig stattfindenden Mitarbeitergesprächen, die in den meisten Unternehmen mittlerweile ein Standardinstrument des Performance-Management sind, lohnt es sich, bezüglich der eigenen Führungsaspiration klar Stellung zu beziehen. Wenn die eigenen Karriereziele jedoch vom eigenen Arbeitgeber nicht dauerhaft gefördert werden, empfiehlt es sich in letzter Instanz, das Unternehmen zu verlassen und die beruflichen Ziele in einem anderen Unternehmen weiter voranzutreiben, welches den eigenen

Stärken entspricht und das die Nachwuchskraft hinsichtlich ihrer beruflichen Pläne fördert.
- Besonders für Frauen ist es noch stärker von Bedeutung, das eigene Netzwerk auszuschöpfen, sich Mentor/innen innerhalb des Unternehmens zu suchen, die Unterstützung der Vorgesetzten zur Teilnahme an Förderprogrammen einzufordern und sich die Übernahme einer Führungsposition jenseits von Rollenklischees auf jeden Fall zuzutrauen.

Empfehlungen für Führungsnovizen

- Viele Unternehmen bieten nach wie vor keinen standardisierten Unterstützungsprozess für ihre neu in der Führungsrolle angekommenen Führungskräfte an. Zudem sind die Anforderungen der Führungstätigkeit in vielen Unternehmen von einer hohen Unklarheit und Intransparenz gekennzeichnet. Es ist daher im Sinne eines erfolgreichen Übergangsmanagements für eine neue Führungskraft von Vorteil, den vollzogenen Rollenwechsel zu reflektieren und auch Unterstützungsbedarf beim Arbeitgeber deutlich zu artikulieren und einzufordern. Coaching, Mentoring, die Unterstützung und Beratung durch einen Mentor oder eine Mentorin und regelmäßiger Austausch mit anderen Führungsneulingen können dazu beitragen, eine höhere Sicherheit bezüglich der neuen Aufgaben und Anforderungen als Führungskraft zu gewinnen, die alte berufliche Identität abzulegen und die bisherigen Kolleg/innen- von der neuen Rolle abzugrenzen. Zudem kann die regelmäßige Abfrage von Informationen und der Aufbau eines breiten Netzwerks im Unternehmen von Vorteil sein, eine stärkere Klarheit über die neuen Aufgaben zu gewinnen und diese erfolgreich zu bewältigen.
- Um einem Rollenwechsel auf der Makroebene auch einen Rollenwechsel auf der Mikroebene der Führungskraft folgen zu lassen, ist es in diesem Prozess zudem relevant, das neue Mitarbeiterteam zu integrieren. Vor allem scheint es sinnvoll, bei Stellenantritt und im weiteren Arbeitsalltag regelmäßig den Dialog mit den Mitarbeiter/innen zu suchen, gegenseitige Erwartungen abzuklären und sich auch als Führungskraft Feedback zum eigenen Verhalten zu holen, um Rollenveränderungen, Probleme von Nähe und Distanz, Empowerment der Mitarbeiter/innen und Konfliktmanagement im Team erfolgreich bewältigen zu können.
- Zuletzt empfiehlt es sich für die Führungskraft, kontinuierlich das eigene Kompetenzprofil zu reflektieren, aktiv Feedback verschiedener Ebenen einzuholen und Führungskompetenz, Kommunikations- und Konfliktfähigkeit weiterzuentwickeln.

Literaturverzeichnis

Achatz, J./Brücker, H./Dietrich, H./Dietz, M. et al. (2011): Strategien entwickeln, Potentiale nutzen. Fachkräftebedarf: Angebot an Arbeitskräften wird knapper. IAB-Stellungnahme 2/2011.

Akademie für Führungskräfte (2009): Führungsrollen - Beruf und Berufung deutscher Manager. Befragung von 547 Führungskräften der Wirtschaft; veröffentlicht unter: http://www.seminarmarkt.de/showdoc.php?documentID=4718.

Allio, R. J. (2005): Leadership development: teaching versus learning. In: Management Decision, 43. Jg., 7/8, S. 1071–1077.

American Management Association (AMA) (2011): Identifying and Developing High-Potential Talent. A 2011 Study by AMA Enterprise; veröffentlicht unter: http://www.trainingindustry.com/media/4007228/ama%20high%20potential%20talent.pdf.

Appelbaum, S. H./Valero, M. (2007): The crucial first three months: an analysis of leadership transition traps und successes. In: The Journal of American Academy of Business, 11. Jg., H. 1, S. 1–8.

Aretz, H.-J./Hansen, K. (2002): Diversity und Diversity-Management im Unternehmen. Eine Analyse aus systemtheoretischer Sicht. Managing diversity Bd. 3. Münster.

Armstrong, M. (2007): A Handbook of Human Resource Management Practice. London.

Armutat, S. (2007): Management development. Zukunftssicherung durch kompetenzorientierte Führungskräfteentwicklung. Bielefeld.

Armutat, S. (2008): Talent Management - Trend oder Chimäre? Werkstattbericht des Round Table am 29. April 2008; veröffentlicht unter: http://static.dgfp.de/assets/publikationen/2011/05/talent-management-trend-oder-chimaere-werkstattbericht-des-round-table-am-29-april-2008–1352/talentmanagement.pdf.

Armutat, S. (2009): Führungskräfte als Personalmanager - Personalmanager in neuer Rolle. PraxisPapier 5/2009.

Athanasou, J. A./van Esbroeck, R. (Hg.) (2008): International Handbook of Career Guidance. Dordrecht.

Atteslander, P. (2006): Methoden der empirischen Sozialforschung. Berlin [u.a.].

Ball, B. (1997): Career management competencies—The individual perspective. In: Career Development International, 2. Jg., H. 2, S. 74–79.

Bandura, A. (1997): Self-efficacy. The exercise of control. New York.

Barrett, A./Beeson, J. (2002): Developing business leaders for 2010. New York.

Barth, M. (2009): Führungskompetenz im Wandel. Komplexität und Dynamik als neue Herausforderung der Führungskräfteentwicklung. Hamburg.

Bartscher, T./Stöckl J./Mierzwa, M. (2009): Führungskräftestudie 2009. Work-Life-Balance und Führungsverhalten. Freiburg.

Bauer, S. (2003): Kienbaum High Potentials. Der Anspruch ist hoch - Erwartungen an Absolventen. Vortrag Universität Kaiserslauern am 7. Mai 2003. Gummersbach.

Bayerisches Landesamt für Statistik und Datenverarbeitung (2014): Betriebe nach Beschäftigtengrößenklassen und Regierungsbezirken; veröffentlicht unter: https://www.statistik.bayern.de/statistik/unternehmen/.

BCG The Boston Consulting Group (2010): Creating People Advantage 2010. How Companies Can Adapt Their HR Practices for Volatile Times. Boston.

Becker, H. (2004): Konzept einer curricularen Führungskräfte-Entwicklung. In: Seebacher, U. G./Klaus, G. (Hg.): Handbuch Führungskräfte-Entwicklung. Theorie, Praxis und Fallstudien. Grünwald, S. 57–66.

Becker, M. (2002): Personalentwicklung. Bildung, Förderung und Organisationsentwicklung in Theorie und Praxis. Stuttgart.

Becker, M. (2007): Lexikon der Personalentwicklung. Stuttgart.

Berghuber, M. (2008): High Potentials in Österreich - Erste Ergebnisse. Studiendauer: September 2007 - März 2008; veröffentlicht unter: http://www.ontalents.com/site/tl_files/files/artikelsammlung/artikelsammlung/high%20potentials%20in%20oesterreich.pdf.

Bergmann, M. M. (2012): Bildung - Arbeit - Erwachsenwerden. Ein interdisziplinärer Blick auf die Transition im Jugend- und Erwachsenenalter. Heidelberg.

Berke, D. (2012): How to Put Your Finger on the High Potentials. In: Rush, S. (Hg.): On selecting, developing, and managing talent. Greensboro, NC, S. 19–25.

Berke, D./Kossler, M. E./Wakefield, M. (2012): Building Talent: Developing Effective Leaders Is as Crucial as Ever. In: Rush, S. (Hg.): On selecting, developing, and managing talent. Greensboro, NC, S. 1–10.

Bethke-Langenegger, P. (2011): Talentmanagement in Schweizer Unternehmen. Diskussionspapier Nr. 17; veröffentlicht unter: http://www.personalradar.ch/wp-content/uploads/2010/12/Talentmanagement-in-Schweizer-Unternehmen.pdf.

Bethke-Langenegger, P./Mahler, P./Staffelbach, B. (2011): Effectiveness of talent management strategies. In: European Journal of International Management, 5. Jg., H. 5, S. 524–539.

Biech, E. (Hg.) (2010): The ASTD leadership handbook. Alexandria, VA.

Blass, E. (Hg.) (2009): Talent management. Cases and commentary. Basingstoke.

Blass, E./Brockhoff, S. N./Oliveira, F. G. (2009): A Map of the Territory between HRM and Talent Management. In: Blass, E. (Hg.): Talent management. Cases and commentary. Basingstoke, S. 8–23.

Bluhm, K./Demmler, P./Martens, B./Trappmann, V. (2008): Fach- und Führungskräfte in mittelständischen Unternehmen - Bedarf, Rekrutierung, Bindung. Ergebnisse einer Befragung im Dienstleistungs- und verarbeitenden Gewerbe 2007. Jena.

Boatman, J. P./Wellins, R. P. (2011): Time for a Leadership Revolution. Global Leadership Forecast 2011. Pittsburgh.

Bogner, A./Littig, B./Menz, W. (Hg.) (2002): Das Experteninterview. Theorie, Methode, Anwendung. Wiesbaden.

Bogner, A./Menz, W. (2002): Das theoriegenerierende Experteninterview. Erkenntnisinteresse, Wissensformen, Interaktion. In: Bogner, A./Littig, B./Menz, W. (Hg.): Das Experteninterview. Theorie, Methode, Anwendung. Wiesbaden, S. 33–70.

Bogner, J. (2007): Vorhersage und Förderung einer erfolgreichen Führungskarriere. Längsschnittliche Befunde zur Vorhersage des Karriereerfolgs und Meta-Analyse zur Wirksamkeit von Führungskräftetraining. Dissertation. Nürnberg.

Bothner, M. (2012): Der Matthäus-Effekt; veröffentlicht unter: http://dw.de/p/15C1t.

Bothner, M. S./Podolny, J. M./Smith, E. B. (2011): Organizing Contests for Status: The Matthew Effect vs. the Mark Effect. In: Management Science, 57. Jg., H. 3, S. 439–457.

Boudreau, J. W./Ramstad, P. M. (2007): Beyond HR. The new science of human capital. Boston, Mass.

Braun, G. (2013): Die Statusfalle. In: Harvard Business Manager, Vol. 35, 8, S. 14–15.

Braun, S./Peus C. (2014): Wertschöpfung durch Werte? Vom Nutzen ethikorientierter Führung. In: PERSONALquarterly, 4. Jg., H. 1, S. 28–33.

Breisig, T. (2014): Entwicklung von Führungskräften. Betriebs- und Dienstvereinbarungen. Analyse und Handlungsempfehlungen. Frankfurt am Main.

Briscoe, J./Hall, D. (1999): Grooming and picking leaders using competency frameworks: Do they work? An alternative approach and new guidlines for practice. In: Organizational Dynamics, 28. Jg., H. 2, S. 37–52.

Brockhaus (1973): Brockhaus Enzyklopädie. Bd. 18. Wiesbaden.

Brodbeck, F. C./Maier G. W./Frey D. (2002): Führungstheorien. In: Frey, D./ Irle, M. (Hg.): Theorien der Sozialpsychologie. Band II: Gruppen-, Interaktions- und Lerntheorien. Bern, S. 329–365.

Brown, D./Brooks, L. (Hg.) (1990): Career choice and development: Applying contemporary approaches to practice. San Francisco.

Brown, D. (Hg.) (2002): Career choice and development. San Francisco (4. Aufl.).

Brown, S. D./Lent, R. W. (Hg.) (2005): Career development and counselling: Putting theory and research to work. Hoboken.

Brown, S. D./Lent, R. W. (Hg.) (2013): Career Development and Counseling. Putting Theory and Research to Work. Hoboken.

Buckingham, M./Vosburgh, R. M. (2001): The 21st century human resources function: It's the talent, stupid! In: Human Resource Planning, 24. Jg., H. 4, S. 17–23.

Bührmann, T. (2008): Übergänge in sozialen Systemen. Weinheim.

Bundesministerium für Arbeit und Soziales (2011): Fachkräftesicherung. Ziele und Maßnahmen der Bundesregierung. Berlin.

Burger, A. (2009): Talentmanagement zwischen Ideal und Wirklichkeit. In: Weitz, A. (Hg.): Talentmanagement im Mittelstand. Lengerich, S. 55–67.

Büser, T./Fleps, J. G. (2007): Anforderungen und Kompetenzen von Führungskräften; veröffentlicht unter: http://www.büser-management-akademie.de/media/archive3/AnforderungenundKompetenzenvonFhrungskrften.pdf.

Büser, T./Gülpen, B. (2003): Aufbauarbeit trotz Wirtschaftsflaute. In: Personal Magazin, 55. Jg., H. 3, S. 60–63.

Bußhoff, L. (1998): Konzept des Übergangs. Konsequenzen aus dieser Konzeption für Berufswahlhelfer. In: Zihlmann, R. (Hg.): Berufswahl in Theorie und Praxis. Konzepte zur Berufswahlvorbereitung und Beratung unter veränderten wirtschaftlichen und gesellschaftlichen Bedingungen. Zürich, S. 9–84.

Byham, T. M./Concelman, J./Cosentino, C./Wellins, R. (2007): Optimising Your Leadership Pipeline. Pittsburgh.

Calder, B. J. (1977): An Attribution Theory of Leadership. In: Staw, B. R./Salancik, G. R. (Hg.): New directions in organizational behavior. Chicago, S. 177–204.

Campbell, M. &. S. R. (2010): High-Potential Talent. A View from Inside the Leadership Pipeline. Greensboro (u.a.).

Canals, J. (Hg.) (2011): The Future of Leadership Development. Corporate Needs and The Role of Business Schools. Basingstoke.

Capgemini Consulting (2009): HR-Barometer 2009. Bedeutung, Strategien, Trends in der Personalarbeit - Schwerpunkt Strategic Workforce Management. Berlin/München.

Cappelli, P. (2008): Talent Management for the Twenty-First Century. In: Jäger, W./Lukasczyk, A. (Hg.): Talent Management. Die besten Köpfe entdecken und fördern. Köln, S. 39–49.

Chambers, E. G./Foulon, M./Handfield-Jones, H./Hankin, S. M. et al. (1998): The war for talent. In: The McKinsey Quarterly, 35. Jg., H. 3, S. 44–57.

Charan, R./Drotter, S./Noel J. (2001): The leadership pipeline: how to build the leadership-powered company. San Francisco.

Chartered Institute of Personnel and Development (CIPD) (2012): Learning and talent development 2012. Annual survey report 2012; veröffentlicht unter: http://www.cipd.co.uk/hr-resources/survey-reports/learning-talent-development-2012.aspx.

Chuai, X./Preece, D./Iles, P. (2008): Is talent management just „old wine in new bottles"? The case of multinational companies in Beijing. In: Management Research News, 31. Jg., H. 12, S. 901–911.

Clark, K./Clark, M. (Hg.) (1990): Measures of Leadership. West Orange, NJ.

Collings, D./Mellahi, K. (2009): Strategic Talent Management: A review and research agenda. In: Human Resource Management Review, 19. Jg., H. 4, S. 304–313.

Collings, D. G./Scullion, H. (2011): European perspectives on talent management. In: European Journal of International Management, 5. Jg., H. 5, S. 453–462.

Collins, D./Holton, E. (2004): The Effectiveness of Managerial Leadership Development Programs: A Meta-Analysis of Studies from 1982 to 2001. In: Human Resource Development Quaterly, 15. Jg., H. 2, S. 217–248.

Commerzbank (2011): Frauen und Männer an der Spitze: So führt der deutsche Mittelstand. Unternehmerperspektiven. Frankfurt am Main.

Day, D. V./Harrison, M. M. (2011): Leadership Development. London.

Dengg, O. (Hg.) (2006): Coaching. Ein Instrument für Management und Führung. Wien.

Deters, J. (2012): Integratives Talentmanagement. Entwicklung, Umsetzung und nachhaltige Gestaltung. Lehrforschungsprojekt-Bericht. Lüneburg.

Deutsche Gesellschaft für Personalführung e.V. (DGFP) (2008): Talent Management - Trend oder Chimäre? Werkstattbericht des Round Table am 29. April 2008; veröffentlicht unter: http://static.dgfp.de/assets/publikationen/2011/05/talent-management-trend-oder-chimaere-werkstattbericht-des-round-table-am-29-april-2008–1352/talentmanagement.pdf.

Deutsche Gesellschaft für Personalführung e.V. (DGFP) (2011): Zwischen Anspruch und Wirklichkeit: Generation Y finden, fördern und binden;

veröffentlicht unter: http://static.dgfp.de/assets/publikationen/2011/GenerationY-finden-foerdern-binden.pdf.

Deutsche Industrie- und Handelskammer e.V. (DIHK) (2011): Der Arbeitsmarkt im Zeichen der Fachkräftesicherung. DIHK-Arbeitsmarktreport 2011. Ergebnisse einer DIHK-Unternehmensbefragung. Berlin.

Dominick, P. G./Gabriel, A. S. (2009): Two Sides to the Story: An Interactionist Perspective on Identifying Potential. In: Industrial and Organisational Psychology, 2. Jg., H. 4, S. 430–433.

Domsch, M. (2009): Personalplanung und Personalentwicklung für Fach- und Führungskräfte. In: Rosenstiel, L. v./Regnet, E./Domsch, M. (Hg.): Führung von Mitarbeitern. Handbuch für erfolgreiches Personalmanagement. Stuttgart. (6. Aufl.), S. 413–424.

Dorfschmidt, J./Scharrer, K. (2013): Abschlussbericht für das EFS-Projekt „Mentoring und Nachwuchsförderung an der Universität Augsburg". Berichtszeitraum: 01.01.2011 - 30.06.2013. Unveröffentlichter Bericht.

Dotlich, D. L./Noel, J. L./Walker, N. (2004): Leadership Passages. The personal and professional transitions that make or break a leader. San Francisco.

Dresing, T./Pehl, T. (2012): Praxisbuch Interview & Transkription. Regelsysteme und Anleitungen für qualitative ForscherInnen; veröffentlicht unter: www.audiotranskription.de/praxisbuch.

Dries, N. (2013): The psychology of talent management: A review and research agenda. In: Human Resource Management Review, 23. Jg., H. 4, S. 272–285.

Dries, N./Vantilborgh T./Pepermans R. (2012): The role of learning agility and career variety in the identification and development of high potential employees. In: Personnel Review, 41. Jg., H. 3, S. 340–358.

Dries, N./Pepermans, R. (2008): „Real" high-potential careers: An empirical study into the perspectives of organisations and high potentials. In: Personnel Review, 37. Jg., H. 1, S. 85–108.

Dries, N./Pepermans, R. (2012): How to identify leadership potential: Development and testing of a consensus model. In: Human Ressource Management, 51. Jg., H. 3, S. 361–385.

Dries, N./van Acker, F./Verbruggen, M. (2012): How 'boundaryless' are the careers of high potentials, key experts and average performers? In: Journal of Vocational Behavior, 81. Jg., H. 2, S. 271–279.

Egger, R./Hackl, B. (Hg.) (2010): Sinnliche Bildung? Pädagogische Prozesse zwischen vorprädikativer Situierung und reflexivem Anspruch. Wiesbaden.

Elprana, G./Gatzka, M./Stiehl, S./Felfe, J. (2013): Führungsmotivation: Eine Expertenperspektive zum Konstrukt seiner Bedeutung. In: report psychologie, 37. Jg., H. 5, S. 200–211.

Enneking, A./Sebald, H./Wöltje, O. (2005): Talent Management zwischen Anspruch und Wirklichkeit. Towers Perrin Talent Management-Studie 2005.

Erickson, T. J. (2008): Wie die Generation Y arbeiten will. In: Harvard Business Manager, 2. Jg., H. 10.

Erpenbeck, J./Heyse, V. (2007): Die Kompetenzbiographie. Wege der Kompetenzentwicklung. Münster (2. Aufl.).

Erten-Buch, C./Mayrhofer, W./Seebacher, U. G./Strunk, G. (2006): Personalmanagement und Führungskräfteentwicklung. Zahlen - Fakten - praktische Konsequenzen. Wien.

Ewerlin, D./Süß, S. (2012): Talent Management in KMU und Großunternehmen im Vergleich: Ergebnisse einer empirischen Untersuchung. In: Meyer, J.-A. (Hg.): Personalmanagement in kleinen und mittleren Unternehmen. Lohmar, S. 277–294.

Ewerlin, D./Süß, S. (2013): Nationale und internationale Ausrichtung des Talentmanagements. Status quo und Perspektiven. In: Personalführung, 46. Jg., H. 5, S. 50–57.

Falk, S./Huyer-May, B. (2011): Erfolgreich im Beruf. Bayerische Hochschulabsolventen fünf Jahre nach dem Studium. Studien zur Hochschulforschung 81. München.

Faust, M. (2002): Karrieremuster von Führungskräften der Wirtschaft im Wandel - Der Fall Deutschland in vergleichender Perspektive. SOFI-Mitteilungen Nr. 30; veröffentlicht unter: http://sofi.uni-goettingen.de/fileadmin/SOFI-Mitteilungen/Nr._30/faust.pdf.

Felden, H. v. (2010): Übergangsforschung in qualitativer Perspektive: Theoretische und methodische Ansätze. In: Felden, H. v./Schiener, J. (Hg.): Transitionen – Übergänge vom Studium in den Beruf. Wiesbaden, S. 21–41.

Felden, H. v./Schiener, J. (Hg.) (2010): Transitionen – Übergänge vom Studium in den Beruf. Wiesbaden.

Felfe, J. (2012): Arbeits- und Organisationspsychologie 2. Führung und Personalentwicklung. Stuttgart.

Felfe, J./Franke, F. (2014): Führungskräftetrainings. Göttingen.

Fernández-Aráoz, C./Groysberg, B./Nohria, N. (2011): How to hang on to your high potentials. Emerging best practices in managing your company's future leaders. In: Harvard Business Review, 89. Jg., H. 5, S. 76–83.

Festing, M./Schäfer, L./Scullion, H. (2013): Talent management in medium-sized German companies: an explorative study and agenda for future research. In: The International Journal of Human Resource Management, 24. Jg., H. 9, S. 1872–1893.

Flick, U. (2007): Design und Prozess qualitativer Forschung. In: Flick, U./ Kardoff, E. von/Steinke, I. (Hg.): Qualitative Forschung. Ein Handbuch. Reinbek bei Hamburg, S. 252–265.

Flick, U./Kardoff, E. von/Steinke, I. (Hg.) (2007): Qualitative Forschung. Ein Handbuch. Reinbek bei Hamburg.

Frey, D./Irle, M. (Hg.) (2002): Theorien der Sozialpsychologie. Band II: Gruppen-, Interaktions- und Lerntheorien. Bern.

Friedli, V. (2002): Die betriebliche Karriereplanung. Konzeptionelle Grundlagen und empirische Studien aus der Unternehmensperspektive. Bern.

Gallardo-Gallardo, E. (2011): What do we actually mean by talent in business? Does it really matter? Barcelona. (Working Paper in Economics).

Gallardo-Gallardo, E./Dries, N./González-Cruz, T. F. (2013): What is the meaning of 'talent' in the world of work? In: Human Resource Management Review, 23. Jg., H. 4, S. 290–300.

Gandossy, R./Kao, T. (2004): Talent Wars: Out of Mind, Out of Practice. In: Human Resource Planning, 27. Jg., H. 4, S. 15–19.

Gardenswartz, L./Rowe, A. (2002): Diverse teams at work. Capitalizing on the power of diversity. Chicago.

Gelens, J./Dries, N./Hofmans, J./Pepermans, R. (2013): The role of perceived organizational justice in shaping the outcomes of talent management: a research agenda. In: Human Resource Management Review, 23. Jg., H. 4, S. 341–353.

Gilmore, T. N. (2003): Making a leadership change: How organizations and leaders can handle leadership transition successfully. San Francisco.

Glaser, B. G./Strauss, A. L. (1969): The Discovery of Grounded Theory. Chicago.

Glaser, B. G./Strauss, A. L. (1971): Status passage. London.

Gläser, J./Laudel, G. (2009): Experteninterviews und qualitative Inhaltsanalyse als Instrumente rekonstruierender Untersuchungen. Wiesbaden (4. Aufl.).

Gleich, M. (2011): Führungskräfteentwicklung in ausgewählten Unternehmen der Wirtschaft. Anspruch und Wirklichkeit. Dissertation. Hamburg.

Goleman, D. (2000): Leadership that gets results. In: Harvard Business Review, 76. Jg., H. 6, S. 93–102.

Goodman, J./Schlossberg, N. K./Anderson, M. L. (2006): Counseling adults in transition. Linking practice with theory. New York (3. Aufl.).

Goodyear, M./Golden, C. (2008): Leadership Transitions: Keys for Success. In: Educause Quarterly, 31. Jg., H. 1, S. 52–54.

Griebel, W./Niesel, R. (2002): Abschied vom Kindergarten - Start in die Schule. Grundlagen und Praxishilfen für Erzieherinnen, Lehrkräfte und Eltern. München.

Griebel, W./Niesel, R. (2004): Transitionen. Fähigkeit von Kindern in Tageseinrichtungen fördern, Veränderungen erfolgreich zu bewältigen. Weinheim.

Griebel, W./Niesel, R. (2013): Übergänge verstehen und begleiten. Transitionen in der Bildungslaufbahn von Kindern. Berlin.

Hanauer, M. (2009): Zukunftsorientierte Führungskräfteentwicklung. Eine qualitative Studie zur Implementation einer flächendeckenden Führungskräfteentwicklung auf mittlerer und unterer Führungsebene. Hamburg.

Havighurst, R. J. (1982): Developmental tasks and education. New York.

HayGroup (2006): Potential — for what? What every CEO should know - new insights into selecting the right leaders to secure your competitive future. Philadelphia.

Hedtmann, V./Bechert, S. (2006): Deutsche Führungskräfte. Wertvorstellungen, Karriere, Arbeitsumfeld im Management deutscher Unternehmen und Nonprofit-Organisationen. Eschborn.

Heider, F. (1977): Psychologie der interpersonalen Beziehungen. Stuttgart.

Heinen, J. S./O'Neill, C. (2004): Managing talent to maximize performance. In: Employment Relations Today, 31. Jg., H. 2, S. 67–82.

Heinz, W. R. (1989): Social risks and status passages in life course. Introduction to the first international symposium. Bremen.

Heinz, W. R. (2000): Übergänge: Individualisierung, Flexibilisierung und Institutionalisierung des Lebensverlaufs. In: ZSE Zeitschrift für Soziologie der Erziehung und Sozialisation, 3. Beiheft.

Heslin, P. A. (2005): Experiencing Career Success. In: Organizational Dynamics, 34. Jg., H. 4, S. 376–390.

Heymann, F. M. (2009): Anforderungen an Nachwuchsführungskräfte in den Unternehmungen. München.

Heyse, V./Ortmann, S. (2008): Talentmanagement in der Praxis. Eine Anleitung mit Arbeitsblättern, Checklisten, Softwarelösungen. Münster, München [u.a.].

Hill, L. (2007): Becoming the Boss. In: Harvard Business Review, 85. Jg., Januar, S. 49–56.

Hirschi, A. (2009): Was macht Jugendliche fit für die Berufswahl? In: Panorama, H. 4, S. 13–14.

Hofmann, L. M. (2000): Führungskräfte in Europa. Empirische Analyse zukünftiger Anforderungen. Wiesbaden.

Hogan, R./Curphy, G. J./Hogan, J. (1994): What we know about leadership: Effectiveness and personality. In: American Psychologist, 49. Jg., H. 6, S. 493–504.

Höglund, M. (2012): Quid pro quo? Examining talent management through the lens of psychological contracts. In: Personnel review a professional journal reporting new developments in research, theory and practice of personel management, 41. Jg., H. 2, S. 126–142.

Holst, E./Busch, A./Kröger, L. (2012): Führungskräfte-Monitor 2012. Update 2001–2010. Berlin.

Hölzle, P. (2013): Gefangen in der Matrix. In: Personalmagazin, 5. Jg., H. 11, S. 34–37.

Hopf, C. (2007): Qualitative Interviews. In: Flick, U./Kardoff, E. von/Steinke, I. (Hg.): Qualitative Forschung. Ein Handbuch. Reinbek bei Hamburg, S. 349–359.

Hurni, L. (2007): Forschung für die Laufbahnberatung. Eine Standortbestimmung im Auftrag des SVB. Dübendorf.

Ibarra, H. (2004): Becoming Yourself: Identity, Networks and the Dynamics of Role Transition. Working Paper Series; veröffentlicht unter: http://www.insead.edu/facultyresearch/research/details_papers.cfm?id=13456.

IBM (2007): Die wandlungsfähige Belegschaft. Entschlüsselung ihrer DNA. IBM Global Human Capital Study 2008. Ehningen.

Iles, P./Chuai, X./Preece, D. (2010): Talent Management and HRM in Multinational companies in Beijing: Definitions, differences and drivers. In: Journal of World Business, 45. Jg., H. 2, S. 179–189.

Industrie und Handelskammer Schwaben (IHK)/Handwerkskammer Schwaben (HWK) (2013): Perspektive Schwaben. Gutachterliche Stellungnahme der Prognos AG; veröffentlicht unter: http://www.schwaben.ihk.de/linkableblob/aihk24/standortpolitik/downloads/2403970/.9./data/Langfassung_des_Gutachtens-data.pdf.

Institut für Arbeitsmarkt- und Berufsforschung der Bundesagentur für Arbeit (IAB): IAB Stellungnahme. Ausgewählte Beratungsergebnisse des Instituts für Arbeitsmarkt-und Berufsforschung. Nürnberg.

Jäger, W. (2008): Talent Management ist Personalmanagement. In: Jäger, W./Lukasczyk, A. (Hg.): Talent Management. Die besten Köpfe entdecken und fördern. Köln, S. 15–23.

Jäger, W./Lukasczyk, A. (Hg.) (2008): Talent Management. Die besten Köpfe entdecken und fördern. Köln.

Jetter, W. (2008): Effiziente Personalauswahl. Durch strukturierte Einstellungsgespräche die richtigen Mitarbeiter finden. Stuttgart.

Jochmann, W./Gechter, S. (Hg.) (2006): Strategisches Kompetenzmanagement. Berlin.

Kanning, U. P. (2002): Soziale Kompetenz - Definition, Strukturen und Prozesse. In: Zeitschrift für Psychologie, 210. Jg., H. 4, S. 154–163.

Karaevli, A./Hall, D. T. (2003): Growing Leaders for Turbulent Times: Is Succession Planning Up to the Challenge? In: Organizational Dynamics, 32. Jg., H. 1, S. 62–79.

Kelle, U./Kluge, S. (2010): Vom Einzelfall zum Typus. Fallvergleich und Fallkontrastierung in der qualitativen Sozialforschung. Wiesbaden (2. Aufl.).

Kienbaum (2012): Schneller, höher, weiter: HRM in volatilen Märkten. HR-Trendstudie 2012. 11. Kienbaum Jahrestagung; veröffentlicht unter: http://ehreshoven.kienbaum.de/PortalData/21/Resources/documents/common/Ergebnisbericht_HR-Trendstudie2012_final.pdf.

Kirchner, M. (2013): Studie zur organisationalen Umsetzung des Talentmanagements. Ergebnisbericht zum unveröffentlichten Dissertationsprojekt. Halle.

Kleebaur, C. (2007): Personalauswahl zwischen Anspruch und Wirklichkeit. Wissenschaftliche Personaldiagnostik vs. erfahrungsbasiert-intuitive Urteilsfindung. München [u.a.].

Kleinmann, M./Strauß, B. (Hg.) (1998): Potentialfeststellung und Personalentwicklung. Göttingen.

Komm, A./Putzer, L./Cornelissen, N. (2007): So funktioniert Führungskräfteentwicklung. In: Harvard Business Manager; Sonderdruck aus dem Juni-Heft 2007, H. 6, S. 1–5.

Körber, C. (2007): Hintergründe, Instrumente und Strategien eines modernen Talent-Management-Konzeptes im Überblick. München.

Körner, T./Günther, L. (2011): Frauen in Führungspositionen. Ansatzpunkte zur Analyse von Führungskräften in Mikrozensus und Arbeitskräfteerhebung. In: Statistisches Bundesamt (Hg.): Wirtschaft und Statistik, Heft 5. Wiesbaden, S. 434–451.

Kram, K. E. (1985): Mentoring at work. Developmental relationships in organizational life. Glenview.

Lamnek, S. (2010): Qualitative Sozialforschung. Lehrbuch. München, Weinheim (5., überarbeitete Auflage).

Lang-von Wins, T./Rosenstiel, L. v. (1998): Potentialfeststellungsverfahren. In: Kleinmann, M./Strauß, B. (Hg.): Potentialfeststellung und Personalentwicklung. Göttingen, S. 71–95.

Las Heras, M./Chinchilla, N. (2011): How to develop and promote leadership from the top. In: Canals, J. (Hg.): The Future of Leadership Development. Corporate Needs and The Role of Business Schools. Basingstoke, S. 241–265.

Leisering, L./Müller, R./Schumann K. F. (Hg.) (2001): Institutionen und Lebensläufe im Wandel. Institutionelle Regulierungen von Lebensläufen. Weinheim.

Leung, S. A. (2008): The Big Five Career Theories. In: Athanasou, J. A./van Esbroeck, R. (Hg.): International Handbook of Career Guidance. Dordrecht, S. 115–132.

Lewis, R. E./Heckman, R. J. (2006): Talent management: A critical review. In: Human Resource Management Review, 16. Jg., H. 2, S. 139–154.

Lödermann, A./Scharrer, K. (2010): Beschäftigungsfähigkeit von Universitätsabsolventen. Anforderungen und Kompetenzen aus Unternehmenssicht. In: Beiträge zur Hochschulforschung, 32. Jg., H. 4, S. 72–91.

Lödermann, A./Scharrer, K. (2011): Was Studierende von Arbeitgebern erwarten. Ergebnisse der Augsburger Studierendenbefragung; veröffentlicht unter: http://www.uni-augsburg.de/projekte/gendermainstreaming/UniMento/download/Erwartungen-der-Studierenden_Loedermann_Scharrer_2011.pdf.

Lohaus, D./Habermann, W. (2012): Führung im Mittelstand. Ein praxisorientierter Leitfaden. München.

Lombardo, M. M./Eichinger, R. W. (2000): High Potentials as High Learners. In: Human Resource Management Review, 39. Jg., H. 4, S. 321–329.

Louis, M. R. (1980): Career Transitions: varieties and commonalities. In: Academy of Managerment Review 1980, 5. Jg., H. 3, S. 329–340.

Macha, H./Handschuh-Heiß, S./Magg-Schwarzbäcker, M./Gruber, S. (2010): Gleichstellung und Diversity an der Hochschule. Implementierung und Analyse des Gender-Mainstreaming-Prozesses. Leverkusen.

Macha, H. (2004): Rekrutierung von weiblichen Eliten. In: Aus Politik und Zeitgeschichte, Beilage zur Zeitschrift „Das Parlament", H. 10, S. 25–33.

Macha, H. (2005): Frauen und Elite. In: Spiegel Special, H. 1, S. 74–75.

Macha, H./Gruber, S./Struthmann, S. (2011): Die Hochschule strukturell verändern. Gleichstellung als Organisationsentwicklung an Hochschulen. Leverkusen.

Macha, H./Struthmann, S. (2011): Controlling von Gleichstellungspolitik als Organisationsentwicklung der Hochschule. Die Gender Balanced Scorecard. In: Gender Zeitschrift, H. 1, S. 126–135.

Manderscheid, S. V./Ardichvili, A. (2008): New leader assimilation: process and outcomes. In: Leadership & Organization Development Journal, 29. Jg., H. 8, S. 661–677.

Martin, J./Schmidt C. (2010): How to keep your top talent. In: Harvard Business Review, 88. Jg., H. 5, S. 54–61.

Marxer, K. (2010): Effekte des Talentmanagements. Bachelorarbeit. Zürich.

Mayring, P. (2007): Qualitative Inhaltsanalyse. Grundlagen und Techniken. Weinheim [u.a.].

McCall, M. (1994): Identifying Leadership Potential in Future International Executives. Developing a Concept. In: Consulting Psychology Journal: Practice and Research, 46. Jg., H. 1, S. 49–63.

McCall, M. (1998): High flyers. Developing the next generation of leaders. Boston, Mass.

McCauley, C. D./Lombardo, M. M. (1990): Benchmarks: an instrument for diagnosing managerial strengths and weakness. In: Clark, K./Clark, M. (Hg.): Measures of Leadership. West Orange, NJ, S. 535–545.

McCauley, C. D. (2010): Concepts of Leadership. In: Biech, E. (Hg.): The ASTD leadership handbook. Alexandria, VA, S. 1–13.

McDonnell, A. (2011): Still Fighting the „War for Talent“? Bridging the Science Versus Practice Gap. In: Journal of Business and Psychology, 26. Jg., H. 2, S. 169–173.

McEntire, L./Greene-Shortridge, T. M. (2011): Recruiting and Selecting Leaders for Innovation: How to Find the Right Leader. In: Advances in developing human ressources, 13. Jg., H. 3, S. 226–278.

McKinsey & Company (2011): Wettbewerbsfaktor Fachkräfte. Strategien für Deutschlands Unternehmen; veröffentlicht unter: http://www.mckinsey.de/sites/mck_files/files/fachkraefte.pdf.

McKinsey Deutschland (2011): Wettbewerbsfaktor Fachkräfte. Strategien für Deutschlands Unternehmen; veröffentlicht unter: http://www.mckinsey.de/sites/mck_files/files/fachkraefte.pdf.

Mead, G. H. (1978): Geist, Identität und Gesellschaft. Frankfurt am Main.

Merkens, H. (2007): Auswahlverfahren, Sampling, Fallkonstruktion. In: Flick, U./Kardoff, E. von/Steinke, I. (Hg.): Qualitative Forschung. Ein Handbuch. Reinbek bei Hamburg, S. 286–299.

Meuser, M./Nagel, U. (2002): ExpertInneninterviews - vielfach erprobt, wenig bedacht. Ein Beitrag zur qualitativen Methodendiskussion. In: Bogner, A./Littig, B./Menz, W. (Hg.): Das Experteninterview. Theorie, Methode, Anwendung. Wiesbaden, S. 71–93.

Meyer, J.-A. (Hg.) (2012): Personalmanagement in kleinen und mittleren Unternehmen. Lohmar.

Meyers, M. C./van Woerkom, M./Dries, N. (2013): Talent: Innate or acquired? Theoretical considerations and their implications for talent management. In: Human Resource Management Review, 23. Jg., H. 4, S. 305–321.

Minbaeva, D./Collings, D. G. (2013): Seven myths of global talent management. In: The International Journal of Human Resource Management, 24. Jg., H. 9, S. 1762–1776.

Mintzberg, H. (1973): The nature of managerial work. New York.

Mintzberg, H. (2004): Der Managerberuf. Dichtung und Wahrheit. In: Harvard Business Manager, H. 10, S. 72–89.

Mitchell, T. R. (1995): Führungstheorien - Attributionstheorie. In: Wunderer, R./Kieser, A./Reber, G. (Hg.): Handwörterbuch der Führung. Stuttgart, S. 847–861.

Mobley, W. H./Dorfman, P. W. (Hg.) (2003): Advances in global leadership. New York.

Mühlbacher, J./Scheer, P./Schmift, A./Rosenstiel, L. v. (Hg.) (2008): Management Development. Wandel der Anforderungen an Führungskräfte. Festschrift für Helmut Kasper zum 60. Geburtstag. Wien.

Mumford, M. D./Zaccaro, S. J./Connelly, M. S./Marks, M. A. (2000): Leadership Skills: Conclusions and Future Directions. In: The Leadership Quarterly, 11. Jg., H. 1, S. 155–170.

Mumford, T. V./Campion, M. A./Morgeson, F. P. (2007): The leadership skills strataplex: Leadership skill requirements across organizational levels. In: The Leadership Quarterly, 18. Jg., H. 2, S. 154–166.

Nagel, K./Menthe, T. (2009): Die neue Rolle der Führungskraft. Sternenfels.

Neuberger, O. (2002): Führen und führen lassen. Ansätze, Ergebnisse und Kritik der Führungsforschung. Stuttgart.

Niesel, R./Griebel, W. (2000): Start in den Kindergarten. München.

Nijs, S./Gallardo-Gallardo, E./Dries, N./Sels, L. (2014): A multidisciplinary review into the definition, operationalization, and measurement of talent. In: Journal of World Business, 49. Jg., H. 2, S. 180–191.

Oelsnitz, D. v. d./Stein, V./Hahmann, M. (2007): Der Talente-Krieg. Personalstrategie und Bildung im globalen Kampf um Hochqualifizierte. Bern, Stuttgart, Wien.

Ohlendieck, L. (2003): Gender Trouble in Organisationen und Netzwerken. In: Pasero, U./Weinbach, C. (Hg.): Frauen, Männer, Gender Trouble. Frankfurt a. M.: Suhrkamp, S. 171–185.

Paese, M./Wellins, R. (2007): Leaders in Transition: Stepping Up, Not Off; veröffentlicht unter: http://www.ddiworld.com/DDIWorld/media/trend-research/leaders-in-transition-stepping-up-not-off_mis_ddi.pdf?ext=.pdf.

Pasero, U./Weinbach, C. (2007): Frauen, Männer, Gender Trouble. Frankfurt am Main.

Pepermans, R./Vloeberghs, D./Perkisas, B. (2003): High potential identification policies: an empirical study among Belgian companies. In: Journal of Management Development, 22. Jg., H. 8, S. 660–678.

Peukert, R. (2006): Soziale Schicht. In: Schäfers, B./Knopp, J. (Hg.): Grundbegriffe der Soziologie. Wiesbaden, S. 247–251.

Pfadenhauer, M. (2002): Auf gleicher Augenhöhe reden. Das Experteninterview - ein Gespräch zwischen Experte und Quasi-Experte. In: Bogner, A./ Littig, B./Menz, W. (Hg.): Das Experteninterview. Theorie, Methode, Anwendung. Wiesbaden, S. 113–130.

Pfeffer, J. (2001): Fighting the war for talent is hazardous to your organization's health. In: Organizational Dynamics, 29. Jg., H. 4, S. 248–259.

Prats, M. J./Agulles, R. (2011): Managing Managers as Professionals: Leadership Development and Talent Transfer in a Global World. In: Canals, J. (Hg.): The Future of Leadership Development. Corporate Needs and The Role of Business Schools. Basingstoke, S. 266–291.

Prinz, B./Wollsching-Strobel, P. (2012): Verschenkte Talente - oder die Misere mangelnder Talenterkennung und -förderung. In: Wollsching-Strobel, P./ Prinz, B. (Hg.): Talentmanagement mit System. Von Top-Performern lernen - Leistungsträger im Unternehmen wirksam unterstützen. Der PWS-Ansatz. Wiesbaden, S. 2–24.

Prognos AG (2011): Studie Arbeitslandschaft 2030. Eine Studie der Prognos AG im Auftrag der vbw – Vereinigung der Bayerischen Wirtschaft e. V; veröffentlicht unter: http://www.prognos.com/fileadmin/pdf/publikationsdatenbank/ 110930_Neuauflage_Arbeitslandschaft_2030.pdf.

Pruis, E. (2011): The five key principles for talent development. In: Industrial and Commercial Training, 43. Jg., H. 4, S. 206–216.

Puschner, F. (2010): Transition vom Gymnasium an die Realschule. Am Beispiel der 7. und 8. Jahrgangsstufe. Inaugural-Dissertation. Augsburg.

Putlitz, J. z./Komm, A./Putzer, L. (2008): Führungskräfte als Talent-Manager. In: Jäger, W./Lukasczyk, A. (Hg.): Talent Management. Die besten Köpfe entdecken und fördern. Köln, S. 61–67.

Rauen, C. (2005): Handbuch Coaching. Göttingen [u.a.] (3. Aufl.).

Ready, D. A./Conger, J. A./Hill, L. A. (2010b): Are You a High Potential. In: Harvard Business Review, 88. Jg., H. 5, S. 78–84.

Ready, D. A./Conger, J. A./Hill, L. A./Stecker, E. (2010a): The Anatomy of a High Potential. In: Business Strategy Review, 21. Jg., H. 3, S. 52–55.

Regnet, E. (2003): Der Weg in die Zukunft - Anforderungen an die Führungskraft. In: Rosenstiel, L. v./Domsch, M./Regnet, E. (Hg.): Führung von Mitarbeitern. Handbuch für erfolgreiches Personalmanagement. Stuttgart. (5. Aufl.), S. 51–66.

Ritz, A./Sinelli, P. (2010): Talent Management - Überblick und konzeptionelle Grundlagen. In: Ritz, A./Thom, N. (Hg.): Talent Management. Talente identifizieren, Kompetenzen entwickeln, Leistungsträger erhalten. Wiesbaden. (2. Aufl.), S. 3–23.

Ritz, A./Thom, N. (Hg.) (2010): Talent Management. Talente identifizieren, Kompetenzen entwickeln, Leistungsträger erhalten. Wiesbaden (2. Aufl.).

Rosenstiel, L. v. (2003): Entwicklung und Training von Führungskräften. In: Rosenstiel, L. v./Domsch, M./Regnet, E. (Hg.): Führung von Mitarbeitern. Handbuch für erfolgreiches Personalmanagement. Stuttgart. (5. Aufl.), S. 51–67.

Rosenstiel, L. v. (2008): Führungskräfteentwicklung - Einige historische Perspektiven. In: Mühlbacher, J./Scheer, P./Schmift, A./Rosenstiel, L. v. (Hg.): Management Development. Wandel der Anforderungen an Führungskräfte. Festschrift für Helmut Kasper zum 60. Geburtstag. Wien, S. 11–13.

Rosenstiel, L. v./Domsch, M./Regnet, E. (Hg.) (2003): Führung von Mitarbeitern. Handbuch für erfolgreiches Personalmanagement. Stuttgart (5. Aufl.).

Rosenstiel, L. v./Lang-von Wins, T. (Hg.) (2000): Perspektiven der Potentialbeurteilung. Göttingen. (Schriftenreihe Wirtschaftspsychologie).

Rosenstiel, L. v./Regnet, E./Domsch, M. (Hg.) (2009): Führung von Mitarbeitern. Handbuch für erfolgreiches Personalmanagement. Stuttgart (6. Aufl.).

Rush, S. (Hg.) (2012): On selecting, developing, and managing talent. Greensboro, NC.

Rüttinger, R. (2006): Talent Management. Strategien für Mitarbeiter, Manager und Organisationen. Frankfurt am Main.

Savickas, M. L. (2002): Career Construction: A Developmental Theory of Vocational Behavior. In: Brown, D. (Hg.): Career choice and development. San Francisco. (4. Aufl.), S. 149–206.

Savickas, M. L. (2005): The theory and practice of career construction. In: Brown, S. D./Lent, R. W. (Hg.): Career development and counselling: Putting theory and research to work. Hoboken, S. 42–70.

Savickas, M. L. (1997): Career Adaptability: An Integrative Construct for Life-Span, Life-Space Theory. In: The Career Development Quarterly, 45. Jg., H. 3, S. 247–259.

Savickas, M. L. (2013): Career Construction Theory and Practice. In: Brown, S. D./Lent, R. W. (Hg.): Career Development and Counseling. Putting Theory and Research to Work. Hoboken, S. 147–186.

Schäfers, B./Knopp, J. (Hg.) (2006): Grundbegriffe der Soziologie. Wiesbaden.

Schaper, N. (2009): Wozu benötigt die Personalpraxis Talentmanagementansätze - Grundlegende Fragen und Lösungsansätze. In: Weitz, A. (Hg.): Talentmanagement im Mittelstand. Lengerich, S. 13–35.

Scharrer, K. (2014): Interviewleitfaden der Dissertation „Die Transition von der Mitarbeiter- in die Führungsposition. Unveröffentlichtes Dokument.

Scharrer, K./Schneider, S./Stein, M. (Hg.) (2012): Übergänge von der Schule in Ausbildung und Beruf bei jugendlichen Migrantinnen und Migranten. Herausforderungen und Chancen. Bad Heilbrunn.

Scheffer, D. (2008): Talentmanagement. Herausforderung für Personaler und Führungskräfte. München.

Schenk, A./Spiewak, M. (2008): Verprellte Talente. In: Die Zeit, 04.12.2008, S. 79.

Scherm, M./Sarges Werner (2002): 360°-Feedback. Göttingen.

Schettgen, P. (1990): Führungspsychologie im Wandel. Neue Ansätze in der Organisations-, Interaktions- und Attributionsforschung. Wiesbaden.

Scheuvens, C. (2012): Demografie 2020. Wie deutsche Unternehmen dem demografisch bedingten Führungskräftemangel begegnen; veröffentlicht unter: http://www.odgersberndtson.de/fileadmin/uploads/germany/Documents/Studien/Odgers-Berndtson-Demografie-2020.pdf.

Schirmer, U./Walter, V./Woydt, S. (2009): Mitarbeiterführung. Heidelberg.

Schleifer, T. (2013): Die moderne Arbeitswelt. Was zeichnet Führungs- und Nachwuchsführungskräfte aus? Hamburg.

Schlossberg, N. K. (1981): A Model for Analyzing Human Adaption to Transition. In: The Counseling Psychologist, 9. Jg., H. 2.

Schlossberg, N. K. (1997): Counseling Adults in Transition. Linking Practice with Theory. Second Edition. In: The gerontologist, 37. Jg., H. 1, S. 134–137.

Schmidt, B. (2007): Personalentwicklung an der Hochschule. Zehn Wege in ein unentdecktes Land. In: Die Hochschule, 2. Jg., S. 125–153.

Schmidt, C. (2007): Analyse von Leitfadeninterviews. In: Flick, U./Kardoff, E. von/Steinke, I. (Hg.): Qualitative Forschung. Ein Handbuch. Reinbek bei Hamburg, S. 447–456.

Schuler, H. (2003): Auswahl von Mitarbeitern. In: Rosenstiel, L. v./Domsch, M./Regnet, E. (Hg.): Führung von Mitarbeitern. Handbuch für erfolgreiches Personalmanagement. Stuttgart. (5. Aufl.), S. 151–182.

Schuler, H. (Hg.) (2006): Lehrbuch der Personalpsychologie. Göttingen (2. überarbeitete und erweiterte Auflage).

Schuler, H. (Hg.) (2007): Handbuch der Arbeits- und Organisationspsychologie. Göttingen (u.a.).

Schuler, R./Tarique, I. (2012): Global Talent Management Literature Review; veröffentlicht unter: http://smlr.rutgers.edu/global-talent-management-literature-review-oct-28-2012.

Schulte-Florian, G. (1999): Determinanten der Karriere. Eine theoretische Analyse unter Berücksichtigung geschlechtsspezifischer Besonderheiten. München, Mering.

Schumacher, E. (Hg.) (2004): Übergänge in Bildung und Ausbildung. Gesellschaftliche, subjektive und pädagogische Relevanzen. Bad Heilbrunn/ Obb.

Schürmann, C. (2009): In Führung gehen. Was gute Chefs können müssen und wie sie es lernen. Heidelberg.

Seebacher, U. G./Klaus, G. (Hg.) (2004): Handbuch Führungskräfte-Entwicklung. Theorie, Praxis und Fallstudien. Grünwald.

Seebacher, U. G./Wiegel, B. J. (2003): Führungskräfte-Entwicklung. Krisenstrategien für Unternehmen, Manager und High Potentials. Ottobrunn.

Seligman, M. E. P./Petermann, F./Rockstroh, B. (1992): Erlernte Hilflosigkeit. Weinheim (4. erw. Auflage).

Seufert, S. H. J./Euler, D. (2008): Next Generation Leadership. Die neue Rolle der Führungskraft in nachhaltigen Lernkulturen; veröffentlicht unter: http://www.scil.unisg.ch/de/scil+Vortraege+Publikationen/Arbeitsberichte.

Siebert, P. (2009): Vernunft der wirtschaftlichen Kritik. Die wirtschaftsphilosophische Wende. Norderstedt.

Silzer, R./Church, A. H. (2010): Identifying and Assessing High-Potential Talent: Current Organizational Practices. In: Silzer, R./Dowell, B. E. (Hg.): Strategy-driven talent management. A leadership imperative. San Francisco, S. 213–279.

Silzer, R./Dowell, B. E. (2010): Strategic Talent Management Matters. In: Silzer, R./Dowell, B. E. (Hg.): Strategy-driven talent management. A leadership imperative. San Francisco, S. 3–72.

Silzer, R./Dowell, B. E. (Hg.) (2010): Strategy-driven talent management. A leadership imperative. San Francisco.

Silzer, R. &. Church, A. H. (2009): The pearls and perils of identifying potential. In: Industrial and Organisational Psychology, 2, 377–412.

Sloan, E./Hazucha, J./van Katwyk, P. (2003): Strategic management of global leadership talent. In: Mobley, W. H./Dorfman, P. W. (Hg.): Advances in global leadership. New York, S. 235–274.

Sonntag, K./Schaper, N. (2006): Wissensorientierte Verfahren der Personalentwicklung. In: Schuler, H. (Hg.): Lehrbuch der Personalpsychologie. Göttingen. (2. überarbeitete und erweiterte Auflage).

Sonntag, K. (2002): Personalentwicklung und Training. In: Zeitschrift für Personalpsychologie, 1. Jg., H. 2, S. 59–79.

Souba, W. W. (2000): Taking a New Job—The Leadership Transition. In: Journal of Surgical Research, 92. Jg., H. 2, S. 143–149.

Spreitzer, G. M./McCall, M. W. J./Mahoney, J. D. (1996): The Early Identification of International Executives. Los Angeles.

Staehle, W. H. (1999): Management. Eine verhaltenswissenschaftliche Perspektive. München (8. Aufl.).

Stahl, G./Björkman, I./Farndale, E./Morris, S. S. et al. (2012): Six principles of effective global talent management. In: Sloan Management Review, 53 (2), S. 25–42.

Statistisches Bundesamt (Hg.) (2011): Wirtschaft und Statistik, Heft 5. Wiesbaden.

Staw, B. R./Salancik, G. R. (Hg.) (1977): New directions in organizational behavior. Chicago.

Steinke, I. (2007): Gütekriterien qualitativer Forschung. In: Flick, U./Kardoff, E. von/Steinke, I. (Hg.): Qualitative Forschung. Ein Handbuch. Reinbek bei Hamburg, S. 319–331.

Steinkellner, P./Grünberger, N./Frankus, E. (2006): Coaching: Erfolgsfaktor in der Führungskräfteentwicklung. In: Dengg, O. (Hg.): Coaching. Ein Instrument für Management und Führung. Wien, S. 149–190.

Steinweg, S. (2009): Systematische Talent Management. Stuttgart.

Stippler, M./Moore, S./Rosenthal, S./Dörffler, T. (2011): Führung - Überblick über Ansätze, Entwicklungen, Trends. Gütersloh.

Strack, R./Baier, J./Caye, J.-M./Zimmermann, P. et al. (2011): Global Talent Risk – Seven Responses; veröffentlicht unter: http://www3.weforum.org/docs/PS_WEF_GlobalTalentRisk_Report_2011.pdf.

Struck, O. (2001): Gatekeeping zwischen Individuum, Organisation und Institution. Zur Bedeutung und Analyse von Gatekeeping am Beispiel von Übergängen im Lebenslauf. In: Leisering, L./Müller, R./Schumann K. F. (Hg.): Institutionen und Lebensläufe im Wandel. Institutionelle Regulierungen von Lebensläufen. Weinheim, S. 29–54.

Struß, E. (2007): Müssen wir dich jetzt siezen? Interaktion und Führung beim Aufstieg im Team. Heidelberg.

Struthmann, S. (2013): Gender- und Diversity-Management. Frauen als Fach- und Führungskräfte für Unternehmen gewinnen. Berlin.

Super, D. E. (1990): A life-span, life-space approach to career development. In: Brown, D./Brooks, L. (Hg.): Career choice and development: Applying contemporary approaches to practice. San Francisco, S. 197–261.

Super, D. (1969): Vocational development theory. In: The Counseling Psychologist 1981 9.2, S. 2–30.

Thom, N./Zaugg, R. J. (Hg.) (2008): Moderne Personalentwicklung. Mitarbeiterpotentiale erkennen, entwickeln und fördern. Wiesbaden.

Thom, T./Friedli, V. (2008): Auf der Suche nach exzellenten Trainee-Programmen. In: Thom, N./Zaugg, R. J. (Hg.): Moderne Personalentwicklung. Mitarbeiterpotentiale erkennen, entwickeln und fördern. Wiesbaden, S. 329–344.

Thomas, M. (2003): Internes headhunting. Talente entdecken - Führungskräfte entwickeln. Leonberg.

Thunnissen, M./Boselie, P./Fruytier, B. (2013): A review of talent management: 'infancy or adolescence?'. In: The International Journal of Human Resource Management, 24. Jg., H. 9, S. 1744–1761.

Ulrich, D./Smallwood, N. (2012): What is talent?; veröffentlicht unter: http://hcmexcellence.files.wordpress.com/2012/06/ulrich_what_is_talent.pdf.

Vaiman, V./Collings, D. G. (2013): Talent management: advancing the field. In: The International Journal of Human Resource Management, 24. Jg., H. 9, S. 1737–1743.

Van Gennep, A. (2005): Übergangsriten. Frankfurt am Main.

Walker, J. W./LaRocco, J. M. (2002): Talent pools. The best and the rest. In: Human Resource Planning, H. 25, S. 12–14.

Wan, K. E./Tham, C. (2011): Career Transitions: Challenges, Transformative Learning and Implications for Talent Management. Leadership and Management; veröffentlicht unter: https://www.cscollege.gov.sg/Knowledge/Pages/Career-Transitions-Challenges,-Transformative-Learning-and-Implications-for-Talent-Management.aspx.

Wan, K. E. (2011): Perspectives on High Potentials: Defining and Identifying in an Organisation. Leadership and Management; Organisation Development; veröffentlicht unter: https://www.cscollege.gov.sg/Knowledge/Pages/Perspectives-on-High-Potentials-Defining-and-Identifying-Talent-in-an-Organisation.aspx.

Watkins, M. D. (2003): The first 90 days: critical success strategies for new leaders at all levels. Boston.

Watkins, M. D. (2009): Picking the Right Transition Strategy; veröffentlicht unter: http://hbr.org/2009/01/picking-the-right-transition-strategy/ar/1.

Watkins, M. D. (2012): How Managers Become Leaders. The seven seismic shifts of perspective and responsibility. In: Harvard Business Review 54–61, 90. Jg., H. 5, S. 65–72.

Weibler, J. (2011): Personalführung. München.

Weinert, A. B. (1998): Organisationspsychologie. Ein Lehrbuch. Weinheim (4. Aufl.).

Weitz, A. (2009): Talentmanagement zur Generierung von Führungskräften im Mittelstand. In: Weitz, A. (Hg.): Talentmanagement im Mittelstand. Lengerich, S. 68–84.

Weitz, A. (Hg.) (2009): Talentmanagement im Mittelstand. Lengerich.

Weizäcker von, C. (1977): Der Garten des Menschlichen. Beiträge zur geschichtlichen Anthropologie. München, Wien.

Wellhöfer, P. R. (2012): Gruppendynamik und soziales Lernen. Theorie und Praxis der Arbeit mit Gruppen. Konstanz, München (4. Aufl.).

Welpe, I. M./Schwarzmüller, T./Brosi, P./Lotzkat, G. et al. (2013): Leadership in the 21st century; veröffentlicht unter: http://dld-conference.com/articles/leadership-in-the-21st-century, (zuletzt geprüft am 15.07.2014).

Welzer, H. (1993): Transitionen. Zur Sozialpsychologie biographischer Wandlungsprozesse. Tübingen.

Wilbs, D. (2013): Zukunftsorientierte Anforderungen an Führungskräfte. Trends und Studienergebnisse. Arbeitskreis Führung am 15. Juli 2013 bei der SICK AG; veröffentlicht unter: http://www.initiative45plussuedbaden.de/inc/template/pdf/ZUKUNFTSORIENTIERTE%20ANFORDERUNGEN%20%20AN%20F%E2%80%B9HRUNGSKR%C6%92FTE_V07.pdf.

Willinger, J. (2005): Diagnostik von Führungspotenzial. Schriften der Johannes-Kepler-Universität. Reihe B, Wirtschafts- und Sozialwissenschaften, Bd. 89. Linz.

Winkler, J. (2009): Talent-Management. Einem Führungskräftemangel mit zielgerichtetem Personalmanagement vorbeugen. Konzepte - Gestaltungsempfehlungen - Praxisbeispiele. Hamburg.

Withauer, K. F. (2011): Führungskompetenz und Karriere. Begleitbuch zum Stufen-Weg ins Topmanagement. Wiesbaden (1. Aufl.).

Wollsching-Strobel, P./Prinz, B. (Hg.) (2012): Talentmanagement mit System. Von Top-Performern lernen - Leistungsträger im Unternehmen wirksam unterstützen. Der PWS-Ansatz. Wiesbaden.

Wollsching-Strobel, P./Sternecker, P. (2012): Talentmanagement in Unternehmen: Professionelle Nachwuchsförderung. In: Wollsching-Strobel, P./Prinz, B. (Hg.): Talentmanagement mit System. Von Top-Performern lernen - Leistungsträger im Unternehmen wirksam unterstützen. Der PWS-Ansatz. Wiesbaden, S. 89–116.

Wunderer, R. (2007): Führung und Zusammenarbeit. Eine unternehmerische Führungslehre. München.

Wunderer, R./Kieser, A./Reber, G. (Hg.) (1995): Handwörterbuch der Führung. Stuttgart.

Zenger, J./Folkman, J./Edinger, S. K. (2010): How Extraordinary Leaders Double Profits. Decoding Leadership Trends to Discover the Patterns; veröffentlicht unter: http://zengerfolkman.com/wp-content/uploads/2013/05/Double-Profits.pdf.

Zenger, J./Folkman, J./Sherwin, B./Steel, B. (2013): Can Strengths Be Taken Too Far? Adessing a Common Misperception. Orem, UT.

Zenger, J./Folkman, J./Edinger, S. (2011): Machen Sie sich unentbehrlich. In: Harvard Business Manager, 33. Jg., S. 30–42.

Zihlmann, R. (Hg.) (1998): Berufswahl in Theorie und Praxis. Konzepte zur Berufswahlvorbereitung und Beratung unter veränderten wirtschaftlichen und gesellschaftlichen Bedingungen. Zürich.

Zuckermann, H./Merton, R. K. (2010): Der Matthäus-Effekt in der Wissenschaft, II. In: Berliner Journal für Soziologie, 20. Jg., H. 3, S. 285–308.

Abbildungs- und Tabellenverzeichnis

Abbildungen

Tabellen

Abkürzungsverzeichnis

AC	Assessment Center
AMA	American Management Association Enterprise
Aufl.	Auflage
BCG	Boston Consulting Group
Bd.	Band
bspw.	beispielsweise
bzw.	beziehungsweise
ca.	circa
d.h.	das heißt
DDI	Development Dimensions International
DIHK	Deutscher Industrie- und Handelskammertag
ebd.	ebenda, in der unmittelbar zuvor zitierten Quelle
engl.	englisch
ESF	Europäischer Sozialfonds
et al.	et alii/und andere Autor/innen
etc.	et cetera/und so weiter
f.	und nachfolgende Seite
ff.	und nachfolgende Seiten
geg.	gegenüber
HP	High Potential
HRM	Human Resources Management
Hrsg./Hg.	Herausgeber/in
HWK	Handwerkskammer
i.e.	it est (lat.)
IFP	Staatsinstitut für Frühpädagogik
IHK	Industrie- und Handelskammer
KMU	kleine und mittelständische Unternehmen
o.Ä.	oder Ähnliches
TM	Talent Management
u.a.	unter anderem
USA	United States of America
v.a.	vor allem
vgl.	vergleiche
z.B.	zum Beispiel
zit. nach	zitiert nach

Transkriptionsregeln

...	Wort nicht verstanden
(...)	mehrere Wörter nicht verstanden
(lachend)	besondere Art zu sprechen
(ironisch)	
(leise)	
I:	Kürzel der Interviewerin
P:	Proband/in
P1, P2, P3	mehrere Proband/innen
fett	Frage/ Aussage der Interviewerin

Die Transkriptionsregeln wurden in Anlehnung an Dresing und Pehl (2012) übernommen:

- Es wird wörtlich transkribiert, folglich nicht lautsprachlich oder zusammenfassend. Dialekte werden möglichst wortgenau ins Hochdeutsche übersetzt
- Wortverschleifungen werden nicht transkribiert, sondern an das Schriftdeutsch ange-nähert. Die Satzform wird beibehalten.
- Wort- und Satzabbrüche oder Stottern werden geglättet bzw. ausgelassen, Wortdoppelungen nur aufgenommen, wenn sie als Stilmittel der Betonung verwendet werden.
- Interpunktionen werden zu Gunsten der Lesbarkeit geglättet. Es sollen Sinneinheiten beibehalten werden.
- Signale des gerade nicht Sprechenden wie „mhm, aha, ja, ähm" werden nicht transkribiert.
- Jeder Sprecherbeitrag hat eigene Absätze. Zwischen den sprechenden Personen gibt es eine freie leere Zeile.
- Es erfolgt eine Anonymisierung zu allen Personen- und Ortsangaben.

www.ingramcontent.com/pod-product-compliance
Ingram Content Group UK Ltd.
Pitfield, Milton Keynes, MK11 3LW, UK
UKHW041825290926
8980IPUK00002B/62

9 783631 663097